유럽인문사회비교연구센터 유럽연합(EU) 기본조약 총서 제2권

유럽경제공동체(EEC) 설립조약 · 유럽원자력공동체(Euratom) 설립조약

강유덕 · 박상준 번역 · 해제
랄프 하베르츠(Ralf Havertz) 외 2인 보론

강유덕

한국외국어대학교 불어과 졸업
프랑스 파리정치대학(Sciences Po) 경제학 박사
한국외국어대학교 Language & Trade 학부 교수

· 저서 및 논문

『The Routledge Handbook of Europe-Korea Relations』(공저, 2022)
「Analyse comparative de l'intégration économique: Europe et Asie de l'Est」(Ph. D)
「Refugee crisis in Europe: Determinants of Asylum Seeking in European Countries from 2008-2014」(2020) 외

박상준

한국외국어대학교 독일어교육학과 졸업
한국외국어대학교 정치학 박사
한국외국어대학교 EU조약연구단 전임연구원

· 저서 및 논문

『유럽의 변혁적 리더들』(공저, 2016)
「유럽통화동맹(EMU)의 자본-노동관계에 대한 연구: 유로존 위기를 중심으로」(Ph. D.)
「긴축 이후 그리스의 경제적·사회적 변화와 정치적 함의」(2020) 외

랄프 하베르츠(Ralf Havertz)

독일 아헨대학교 졸업
독일 베를린자유대학교 정치학 박사
계명대학교 교수

· 저서 및 논문

『Radical Right Populism in Germany. AfD, Pegida, and, the Identitarian Movement』(2021)
「Botho Strauß' Essay 'Anschwellender Bocksgesang' und die Neue Rechte. Eine kritische Diskursanalyse」(Ph. D.)
「Strategy of Ambivalence: AfD Between Neoliberalism and Social Populism」(2020) 외

유럽인문사회비교연구센터 유럽연합(EU) 기본조약 총서 제2권
유럽경제공동체(EEC) 설립조약 · 유럽원자력공동체(Euratom) 설립조약

2023년 1월 19일 초판 1쇄 인쇄
2023년 1월 26일 초판 1쇄 발행

번역 · 해제 ■ 강유덕 · 박상준
보론 ■ 랄프 하베르츠(Ralf Havertz) 외 2인
펴낸이 ■ 정용국
펴낸곳 ■ (주)신서원
주소 : 서울시 마포구 만리재로 15 제일빌딩 1202호
전화 : (02)739-0222 팩스 : (02)739-0224
신서원 블로그 : http://blog.naver.com/sinseowon
등록 : 제300-2011-123호(2011.7.4)
ISBN 978-89-7940-657-3 93340
값 38,000원

신서원은 부모의 서가에서 자녀의 책꽂이로
'대물림'할 수 있기를 바라며 책을 만들고 있습니다.
잘못된 책이 있으면 연락주세요.

이 저서는 2018년 정부(교육부)의 재원으로 한국연구재단의 지원을 받아
수행된 연구임(NRF-2018S1A5B4061557)

유럽인문사회비교연구센터
유럽연합(EU) 기본조약 총서 제2권

유럽경제공동체 설립조약
—— E E C · Euratom ——
유럽원자력공동체 설립조약

강유덕 · 박상준　　　　　　번역 · 해제
랄프 하베르츠(Ralf Havertz) 외 2인　보론

신서원

추천사 I

　세계는 이제 더 이상 단절된 지역들의 집합이 아니다. 특정 지역에서 일어난 사건이 거의 시차 없이 나머지 지역들에 동시적으로 영향을 미칠 만큼 각 지역들이 유기적으로 연결되어 있다. 세계가 마치 하나의 공동체를 향하고 있는 이 시대를 가리켜 '지구촌화' 또는 '세계화'라고 부르는 것에 사람들은 주저하지 않는다. 이러한 시대에 세계 각 지역에 대한 연구와 그에 따른 지식은 매우 값진 것이다.

　한때 본인이 회장을 역임한 한국유럽학회는 세계의 여러 지역 중에서도 유럽지역을 집중적으로 연구해왔고, 특별히 유럽의 통합현상과 그 결과물인 유럽연합에 연구의 초점을 두어왔다. 주목할 점은 기존의 지역연구모임이 경제 혹은 정치 중심의 연구에 치우친 반면, 한국유럽학회는 1994년 창립 초기부터 정치, 경제, 사회문화 및 법/제도 분야를 아우르는 학제 간 연구를 지향해왔다. 유럽 연구는 한 학문분과의 분산적 접근만으로는 부족하고, 드러난 현상의 실체를 분석하려면, 학제 간 접근과 연구가 필수적이기 때문이다. 그래야 유럽지역에서 전개되는 통합현상과 유럽연합에 대한 입체적 분석과 이해도 가능할 것이다.

　이를 위한 연구역량을 키우기 위해 그동안 한국유럽학회는 물론이고 여러 유럽 연구 전문가들의 노력이 있었다. 그 결실로 어느덧 우리나라의 유럽 연구는 유럽 현지의 연구 수준과 대등한 수준에 올라설 만큼 그 토대가 마련되었다고 자평한다.

　그러나 그 토대구축을 넘어 이제는 우리나라의 유럽 연구에 한 단계

더 큰 도약이 필요한 때이다. 이를 위해 학술공동체를 넘어 축적된 연구성과를 일반시민은 물론이고 산·관 모두가 공유할 수 있는 방안을 고민해야 한다. 이러한 때에 마침 한국유럽학회의 21대 회장을 역임한 한국외국어대학교 김면회 교수의 책임 아래 '유럽연합 주요 8개 기본조약'에 대한 번역과 주해를 담은 총 5권의 총서물 출간을 마주하게 되어 매우 기쁘게 생각한다.

유럽의 재정위기, 극우 정당의 발호, 그리고 기후변화에 대응한 유럽의 그린 딜(Green Deal) 등 유럽에서 벌어지는 작금의 현상은 우리나라에게 적실성이 높은 유럽연합전략을 요구한다. 이에 부응하려면, 유럽연구가 유럽 시민의 일상생활과 유럽연합의 모든 법질서를 규율하는 근간으로부터 시작되어야 한다. 그 근간에 해당하는 것이 바로 유럽연합의 기본조약들이다.

이에 관한 연구는 그동안 일부 조약의 번역된 본문을 중심으로 이뤄져 왔다. 그러나 본 총서는 우리나라에서 최초로 본문은 물론이고 의정서, 협정, 선언서 등까지 포함해 기본조약들의 전문 모두를 우리글로 완역하고 해제와 주석을 달아 설명해 놓고 있다.

이 총서는 앞으로 유럽지역연구자들의 연구 지평을 넓히고 그 역량을 강화하는 데 공헌할 것으로 기대한다. 또한 국내 학부와 대학원의 유럽 관련 교과목 운영에도 활용되어 유럽지역에 관심을 가진 학생들을 교육하는 데도 크게 도움이 될 것이다. 더욱이 본 총서는 유럽진출을 계획하는 기업이나 외교 일선을 책임진 우리나라 정부를 위해서도 유용하게 쓰일 수 있을 것으로 기대한다.

이러한 귀중한 총서를 마주하게 되어 기쁨과 함께 그 작업에 시간과 노력을 아끼지 않았을 김면회 교수님 이하 모든 참여연구진 선생님들께 이 자리를 빌려 다시 한번 감사드리며 그 고생을 위로하는 바이다.

가천대학교 석좌교수
라종일

**EUROPEAN UNION
DELEGATION TO THE REPUBLIC OF KOREA**

Ambassador

Seoul, 4 February 2022

Recommendation letter for the book - EU DELEGATION

The '*Translation and Annotation on Major Basic Treaties of the European Union*' research book by Professor Kim Myon-Hoei (and associated) comes at an interesting point in time for the European Union (EU) and the Republic of Korea (RoK). Global challenges, such as the Covid-19 pandemic and worrying geo-political dynamics, are altering the way we live, do business and are testing the established multilateral order. At the same time, diplomacy, reconciliation and peace are as important as ever for sustaining our lives, economies and international relations.

The European unification process emerged from the rubble of the

---

11th fl., Seoul Square, 416 Hangangdaero, Jung-gu, Seoul, Korea
Telephone (+82-2) 3704-1700, Fax (+82-2) 735-1211; Email: Delegation-rep-of-Korea@eeas.europa.eu
Website: https://eeas.europa.eu/delegations/south-korea_en

Second World War. It came from the desire of people to put an end to international hatred and rivalry in Europe and create the conditions for lasting peace. Between 1945 and 1950, a handful of brave statesmen including Robert Schuman, Jean Monnet, Konrad Adenauer and Alice De Gasperi set about persuading their peoples to usher in a new era. Robert Schuman, then French Foreign Minister, took up an idea originally conceived by Jean Monnet and, on 9 May 1950, proposed establishing a European Coal and Steel Community. In a practical but also richly symbolic way, the raw materials of war were now being turned into instruments of reconciliation and peace.

The experiences built-up during European integration are relevant to efforts to achieve historic reconciliation in Northeast Asia and can be of inspiration to the Republic of Korea in its endeavours to advance peace on the Korean peninsula.

This five-volume book provides for the first time in Korea a complete translation of the eight major treaties on which the European Union is based upon. It starts with the Treaty establishing the European Coal and Steel Community, the Treaty establishing the European Economic Community and, concludes with the most recent Treaties of the European Union (Maastricht, Amsterdam and Nice treaties established in the first decade of this century) that guarantee the rule of law and equality between all its member countries. It translates into Korean not only the eight basic treaties of the EU, but also their content such as annexes, protocols and declarations and includes a bibliographical introduction, annotation, and additional papers dealing with major related topics.

The availability of a reliable and compact research book in Korean language such as this is nowadays of outmost importance. This book provides a solid and reliable anchor to primary sources of academic works on the history of the EU and, it has the potential to inform future research theories on the EU integration and in broader academic fields in the Republic of Korea.

I believe that promoting access and utilisation of this book can contribute to a wider use of data and information by a wider community interested in establishing political and business relations with the EU, such as business groups and government officials. I trust it will also contribute to raising academic interest in the EU and European studies in Korean undergraduate and graduate schools.

I sincerely congratulate Prof. Kim Myon-Hoei and the HUFS for steadily connecting the EU and the Republic of Korea through this valuable book, and underlying research, which I highly recommend.

María CASTILLO FERNÁNDEZ

Ambassador

Delegation of the European Union to the

Republic of Korea

추천사 II _ 국문

　한국외국어대학교 김면회 교수(및 관련 연구자)의 『유럽연합 주요 기본조약의 번역과 주해』 총서는 유럽연합과 한국에게 있어 흥미로운 시점에 출간되었다. 코비드-19 팬데믹과 우려되는 지정학적 역학과 같은 글로벌 도전들이 우리의 생활 방식, 비즈니스 방식을 바꾸며 기존의 다자간 질서를 시험하고 있다. 동시에 외교, 화해, 평화는 우리의 삶, 경제 및 국제 관계를 유지하는 데 있어 그 어느 때보다 중요하다.

　유럽의 통합 과정은 제2차 세계 대전의 잔해로부터 등장했다. 이는 유럽에서 국제적 증오와 경쟁 관계를 종식하고 항구적인 평화를 위한 여건을 조성하려는 사람들의 염원에서 비롯되었다. 1945년과 1950년 사이에 로베르 슈망, 장 모네, 콘라드 아데나워, 알치데 데 가스페리를 포함한 소수의 용감한 정치인들이 새로운 시대를 열도록 국민을 설득하기 시작했다. 당시 프랑스의 외무장관이었던 로베르 슈망은 장 모네가 처음 구상한 아이디어를 받아들여 1950년 5월 9일 유럽석탄철강공동체(European Coal and Steel Community) 설립을 제안했다. 실용적이면서도 풍부한 상징적 방식으로 전쟁의 원료가 이제 화해와 평화의 도구로 변모해가고 있었다. 유럽통합 과정에서 축적된 그 경험들은 동북아에서 역사적인 화해를 이루려는 노력과 관련이 있으며, 한반도에 평화를 진전시키기 위한 한국의 노력에도 영감을 줄 수 있다.

　총 5권으로 구성된 본 총서는 유럽연합의 기반이 되는 8개 주요 조약들을 한국에서 처음으로 완역한 것이다. 이는 유럽석탄철강공동체 설립조약과 유럽경제공동체 설립조약을 시작으로, 모든 회원국 간의 법치와 평등을 보장하는 가장 최근의 유럽연합 조약들(금세기 첫 10년 동안 설립된 마스트리히트, 암스테르담 및 니스 조약)로 마무리된다. 본 총서는 유럽연합의 8개 기본조약뿐만 아니라 각 조약에 담긴 부속서, 의정서, 선언서도 한글로 번역하고, 해제와 주석과 주요 관련 주제를 다룬 보론 또한 수록해 놓고 있다.

이같이 신뢰할 수 있고 간결한 한국어 연구서를 구할 수 있다는 것은 오늘날 무엇보다 중요한 일이다. 본서는 유럽연합의 역사에 관한 학문 연구의 주요 원천에 견고하고 신뢰할만한 닻을 제공하며, 향후 유럽통합 연구와 한국의 더 넓은 학문 분야에서 연구이론에 정보를 제공하는 잠재력을 가지고 있다.

본서의 사용과 활용을 촉진하는 일은 비즈니스 그룹과 정부 관료와 같이 유럽연합과 정치 및 비즈니스 관계를 수립하는 데 관심이 있는 더 넓은 공동체가 데이터와 정보를 더 폭넓게 사용하는 데 기여할 수 있다고 믿는다. 또한 한국의 학부와 대학원에서 유럽연합과 유럽 연구에 대한 학문적 관심을 높이는 데도 공헌할 것으로 믿어 의심치 않는다.

귀중한 본서와 기초연구를 통해 유럽연합과 한국 사이에 꾸준히 가교 역할을 수행해주신 김면회 교수님과 한국외국어대학교에 진심으로 축하의 말씀을 드리면서 본 총서를 적극 추천하는 바이다.

주한 유럽연합(EU) 대표부 대사
마리아 키스티요 페르난데즈

| 머리말

『유럽연합(EU) 기본조약』 총서를 출간하며

본 총서는 유럽연합 주요 기본조약을 완역(完譯)하고, 각주 방식을 통해 백과사전에 준하는 상세한 설명을 곁들이며, 각 조약에 대한 입체적인 이해를 돕고자 해제(解題)와 함께 학술적인 논문을 덧붙인 체계적이고 지난한 집단 작업의 성과물이다. 총 5권으로 구성된 본 총서는『유럽연합(EU) 주요 기본조약의 번역과 주해(註解)』라는 과제명으로 한국연구재단의 지원을 받아 2018년 7월 1일부터 3년에 걸쳐 수행된 토대지원사업의 결실이다. 본 연구는 초국가성과 국가성의 긴장 관계 하에 유럽 공간에서 발생하고 있는 제반 현상을 심층적으로 이해하고 적확한 대(對)유럽연합 전략을 수립하려면, 무엇보다도 유럽연합의 위상과 기능을 규율하는 토대를 체계적으로 파악하는 것이 필요하다는 문제의식에서 출발했다. 물론 이는 유럽연합에 대한 국내외 연구 현황을 비판적으로 검토한 결과이기도 하다. 본 총서에 견줄만한 유럽연합 조약에 대한 체계적인 번역 및 주해 작업은 인근 국가인 중국과 일본에서도 제대로 이루어지지 않은 상태이다.

유럽연합(EU)의 기본조약은 크게 공동체설립조약과 설립조약을 수정·보완한 개정조약으로 대별된다. 설립조약으로는 유럽석탄철강공동체(ECSC)조약, 유럽경제공동체(EEC)조약, 유럽원자력공동체(Euratom)조약이 해당되고, 개정조약에는 단일유럽법(SEA), 유럽연합조약(마스트리히트조약), 암스테르담조약, 니스조약, 리스본조약이 속한다. 본 총서는 이들 8개의 조약을 체결 순서 및 시대적 배경을 중심으로 5권으로 편성하여 발간한다. 제1권에는 유럽석탄철강공동체 설립조약, 제2권에는 유럽경제공동체 설립조약과 유럽원자력공동체 설립조약, 제3권에는 단일유럽법(SEA)과 마스트리히트조약, 제4권에는 암스테르담조약과 니스조약, 그리고 마지막으로 제5권에는 리스본조약이 각각 수록된다.

총서 5권은 동일한 형식으로 각각 구성된다. 각 권의 맨 앞부분은 조약 체결의 역사적 배경과 체결 과정 및 조약의 주요 내용과 구조 및 특징을 설명하는 해제 부분이 차지한다. 이어서 해당 조약의 본문 및 부속서(Annex), 의정서(Protocol), 선언(Declaration) 등 조약 전체를 우리글로 완역한 부분이 다음을 구성한다. 총서의 각 권에서는 독자의 이해를 돕고자 조약 내용에 나오는 인명과 지명 및 역사적 사건 그리고 전문 용어 등에 대한 간략한 설명을 각주 형식으로 추가한다. 아울러 학술적 의의를 제고하고자 각 권의 뒷부분에는 해당 조약과 관련한 주요 연구 주제를 선정하여 연구진이 작성한 3편의 논문을 덧붙인다.

조약 원문은 정본으로서 공식 효력을 갖는 유럽연합관보(OJ)에 게재된 것을 활용했다. 번역 과정에서는 언어별로 맥락에 따라 상이하게 담아내는 의미의 차이를 간과하지 않으면서도 우리글로 정확히 전달하기 위해 연구진 간에 긴밀한 상호 협조 하에 유럽연합의 대표적 공식어인 영어, 독일어, 프랑스어 원문을 교차 비교하여 엄밀성 및 완결성을 강화했다. 아울러 필요시에는 부분적으로 일본어판도 참고하였음을 밝힌다.

본 연구의 결과물이 앞으로 유럽 지역에 대한 다양한 연구 작업의 토대가 되기를 기대해 본다. 이는 본 연구 과제를 후원해 준 한국연구재단 토대연구지원사업의 취지에 부합하는 것이기도 하다. 연구 작업의 빈 공간을 메우고자 한 본 총서 발간 작업이 국내 학계에서 유럽 지역 연구의 이론적 발전의 기틀을 제공하고 더 풍부한 학문적 발전의 디딤돌이 되기를 바라는 바이다. 아울러 본 총서는 유럽 지역에 대한 관심이 있는 후학들의 양성과 대학 및 대학원 교육 과정의 내실화에도 도움이 되기를 바란다. 국내 90여 개 학부와 대학원에서 개설되고 있는 유럽연합 관련 교과목 운영에 귀중한 자료로 본 연구진의 성과물이 적극적으로 활용될 수 있기를 기대해 본다. 아울러 이러한 과정을 통해 본 연구 결과물의 미흡한 부분이 발견되고, 더욱 나은 길로 개선될 수 있기를 연구책임자로서 기대하는 바이다.

다섯 권의 총서가 성공적으로 출간되는 데 있어 다년간에 걸쳐 연구에 매진해 주신 공동연구원 교수님들(랄프 하베르츠, 강유덕, 김상수, 장준호, 채형복)에게 감사의 말씀을 드리는 바이다. 동시에 본 연구진이 자연스럽게 의기투합할 수 있도록 기반을 닦아 준 한국유럽학회에도 감사의 인사를 올린다. 연구 작업에 집중할 수 있도록 후원해 주신 한국연구재단과 연구주관기관으로서 연구 진행을 관리해 준 한국외국어대학교 연구산학협력단에도 연구진을 대표하여 깊은 사의를 표한다. 연구 수행에 직접 참여한 것뿐만 아니라 연구 사업의 조정·관리업무를 도맡아 주신 김일곤, 박상준 두 전임연구원을 비롯하여 연구보조원으로 많은 시간을 할애한 최정화 박사와 엄광용, 최병욱, 원정희, 김승아 석사 및 유병호, 오준석 학부생의 노고 또한 잊을 수가 없다. 선택한 학문 세계의 앞날이 순탄하기만을 기원한다.

   어려운 출판 환경에도 불구하고 본 연구의 뜻에 선뜻 동의하시고 꼼꼼한 편집을 통해 멋진 총서를 발간해 주시기로 결심하신 도서출판 신서원의 정용국 사장님, 그리고 좋은 책을 만들기 위해 밤낮으로 애써주시는 도서출판 신서원의 직원 여러분에게도 감사의 인사를 전하지 않을 수 없다. 아울러 한국에서 유럽학 연구의 초석을 다져주신 라종일 한국유럽학회 초대 회장님과 본 총서 발간에 특별한 의미를 부여해 주신 마리아 카스티요 페르난데즈(María Castillo Fernández) 주한 유럽연합 대표부 대사님의 추천사에 깊은 감사의 인사를 올린다. 마지막으로 이 자리를 빌려 본 총서 발간을 계기로 원대한 계획 속에 출발하는 유럽인문사회비교연구센터의 학문 활동에 많은 관심과 성원을 당부드리는 바이다.

2022년 1월
연구책임자
한국외국어대학교 정치외교학과 교수 김면회

목차

추천사 I 5
추천사 II 9
머리말_『유럽연합(EU) 기본조약』 총서를 출간하며 15

유럽경제공동체(EEC) 설립조약

| 해제 |
유럽경제공동체 설립조약의 구조와 의미 /강유덕 ·················· 27

조약 번역문

| 조약 |
유럽경제공동체(EEC) 설립조약 ·················· 61
  전문 ·················· 61
  제1부 원칙 ·················· 67
  제2부 공동체의 근거 ·················· 73
    제 I 편 재화의 자유로운 이동 ·················· 73
      제1장 관세동맹 ·················· 75
        제1절 회원국 간의 관세철폐 | 제2절 공동관세 설립
      제2장 회원국 간 수량적 제한의 철폐 ·················· 85
    제 II 편 농업 ·················· 91
    제III편 사람, 서비스, 자본의 자유 이동 ·················· 100
      제1장 노동자 ·················· 100
      제2장 사업체 설립의 자유 ·················· 103
      제3장 서비스 ·················· 107

제4장 자본 ·· 110
　제Ⅳ편 운송 ·· 114
제3부 공동체의 정책 ·· 119
　제Ⅰ편 공동법규 ·· 119
　　제1장 경쟁에 관한 법규 ·· 119
　　　제1절 기업에 적용되는 법규 ∣ 제2절 덤핑 ∣ 제3절 회원국 정부지원
　　제2장 과세 규정 ·· 128
　　제3장 법률의 상호접근 ··· 129
　제Ⅱ편 경제정책 ·· 131
　　제1장 경기정책 ·· 131
　　제2장 국제수지 ·· 132
　　제3장 공동통상정책 ·· 136
　제Ⅲ편 사회정책 ·· 141
　　제1장 사회 규정 ·· 141
　　제2장 유럽사회기금 ·· 144
　제Ⅳ편 유럽투자은행 ·· 146
제4부 해외 국가 및 영토와의 협력 ·· 148
제5부 공동체의 기관 ·· 152
　제Ⅰ편 기관 운영에 관한 규정 ··· 152
　　제1장 기관 ·· 152
　　　제1절 의회 ∣ 제2절 이사회 ∣ 제3절 유럽위원회 ∣ 제4절 사법재판소
　　제2장 여러 기관에 적용되는 규정 ···································· 171
　　제3장 경제사회위원회 ··· 173
　제Ⅱ편 재정 규정 ·· 176
제6부 일반 규정 및 최종 규정 ··· 184
　기관의 설립 ·· 196
　최종 규정 ·· 198

| I 목록 |

부속서 I 본 조약 제19조와 제20조에 규정된 A에서 G의 목록 ················ 201
부속서 II 본 조약 제38조에 규정된 목록 ·· 233
부속서 III 본 조약 제106조에 규정된 서비스 교역 목록 ·························· 237
부속서 IV 본 조약 제4부의 규정이 적용되는 해외 국가 및 영토 ············ 241

| II 의정서 |

유럽투자은행의 정관에 대한 의정서 ·· 243
독일의 국내교역 및 연결문제에 관한 의정서 ·· 263
프랑스와 관련한 규정에 관한 의정서 ·· 265
이탈리아에 관한 의정서 ·· 269
룩셈부르크공국에 관한 의정서 ·· 271
특정 국가로부터 수입되고 특별수입제도를 활용하는 상품에 관한 의정서 ········ 273
알제리와 프랑스공화국의 해외행정도에 대해 유럽석탄철강공동체에
  속하는 상품에 적용되는 제도에 관한 의정서 ·· 275
광물유와 특정 부산물에 관한 의정서 ·· 277
유럽경제공동체 설립조약의 네덜란드왕국의 비유럽지역 적용에 관한 의정서
  ·· 279

| III 협약 |

공동체와 해외 국가 및 영토의 협력에 관한 이행 협약 ································ 281
바나나 수입을 위한 저율관세할당에 관한 의정서(브뤼셀 분류법 Ex 08.01) ···· 291
원두커피 수입을 위한 저율관세할당에 관한 의정서(브뤼셀 분류법 Ex 09.01) ···· 295
특권 및 면책권과 유럽경제공동체 사법재판소의 정관에 관한 의정서 ············· 299
  - 특권과 면책권에 관한 의정서 ·· 299
  - 사법재판소의 정관에 관한 의정서 ·· 311
유럽공동체들에 공통되는 특정 기관에 대한 협약 ·· 329

┃공동시장과 유럽원자력공동체를 위한 정부간회의 최종의정서┃

국제기구의 회원국과 협력에 관한 공통 선언 ················ 343

베를린에 관한 공통 선언 ························· 345

프랑존 소속의 독립국가와 유럽경제공동체 간의 협력을 위한 의사표시 선언
··································· 347

리비아왕국과 유럽경제공동체 간의 협력을 위한 의사표시 선언 ········· 349

이탈리아의 신탁통치령인 소말리아에 관한 의사표시 선언 ············ 351

수리남 및 네덜란드령 앤틸리스 제도와 유럽경제공동체 간의 협력에 관한
의사표시 선언 ·································· 353

독일 재외국민의 정의에 관한 독일연방공화국 정부의 선언 ·········· 355

베를린에 대한 조약의 적용에 관한 독일연방공화국 정부의 선언 ········ 357

국방의 사유로 기밀로 취급된 특허 출원에 관한 프랑스공화국 정부의 선언
··································· 359

유럽원자력공동체(Euratom) 설립조약

┃해제┃

유럽원자력공동체 설립조약의 구조와 의미 /박상준 ············ 363

조약 번역문

┃조약┃

유럽원자력공동체(Euratom) 설립조약 ··················· 401

   전문 ·· 401

   제1편 공동체의 직무 ··························· 405

   제2편 원자력 분야의 발전을 장려하기 위한 규정 ············ 408

제Ⅰ장 연구의 장려 ··· 408
　　제Ⅱ장 정보의 보급 ··· 413
　　　　제Ⅰ절 공동체가 재량권을 가진 정보 ∣ 제Ⅱ절 기타 정보 ∣ 제Ⅲ절 보안 규정 ∣
　　　　제Ⅳ절 특별 규정
　　제Ⅲ장 보건과 안전 ··· 427
　　제Ⅳ장 투자 ·· 431
　　제Ⅴ장 합작기업 ·· 433
　　제Ⅵ장 공급 ·· 436
　　　　제Ⅰ절 공급청 ∣
　　　　제Ⅱ절 공동체 역내에서 생산된 광석, 선원 물질 그리고 특수핵분열성물질 ∣
　　　　제Ⅲ절 공동체 역외에서 생산된 광석, 선원 물질 그리고 특수핵분열성물질 ∣
　　　　제Ⅳ절 가격 ∣ 제Ⅴ절 공급정책과 관련된 규정 ∣ 제Ⅵ절 특별 규정
　　제Ⅶ장 안전조치 ·· 449
　　제Ⅷ장 재산권 ·· 455
　　제Ⅸ장 원자력 공동시장 ·· 457
　　제Ⅹ장 대외관계 ·· 460
　제3편 기관 운영에 관한 규정 ··· 464
　　제Ⅰ장 공동체 기관 ··· 464
　　　　제Ⅰ절 의회 ∣ 제Ⅱ절 이사회 ∣ 제Ⅲ절 유럽위원회 ∣ 제Ⅳ절 사법재판소
　　제Ⅱ장 여러 기관의 공통 규정 ·· 484
　　제Ⅲ장 경제사회위원회 ·· 486
　제4편 재정 규정 ·· 489
　제5편 일반 규정 ·· 500
　제6편 초기 시기에 관한 규정 ··· 511
　　　　제Ⅰ절 기관의 설립 ∣ 제Ⅱ절 본 조약의 초기 적용을 위한 규정 ∣ 제Ⅲ절 경과 규정
　최종 규정 ··· 517

∣ 부속서 ∣
부속서 Ⅰ 본 조약 제4조에 언급된 원자력에 관한 연구 분야 ···························· 519
부속서 Ⅱ 본 조약 제41조에 언급된 산업 활동 ··· 525

부속서 Ⅲ 본 조약 제48조에 따라 합작기업에 부여된 특혜 ·············· 527
부속서 Ⅳ 원자력 공동시장에 관한 제Ⅸ장 규정에 따른 상품과 생산품 목록 ····· 529
부속서 Ⅴ 본 조약 제215조에 언급된 초기 연구훈련프로그램 ·············· 539

| 의정서 |
네덜란드왕국의 비유럽 지역에 관한 유럽원자력공동체 설립조약의 적용에 대한
 의정서 ··· 545
특권과 면책권에 대한 의정서 ·· 547
사법재판소 정관에 대한 의정서 ·· 559

보론

유럽경제공동체(EEC)와 유럽자유무역연합(EFTA)의 경쟁관계, 그리고 영국의 선택
 /강유덕 ·· 579
유럽원자력공동체의 설립과 서독의 입장 /박상준 ··· 607
Ordoliberalism as Early Ideational Influence on European Economic Integration
 /랄프 하베르츠(Ralf Havertz) ·· 631

찾아보기 666

유럽경제공동체 설립조약
-EEC-

| 해제

유럽경제공동체 설립조약의 구조와 의미

강 유 덕

    1957년 3월 로마조약에 의해 체결된 유럽경제공동체 설립조약(Treaty establishing the European Economic Community)은 유럽단일시장의 기본 틀을 제공하는 조약이다. 특히 조약의 기본적인 내용들은 1992년 마스트리히트조약, 1997년 암스테르담조약을 거쳐 2009년 리스본조약에까지 그대로 계승되었고 이런 까닭에 유럽경제공동체(European Economic Community, EEC)는 오늘날 유럽연합(European Union, EU)의 전신을 구성한다고 볼 수 있다. 1950년대 중반 위기에 봉착하였던 유럽통합 계획은 EEC의 성공적인 출범을 계기로 동력을 유지할 수 있었고, 1980년대 중반의 단일시상 계획을 통해 1990년대 말 유로화 체제의 출범으로 이어질 수 있었다. 본고에서는 유럽경제공동체 설립의 배경을 살펴보고, 설립조약의 구조와 의미를 살펴보도록 한다.

Ⅰ. 조약 체결의 역사적 배경 및 과정

유럽방위공동체의 좌절

1951년 4월 파리조약의 서명을 통해 탄생한 유럽석탄철강공동체(European Coal and Steel Community, ECSC)는 유럽통합의 시작을 알리는 서막이었다. 유럽통합을 향한 계획은 제2차 세계대전 이전부터 유럽 엘리트 사회의 정치적 담론으로 존재하였지만, ECSC의 출범으로 실현이 가능한 정치 프로젝트가 된 것이다. 특히 수년 전 상대방에게 총구를 겨누는 전쟁을 겪은 국가들이 자국의 주권을 일부 양도하여 초국가적인 공동체를 수립하였다는 것은 현대사에서 좀처럼 찾아보기 힘든 선례이다.

1950년대 초 동서 양 진영의 냉전은 점차 격화되기 시작하였다. 곧 유럽의 지도자들은 유럽 차원의 방위협력이 필요하다는 점을 인식하였고, 미국은 동아시아에서 전개된 한국 전쟁과 같은 상황이 유럽에서 발생할 수 있다는 점을 우려하였다. 이에 서독의 재무장을 통해 동구권에 대항하는 서유럽의 저항선을 구축할 필요가 있다고 보았고, 영국도 같은 입장을 보였다(Schwabe 2001; Ludlow 2007; Görtemaker 2009). 프랑스는 서독의 재무장에 찬성할 수 없다는 입장이었지만, 주변국의 동조를 얻지 못한 채 미국과 영국의 강한 압력에 부딪혔다. 결국 프랑스는 현실적으로 미국과 주변국의 주장을 수용하는 방법을 모색할 수밖에 없었다. 당시 ECSC 창설을 주도하였던 장 모네(Jean Monnet)는 독일의 재무장을 수용하되, 이를 개별 국가 차원이 아닌, 유럽 차원에서 추진할 것을 주장하였다. 이러한 상황에서 당시 프랑스 정부는 1950년 10월 24일 유럽의 공동방위를 위해 유럽군을 창설하는 이른바, '플레벵 계획(Pleven Plan)'을 발표하였다.[1] 이 계획은 ECSC 6개국 간의 논의를 거쳐 유럽방위공동체(European Defense Community, EDC) 계획으로 구체화되었다. 또한 EDC의 성공을 위해 공동외교정책을 담당할 유럽정치공동체(European Political Community, EPC)가 뒤이어 제안되었다. 이후 1952년 5월 27일 6개국은 유럽방위공동체 설립조약에 서명하였다. 이후 서독과 베네룩스 3국에서는 1954년 4월까지 조약의 의회 비준이 완료되었다. 반면에 EDC 창설을 제안하였던 프랑스 정부에서는 내부 사정으로 비준이 지연되었고, 이탈리아 정부는 프랑스의 비준 상황을 지켜보기로 하였다. 그 사이에 한국전쟁의 종료와 스탈린의 사망 등으로 유럽 안보에 대한 위협은 다소 완화되었고, 프랑스의 드골주의자들은 프랑스의 주권을 제약할 수 있는 유럽 차원의 방위계획에 거부감을 보였다. 당시 프랑스 정부의 수반이었던 피에르 멘데스 프랑스(Pierre Mendès France)는 비준에 반대하는 프랑스 정치인들의 동의를 얻어낼 수 있도록 조약을 수정하는 방안을 타진하였다. 반면에 이러한 시도는 이미 조약의 비준을 어렵사리 마친 다른 국가들로서는 수용할 수 없는 제안이었다. 결국 유럽방위공동체 설립조약은 1954년 8월 30일 프랑스 의회에서 비준 투표 자체가 거부되었고, 이에 EDC 설립 계획은 수포로 돌아갔다.[2] 이에 따라 EPC 설립 계

---

[1] 이 계획은 당시 프랑스 국무회의 의장이었던 르네 플레뱅(René Pleven)을 통해 발표되었다. 당시 프랑스는 내각책임제와 유사한 제4공화국 체제(1947-1959년)로 국무회의 의장(président du Conseil des ministres)이 정부의 수반을 담당하였다.

[2] 당시 프랑스 의회는 유럽방위공동체 설립조약에 대한 비준에 앞서, 이 안건을 선결문제(question préalable)로 지정하고 이에 대한 사전투표를 진행하였다. 선결문제로 가결될 경우, 안건을 표결에 올리는 행위 자체가 거부되는데, 동 안건은 찬성 319표, 반대 264표로 가결되었다. 결국 유럽방위공동체 설립조약은 프랑스 의회에서 비준 투표의 대상조차 되지 못하였던 것이다. CVCE. "The Refusal to Ratify the EDC Treaty."https://www.cvce.eu/en/education/unit-content/-/unit/02bb76df-d066-4c08-a58a-d4686a3e68ff/aa0211ce-bf4d-48ba-9af7-86a30aec64b3(검색일: 2021. 10. 20).

획도 사장되었다. 사실 프랑스가 EDC 설립을 제안한 것은 유럽통합에 대한 열렬한 지지를 뜻하는 것이 아니었다. 단지 프랑스의 전통적인 두려움을 반영한 것으로 EDC 계획의 주목적은 서독의 독자적인 재무장을 저지하는 것이었다.

EDC 설립 계획이 수포로 돌아간 후, 장 모네는 ECSC의 고등관청(High Authority) 의장직에서 사임하였다. EDC 계획이 실패하면서 1948년 체결된 브뤼셀조약이 확대되어 서유럽 연합(Western European Union, WEU)이 결성되었다. 그러나 WEU는 단지 느슨한 정부 간 협의체에 불과하였고, ECSC와 같은 유럽통합의 연장선 속에서 발전한 조직이 아니었다. 결국 유럽통합을 추진하기 위한 방안으로 안보를 활용하는 것은 불가능해진 것처럼 보였다.

새로운 통합의 경로 모색

정치·외교 분야에서 유럽의 통합계획을 추진하는 것이 불가능한 상황에서 유력한 방법은 분야별 통합을 시도하는 것이었다. 유력한 방법은 경제, 에너지 분야를 활용하는 것이었다.

새로운 돌파구를 제시한 것은 유럽통합에 적극적인 베네룩스 국가들이었다. 네덜란드 외무장관인 요한 베이언(Johan Beyen)은 유럽 국가들의 경제 관계를 중심으로 공동체를 구성하는 방안을 제시하였다. 그의 제안은 ECSC 6개국이 역내무역에 대해 관세 및 비관세 장벽을 철폐함으로써 공동시장을 설립하는 것이었다.[3] 이러한 주장은 베네룩스 3국 간에 역

---

3   CVCE. "Plans for Revival." https://www.cvce.eu/en/education/unit-content/-/unit/1c8aa583-8ec5-41c4-9ad8-73674ea7f4a7/ce525535-1469-4132-af14-8f75d5a7804d

내관세를 대폭 삭감하였던 경험에서 나온 것이다. 베네룩스 3국은 1932년 우시 협약(Ouchy Convention)을 통해 상호 간에 적용되던 기존의 관세를 절반 수준까지 낮추고, 새로운 무역장벽을 도입하는 것을 금지한 바 있다. 이와 같은 경험을 바탕으로 베이언은 벨기에와 룩셈부르크의 외무장관을 설득하였고, 공동으로 관세동맹을 설립할 것을 ECSC 6개국에 제시하고자 하였다. 관세동맹과 같은 경제통합을 유럽의 연대와 단결을 강화할 수 있는 방법으로 본 것이다. 이에 베네룩스 3국의 외무장관들은 1955년 4월 23일 헤이그(Hague)에서 회의를 갖고, 3국의 이름으로 작성된 제안서(memorandum)를 공개하였다. 이 제안서에는 유럽통합의 재활성화를 위해 경제와 원자력 분야를 활용하는 방안이 담겨 있었다.[4]

이후 1955년 6월 1일부터 3일까지 이탈리아의 메시나(Messina)에서는 ECSC 6개국의 외무장관 회의가 개최되었다. 이 회의는 ECSC 최고위원회의 신규 위원을 임명하고, 임기가 만료되는 의장과 부의장을 선정하는 것이 주요 의제였으나, 유럽통합을 다시 한번 재건하기 위한 새로운 도약을 위한 자리이기도 하였다. 이 회의에서 베네룩스 3국은 그동안 준비해 온 공동시장에 대한 제안서를 공식으로 제출하였다. 이를 검토하기 위해 메시나 회의에서는 전 벨기에 총리인 앙리 스파크(Henri Spaak)를 위원장으로 하는 준비위원회를 구성할 것을 결정하였다.[5]

한편 유사한 움직임은 유럽통합론자들의 연대를 통해서도 나타났다. 프랑스의 유럽방위공동체 설립조약 비준 실패는 큰 교훈을 안겨 주었다.

(검색일: 2021. 10. 20).

[4] CVCE. "The Benelux Memorandum." https://www.cvce.eu/en/education/unit-content/-/unit/02bb76df-d066-4c08-a58a-d4686a3e68ff/4f12131a-6cef-4db5-b877-dae21adc9ae8(검색일: 2021. 10. 20).

[5] 이 위원회는 위원장의 이름을 본따서 스파크 위원회(Spaak Committee)로 불렸다.

유럽통합을 위해서는 정치적 지지를 확보하는 것이 그 무엇보다 중요하며, 정치적 역량을 집중해야 할 필요가 있다는 것이다. 이에 메시나 회의 직후 유럽통합의 아버지로 불렸던 장 모네는 1955년 10월 13일 '유럽합중국을 위한 행동위원회(Action Committee for the United States of Europe)'를 설립하였다. 이 위원회는 일종의 압력단체로 6개국의 정당과 노조가 참여하였으나, 유럽통합에 반대하는 공산당과 드골주의자 계열 인사들은 초청받지 못하였다(김유정 2012, 36-38). 이 위원회에는 과거 ECSC와 EDC의 설립에 반대하였던 독일의 사민당(SPD)이 동참하였고, 이를 통해 독일과 프랑스 정치계의 연대 분위기가 형성되었다(이재승 외 77-79). 모네는 ECSC의 분야(석탄, 철강)에 가스, 전기, 원자력과 같은 에너지와 운송을 추가함으로써 통합의 분야를 확장하는 방식을 선호하였다. 특히 새로운 에너지원이자 군사적 전용의 우려가 있는 원자력의 경우 유럽통합을 위한 새로운 매개가 될 수 있으며, 원자력공동체를 창설함으로써 유럽의 정치적, 경제적 쇠퇴를 극복할 것을 제시하였다. 특히 야당이었던 독일의 사민당 정치인들의 참여를 이끌어내었고, 이를 통해 원자력을 통한 유럽의 연대가 평화적 영역인 에너지 분야에 한정될 것임을 명확히 하였다.

한편 메시나 회의를 통해 구성된 스파크 위원회(Spaak Committee)는 1955년 7월 9일에 구성되어 논의에 착수하였다. 위원회에는 6개국의 대표가 참석하였다.[6] 영국 정부의 상임대표도 스파크 위원회의 모든 회의

---

[6] 각국의 수석대표 명단은 다음과 같다. 칼 프리드리히 오퓔스(Carl Friedrich Ophüls: 전권 장관, 서독) 장 샤를 스노이 에 도퓌에르(Jean-Charles Snoy et d'Oppuers: 경제위임장관, 벨기에) 펠릭스 가이야르(Félix Gaillard: 하원의원, 前 장관, 프랑스), 로도비코 벤베누티(Lodovico Benvenuti: 前 외무부 차관, 이탈리아), 랑베르 샤우스(Lambert Schhaus: 브뤼셀 주재 룩셈부르크 대사, 룩셈부르크), 제라드 마리우스

에 참석하도록 초청받았다.⁷ 스파크 위원회는 산하에 (1) 공동시장, (2) 재래식 에너지, (3) 원자력, (4) 교통 및 공공인프라 등 4개의 분과위원회를 두었다. 스파크 위원회는 우선 공동시장을 창설하는 것을 기본 전제로 하였고, 모든 논의는 이를 기초로 진행되었다. 위원회는 수개월의 작업을 거쳐 1956년 4월에 최종 보고서인 '스파크 보고서(Spaak Report)'를 발표하였다. 영국은 스파크 위원회의 초기 작업에는 참여하였으나, 1955년 10월 스파크 위원회에서 탈퇴하였다. 장 모네는 초기에는 공동시장 창설 계획에 찬성하지 않았다. 그러나 프랑스 내에서는 다른 방식으로는 외교적 노력이 불가능하다는 점을 확인하고, 다른 국가들의 입장, 특히 베네룩스 3국의 제안을 적극적으로 수용하였다. 결국 원자력과 공동시장, 그리고 교통 분야를 포함하는 유럽통합 방안이 점차 구체화된 것이다. 스파크 위원회의 보고서는 5월 29~30일에 베니스에서 개최된 6개국 회의에서 채택되었다. 이후 7월부터 진행된 공동시장과 원자력공동체 설립 협상에서 기본 자료로 활용되었다.

대외적 상황의 변화

1950년대 초반은 유럽을 둘러싼 대내외적 상황이 급변하는 시기였다. 우선 유럽 내 큰 변화는 프랑스와 독일의 관계가 개선된 점이다. 제2차 세계대전 이후 프랑스는 자르란트(Saarland) 지역을 보호령으로 통치하

베린 스튜어트(Gerard Marius Verrijn Stuart: 교수, 네덜란드).

7 영국 정부는 영국 무역위원회(Board of Trade)의 차관인 러셀 브레서튼(Russell Bretherton)을 대표로 파견하였다. ECSC 6개국이 주로 외교관 또는 정치인 출신을 대표로 파견한 데 비해 영국은 경제학자이자 관료 출신이 대표직을 맡았다. ECSC 6개국은 스파크 위원회를 정치적 이슈를 논의하는 자리로 파악한 데 비해, 영국은 자유무역과 같은 경제 이슈를 다루기 위한 위원회로 파악한 것임을 알 수 있다.

였으나, 서독의 콘라트 아데나워(Konrad Adenauer) 총리는 자르란트의 반환을 요구하였다. 이 지역은 대표적인 석탄 산지로 역사적으로 양국의 이해관계가 첨예하게 맞섰던 지역이다. 양국은 자르란트의 주민들이 투표를 통해 결정하도록 하는 데 합의하였고 1955년 9월 23일에 주민투표가 개최되었다.[8] 투표 결과에 따라 1956년 10월 27일 양국 외무장관 간에는 자르란트의 독일 복귀를 확정하는 룩셈부르크 조약이 체결되었다. 오랜 갈등의 평화로운 해결은 양국 간의 관계가 급속도로 개선되는 계기가 되었다. 양보와 협의를 통해 유럽통합 프로젝트를 발전시킬 수 있는 분위기가 조성된 것이다.

유럽 밖에서는 과거 유럽의 영향권에 있었던 중동지역에서 분쟁이 발생하였다. 1952년 집권한 이집트의 나세르 정부는 아프리카 각국의 독립운동을 지원하면서 영국, 프랑스와 갈등을 빚었고, 1956년 7월에는 수에즈 운하에 대한 국유화를 선언하였다. 이후 이스라엘이 시나이반도를 침공함으로써 제2차 중동전쟁이 발생하자 영국과 프랑스는 이집트에 선전포고를 하였다. 양국은 1956년 10월 29일 수에즈 지역에 공수부대를 투입한데 이어 11월 6일에는 수에즈 운하를 점령하는데 성공하였다. 반면에 소련은 이 조치에 강력히 항의하면서 영국과 프랑스, 이스라엘에 압력을 가하였고, 심지어 핵무기를 사용할 수도 있음을 암시하였다. 미국도 영국과 프랑스에 압력을 행사하였다. 서독의 아데나워 총리는 소련이 영국과 프랑스에 핵공격을 실시할 수 있다는 사실에 경악을 금치 못하였고, 이에 대해 미국이 침묵으로 일관하였다는 점에 심각한 우려를 표시하였다. 결국 수에즈 사태는 미국이 제공하기로 되어 있는 핵우산의 신빙성에

---

[8] 1955년 9월 23일 자르란트에서 실시된 주민투표에서 프랑스령 자치주로 남을 것인지에 찬성한 표가 32.29%, 반대표가 67.71%로 나타났다.

대해 유럽 국가들이 의구심을 품게 되는 계기가 된 것이다. 프랑스는 외교적 굴욕을 겪었고, 두 초강대국 앞에서 무력한 것을 실감하였다. 이에 프랑스는 우선 서둘러 독자적인 핵무장 능력을 갖추고자 하였고, 유럽통합을 프랑스가 국제사회에서 영향력을 행사할 수 있는 유일한 방안으로 파악하기 시작하였다. 서독은 냉전에서 미국, 소련에 이은 제3의 힘으로 유럽이 역할을 해야 한다는 아이디어에 더 큰 관심을 갖게 되었다. 이 두 사건은 유럽통합과 직접 관련된 것은 아니었지만, 유럽 국가들 간의 공고한 협력을 통해 대외적 약세를 극복해야 한다는 자각을 안겨주었다.

협상의 시작: 스파크(Spaak) 보고서

당시 미국과 동구권의 공산화로 서유럽의 외교적 입지는 약화되었고, 경제적 측면에서도 양적 팽창을 거듭하고 있는 미국과 소련에 비해 서유럽 각국의 상황은 초라한 모습이었다. 1950년대에 미국은 프랑스나 서독에 비해 경제규모가 6~7배나 컸고, 산업화에 돌입한 소련도 서유럽 어느 국가보다도 큰 경제력을 갖추고 있었다. 어느 유럽 국가도 원자력 등 당시의 첨단기술 연구에 막대한 투자를 지출할 능력이 없는 듯 보였다. 이러한 상황에서 분절된 유럽 국가들을 하나로 모아 큰 시장을 형성하고, 대외적 역량을 확보하는 것은 현실적 차원에서 필요한 과제였다.

메시나 회의의 결과로 설립된 스파크 위원회는 9개월의 협의 끝에 1956년 4월 135페이지 분량의 보고서를 발표하였다(Spaak Committee 1956). 이른바 스파크 보고서(Spaak Report)는 (1) 공동시장, (2) 원자력(Euratom), (3) 시급한 분야 등으로 구분하여 향후 유럽통합의 방향을 제시하였다. 공동시장에 관한 부분만 살펴보면 우선 공동시장의 개념과 이를 설립하기 위한 기본 조치를 정하였다. 공동시장을 설립하기 위해서는 첫째, 역내무역에 방해가 되는 걸림돌을 철폐해야 하며, 둘째, 국가의 개입과 독점상황을 방지하기 위한 규칙과 절차가 필요하였다. 그리고 저발전지역에 대한 활성화를 통해 궁극적으로 자본과 사람의 자유로운 이동이 가능한 물리적 공간을 구축할 필요가 있었다.

이를 실현하기 위해 스파크 보고서는 단계적 접근 방식을 제안하였다. 4년 단위로 나누어진 3개의 과도기간을 설정함으로써, 궁극적으로 1970년대 초까지 공동시장을 완성하는 것을 목표로 제시하였다. 또한 공동시장의 운영을 위해 3개의 원칙을 제시하였다. 우선 일반정책의 문제는 각 회원국 정부의 소관으로 두었던데 반해, 공동시장의 운영과 관련된 정책은 초국가적인 기관이 담당하도록 하였다.[9] 정책을 조정하기 위한 장관회의, 조약을 관리하고 공동시장의 운영, 개발을 감독하는 유럽위원회, 그리고 의회를 구성하도록 하였다.

협상 과정

스파크 보고서는 1956년 5월 이탈리아 베니스에서 개최된 ECSC 외무장관 회의에서 채택되었고, 이후 6월부터는 보고서를 기초로 한 기술적 문제에 대한 협의가 진행되었다. 대부분의 협상 대표들이 스파크 보고서 작성에 참여하였기 때문에 협상은 전적으로 동 보고서의 내용을 기반으로 진행되었다. 다만 보고서 작성 당시 각국의 협상 대표들은 의도적으

---

9   이와 같은 구분은 이후 보조성(subsidiarity)의 원칙으로 확립되어 유럽연합 운영의 기본 원칙이 되었다. 보조성의 원칙이란 유럽연합과 회원국들이 주어진 목적을 달성하기 위해서 개별 회원국 차원보다 공동체 차원에서 대응하는 것이 보다 효과적인 경우에 정책을 추진한다는 원칙이다.

로 기술적 논쟁을 회피하였고, 이로 인해 실제 EEC 창설을 위한 협상에서는 많은 세부 과제가 등장하였다. 협상은 (1) 공동시장과 (2) 유럽원자력공동체(Euratom) 그룹으로 구분되어 진행되었고, 스파크 보고서의 내용을 기반으로 협정문 초안을 작성하는 작업도 진행되었다. 기술적 토론 과정에서는 참여국의 관료와 노조, 사용자 단체들이 대거 참여하였다.

가령 국제자유노조연합(International Confederation of Free Trade Unions, ICFTU)은 초기부터 EEC의 기관이 공동시장 내에서의 사회정책에 대해 광범위한 권한을 가져야 함을 주장하였다.[10] 스파크 보고서에는 자문기구로서 경제사회위원회(Economic and Social Committee)에 대한 언급이 없었는데, 노조들은 사회문제를 다룰 수 있는 별도의 자문기구가 있어야 함을 주장하였다. 또한 직업훈련, 노동자의 이동을 위한 유럽차원의 기금을 마련할 것을 요구하였고, 이를 위해 각 국의 의회를 통해 쟁점화시켰다. 특히 이 프랑스 정부에게 있어서 노조의 목소리를 수용하는 것은 협상의 진행을 위해 필수적이었다.

또 다른 문제는 해외 국가 및 영토와의 관계에 관한 것이었다. 유럽통합의 틀 속에서 식민지를 비롯한 해외 영토에 대해 어떠한 지위를 부여할 것인지가 관건이었는데, 특히 프랑스에 있어 이 문제는 매우 중요하였다. 프랑스 본국 정부의 역량만으로는 해외 영토에 대한 재정지원과 인프라 투자를 감당하기 어려웠고, 프랑스와 해외 영토 간의 밀접한 관

---

10 국제자유노조연합(ICFTU)은 1949년 서구권 노조들의 연합체로 결성되었다. 1949년에 개최된 설립 총회에서는 53개국의 노조 대표들이 참석하였다. ICFTU는 50년 이상 활동하였고 2006년에 벨기에 브뤼셀에 본부를 둔 국제노동조합연맹(International Trade Union Confederation, ITUC)으로 통합되었다. CVCE. "The Role of the Trade Unions and the Social Provisions of the EEC Treaty." https://www.cvce.eu/en/education/unit-content/-/unit/02bb76df-d066-4c08-a58a-d4686a3e68ff/24cea7ea-2551-4a63-bbe5-92ab407bf809(검색일: 2021. 10. 20).

계를 유지하기 위해서는 행정비용, 보조금, 농산품에 대한 가격 지원 등 재정적 부담이 컸다. 특히 1956년 3월부터 보호령이었던 튀니지, 모로코와의 관계가 이미 악화된 상태였고, 1954년 11월 발발한 알제리 전쟁 이후에는 알제리와의 관계도 고비를 맞고 있었다. 프랑스는 우선 해외 영토가 수출을 확대할 수 있도록 6개국이 공동시장을 통해 시장을 개방할 것을 제안하였고, 해외 영토에 대한 공동체 차원의 지원을 요구하였다.[11] 반면에 독일과 네덜란드는 해외 영토에 대한 재정적 지원에 주저하였다. 프랑스와 벨기에와 연결된 해외 국가 및 영토는 인구는 많은 반면, 경제적 발전은 매우 낙후되어 있었다. 결국 공동시장과 이 지역 간의 제휴는 6개국이 엄청난 재정지원과 투자를 해야 함을 의미하였다. 이러한 입장 차이는 프랑스와 다른 국가들 간에 이해관계가 충돌하는 절충의 공간이 되었다. 프랑스 의회는 해외 국가 및 영토에 대한 공동체의 재정지원과 협력관계가 협정문에 명시되지 않을 경우, 조약을 비준하지 않을 수도 있다는 입장을 보였다. 사실 다른 참여국들도 해외 영토를 갖고 있었던 관계로 정도의 차이는 있으나 프랑스와 비슷한 문제를 갖고 있었다. 결국 협정문에는 해외 국가 및 영토에 대해 공동시장을 개방하는 특별대우가 명시되었다.

영국의 입장

1955년 7월 스파크 위원회가 출범하였을 때, 영국은 모든 회의에 참여

11　CVCE. "The Association of the Overseas Countries and Territories." https://www.cvce.eu/en/education/unit-content/-/unit/02bb76df-d066-4c08-a58a-d4686a3e68ff/cdab7870-56cb-439a-b750-42eda8ee4602(검색일: 2021. 10. 20).

하도록 초청받았다. 이에 영국 정부는 무역위원회(Board of Trade)의 차관인 러셀 브레서튼(Russell Bretherton)을 대표로 파견하였다. 반면에 관세동맹에 기반을 둔 공동시장은 영국의 이해관계에 부합하지 않았다. 영국 입장에서는 영연방(Commonwealth)과 스털링 지역(Sterling zone)과의 호혜무역 관계를 유지하는 것이 중요하였다. 반면에 6개국과 관세동맹을 형성할 경우 공동관세를 채택할 수밖에 없으며, 이는 영국이 중시해 온 영연방과의 관계에 큰 변화를 초래할 수밖에 없었다. 그렇다면 영국은 왜 스파크 위원회에 참석한 것일까? 영국 정부는 당초 공동시장의 구성이 단순히 역내무역 개방에 관한 것으로 판단하였다. 그러나 스파크 위원회의 성격이 정치적 이슈를 의논하는 자리임을 깨닫게 되는 데에는 불과 몇 개월밖에 걸리지 않았다. 이에 영국은 스파크 위원회의 출범 4개월 만에 참여 중단을 결정하였다.[12] 이후 영국 정부는 유럽경제협력기구(Organization for European Economy Cooperation, OEEC) 각료 회의를 통해 유럽 내 광역자유무역지대를 설립하는 계획을 제시하였다. 이 계획은 6개국의 EEC 설립 계획과 병행해서 논의되었는데, 관세동맹인 EEC 참여 6개국과 나머지 비참여 OEEC 회원국을 연결함으로써 17개국으로 구성된 자유무역지대를 창설하는 것이 골자였다. 1957년 10월에는 이 계획을 위해 OEEC 내에 운영위원회(steering committee)가 설립되었다. 그러나 협상 과정에서 영국과 프랑스는 세이프가드와 관세 조율 분야에서 충돌하였고, 프랑스는 알제리 사태로 인해 협상에 몰입하지 못

---

[12] 당시 러셀 브레서튼은 스파크 위원회의 마지막 회의에서 다음과 같은 인사를 남겼다. "여러분은 협상이 불가능한 주제에 대해 협상을 시도하고 있습니다. 만약 협상이 완료된다고 하더라도, 비준되지는 않을 것이고, 비준이 이루어진다고 하더라도 이행되지 못할 것입니다. 안녕히 계세요. 행운이 있기를 바랍니다."

하였다. 프랑스의 드골 대통령은 1958년 11월 영국의 계획을 전면적으로 거부하기에 이른다. 이에 영국은 유럽 내 광역자유무역지대를 형성하는 계획을 포기하였고, 잔여 국가들과 함께 자유무역협정을 체결하는 쪽으로 방향을 돌렸다.[13]

협상의 서명과 발효

유럽경제공동체 설립조약은 1957년 3월 25일 로마에서 유럽원자력공동체 설립조약과 함께 로마조약을 통해 체결되었다. 이후 조약의 비준을 위해 6개국 의회에서는 치열한 정치적 토론이 전개되었다.

우선 베네룩스 3국의 의회에서는 압도적 지지를 받았다. 벨기에 하원에서는 찬성이 174표인데 반해 반대는 불과 4표에 불과하였고, 상원에서도 찬성 134표, 반대 2표라는 압도적인 찬성으로 통과되었다. 네덜란드 하원에서도 찬성 144표, 반대 12표로 통과되었고, 상원에서도 찬성 46표, 반대 5표로 수월하게 비준을 마쳤다. 단원제였던 룩셈부르크에서도 찬성이 46표였던 데 반해, 반대는 불과 3표에 불과하였다.[14]

서독의 연방상원(Bundesrat)은 1957년 5월 3일 EEC와 Euratom 설립에 관한 양 조약을 검토하였고, 연방하원(Bundestag)은 두 조약에 대한 비판적 견해를 제시하였지만 같은 날 비준에 찬성하는 결의안을 채택하였다. 이후 7월 19일에 비준 법안이 본회의에서 만장일치로 채택됨으로

---

13 영국은 1960년 7개국으로 구성된 유럽자유무역연합(European Free Trade Area, EFTA) 창설을 주도하였다.

14 CVCE. "The Parliamentary Debates and Ratification of the Treaties." https://www.cvce.eu/en/education/unit-content/-/unit/02bb76df-d066-4c08-a58a-d4686a3e68ff/c4fdf3e8-ac3d-46bd-ba52-1f17f2520320(검색일: 2021. 10. 20).

써 서독에서의 비준 절차가 완료되었다. 여당인 기독교민주당을 포함하여 대부분의 의원들은 찬성표를 던졌다. 가장 우려가 컸던 프랑스의 하원에서는 찬성 341표, 반대 235표로 비교적 힘겹게 통과되었다. 반면에 상원격인 공화국 위원회(Conseil de la République)는 7월 23일 찬성 231표, 반대 69표로 보다 수월하게 통과됨으로써 모든 비준절차를 완료하였다. 이탈리아 하원은 7월 30일에 찬성 311표, 반대 144표, 기권 54표로 비준하였고, 10월 9일에는 상원에서 거수 방식으로 비준되었다. 이후 EEC와 Euratom에 대한 6개국의 비준서는 12월 13일까지 이탈리아 로마에 기탁되었고, 두 조약은 1958년 1월 1일에 발효되었다.

II. 조약의 구조와 그 특징

EEC 조약은 크게 본문과 부속 문서로 구분할 수 있다. 본문은 총 6부 248개 조항으로 구성되는데, 부(part)와 편(title), 장(chapter) 등으로 세분화된다.

〈유럽경제공동체 설립조약의 구조〉

제1부 원칙	제II편 경제정책
	제1장 경기정책
제2부 공동체의 근거	제2장 국제수지
제I편 재화의 자유로운 이동	제3장 공동통상정책
제1장 관세동맹	제III편 사회정책
제2장 회원국 간 수량적 제한의 철폐	제1장 사회 규정
제II편 농업	제2장 유럽사회기금
제III편 사람, 서비스, 자본의 자유 이동	제IV편 유럽투자은행
제1장 노동자	

```
    제2장 사업체 설립의 자유              제4부 해외 국가 및 영토와의 협력
    제3장 서비스
    제4장 자본                            제5부 공동체의 기관
    제IV편 운송                            제 I 편 기관 운영에 관한 규정
                                          제1장 기관
제3부 공동체의 정책                        제2장 여러 기관에 적용되는 규정
    제 I 편 공동법규                        제3장 경제사회위원회
    제1장 경쟁에 관한 법규                 제 II 편 재정 규정
    제2장 과세 규정
    제3장 법률의 상호접근                 제6부 일반 규정 및 최종 규정
```

출처: 유럽경제공동체 설립조약

공동체의 운영 목표와 근거

제1부는 공동체의 기본 목적과 운영 원칙을 명시한다. 제2조는 공동체의 목표로 "공동시장과 회원국 간 경제정책의 점진적인 상호접근을 통해 공동체 내 경제활동의 조화로운 발전과 지속적이고 균형 있는 확장, 증가된 안정, 더 가속화된 생활수준의 향상 그리고 회원국 간의 더 밀접한 관계를 촉진하는 것"으로 규정하였다. 다시 말해 EEC는 단순히 회원국 간에 관세철폐를 통해 자유무역을 실현하는 것뿐만 아니라, 공동시장을 형성하는 것이며, 경제정책의 상호접근을 규정함으로써 긴밀한 경제통합을 이룩할 것을 선언하였다. 이러한 목적은 많은 지역무역협정(Regional trade agreement, RTA)이 역내무역을 촉진하는데 초점을 둔 것과 비교할 때 큰 차이를 갖는다. EEC는 역내무역에 대한 관세 철폐와 공동관세를 도입하는 것 외에도 서로 다른 국가 경제 간의 심층적 통합을 목적으로 한 것이다. 제1부의 세부 규정을 살펴보면 이와 같은 목적을 재확인할 수 있다. 제3조에서는 오늘날 4대 이동의 자유로 불리는 상품, 서비스,

사람, 자본의 자유로운 이동을 저해하는 장벽을 철폐할 것을 규정하였다. 더 나아가 공동관세를 포함한 통상, 농업, 교통, 경쟁 등의 분야에서 공동정책을 수립하는 내용을 명시하였다. 이 규정에 의해 유럽공동체 출범 초기부터 통상, 농업, 경쟁 등의 분야는 EU 기관이 담당하는 EU의 배타적 권한으로 자리 잡게 되었다.

제2부는 EEC 설립의 법적 근거를 설명함에 있어 상품 이동의 자유 외에 사람, 서비스, 자본의 자유 이동을 규정한다. 우선 제 I 편은 EEC가 회원국 간 역내무역에 대한 관세를 철폐하며, 제3국에 대해서는 공동관세를 부과하는 관세동맹임을 규정한다. 제9조는 EEC가 "회원국 간의 수입과 수출관세, 이와 동일한 효과를 갖는 모든 세금을 금지하고, 제3국에 대해 공동관세를 채택하는 관세동맹"임을 명시하였다. 이에 제12조~제17조에는 우선 역내무역에 적용되는 관세의 철폐 일정을 규정하였고, 제18조~제29조에는 역외국에 적용하는 공동관세의 설립에 대해 규정하였다. EEC 설립 당시 6개국의 관세는 상이한 상황이었기 때문에 역내 관세의 철폐에 더해 공동관세를 설정하는 것은 상당한 수준의 조율이 필요하였다. 따라서 EEC 조약은 3단계로 12년의 이행 기간에 걸쳐 역내관세를 철폐하고, 제3국에 대한 대외관세를 통일하고자 하였다. 제 II 편은 농업에 대해 내용으로 공동농업정책을 규정한다. 오늘날과 달리 농업은 당시 생산과 고용에 있어 매우 중요한 산업이었다. 농업부문은 전통적으로 국가 간의 가격 차이가 크고, 관세율이 높은 분야였기 때문에 농업부문의 역내 자유무역을 위해서는 상당한 수준의 보완조치가 필요하였다. 또한 자연조건에 따라 생산량 변동이 심한 반면, 수요가 비탄력적인 필수재이기 때문에 공동체 차원의 지원정책이 필요하다고 보았다. 이에 EEC 조약은 최저가격 등 공동농업정책을 구체화함으로써 농업생산의 안정성을

확보하고자 하였다. 제Ⅲ편은 노동, 서비스, 자본의 자유이동에 대해 규정하였다. 주목할 점은 EEC 내에서 노동의 자유이동을 보장한 것이다. 제48조는 EEC 내에서 노동자의 자유이동을 보장하고, 고용, 급료, 기타 노동 및 고용 조건 등 회원국의 노동자간 국적을 이유로 한 모든 차별은 폐지할 것을 규정하였다. 제2부는 오늘날의 자유무역협정의 시장접근을 규정한 양허안과 유사한 성격을 갖는데, 가장 큰 차이는 역내에 예외 없는 자유무역을 실현시켰고, 노동과 자본과 같은 생산요소의 자유 이동을 보장함으로써, 실질적으로 공동시장으로서의 면모를 갖췄다는 점이다.

공동체의 정책

제3부는 EEC의 정책을 규정한다. 여러 국가들이 공동시장을 형성할 경우, 가장 중요한 점은 시장에서의 경쟁이 왜곡되지 않도록 공통의 법규를 정하는 일이다. 이에 제Ⅰ편에서는 기업에 대한 법규, 덤핑, 정부보조금과 같은 경쟁정책을 규정하는 한편, 과세 규정과 법률의 상호접근에 대해서 다루고 있다. 시장경제의 원활한 작동을 위해서는 독과점 및 공급업자의 담합 행위를 방지하고, 국가보조금을 통한 특정 기업 지원을 금지할 필요가 있다. 다수의 국가경제로 구성된 역내시장의 경우 이러한 공정경쟁의 필요성이 더욱 크다. 이를 반영하여 제Ⅰ편의 제1장에 경쟁에 관한 법규를 두고, 역내시장 내 경쟁을 방해, 왜곡시킬 수 있는 기업 행위를 금지하고자 하였다. 또한 역내시장의 경쟁을 왜곡할 수 있는 정부 보조금에 대해서도 매우 엄격한 조건을 부과하였다. 이러한 규정은 EU 차원의 강력한 경쟁정책이 발전할 수 있는 법적 토대를 제공하였다. 제2장에 명시된 과세 규정은 내국민대우의 원칙을 서술한다. 가령 제95

조에는 "다른 회원국의 제품에 대해서 자국 상품에 부과되는 내국세를 초과하는 세금을 부과할 수 없음"을 규정하였다. 제3장에 규정된 법률의 상호 접근은 일반적인 무역협정에서는 좀처럼 찾아보기 어려운 규정이다. 제100조는 "역내시장이 구축 또는 운영되는 데 직접 영향을 미칠 수 있는 회원국의 법률, 규칙 또는 행정 행위를 상호 접근시키기 위한 지침을 제정"하는 권한을 이사회에 부여하고 있으며, 이사회는 전원일치로 제정할 수 있다. 이러한 조치는 EEC가 공동의 규칙을 제정하는 초국가적인 성격의 공동체임과 동시에 회원국의 주권이 여전히 강조되는 절충 속에 설립되었다는 점을 의미한다. 또한 회원국 간의 법률, 규칙, 또는 행정 행위의 차이로 공동시장의 경쟁조건이 왜곡될 수 있을 경우, 위원회가 회원국과 협의하는 중재자의 역할을 하도록 규정한다.

제3부의 제Ⅱ편에서는 경기정책(거시경제), 국제수지, 공동통상정책 등 경제정책에 관해 규정하였다. 제1장에 명시된 경기정책은 별다른 규정없이, 관심사임을 인지하는 정도의 내용만을 기술하였다. 거시경제 상황에 대응하기 위한 재정, 통화정책과 국내 고용에 관한 노동정책 등은 개별 회원국의 정책영역이기 때문에 EEC 협정의 범위를 벗어나는 것이다. 다만, 제2장의 국제수지 관련 정책의 경우 물가 및 환율, 결제시스템 등을 매개로 회원국 간의 무역에 큰 영향을 미칠 수 있기 때문에 각 회원국이 긴급조치를 취할 수 있는 조항을 마련해 두었고, 평시의 상황에서 회원국 행정부처와 중앙은행 간의 협력을 규정하였다. 제3장의 제110조~제116조는 공동통상정책을 규정한다. 이 규정은 EU의 통상정책에 있어 핵심이 되는데, 오늘날의 리스본조약에 포함된 EU 조약에까지 그대로 이어지고 있다. 관세동맹으로서의 EEC는 역외국에 대해 공동관세를 부과하는 바, 공동통상정책을 갖는다. 제111조 제2항은 위원회가 협

상의 개시 여부와 '제3국과 관세협상을 위한 권고를 이사회에 제출'하고, 협상을 개시하지만, 이에 관해 이사회의 승인을 받는다고 규정한다. 즉 공동통상정책의 실무는 유럽위원회가 담당하지만, 협상에 대한 승인 권한은 이사회에 있음을 규정함으로써 공동통상정책이 회원국-공동체 간 상호작용에 의해 도출된다는 점을 보여준다. 특히 이사회가 임명하는 특별위원회(Special Committee)는 각 회원국의 입장이 협상 실무를 담당하는 유럽위원회의 협상전략에 반영될 수 있도록 조정자 역할을 맡는다. '이사회-특별위원회-유럽위원회'로 구성된 통상정책의 주체는 이후에도 계속 유지되어, 오늘날까지 EU 통상정책 결정과정의 핵심을 이룬다.

제Ⅲ편은 사회정책을 규정한다. EEC는 기본적으로 관세동맹과 공동시장의 형성을 목적으로 하고 있지만, 이 과정에서 각국의 노동조건과 노동 관련 규범에 영향을 미칠 수 있다. 제1장 제117조는 "노동조건과 노동자를 위한 생활기준을 개선할 필요에 합의하고, 지속적인 개선과 조율이 이루어지도록 노력"할 것을 규정한다. 특히 고용, 노동법 및 노동조건, 직업교육, 사회보장, 직업 안전, 그리고 단결권 및 단체교섭권과 같은 노동권에 대해 긴밀한 협력을 촉진할 것을 규정하였다. 주목할 점은 제119조에 명시된 남성-여성 노동자의 동일노동동일임금의 원칙이다. 이 원칙은 프랑스 노조의 주장이 반영된 것으로 유럽경제공동체 설립조약을 통해 모든 회원국에 구속력이 있는 사회 규정이 도입된 것이다. 이와 같은 조치는 노동조합의 요구가 반영된 것으로 유럽경제공동체 설립조약이 무역협정을 넘어 사회적 협약의 성격 또한 갖고 있음을 보여준다. 제2장에서는 유럽사회기금의 설립을 규정하였다. 제123조는 기금 설립의 목적으로 '공동시장의 노동자 고용기회를 개선하고 이에 따라 생활수준의 향상에 기여'하기 위한 것임을 밝히고 있다. 공동시장 형성은 일반적인 무역자유화에 비해 더 많은 산업의 구조조정을 동반할 가능성이 높다. 이 과정에서 지역 단위에서 일자리 창출이 이루어지는 분야가 있으나, 일자리 소실이 있는 분야가 있을 수 있다. 따라서 이 문제를 공동체 차원에서 다루고자 공동체 차원의 사회기금을 설립한 것이다. 이와 동시에 제Ⅳ편에서는 유럽투자은행(European Investment Bank, EIB)의 설립을 규정하였다.[15]

해외 국가 및 영토와의 제휴 관계

제4부에서는 해외 국가 및 영토와의 협력에 관한 내용을 규정하였다. EEC 설립 당시 프랑스는 모로코, 튀니지, 인도차이나 반도(베트남, 캄보디아, 라오스) 등 여전히 해외 식민지를 운영 중이었고, 이탈리아와 네덜란드, 벨기에도 해외 영토를 갖고 있었다. EEC 설립 이전에 회원국과 각 해외 영토 간에는 무관세 무역 등 긴밀한 경제관계가 수립되어 있었고, 이에 따라 EEC 설립 이후에도 특별한 관계가 있는 비유럽 지역의 국가 및 영토와의 관계를 새롭게 규정할 필요가 있었다. 제133조 제1항에서는 이러한 해외 국가 및 영토로부터 수입되는 상품에 대한 관세부과를 금지함으로써 실질적으로 자유무역을 해외 국가 및 영토까지 확장시켰다. 반면에 같은 조 제3항에서는 해외 국가 및 영토가 발전 또는 산업화의 필요, 세수 확보를 위해 EEC산 재화에 독자적인 관세를 부과할 수 있는 권한을 부여하였고, 이를 통해 EEC와 제휴 관계를 형성할 수 있게끔 도모하였다. 또한 EEC 조약의 부록에서는 별도의 의정서를 통해 제휴 대상이

15　EIB는 EEC 내의 인프라 프로젝트 투자를 목적으로 설립되었으나, 1962년부터는 EEC 외 지역에 대한 인프라 프로젝트를 위한 금융지원을 시작하였다.

되는 해외 국가 및 영토를 명시하였다.

공동체의 기관

제5부에서는 공동체의 운영을 위한 기관에 대해 규정하였다. 유럽석탄철강공동체(ECSC) 조약의 경우와 마찬가지로 EEC 조약과 다른 국제협정의 가장 큰 차이는 거버넌스에 있다. 제 I 편에서는 EEC 조약은 운영기구로써 의회와 이사회, 유럽위원회의 설립을 규정하고, 분쟁해결을 위한 사법재판소와 자문기구로써 경제사회위원회를 설립할 것을 정하였다. 특히 경제사회위원회는 당초 스파크 보고서에는 포함되지 않았던 기구로 유럽 노동조합의 요구가 반영된 것이다.

ECSC의 경우 의회가 없었고, 행정업무를 담당하는 기관을 고등관청(High Authority)로 명명한데 반해 EEC 조약에서는 유럽위원회로 구성하였다. 의회의 경우, 각 국을 대표할 수 있는 대표를 국가별로 수를 정해 지정하였고, 이사회의 경우에는 각 국별로 행사할 수 있는 투표수를 정하였다. 주목할 점은 인구와 경제규모 등을 감안할 때, 소국이 과대 대표되며, 독일, 프랑스, 이탈리아의 위임인 및 의결권 수를 같게끔 정한 것이다.

제 II 편에서는 재정에 관해 규정하였다. EEC의 예산은 회원국의 분담금에 의해 구성된다. 조약에 명시된 EU 예산의 특징은 다음과 같다. 첫째, 인구와 경제규모가 큰 국가들은 자국에 부여된 의결권 수에 비해 더 많은 재정부담을 갖는다. 독일, 프랑스, 이탈리아는 각각 28%씩 부담하는데 반해 룩셈부르크가 부담하는 비중은 0.2%에 불과하다. 둘째, 제199조 제1항은 예산의 수입과 지출이 균형을 이루어야 함을 규정한다. 한편 공동관세 도입 이후에는 이 수입 중 일부가 EEC의 예산에 편입되도록 규정한다. 반면에 EEC 조약에는 EEC가 자체적으로 수입을 창출할 수 있는 권한을 규정하고 있지 않다. 즉 회원국의 분담금과 공동관세 부과에 따른 수입으로 예산이 구성된다.

부속 문서

전체 협정문의 절반 이상을 차지하는 부속 문서는 목록, 의정서, 협약으로 구성되며, 이외에 '공동시장과 유럽원자력공동체를 위한 정부간회의'를 통해 채택한 선언으로 구성된다. 먼저 부속 문서 중 'Ⅰ. 목록'은 4개의 상품과 서비스, 자본이동에 관한 양허 목록과 해외 국가 및 영토에 관한 상술로 구성된다. 'Ⅱ. 의정서'는 각 회원국의 특수한 상황과 유럽투자은행(EIB), 특정국/품목의 수입에 관한 9개의 의정서로 구성되었다. 'Ⅲ. 협약'은 회원국 간에 체결한 2건의 협약과 5건의 의정서로 구성되었다. 마지막으로 '공동시장과 유럽원자력공동체를 위한 정부간회의'에서는 최종의정서를 통해 법적 효력이 발생하는 의정서와 선언의 목록을 규정하였는데, 특히 8개의 선언을 부속서로 채택하였다.

〈유럽경제공동체 설립조약 부속 문서 목록〉

Ⅰ 목록
　부속서 Ⅰ 본 조약 제19조와 제20조에 규정된 A에서 G의 목록
　부속서 Ⅱ 본 조약 제38조에 규정된 목록
　부속서 Ⅲ 본 조약 제106조에 규정된 서비스 교역 목록
　부속서 Ⅳ 본 조약 제4부의 규정이 적용되는 해외 국가 및 영토

II 의정서
- 유럽투자은행의 정관에 대한 의정서
- 독일의 국내교역 및 연결문제에 관한 의정서
- 프랑스와 관련한 규정에 관한 의정서
- 이탈리아에 관한 의정서
- 룩셈부르크공국에 관한 의정서
- 특정 국가로부터 수입되고 특별수입제도를 활용하는 상품에 관한 의정서
- 알제리와 프랑스공화국의 해외 행정도에 대해 유럽석탄철강공동체에 속하는 상품에 적용되는 제도에 관한 의정서
- 광물유와 특정 부산물에 관한 의정서
- 유럽경제공동체 설립조약의 네덜란드왕국의 비유럽지역 적용에 관한 의정서

III 협약
- 공동체와 해외 국가 및 영토의 협력에 관한 이행 협약
- 바나나 수입을 위한 저율관세할당에 관한 의정서
- 원두커피 수입을 위한 저율관세할당에 관한 의정서
- 특권 및 면책권과 유럽경제공동체 사법재판소의 정관에 관한 의정서
  특권과 면책권에 관한 의정서
  사법재판소의 정관에 관한 의정서
- 유럽공동체들에 공통되는 특정 기관에 대한 협약

공동시장과 유럽원자력공동체를 위한 정부간회의 최종의정서
- 국제기구의 회원국과 협력에 관한 공통 선언
- 베를린에 관한 공통 선언
- 프랑존 소속의 독립국가와 유럽경제공동체 간의 협력을 위한 의사표시 선언
- 리비아왕국과 유럽경제공동체 간의 협력을 위한 의사표시 선언
- 이탈리아의 신탁통치령인 소말리아에 관한 의사표시 선언
- 수리남 및 네덜란드령 앤틸리스 제도와 유럽경제공동체 간의 협력에 관한 의사표시 선언
- 독일 재외국민의 정의에 관한 독일연방공화국 정부의 선언
- 베를린에 대한 조약의 적용에 관한 독일연방공화국 정부의 선언
- 국방의 사유로 기밀로 취급된 특허 출원에 관한 프랑스공화국 정부의 선언

출처: 유럽경제공동체 설립조약

III. 조약의 역사적 지위와 의의

심층적 통합의 모델을 제시

유럽경제공동체 설립조약을 통해 구성된 공동시장은 다른 지역에서 찾아볼 수 가장 심층적 통합이다. 경제통합은 제도적 통합의 정도에 따라 1) 자유무역지대, 2) 관세동맹, 3) 공동시장, 4) 경제공동체, 5) 통화공동체로 분류된다(Balassa 1962). 자유무역지대는 체결국 간 역내 상품무역에 대한 관세철폐가 특징이며, 여기에 더해 제3국에 대해 체결국이 공동의 관세를 부과할 경우 관세동맹이 형성된다. 공동시장은 생산요소인 노동과 자본에 대해 역내 자유이동을 보장하며, 이를 통해 사실상 서비스 시장의 통합을 보장하는 형태이다. 이보다 더 발전된 형태인 경제공동체는 참여국 간에 재정, 통화, 노동 등 거시경제 정책 전반을 조율하는 것이 특징이며, 이를 바탕으로 궁극적으로 공동의 통화를 사용하는 통화공동체까지 발전할 수 있다. 경제통합에 관한 이론은 1960년대 초에 등장한 것으로 EEC의 출범을 뒷받침하기 위한 것은 아니다. 반면에 경제통합의 5단계를 모두 거쳐 통화공동체로 발전한 경우는 EEC의 경우가 유일하다.

EEC는 초기부터 관세동맹에 기반을 둔 공동시장을 구상하였다는 점에서 다른 자유무역협정에 기반을 둔 다른 지역의 경제통합과는 큰 차이를 갖는다. 실제로 GATT/WTO 체제에서 통보된 지역무역협정 중 90% 이상은 자유무역협정이며, 관세동맹의 수는 10% 미만이다.[16] 또한 모든

---

16   1947년 23개국은 세계무역질서의 복원을 위해 '관세와 무역에 관한 일반 협정(General Agreement on Tariffs and Trade, GATT)'을 체결한 바 있다. 당시 GATT 체제는 최혜국대우 원칙에 기반을 두었으나, 협정문 제24조는 예외적으로 자유무역지대와

상품에 대해 공동관세를 채택한 관세동맹은 찾아보기 힘든데, 그 이유는 공동관세의 채택과정이 본질적으로 매우 정치적인 이슈들을 포함하기 때문이다. 유럽의 외교·안보 공동체를 건설하기 위한 야심찬 시도가 좌절된 직후 등장한 EEC는 경제적 방법을 사용하였으나, 많은 정치적 결정을 포함하였고, 유럽통합의 외연을 확대하는 매개 역할을 하였다.

유럽경제공동체 설립조약이 갖는 심층적 통합의 면모는 협정문에 나타난 다음의 요소를 통해 확인할 수 있다. 첫째, 본 조약은 회원국 노동자의 자유이동을 보장하고, 국적을 이유로 한 모든 차별은 폐지할 것임을 규정하였다. 이는 회원국 간 노동시장이 통합될 수 있는 기본적인 전제가 된다. 물론 당시의 상황을 감안할 때 독일 노동자가 자유롭게 프랑스로 이동, 취업을 할 수 있는 것을 의미하지는 않는다. 노동의 이동을 가로막는 다양한 형태의 제도적, 문화적 장벽이 있으며, 오늘날에도 EU 역내의 노동이동은 제한적이기 때문이다. 반면에 회원국 시민의 자유로운 노동이동을 보장한 것은 EEC가 무역을 통한 경제적 이익에 초점을 맞춘 것만은 아니라는 점을 보여준다. 둘째, 유럽경제공동체 설립조약은 최초로 서비스 무역의 개념을 포함한 협정이다. 본 조약의 부속서는 '본 조약 제106조에 규정된 서비스 교역 목록'을 통해 총 61개의 서비스 관련 분야를 열거하였고, 회원국 간 서비스 무역과 이에 따른 자본과 이익의 이전을 허용하였다. 서비스 무역에 대한 정의와 분류, 명문화된 규정이 등장한 것은 이로부터 30년 이상 지난 후이다.[17] 물론 오늘날과 같은 구

  관세동맹의 형성을 허용하며, 그 조건으로 무역의 상당 부분에 대해 관세장벽을 철폐할 것, 제3국에 대한 추가적인 무역 보호 조치를 취하지 않아야 함을 규정하였다. GATT 체제는 1994년 세계무역기구(World Trade Organization, WTO)의 설립을 통해 더욱 구체화되었다.

17 서비스 무역에 관한 정의는 1990년대 초 북미자유무역협정(North American Free Trade

체적인 양허표가 회원국 간에 교환된 것은 아니지만, 당시의 산업구조와 무역상황을 감안할 때 매우 진보한 것이었다. 셋째, 유럽경제공동체 설립조약은 회원국의 법률, 규칙, 행정 행위를 상호 접근하고, 경제정책 또는 점진적인 상호접근을 이룩할 것임을 명시하였다. 이러한 조치는 기존의 경제통합체에서는 찾아볼 수 없었던 획기적인 조치이며, EEC가 갖는 초국가적인 일면을 여실히 보여준다.

유럽 경제의 통합과 발전

EEC 출범 직전 회원국들의 관세수준은 상이하였다. 상품 분야의 평균 관세는 독일이 6.4%로 제일 낮았고, 이탈리아와 프랑스는 17% 이상이었고, 벨기에와 네덜란드는 10% 수준이었다(Resnick and Truman 1973; Hoeller et al. 1998). 반면에 EEC 회원국 간에 관세가 단계적으로 철폐되면서 EEC의 역내무역은 비약적으로 팽창하였다. 1970년 EEC 회원국의 총 무역 중 회원국 간의 역내무역은 이미 50%에 달하였다. 역외국에 대해서는 GATT 체제의 무역협상을 거치면서 대외관세는 점차 낮아졌지만, 역외국은 EEC 회원국에 비해 불리한 상황에 처할 수밖에 없었다. 이러한 상황은 1960년 영국이 EFTA를 창설하고, 그 이후 세 차례에 걸쳐 EEC 가입을 시도하는 배경이 되었다. 무역이 팽창하는 가운데 당시 유럽 국가들은 '영광의 30년'이라고 불리는 장기 고도성장을 구가하였다(Fourastié 1979). 성장의 중앙에는 EEC 회원국이 있었다. 1960~1970년의 기간 중 프랑스, 이탈리아, 네덜란드 등 대륙 국가들은 연평균 5%를 상회하는 성

Agreement, NAFTA)의 협상과정에서 이루어졌고, 이후 1994년 서비스일반협정(General Agreement on Trade in Services, GATS)을 통해 다자간 규범으로 확립되었다.

장률을 유지할 수 있었고, 이는 같은 기간 영국의 연평균 GDP 성장률 3.17%를 크게 상회하였다. 그 결과 1970년부터는 EEC 회원국과 영국 간의 소득수준이 역전되었다.

이후 1973년 영국이 EEC에 가입하면서 유럽 내 무역질서는 EEC를 중심으로 구축된다. EFTA 회원국은 영국과 덴마크 등 EFTA에서 탈퇴한 국가와의 자유무역관계를 유지하기 위해 1973년 EEC와의 상품분야 양자 FTA를 발효시켰다. 이로 인해 1970년대 초부터 서유럽에는 EEC를 축으로 EFTA 회원국까지 포함하는 광범위한 자유무역지대가 형성되었다. 이후 1986년에는 포르투갈이, 1995년에는 스웨덴, 오스트리아, 핀란드가 EU에 가입하면서 EFTA는 오늘날과 같은 소규모의 형태로 남아있게 되었다.

오늘날 EU의 전신이 된 EEC

1950년대에 출범한 EU의 3대 공동체 중 공동시장의 설립을 목적으로 한 EEC는 정책의 포괄 범위가 가장 넓었다. EEC는 무역, 농업, 경쟁, 운송 등 통상정책과 공동시장의 운영과 관련된 정책을 공동체의 정책 범주 하에 둠으로써 초국가적 결정의 영역을 획기적으로 확대하였다. 1967년 3대 공동체는 합병조약(Merger Treaty)을 통해 이사회, 유럽위원회, 의회 등 운영기구를 통합하였고, 공식적으로 유럽공동체(European Communities, EC)를 명칭으로 사용하기 시작하였다. 한편 한 분야에서의 정책 경험은 다른 분야로 정책이 확대되는 파급효과를 낳았고, EU 공동체의 정책영역은 점차 확대되어왔다.

EU의 발전은 공동시장의 발전을 통해 진행되었다. 1980년대 중반부터 공동시장은 단일시장(Single Market)으로 용어가 대체되었다. 1985년 EC 유럽위원회는 백서를 통해 역내 단일시장의 완성을 위해서는 300여 개의 입법 조치가 필요하다고 보고, 공동체 차원에서 조치를 시행할 것을 제안하였다(European Commission 1985). 유럽위원회의 제안은 단일시장계획(Single Market Programme, SMP)을 통해 실행되었다. 제도적 개혁은 1986년 단일유럽법(Single European Act, SEA)에 의해 이루어졌다. SEA는 역내 단일시장의 완성시점을 1992년 말로 정하는 한편, 거시경제정책에 관한 조항을 EEC 조약에 포함시킴으로써 회원국간의 정책수렴을 유도하였다. 단일유럽법을 통해 개정된 EEC 조약 제102조 a항은 EMU와 ECU의 발전을 위해 회원국 간의 협력을 규정하였다.

유럽경제공동체 설립조약은 통화통합에 관한 내용을 포함하지 않는다. 반면에 공동시장의 형성과정에서 역내무역의 증가는 거래비용의 축소와 무역·투자의 안정성 확보를 위한 회원국 간의 통화협력에 대한 논의를 불러일으켰다. 또한 공동농업정책을 통해 농산품의 공동가격제를 운영하기 위해서는 회원국 통화 간의 안정적인 관계를 요구하였다. 이에 EC 회원국은 1970년대 베르너 보고서(Werner Report)를 통해 통화협력 방안을 모색하였고, 10년의 이행 기간 동안 3단계에 걸친 통화통합 방안을 제시하였다(European Communities 1970). 이 보고서의 내용은 1970년대 초 국제통화질서의 격변 속에서 현실화될 수 없었다. 반면에 1972년에는 EC 회원국이 주축이 되어 바젤협약이 체결됨으로써 유럽만의 독특한 통화제도인 스네이크 체제(snake in the tunnel)가 등장할 수 있었고, 이 제도는 1979년 유럽통화제도(European Monetary System)로 발전하였다. 결국 발라사가 주장한 바와 같이 공동시장을 통해 역내무역이 증가하면서 통화협력에 대한 필요성이 커졌고, 그 결과 통화공동체 도입을 위한 논의가 시작된 것이다.

한편 유럽경제공동체 설립조약의 내용 중 상당 부분은 오늘날의 조약에 그대로 남아있다. 통상, 농업, 경쟁정책을 비롯하여 회원국 간 규제의 상호 접근, 거시경제정책의 상호 조율 등은 유럽경제공동체 설립조약을 통해 도입된 것이다. 또한 EU 기구 간의 역할 및 권한은 EEC의 운영기구가 설립되는 과정에서 확립된 것이다. 이러한 이유로 유럽경제공동체 설립조약은 EU가 발전할 수 있는 토대를 놓은 조약이며, EEC는 오늘날 EU의 전신으로 볼 수 있다.

참고문헌

1. 국문
김유정. 2012. "국경을 초월한 유럽통합 지식네트워크: 장 모네의 유럽합중국 행동위원회를 중심으로, 1955-1975." 『통합유럽연구』. 5: 29-48.

이재승·오창룡·김유정·김새미. 2015. 『지역협력의 조건: 초기 유럽통합의 재고찰과 동북아이사에의 함의』. 지역연구시리즈 15-01. 대외경제정책연구원.

2. 영문
Balassa, Bela. A.. 1962. *The Theory of Economic Integration*. Allen & Unwin.

European Commission. 1985. *Completing the Internal Market. White Paper from the Commission to the European Council (Milan, 28-29 June 1985)*. COM(85) 310 final (June 14).

European Communities. 1970. *Report to the Council and the Commission on the Realisation by Stages of Economic and Monetary Union in the Community (Werner Report)*.

Görtemaker, Manfred. 2009. "European Integration." In *Crises in European Integration: Challenge and Response, 1945-2005*. edited by Ludger Kühnhardt. Berghahn Books.

Hoeller, Peter, Nathalie Girouard and Alessandra Colecchia. 1998. "The European Union's Trade Policies and Their Economic Effects." *OECD Economics Department Working Paper* 194, Organization of Economic Cooperation and Development.

Ludlow, N. Piers. 2007. *European integration and the Cold War*. Oxon: Routledge.

Resnick, Stephen A. and Edwin M. Truman. 1973. "An Empirical Examination of Bilateral Trade in Western Europe." *Journal of international Economics* 3(4): 305-335.

Schwabe, Klaus. 2001. "The Cold War and European integration, 1947-63." *Diplomacy and Statecraft*, 12(4): 18-34.

3. 프랑스어
Fourastié, Jean. 1979. *Les Trente Glorieuses, ou la révolution invisible de 1946 à*

1975. Paris: Fayard

Spaak Committee (Le Comité intergouvernemental créé par la conférence de Messine) 1956. Rapport des chefs de délégation aux ministres des Affaires étrangères (April 21).

[인터넷 자료]

CVCE. "The Association of the Overseas Countries and Territories." https://www.cvce.eu/en/education/unit-content/-/unit/02bb76df-d066-4c08-a58a-d4686a3e68ff/cdab7870-56cb-439a-b750-42eda8ee4602(검색일: 2021. 10. 20).

CVCE. "The Benelux Memorandum." https://www.cvce.eu/en/education/unit-content/-/unit/02bb76df-d066-4c08-a58a-d4686a3e68ff/4f12131a-6cef-4db5-b877-dae21adc9ae8(검색일: 2021. 10. 20).

CVCE. "The British Proposal for a Single Free Trade Area." https://www.cvce.eu/en/recherche/unit-content/-/unit/02bb76df-d066-4c08-a58a-d4686a3e68ff/e719ad54-d9d9-4996-bf91-60aa489d5f29(검색일: 2021. 10. 20).

CVCE. "Plans for Revival." https://www.cvce.eu/en/education/unit-content/-/unit/1c8aa583-8ec5-41c4-9ad8-73674ea7f4a7/ce525535-1469-4132-af14-8f75d5a7804d(검색일: 2021. 10. 20).

CVCE. "The Parliamentary Debates and Ratification of the Treaties." https://www.cvce.eu/en/education/unit-content/-/unit/02bb76df-d066-4c08-a58a-d4686a3e68ff/c4fdf3e8-ac3d-46bd-ba52-1f17f2520320(검색일: 2021. 10. 20).

CVCE. "The Refusal to Ratify the EDC Treaty."https://www.cvce.eu/en/education/unit-content/-/unit/02bb76df-d066-4c08-a58a-d4686a3e68ff/aa0211ce-bf4d-48ba-9af7-86a30aec64b3(검색일: 2021. 10. 20).

CVCE. "The Role of the Trade Unions and the Social Provisions of the EEC Treaty." https://www.cvce.eu/en/education/unit-content/-/unit/02bb76df-d066-4c08-a58a-d4686a3e68ff/24cea7ea-2551-4a63-bbe5-92ab407bf809(검색일: 2021. 10. 20).

조약 번역문

|조약|
유럽경제공동체(EEC) 설립조약

|Ⅰ목록|
부속서 Ⅰ 본 조약 제19조와 제20조에 규정된 A에서 G의 목록 / 부속서 Ⅱ 본 조약 제38조에 규정된 목록 / 부속서 Ⅲ 본 조약 제106조에 규정된 서비스 교역 목록 / 부속서 Ⅳ 본 조약 제4부의 규정이 적용되는 해외 국가 및 영토

|Ⅱ의정서|
유럽투자은행의 정관에 대한 의정서 / 독일의 국내교역 및 연결문제에 관한 의정서 / 프랑스와 관련한 규정에 관한 의정서 / 이탈리아에 관한 의정서 / 룩셈부르크공국에 관한 의정서 / 특정 국가로부터 수입되고 특별수입제도를 활용하는 상품에 관한 의정서 / 알제리와 프랑스공화국의 해외행정도에 대해 유럽석탄철강공동체에 속하는 상품에 적용되는 제도에 관한 의정서 / 광물유와 특정 부산물에 관한 의정서 / 유럽경제공동체 설립조약의 네덜란드왕국의 비유럽지역 적용에 관한 의정서 /

|Ⅲ협약|
공동체와 해외 국가 및 영토의 협력에 관한 이행 협약 / 바나나 수입을 위한 저율관세할당에 관한 의정서 / 원두커피 수입을 위한 저율관세할당에 관한 의정서 / 특권 및 면책권과 유럽경제공동체 사법재판소의 정관에 관한 의정서 / 유럽공동체들에 공통되는 특정 기관에 대한 협약 /

|공동시장과 유럽원자력공동체를 위한 정부간회의 최종의정서|
국제기구의 회원국과 협력에 관한 공동 선언 / 베를린에 관한 공동 선언 / 프랑존 소속의 독립국가와 유럽경제공동체 간의 협력을 위한 의사표시 선언 / 리비아왕국과 유럽경제공동체 간의 협력을 위한 의사표시 선언 / 이탈리아의 신탁통치령인 소밀리아에 관한 의사표시 선인 / 수리남 및 네덜란드령 앤틸리스제도와 유럽경제공동체 간의 협력에 관한 의사표시 선언 / 독일 재외국민의 정의에 관한 독일연방공화국 정부의 선언 / 베를린에 대한 조약의 적용에 관한 독일연방공화국 정부의 선언 / 국방의 사유로 기밀로 취급된 특허 출원에 관한 프랑스공화국 정부의 선언 /

· 일러두기 ·

1. 본서는 유럽연합 공식사이트(An official website of the European Union)에 공개된 1957년 발간 「유럽경제공동체 설립조약과 부속서」(원제: *Traité instituant la Communauté économique européenne et documents annexes*)를 번역한 것이다.
2. 본서의 번역은 유럽경제공동체조약 설립조약의 프랑스어본을 기본으로 번역하였으며, 필요에 따라 영어본도 참조하였다.
3. 참조한 영어본은 아래와 같다.
   European Communities, 1973. *Treaties establishing the European Communities: Treaties amending these Treaties, Documents concerning the Accession*, Luxembourg: Office for Official publications of the European Communities.
4. 본서에서 언급된 공동체의 핵심 운영기구로서 유럽위원회는 원문에는 대문자로 시작되는 '위원회(Commission)'로 표기가 되어 있으나, 다른 위원회와 용어 사용의 혼란을 피하기 위해 '유럽위원회'로 표기하였다.

조약

유럽경제공동체(EEC) 설립조약

전문

벨기에 국왕, 독일연방공화국 대통령, 프랑스공화국 대통령, 이탈리아 공화국 대통령, 룩셈부르크 대공, 네덜란드 여왕은,

유럽 국민들 간의 보다 긴밀한 연합[1]을 계속 추진할 수 있는 기반을 조

---

1 유럽은 1950년 유럽석탄철강공동체(European Coal and Steel Community, ECSC) 설립부터 '보다 긴밀한 연합(ever closer union)'이라는 기치 아래 통합을 위해 노력해 왔다. '보다 긴밀한 연합'이라는 표현은 1957년에 체결된 유럽경제공동체 설립조약(Treaty Establishing the European Economic Community) 전문에서 처음으로 사용되었다. 또한 유럽경제공동체 설립조약 제2조는 공동체의 목표로서 회원국 간 보다 긴밀한 관계의 촉진을 명시하고 있다. 1983년에 채택된 유럽연합에 대한 엄숙한 선언(Solemn Declaration on European Union)에서도 유럽공동체(European Community, EC) 10개국 정상들은 유럽의 정체성을 확고히 하고 공동 운명을 인식하는 가운데 회원국 간 '보다 긴밀한 연합'을 향하여 전진해 나갈 것을 약속하였다. 1992년 체결된 마스트리히트조약(Maastricht Treaty) 전문에서도 '보다 긴밀한 연합'

성하기로 결정하면서,

유럽을 분리하는 장벽을 제거함으로써 공동행동을 통해 국가의 경제·사회 발전을 보장하기로 결의하면서,

국가의 임무가 시민들의 삶의 조건과 고용을 증진시키는데 있음을 확인하면서,

확장 속의 안정, 교역의 균형 및 경쟁의 준수를 보장하기 위해 기존의 장벽을 제거하기 위한 합의에 기초한 노력이 필요하다는 점을 인정하면서,

지역 간 격차와 낙후지역의 발전 저해 문제를 해결하는 가운데 경제의 동질성을 강화하고 조화로운 발전을 보장할 것을 유의하면서,

공동통상정책[2]을 통해 국제교역에 제한이 점진적으로 철폐되는 데에

이라는 표현이 사용되었다. 그리고 2007년 체결된 리스본조약(Treaty of Lisbon)의 전문과 제1조에서도 '보다 긴밀한 연합'이라는 가치가 계속 강조되었다. 결국 '보다 긴밀한 연합'은 유럽통합의 기본 원칙이라고 할 수 있다.

[2] 유럽경제공동체는 회원국 간 모든 관세와 수량제한을 철폐하고 대외적으로 공동관세를 운영하는 관세동맹(Customs Union)을 달성하는 것을 핵심 목표로 한다. 관세동맹이 그 기능을 효율적으로 발휘하기 위해서는 각 회원국이 개별적으로 실시해오던 통상정책을 공동정책으로 일원화할 필요가 있었다. 이러한 맥락에서 공동통상정책(Common Commercial Policy)은 본 조약에서 처음으로 유럽경제공동체의 공동정책으로 자리매김하였다. 공동통상정책은 반덤핑과 같은 일반적인 통상 조치와 대외통상 협상 및 해외직접투자 등을 포함한 정책으로 무역을 저해하는 조치에 대응하고 무역장벽을 낮추어 공동의 이해를 확대하는 것을 목표로 한다. 유럽위원회(Commission)가 회원국을 대표하여 대외통상 협상에 참석하여 공동체 차원의 이익을 도모한다. 한편 공동통상정책은 리스본조약 발효 이후 제도적 측면에서 중요한 전기를 마련하였다. 즉 통상 관련 제반 영역이 유럽연합의 배타적 권한(exclusive competence)으로 귀속되어 해외직접투자를 위시한 모든 통상 영역에 대해 유럽위원

기여할 것을 희망하면서,

유럽과 해외지역과의 연대를 확인하고, 국제연합 헌장의 원칙에 따라 해외지역이 번영의 길로 나아갈 수 있도록 보장할 것을 희망하면서,

재원을 총동원함으로써 평화와 자유를 보호하고, 이상을 공유하는 유럽의 다른 국민들에게 동참을 촉구할 것을 호소하면서,

다음의 자들을 전권대표로 지명하였다. :

벨기에 국왕 : 폴-앙리 스파크,[3] 외무부 장관,

　　　　　　장 샤를 스노이 에 도퓌에르 남작,[4] 경제 위임장관, 정부

　　회가 전권을 행사하게 되었다. 또한 통상 영역은 보통입법절차(Ordinary Legislative Procedure)가 적용되어 유럽의회가 반덤핑 부과 등 직접적인 통상 조치에 관여할 수 있게 되었다.

[3]　폴-앙리 스파크(Paul-Henri Spaak)는 1950년대 유럽통합 발전에 크게 이바지한 벨기에 정치인이다. 특히 그는 1954년부터 1958년까지 벨기에 외무장관을 역임하면서 유럽경제공동체(European Economic Community, EEC)와 유럽원자력공동체(European Atomic Energy Community, Euratom) 설립에 중요한 역할을 하였던 유럽연합 선구자(EU Pioneers) 중 한 사람이다. 그는 1949년 유럽평의회(Council of Europe)의 자문위원회(Consultative Committee) 초대 위원장을 맡으면서 유럽통합의 정치무대에 본격적으로 등장하였다. 이후 그는 1954년 8월 유럽방위공동체(European Defence Community, EDC)와 유럽정치공동체(European Political Community, EPC)의 설립이 좌절된 후 장 모네(Jean Monnet)와 함께 유럽통합의 다음 단계를 모색하였다. 그 과정에서 베네룩스 각서(Benelux Memorandum)가 작성되었고, 이를 토대로 그는 1955년 4월 유럽석탄철강공동체(European Coal and Steel Community, ECSC) 6개국 외무부 장관회의를 제안하였다. 회의 이후 장관회의 의장을 맡았던 스파크의 이름을 따서 스파크위원회(Spaak Committee)가 결성되었고, 동 위원회는 1955년 4월 21일 유럽석탄철강공동체 이사회에 공동시장과 유럽원자력공동체의 연계를 주장한 '스파크 보고서(Spaak Report)'로 알려진 최종보고서를 제출하였다. 이처럼 그는 유럽경제공동체와 유럽원자력공동체 설립을 위한 정부간회의를 주도하면서 1957년 3월 로마조약 체결에 결정적인 역할을 하였다.

[4]　장 샤를 스노이 에 도퓌에르 남작(Baron J. Ch. Snoy et d'OPPUERS)은 벨기에 외교

간회의 벨기에 대표단 의장;

독일연방공화국 대통령 : 콘라트 아데나워,[5] 연방 총리,

발터 할슈타인,[6] 외무부 장관;

프랑스공화국 대통령 : 크리스티앙 피노,[7] 외무부 장관

관이자 정치인으로 1956년 벨기에 정부간회의 대표단 의장을 맡으면서 유럽경제공동체와 유럽원자력공동체에 대한 협상에 참여하였고 1957년 로마조약에 서명하였다. 그는 1957년부터 1959년까지 유럽경제공동체와 유럽원자력공동체 임시위원회의 의장을 역임하였고, 1958년에는 유럽경제공동체의 첫 번째 벨기에 상임대표(Permanent Delegate)가 되었다. 한편 그는 1968년부터 1972년까지 벨기에 정부의 재무부 장관을 역임하였으며, 1981년부터 1985년까지 유럽경제협력연맹(European League for Economic Cooperation)의 의장으로 활동하였다.

[5] 콘라트 아데나워(Konrad Adenauer)는 1949년부터 1963년까지 독일연방공화국(서독)의 초대 총리를 역임하였으며, 전후 독일을 서구의 자유민주주의 국가 공동체로 결속시켰고, 전후 유럽통합의 발전에 그 어떤 개인보다 결정적인 역할을 담당하였다. 아데나워 외교 정책의 초석은 프랑스와의 화해였다. 그는 샤를 드골 프랑스 대통령과 함께 역사적인 전환점을 마련하였는데, 두 정상에 의해 한때 서로에게 있어 최대의 적이었던 독일과 프랑스는 1963년 유럽통합을 향한 이정표 중 하나가 된 우애 조약(소위 엘리제 조약)을 체결하였다.

[6] 발터 할슈타인(Walter Hallstein)은 1951년부터 1958년까지 독일연방공화국(서독)의 외무부 장관을 역임하면서 서독 외교정책과 유럽통합에 크게 이바지한 정치인이다. 연방 유럽의 열렬한 옹호자인 그는 1948년 헤이그에서 개최된 유럽회의(Congress of Europe)에서 장차 서독의 초대 총리가 될 아데나워를 만나면서 정치에 입문하게 된다. 이후 1950년 6월 슈망플랜 협상을 위한 서독대표단의 의장으로 임명되면서 유럽석탄철강공동체 설립에 깊게 관여하였다. 이후 그는 서독의 외무부 장관으로서 1955년 메시나회담(Messina Conference)에 서독대표단의 일행으로 유럽경제공동체와 유럽원자력공동체 설립에 관한 정부간회의에 참석하였고, 1957년에는 로마조약에 서명하였다. 이후 그는 1958년 1월 유럽경제공동체 유럽위원회 초대 위원장으로 선출된 후 1967년 사임할 때까지 위원장직을 역임하였다. 이처럼 그는 유럽통합에 이바지한 공로로 인정받아 유럽연합 선구자 중 한 사람으로 불린다.

[7] 크리스티앙 피노(Christian Pineau)는 프랑스의 유명한 레지스탕스 지도자로 전후 프랑스 정부에서 공공사업부 장관과 외무부 장관 등을 역임하였다. 특히 그는 1956년부터 1958년까지 프랑스 정부의 외무부 장관을 역임하면서 1956년 수에즈 위기 해결에 관여하였고 1957년 로마조약에 서명하였다.

모리스 포르,[8] 외무 위임장관;

이탈리아공화국 대통령 : 안토니오 세니,[9] 각료이사회 의장,[10]
가에타노 마르티노,[11] 외무부 장관;

룩셈부르크 대공 : 조제프 베슈,[12] 정부 의장,[13] 외무부 장관,
랑베르 샤우스,[14] 대사, 정부간회의 룩셈부르크 대

---

[8] 모리스 포르(Maurice Faure)는 프랑스의 정치인으로 1957년 로마조약에 서명하였다. 이후 그는 유럽의회에서 프랑스 대표(1959~1967, 1973)를 역임하였으며, 1979년 직접보통선거로 치러진 첫 번째 유럽의회 선거에서 당선되어 1979년부터 1981년까지 유럽의회 의원으로 활동하였다.

[9] 안토니오 세니(Antonio Segni, 1891~1972)는 이탈리아의 정치인으로 1955년부터 1957년까지 그리고 1959년부터 1960년까지 총리를 역임하였고, 1962년부터 1964년까지 제4대 이탈리아 대통령을 역임하였다. 그가 첫 번째 총리를 역임하는 동안, 이탈리아는 1955년 국제연합(United Nations) 회원국이 되었다. 또한 그는 같은 시기에 이탈리아 총리로서 1957년 로마조약에 서명하였다. 그는 유럽통합의 강력한 지지자였으며, 서독과의 관계 개선에 이바지하였고 콘라트 아데나워와 가까운 관계를 유지하였다.

[10] 이탈리아 각료이사회 의장은 총리에 해당한다.

[11] 가에타노 마르티노(Gaetano Martino)는 의학을 전공한 대학교수로서 1954년부터 1957년까지 이탈리아 정부의 외무부 장관을 역임하였다. 그는 외무부 장관으로서 1955년 메시나회담에 참여하여 유럽통합에 크게 이바지하였고 1957년 로마조약에 서명하였다. 또한 그는 1962년부터 1964년까지 유럽의회 의장으로 활동하였다.

[12] 조제프 베슈(Joseph Bech)는 룩셈부르크의 정치인으로서 1950년대 초반 유럽석탄철강공동체 창설에 이바지하였다. 그리고 1950년대 후반에는 유럽통합을 막후에서 주도한 유럽연합 선구자 중 한 사람이었다. 그는 룩셈부르크 총리로서 1955년 6월 메시나회담의 의장을 역임하면서 1957년 로마조약의 성공에 지대한 공헌을 하였다. 강대국에 둘러싸인 소국, 룩셈부르크에서 정치활동을 한 베슈는 특히 유럽의 안정과 번영을 위해 국가 간 협력이 매우 중요하다고 인식하였다. 그는 벨기에, 네덜란드와 함께 베네룩스연합의 창설에 참여하였고, 이러한 경험을 바탕으로 유럽공동체 창설에 적극적으로 참여하였다.

[13] 룩셈부르크 정부의장은 총리에 해당한다.

[14] 랑베르 샤우스(Lambert Schaus)는 룩셈부르크의 외교관이자 정치인으로서 1950년대 유럽통합에 크게 이바지하였다. 그는 1955년부터 브뤼셀 주재 벨기에 대사를 역

표단 의장;

네덜란드 여왕 : 조셉 룬스,[15] 외무부 장관,

요하네스 린토스트 호만,[16] 정부간회의 네덜란드 대표단 의장

전권대표들은 정본 전권위임장을 교환한 후 아래의 규정에 합의하였다.

임하면서 유럽경제공동체 · 유럽원자력공동체 설립에 관한 정부간회의에서 룩셈부르크 대표단을 이끌었다. 이후 그는 1958년 초대 유럽위원회(Commission)인 할슈타인 위원회(Hallstein Commission)의 룩셈부르크 대표로 유럽위원회 위원으로 임명되었고, 두 번째 할슈타인 위원회(1962-1967)에서도 재임명되었다.

[15] 조셉 룬스(Joseph Luns)는 네덜란드의 외교관이자 정치인으로서 1950년대 유럽통합에 크게 이바지하였다. 그는 1952년부터 1971년까지 네덜란드 정부의 외무부 장관을 역임하였으며, 그 이후 1971년부터 1984년까지 북대서양조약기구(North Atlantic Treaty Organization, NATO) 사무총장을 지냈다. 특히 그는 네덜란드 정부의 외무부 장관으로서 1957년 로마조약에 서명하였다.

[16] 요하네스 린토스트 호만(J. Linthorst Homan)은 네덜란드의 정치인이자 외교관이었다. 그는 1952년 대외경제국의 통합국장으로 임명된 후 네덜란드의 대유럽정책 수립에서 핵심적인 역할을 맡았다. 특히 그는 공동시장형성을 위한 바이언 계획(Beyen plan)의 공식화에 이바지하였다. 또한 그는 네덜란드 정부간회의 대표단을 이끌면서 1955년 메시나회담에 참석하여 스파크 보고서의 준비에도 깊이 관여하였고 1957년 로마조약에 서명하였다. 이후 그는 1958년 유럽경제공동체와 유럽석탄철강공동체의 첫 번째 상임대표로 임명되었고, 1962년부터 1967년까지 유럽석탄철강공동체 고등관청(high authority)의 위원을 역임하였으며, 1968년부터 1971년까지 런던에서 유럽경제공동체의 대표로서 활동하면서 영국과 유럽대륙의 협력을 촉진하는 데 이바지하였다.

제1부 원칙

제1조

본 조약을 통해 상기의 당사자들은 유럽경제공동체를 형성한다.

제2조

공동체는 공동시장[17]과 회원국 간 경제정책의 점진적인 상호접근을 통해 공동체 내 경제활동의 조화로운 발전과 지속적이고 균형 있는 확장, 증가된 안정, 더 가속화된 생활수준의 향상 그리고 회원국 간의 보다 긴밀한 관계를 촉진하는 것을 목표로 한다.

제3조

제2조에서 명시한 목표를 위해 공동체의 활동은 본 조약에 의해 규정된 조건과 일정에 의거하여 다음을 포함한다.

a) 재화의 유출입에 대한 관세 및 수량적 제한, 이와 유사한 모든 조치에 대한 철폐
b) 제3국에 대한 공동관세와 공동통상정책의 수립

---

17   공동시장(common market)은 공동체 역내시장에서 상품, 노동, 자본, 서비스의 자유로운 이동을 보장하며, 이를 위해 역내 관세를 철폐한다. 하지만 공동체 역외 국가에 대해서는 공동관세, 즉 공동역외관세를 부과한다.

c) 회원국 간 사람, 서비스, 자본의 자유로운 이동을 저해하는 장벽의 철폐

d) 농업부문에서 공동정책의 수립

e) 교통부문에서 공동정책의 수립

f) 공동시장 내의 경쟁을 보장하는 체제의 수립

g) 회원국 간 경제정책을 조율하고, 대외수지 불균형에 대처할 수 있는 제도의 실시

h) 공동시장의 운영에 필요한 국가별 법제도의 상호접근

i) 노동자의 고용가능성을 높이고, 생활수준을 향상시키는데 기여하기 위한 유럽사회기금[18]의 창설

j) 새로운 재원 마련을 통해 공동체의 경제적 확장을 촉진하기 위한 유럽투자은행[19]의 설립

k) 교역을 증진하고 경제・사회발전을 위한 공동의 노력을 도모하기 위한 국가와 해외령 간의 제휴

---

[18] 유럽사회기금(European Social Fund)은 유럽경제공동체 설립조약에 따라 1958년 설립되었다. 유럽사회기금의 설립은 공동체 역내에서 지리적 이동과 직업의 이동을 강화함으로써 노동자들의 고용 기회와 생활기준을 향상시키고, 나아가 노동자들이 보다 쉽게 고용될 수 있도록 하는 데 그 목적이 있었다. 그러므로 동 기금은 그 시작부터 보편적인 사회복지 현안보다는 고용과 직업훈련에 관한 특정 분야를 주로 다루었다.

[19] 유럽투자은행(European Investment Bank)은 저발전지역에 대한 대출을 통한 유럽경제공동체의 균등한 발전을 촉진하기 위해 설립된 기구이다. 본 조약 제130조에 따르면, 유럽투자은행은 자본시장을 이용하거나 자체 재원을 활용하여 공동체의 이익을 위하여 공동시장을 균형 있고 지속적으로 발전시키는데 기여하는 것을 그 임무로 한다. 유럽투자은행은 유럽경제공동체 설립조약이 발효하면서 1958년 브뤼셀에 설립되었다가 1968년 룩셈부르크로 본부를 이전하여 오늘에 이르고 있다. 현재 유럽투자은행은 유럽에서의 성장과 고용을 촉진할 수 있는 프로젝트들을 지원하고 있는데, 첫째, 혁신과 기술, 둘째, 중소기업을 위한 금융지원, 셋째, 기후변화 관련 활동, 넷째, 인프라 등 4개의 영역에 주로 초점을 맞추고 있다.

제4조

1. 공동체에 부과된 임무를 실행하는 것은 다음의 기관[20]에 의해 수행된다.

- 의회
- 이사회
- 유럽위원회
- 사법재판소

각 기관은 본 조약에 의해 부여된 권한의 한계 내에서 행동한다.

2. 이사회와 유럽위원회는 자문역할을 수행하는 경제사회위원회의 조력을 받는다.

제5조

회원국들은 본 조약과 이를 기반으로 한 공동체 기관들의 정관에 근거를 둔 의무 수행을 보장하기 위해 일반 또는 특별 조치를 취한다. 회원국들은 공동체가 임무를 완수하는 것을 촉진한다.

---

[20] 유럽원자력공동체, 유럽경제공동체 그리고 유럽석탄철강공동체는 1957년 체결된 '유럽공동체들에 공통되는 특정 기관에 대한 협약'을 통해 유사한 임무를 수행하는 기관의 수를 제한하고 단일 기관을 창설하기로 결정하였다. 그 결과 세 공동체는 의회(Assembly), 사법재판소(Court of Justice) 그리고 경제사회위원회(Economic and Social Committee)를 단일 기관으로 창설하였다. 이후 세 공동체는 1965년 체결된 브뤼셀조약(Brussels Treaty)으로도 알려진 합병조약(Merger Treaty)을 통해 이사회(Council)와 유럽위원회(Commission) 또한 단일 기관으로 창설하였다.

회원국들은 본 조약에 명시된 목적의 실현을 위태롭게 할 수 있는 모든 조치를 삼간다.

제6조

1. 회원국들은 공동체의 기관들과 밀접한 협력을 통해 본 조약의 목표를 달성하는데 필요한 각각의 경제정책을 조율한다.

2. 공동체의 기관들은 회원국들의 내부적, 외부적 금융안정성이 훼손되지 않도록 감시한다.

제7조

본 조약의 적용 범위 내에서, 본 조약이 규정하는 특별한 경우를 제외하고 국적에 대한 모든 차별은 금지된다.

이사회는 유럽위원회의 제안과 의회와의 협의 후에 이러한 차별을 금지하는 것을 목적으로 모든 법규를 가중다수결[21]로 정할 수 있다.

---

21 가중다수결(qualified majority)은 이사회에서 가장 일반적이며 폭넓게 적용되는 의사결정 제도이다. 가중다수결은 회원국의 인구 규모에 차등을 두어 표결에 가중치를 부여한 것이다. 독일, 프랑스, 이탈리아와 같이 인구가 많은 국가는 각각 4표, 그리고 상대적으로 인구가 적은 벨기에, 네덜란드는 2표 그리고 제일 인구가 적은 룩셈부르크가 1표를 행사한다. 그러나 의결 정족수는 4개국 이상 동의에 12표 이상이 필요하므로 인구가 많은 국가와 인구가 적은 국가들의 이해관계와 입장을 절충한 표결 방법이다.

제8조

1. 공동시장은 12년의 과도기간 중에 점진적으로 설립된다.

과도기간은 각각 4년씩, 3개 단계로 구분되며, 그 기간은 아래 상술된 조건 내에서 변경될 수 있다.

2. 각 단계에는 취해져야 할 모든 행동이 할당된다.

3. 1단계에서 2단계로의 이행은 본 조약이 지정한 1단계에서의 특정한 목표가 실질적으로 달성되고 본 조약에 규정된 예외와 절차에 대한 조건에 있어 해당 조치들이 취해진 것이 확인된 경우로 제한한다.

이 확인은 4차 년도에 유럽위원회의 보고에 대해 이사회가 전원일치로 결정한다. 그러나 특정 국가가 자신의 의무 불이행을 앞세워 전원일치의 결정을 막을 수는 없다. 전원일치 결론을 내리지 못할 경우, 1단계는 자동으로 1년 연장된다.

5차 년도에 이 확인은 이사회에 의해 같은 조건으로 실시된다. 전원일치 결론을 내리지 못할 경우, 1단계는 추가적으로 1년 연장된다.

6차 년도에 이 확인은 유럽위원회의 제안에 대해 이사회가 가중다수결로 결정한다.

4. 마지막 투표가 있고 난 후 1개월 이내에, 소수 투표 국가 또는 다수결이 달성되지 않은 경우, 모든 국가는 회원국과 공동체 기관에 대해 구속력 있는 결정을 내릴 수 있는 중재기관(arbitration board)의 수립을 이

사회에 요청할 수 있다. 이 중재기관은 이사회에 의해 임명된 3명의 위원으로 구성되며, 유럽위원회의 제안에 대해 전원일치로 결정을 내린다.

요청일로부터 한 달 이내에 이사회가 임명을 하지 못할 경우, 중재기관의 위원은 1개월 이내에 사법재판소가 임명한다.

중재기관은 자체적으로 의장을 임명한다.

중재기관은 이사회의 투표일로부터 제3항 마지막 호에 정해진 바와 같이 6개월 이내에 결정을 발표한다.

5. 2단계와 3단계는 유럽위원회의 제안에 대해 전원일치로 이사회가 채택한 결정에 의해서만 연장 또는 단축될 수 있다.

6. 상기의 항들을 통해 과도기간을 본 조약의 발효일로부터 15년 이상으로 연장할 수는 없다.

7. 본 조약에 의해 규정된 예외와 면제를 제외하고. 과도기간이 만료됨으로서 예정된 모든 법규와 공동시장의 형성에 있어서의 모든 실행이 시작된다.

제2부 공동체의 근거

제 I 편 재화의 자유로운 이동

제9조

1. 공동체는 재화의 교환에 있어 회원국 간의 수입과 수출관세, 이와 동일한 효과를 갖는 모든 세금을 금지하고, 제3국에 대해 공동관세를 채택하는 관세동맹[22]에 기반을 둔다.

2. 제1장, 제1절 그리고 현재 편의 제2장의 규정들은 회원국은 물론 회원국과 자유무역 관계에 있는 제3국으로부터 수입되는 제품에 적용된다.

---

[22] 유럽경제공동체의 관세동맹(Customs Union)은 과거 프로이센이 주도하여 창설하였던 독일관세동맹(Zollverein)에서 모티브를 얻은 것으로, 내부적으로는 회원국 간 관세를 폐지하고 외부적으로는 공동역외관세를 도입하였다는 점에서 공통점을 찾을 수 있다. 관세동맹의 창설을 통해 유럽공동체창설국가(Founding States)들은 세계무역시장에서 단일한 목소리를 낼 수 있게 되었고, 이는 이후 경제부문에서의 심화된 통합이 성공적으로 이루어질 수 있게 되는 기반을 제공하였다.

제10조

1. 수입 관련 서류를 갖추고, 한 회원국에서 관세 또는 유사한 세금이 납부되고, 이러한 관세의 전체 또는 부분적 환급조치의 수혜를 보지 않을 경우, 제3국으로부터 수입된 상품은 자유로운 이동이 가능한 것으로 간주된다.

2. 유럽위원회는 무역에 부과되는 모든 행정적 부담을 가능한 완화하기 위한 필요성을 감안하여 본 조약의 발효 첫해에 제9조 제2항의 적용을 위한 행정적 방법과 협력을 결정한다.

본 조약의 발효일로부터 1년 이전에 유럽위원회는 회원국 간 무역 흐름, 한 회원국으로부터의 수입된 재화, 수출 회원국에 적용된 관세나 유사한 세금에 저촉되거나 전체 또는 부분적 환급조치의 수혜대상이 되지 않는 제품의 제작에 적용될 수 있는 규정들을 결정한다.

이 규정들을 채택함에 있어, 유럽위원회는 공동체 내 관세철폐와 공동관세의 점진적인 적용을 위한 법규를 고려한다.

제11조

회원국들은 본 조약에 의거하여 관세에 관해 적용되는 모든 의무를 정부가 기한 내에 수행할 수 있도록 적절한 조치를 취한다.

제1장 관세동맹

제1절 회원국 간의 관세철폐

제12조

회원국들은 수입 및 수출관세, 이와 유사한 세금을 새롭게 도입하는 것과 상호 간의 무역관계에 적용될 수 있는 이러한 조치들을 삼간다.

제13조

1. 회원국 간 교역에 적용되는 수입관세는 제14조와 제15조에 규정된 조건에 따라 과도기간 중 점진적으로 철폐된다.

2. 회원국 간에 적용되는 수입관세와 유사한 세금들은 과도기간 중 점진적으로 폐지된다. 유럽위원회는 지침[23]을 통해 이러한 철폐의 속도를 정한다. 유럽위원회는 제14조 제2항 및 제3항과 이사회가 제14조 제2항에 의거하여 채택한 지침으로부터 착안한다.

---

[23] 지침(directive)은 2차 입법 중 하나로 모든 회원국에 대한 구속력을 가지시만 그 방법과 절차는 회원국에 위임한다. 이 경우 회원국에서의 입법은 지침의 목적과 내용을 벗어날 수 없다. 하지만 이는 각 회원국의 법질서에 맞게 별도의 국내 입법의 여지를 남겨둔 것이다. 본 조약 제189조에 "지침은 달성해야 할 결과에 관하여 시달 대상인 해당 회원국을 구속하지만, 그 형태와 방식은 해당 회원국의 국내 당국이 선택한다"라고 규정하고 있다.

제14조

1. 모든 품목에 있어 철폐의 기준이 되는 기본관세는 1957년 1월 1일에 적용된 관세이다.

2. 관세철폐 일정은 다음과 같다.

a) 1단계에서 첫 번째 철폐는 본 조약의 발효 1년 후에 이루어진다. 두 번째는 18개월 후에, 세 번째는 본 조약의 발효 4년차 마지막 해에 이루어진다.

b) 2단계에서 첫 번째 철폐는 이 단계가 시작된 18개월 후에, 두 번째 철폐는 그 다음의 18개월 후에, 세 번째 철폐는 그 다음 1년 후에 이루어진다.

c) 그 외의 나머지 철폐는 3단계에서 이루어진다. 이사회는 유럽위원회의 제안에 대해 지침을 통해 관세철폐 일정을 가중다수결로 결정한다.

3. 첫 번째 철폐에 있어 회원국은 각 제품에 대해 기준관세에서 10%를 철폐한다.

이후 각 관세철폐에 있어 회원국은 모든 관세에 있어 제4항에 정의된 바와 같이 10%, 적어도 5% 관세를 철폐해야 한다.

그러나 관세율이 30%를 넘는 품목에 대해서는 적어도 10% 감축을 해야 한다.

4. 각 회원국에 있어 제3항에 기술된 총 관세는 1956년 회원국으로부터 수입된 재화에 기본관세율을 곱한 값을 통해 계산된다.

5. 제1항~제4항의 적용에서 나타난 문제는 이사회가 유럽위원회의 제안에 대해 가중다수결로 결정한 지침에 의해 해결한다.

6. 회원국들은 아래의 관세철폐를 위한 상기의 법규를 근거로 유럽위원회에 보고한다. 회원국들은 각 상품에 대해 철폐 목표를 달성할 수 있도록 노력한다.

- 제1단계까지: 기본관세 대비 최소 25% 감축
- 제2단계까지: 기본관세 대비 최소 50% 감축

제13조에 규정된 목표를 달성하지 못하거나, 동 항에서 정한 목표를 달성하지 못할 경우, 유럽위원회가 필요하다고 판단한 경우, 모든 적절한 권고를 회원국에 제공한다.

7. 동 조의 규정은 유럽위원회의 제안과 의회와의 협의를 거친 후 이사회에 의해 전원일치 결정으로 변경될 수 있다.

제15조

1. 제14조와 별개로 모든 회원국은 과도기간 중에 다른 회원국으로부터 수입된 상품에 적용되는 관세를 전부 또는 부분적으로 중단할 수 있다. 해당 회원국은 이를 다른 회원국들과 유럽위원회에 알린다.

2. 회원국들은 일반적 경제상황과 산업 분야의 상황이 허용할 경우, 제14조에 규정된 일정보다 더 빠르게 다른 회원국에 대한 관세를 줄일 것을 선언한다.

유럽위원회는 이와 관련하여 관련 회원국에 권고를 제시한다.

제16조

회원국들은 늦어도 1단계의 만료 전까지 상호 간에 수출관세 또는 이와 유사한 세금을 철폐한다.

제17조

1. 제9조~제15조에 있는 규정은 세금과 관련된 관세에 적용된다. 다만 이 관세는 총 관세징수액의 계산이나, 제14조 제3과 제4항에 명시된 관세의 철폐에 대해 고려대상이 되지는 않는다.

이 관세들은 각 철폐단계에 있어 적어도 10%씩 철폐된다. 회원국들은 제14조에 의거하여 더 빠른 일정으로 철폐할 수 있다.

2. 본 조약의 발효일로부터 1년 이내에 각 회원국은 재정 성격의 관세에 대해 유럽위원회에 알리도록 한다.

3. 회원국들은 제95조에 의거하여 이 관세를 내국세로 대체할 수 있는 권리를 보유한다.

4. 유럽위원회가 재정 성격의 관세를 대체하는 것이 특정 회원국에 있어 심각한 문제를 발생하는 것으로 확인할 때, 유럽위원회는 본 조약의 발효 이후 늦어도 6년 후에는 해당 회원국이 이 관세를 철폐하는 것을 조건으로 이를 허용한다. 이러한 허용은 본 조약의 발효 후 1년 이내에 요청되어야 한다.

제2절 공동관세 설립

제18조

회원국들은 관세동맹을 형성해 나가는데 있어 상호성과 상호이익의 바탕 위에 일반적 수준보다 관세를 인하하는 협정을 체결함으로써 국제무역의 발전과 교역장벽의 축소를 도모할 것을 선언한다.

제19조

1. 후술될 조건과 한계를 감안하는 가운데, 대외공동관세는 공동체에 참가하는 4개의 관세영토의 실행관세의 산술평균으로 결정된다.

2. 이 평균을 계산하기 위한 회원국의 관세는 1957년 1월 1일의 적용관세이다.

다만, 이탈리아 관세의 경우, 10%의 관세를 일시적으로 인정한다. 또한 이 관세가 일반적 관세로 인정되는 경우, 10%를 상회하지 않도록 규정한다. 일반적 관세를 상회하는 경우, 산술평균 관세를 계산하는 데 있어서 10%를 초과하는 수치는 불삽입한다.

A 목록에 열거된 품목에 있어서는 산술평균을 계산하는데 있어 이 목록에 적시된 관세율이 실행관세를 대체한다.

3. 공동관세는 다음을 상회할 수 없다.

a) 목록 B에 열거된 항목에 대해서는 3%
b) 목록 C에 열거된 항목에 대해서는 10%
c) 목록 D에 열거된 항목에 대해서는 15%
d) 목록 E에 열거된 항목에 대해서는 25%, 베네룩스 국가들의 관세에 있어서는 3%를 상회하지 않을 경우, 산술평균을 계산하는데 있어 12%를 적용

4. F 목록은 열거된 품목의 실행관세를 정한다.

5. 동 조와 제20조에 규정된 상품의 목록들은 본 조약 부속서 I에 포함된다.

제20조

목록 G에 포함된 상품에 대한 실행관세는 회원국 간의 협상을 통해 정해진다. 각 회원국은 이 목록에 1956년 기준 제3국으로부터의 총수입량 중 2% 이내에서 다른 품목들을 추가할 수 있다.

유럽위원회는 본 조약의 발효일부터 2년 이내에 이 협상이 이루어지

고, 제1단계에서 협상이 종료될 수 있도록 모든 조치를 취한다.

특정 품목에 있어 이 기한 내에 합의가 도출되지 못할 경우, 이사회가 제2단계의 기한 내에서는 유럽위원회의 제안에 대해 전원일치로, 그 이후로는 가중다수결로 공동관세를 결정한다.

제21조

1. 제19조와 제20조의 실행에 있어 발생하는 기술적 문제들은 본 조약의 발효 2년 이내에 유럽위원회의 제안에 대해 이사회가 가중다수결로 결정한 지침을 통해 해결한다.

2. 제1단계의 종료 전까지 또는 늦어도 관세율을 확정할 때, 이사회는 유럽위원회의 제안을 바탕으로 제19조와 제20조에 규정된 공동관세의 내부조율에 필요한 조절에 대해 가중다수결로 결정한다.

제22조

본 조약의 발효 2년 내에 유럽위원회는 제17조 제2항에 명시된 재정적 성격의 관세는 제19조 제1항에 계획된 산술평균 계산에 포함되어야 하며, 본 조약의 발효 2년 내에 유럽위원회는 이를 위한 조치를 결정한다. 이 조치는 관세가 내포하는 보호적 측면을 고려한다.

이 결정 이후 적어도 6개월 후에 모든 회원국은 해당 조에 규정된 한계가 당사국에 반하지 않는 한, 상품에 대해 제20조에 규정된 절차가 적용되도록 요청할 수 있다.

제23조

1. 점진적인 공동관세의 수립 후에 회원국은 제3국에 적용되는 관세를 다음 조건에 따라 변경할 수 있다.

- a) 1957년 1월 1일의 관세가 공동관세와 대략 15% 이상 차이가 나지 않은 경우, 공동관세는 본 조약이 발효되는 시점부터 4년 경과 후에 적용된다.
- b) 다른 경우, 각 회원국은 같은 날 30% 축소한 관세를 적용하며, 이에 1957년 1월 1일 관세와 공동관세 간의 격차가 남는다.
- c) 이 격차는 제2단계의 종료 시까지 다시 30% 축소된다.
- d) 제1단계의 종료 시점까지 공동관세가 정해지지 않은 경우, 각 회원국은 이사회가 동 항을 실행하는 과정에서 제20조에 의거하여 결정할 관세를 6개월 후에 적용한다.

2. 제17조 제4항에 규정된 승인을 득한 회원국은 승인된 기간 동안에 해당 상품의 관세에 있어 전술된 규정들을 적용하는 것이 면제된다. 승인기간이 종료된 후에는 제1항이 포함하고 있는 법규를 적용한 결과 도출된 관세를 적용한다.

3. 공동관세는 늦어도 과도기간이 종료되는 시점까지 일괄 적용되어야 한다.

제24조

자국의 관세를 공동관세와 일치시키기 위해 회원국은 관세를 제23조에 규정된 일정보다 더 앞당길 수 있다.

제25조

1. 유럽위원회가 B, C, D 목록에 포함된 특정 상품의 회원국 내 생산이 한 회원국의 필요량을 충족시키지 못한다고 판단하거나, 필요량이 상당 부분에 있어 전통적으로 수입에 의존하는 경우, 유럽위원회의 제안을 바탕으로 이사회는 해당 국가에 저율관세 할당량[24]을 부여하거나, 관세를 면제할 수 있다.

이 할당량은 다른 국가의 경제활동에 있어 이전을 야기할 우려가 발생하지 않는 정도로 제한한다.

2. E 목록의 품목과 제20조 제3항에 규정된 절차에 따라 관세율이 정해지는 G 목록 품목의 경우, 공급처의 변화 또는 공동체 내의 공급량 부족이 특정 회원국의 변화하는 산업에 손실을 야기할 때, 유럽위원회는 회원국의 요청에 따라 모든 회원국에 저율관세 또는 무관세 할당량을 부여한다.

이 할당량은 다른 국가의 경제활동에 있어 이전을 야기할 우려가 발생하지 않는 정도로 제한한다.

3. 본 조약 부속서 II에 열거된 품목의 경우, 해당 품목에 있어 심각한

---

[24] 저율관세 할당량은 저율관세할당, 관세율 쿼터, 시장접근물량 등으로 불리기도 한다. 이는 특정 품목에 대해 정해진 일정 물량에 대해서만 저율의 관세를 부과하고 그 선을 초과하는 물량에 대해서는 고율의 관세를 부과하는 제도를 말한다.

시장 교란을 일으키지 않는 한도 내에서, 유럽위원회는 모든 회원국에 적용가능한 관세의 징세를 부분 또는 전면 중단할 것을 승인하거나 저율 관세 또는 무관세 할당량을 부여할 수 있다.

4. 유럽위원회는 동 조를 적용하는데 있어 부여된 할당량에 대해 정기적으로 검토한다.

제26조

유럽위원회는 특별한 어려움에 직면한 회원국에 대해 제23조에 근거한 관세율 인하를 연기하도록 승인할 수 있다.

이러한 승인은 제한된 기간 동안에만 부여되며, 적용대상이 되는 품목은 통계습득이 가능한 최근 연도의 제3국 수입량 총액의 5%를 초과해서는 아니 된다.

제27조

제1단계의 종료 전에 회원국들은 관세행정에 관한 법률과 규칙, 행정 행위의 상호접근을 진행한다. 유럽위원회에는 이와 관련하여 권고를 제시한다.

제28조

공동관세의 변경과 중단과 관련된 모든 조치는 이사회가 전원일치로 결정한다. 다만 과도기간의 종료 후에 각 관세율의 20%를 상회하지 않는 범위 내에서 유럽위원회의 제안을 바탕으로 이사회가 가중다수결로 결정할 수 있다. 이와 같은 변경이나 중단 조치는 동일한 조건으로 두 번째 기간인 6개월 연장이 한 차례 가능하다.

제29조

동 절에서 규정된 임무를 수행하는데 있어 유럽위원회는 다음 사항을 근거로 결정한다.

a) 회원국들과 제3국 간 교역 증진의 필요성
b) 기업의 경쟁력 증진 효과를 갖는 공동체 내의 경쟁 조건의 변화
c) 최종재에 있어 회원국 간 경쟁조건을 왜곡하지 않는 가운데, 공동체 차원의 원자재와 중간재 공급의 필요성
d) 회원국 내에 경제적 생활에 있어 심각한 어려움을 방지하고, 공동체 내 생산의 합리적 발전과 소비의 확대를 보장할 필요성

제2장 회원국 간 수량적 제한의 철폐

제30조

회원국 간 수입에 대한 수량적 제한과 유사한 효과를 가진 모든 조치는 아래에 제시된 규정의 경우를 제외하고는 금지된다.

제31조

회원국들은 상호 간에 새로운 수량적 제한이나 유사한 효과의 조치를 삼간다.

다만, 이와 같은 의무는 1955년 1월 14일의 유럽경제협력기구[25]의 결정을 실행하는 과정에서 이루어진 자유화 조치에는 적용되지 않는다. 회원국들은 유럽위원회에 늦어도 본 조약의 발효 6개월 이내에 이와 같은 결정을 위해 개방된 품목 목록을 통보한다. 이와 같이 통보된 목록은 회원국 간에 공식화된다.

제32조

회원국들은 상호 간의 교역에 있어 본 조약의 발효 시에 존재하던 무역할당량이나 이에 상응하는 제한조치를 한층 강화하는 것을 삼간다.

이러한 무역할당량은 늦어도 과도기간의 종료 시까지 철폐되어야 한다. 이 무역할당량은 다음의 조건에 의거하여 이 기간 중 점진적으로 철폐된다.

---

[25] 유럽경제협력기구(Organisation for European Economic Cooperation, OEEC)는 마셜 플랜의 실행을 위해 1947년 6월 파리회의에 참가한 유럽 16개 국가를 주축으로 1948년 4월 결성된 정부 간 협력기구이다. 이 기구는 1961년 출범한 경제협력개발기구(Organization for Economic Co-operation and Development, OECD)의 전신으로 유럽에 제공되는 원조 방식을 결정 및 관리하는 것뿐 아니라 상품의 자유이동과 관세 축소 등을 통해 회원국 간 무역 확대와 유럽 경제의 부흥 또한 목표로 하였다. 특히 이 기구에 의해 유럽지불동맹(European Payment Union, EPU)이 결성되었고, 그 결과 통화태환성이 완전히 복구되어 1950년대 말에 회원국 간 무역이 두 배나 증가하는 효과를 거두기도 하였다. 이 유럽지불동맹은 오늘날의 유로(Euro)가 탄생하는 토대가 되었다.

제33조

1. 본 조약의 발효 1년 후 각 회원국은 기존에 존재하던 양자 무역할당량을 차별없이 모든 회원국에게 적용하는 전체 무역할당량으로 전환한다.

같은 시점에 회원국들은 전체 무역할당량을 가치 기준으로 최소한 20% 증가시킨다. 다만 각 품목별로는 적어도 10% 이상 무역할당량을 증가시킨다.

매년 무역할당량은 직전 연도에 대해 동일한 원칙과 비율을 따르며 증가한다.

네 번째 무역할당량의 증가는 본 조약이 발효된 후 4년 차의 마지막에 이루어진다. 다섯 번째는 제2단계 시작 후 1년 후에 이루어진다.

2. 자유화 조치에서 제외된 품목에 있어 무역할당량이 해당 국가의 총 생산의 3%에 미치지 못할 때, 본 조약의 발효 후 적어도 1년 내에 최소 3%의 무역할당량이 정해진다. 이 할당량은 두 번째 연도에는 4%, 세 번째 연도에는 5%로 증가한다. 이런 방식으로 해당 회원국은 무역할당량을 연간 증가하여 최소 15%까지 증가시킨다.

해당 국가의 생산이 없는 품목의 경우, 유럽위원회가 적절한 무역할당량을 결정한다.

3. 두 번째 연도의 종료 시 모든 무역할당량은 국가 생산량의 최소 20%가 되어야 한다.

4. 특정 품목의 수입량이 2년 연속으로 무역할당량을 하회할 경우, 유럽위원회는 결정을 통해 이 회원국의 총 무역할당량 계산에 있어 이를 고려한다. 이 경우 해당 회원국은 이 품목의 무역할당량을 제거한다.

5. 특정 품목에 있어 총생산의 20%를 상회하는 무역할당량의 경우, 이사회는 유럽위원회의 제안을 바탕으로 이 기준을 1항에 제시된 10%로 낮추도록 가중다수결로 결정한다. 이 변경은 총 무역할당량을 연간 20% 증가하는 의무에 포함되지 않는다.

6. 1955년 1월 14일의 유럽경제협력기구의 결정을 실행하는 과정에서 이루어진 자유화에 관한 의무를 충족한 회원국들은 제1항에 제시된 연간 20%의 증가 계산에 있어 자유로운 방식으로 자유화된 수입량을 고려할 수 있다. 이와 같은 계산은 유럽위원회의 사전 동의를 필요로 한다.

7. 유럽위원회는 본 조약의 발효 시에 존재하는 회원국 간 무역할당량에 상응하는 조치들을 철폐하는 절차와 속도를 결정한다.

8. 동 조의 규정 적용이 특히 퍼센티지에 관한 조항에 있어 제32조 제2항에 규정된 점진적 철폐를 보장하지 않는다는 것을 유럽위원회가 확인할 경우, 이사회는 유럽위원회의 제안을 바탕으로 다음 단계 중에는 전원일치로 그 이후에는 가중다수결로 동 조에 규정된 절차를 변경할 수 있으며, 정해진 퍼센티지를 올리는 조치를 취할 수 있다.

제34조

1. 회원국 간 수출에 대한 수량적 제한과 유사한 효과를 가진 모든 조

치는 금지된다.

2. 회원국들은 늦어도 1단계의 종료 시까지 본 조약의 발효 시에 존재하는 수출에 대한 수량적 제한과 유사한 효과를 가진 모든 조치를 철폐한다.

제35조

회원국들은 일반적인 경제상황과 해당 산업의 상황이 허용할 경우, 다른 회원국에 대해 수입과 수량제한조치를 전술된 일정보다 더 빠르게 철폐할 수 있음을 선언한다.

유럽위원회는 이에 관해 해당 국가들에 권고를 제시한다.

제36조

제30조~제34조의 규정은 공중도덕, 공중질서, 공공안전, 보건, 사람과 동물의 생명, 식물자원 보호, 예술적, 역사적, 인류학적 가치를 갖고 있는 국립문화재의 보호, 산업 및 상업권의 보호를 이유로 수입, 수출, 경유를 제한하거나 금지하는 조치를 금하지 못한다. 다만, 이러한 금지와 제한은 자의적인 차별의 도구 또는 국가 간 무역의 감춰진 제한조치가 되어서는 아니 된다.

제37조

1. 회원국들은 과도기간의 종료 시 공급 및 판매에 있어 회원국 간 시민에 대한 모든 차별 조치가 철폐될 수 있도록 상업적 성격의 독점기업

을 점진적으로 조정해 나간다.

동 조의 규정은 국가가 법률상 또는 사실상 조정, 경영하거나 국가 간 수입과 수출에 직간접적으로 상당한 영향력을 행사할 수 있는 모든 조직에 적용된다. 이 규정은 국가로부터 위임받은 독점기구에도 해당된다.

2. 회원국들은 제1항에서 설명된 또는 관세와 국가 간 수량적 제한조치의 철폐에 관한 원칙에 반대되는 새로운 조치를 삼간다.

3. 제1항에 계획된 조치의 적용 속도는 제30조~제34조에 규정된 동일 상품에 대한 수량적 제한조치의 철폐에 맞춰진다.

만약 특정 상품이 하나 또는 여러 회원국에 형성된 상업적 성격의 자연독점에 해당할 경우만, 유럽위원회는 다른 국가에 구제조치를 허용할 수 있으며, 제1항에 설명된 조치들이 실현되지 않는 한 조건과 형식을 결정한다.

4. 농업상품의 유통과 가치화를 촉진하기 위한 규제를 포함하는 상업적 독점의 경우, 가능한 적응 속도와 필요한 전문화를 감안할 때, 동 조의 실행에 있어서 상응하는 보장된 고용과 생산업자의 삶의 수준을 보장하는 것이 적절하다.

5. 반면에 회원국들의 의무는 이 의무가 현존하는 국제협정에 부합하는 경우에만 유효하다.

6. 유럽위원회는 제1단계부터 동 조가 적용되는데 필요한 형식과 일정에 관해 제안한다.

제II편 농업

제38조

1. 공동시장은 농업과 농산품에도 확장된다. "농산품"이란 육상 재배 및 사육, 어업을 통해 생성된 산물과 이와 관련한 1차 가공품을 의미한다.

2. 제39조~제46조에서 달리 규정하는 경우를 제외하고 공동시장에 대한 법규들은 농산품에도 적용된다.

3. 제39조~제46조의 규정을 적용받는 제품은 본 조약 부속서 II에 열거되어 있다. 그러나 동 조약의 발효 2년 이내에 이사회는 유럽위원회의 제안을 가중다수결로 이 목록에 추가할 제품을 결정한다.

4. 농산품을 위한 공동시장의 운영과 발전은 회원국 간 공동농업정책[26]의 수립에 의해 수반된다.

---

[26] 공동농업정책(Common Agricultural Policy, CAP)은 1957년 체결된 유럽경제공동체 설립조약에서 가장 중요하게 다루어진 공동정책이다. 공동농업정책의 구체적인 목표는 첫째, 기술진보를 도모하고 농업생산의 합리적 발전, 특히 노동력 등 생산요소의 최저 활용을 통해 농업 생산성을 증가시키며, 둘째, 농민들 개개인의 소득을 증대시킴으로써 윤택한 삶의 수준을 보장하고, 셋째, 시장을 안정화시키며, 넷째, 안정된 농산물의 공급을 확보하고, 다섯째, 농산물의 공급이 적절한 가격으로 소비자들에게 이루어질 수 있도록 보장하는 것이었다. 공동농업정책에 대한 좀 더 구체적인 원칙은 1958년 7월 이탈리아 스트레자 회의(Stresa Conference)에서 마련되었다. 다시 유럽위원회는 1960년 구체적인 공동농업정책의 수립을 제안하였고, 이를 6개 회원국이 채택하여 1962년 공동농업정책이 발효되었다. 공동농업정책이 공동체의 첫 공동정책이 된 배경에는 전후 유럽의 만성적인 식량부족과 프랑

제39조

1. 공동농업정책은 다음의 목표를 갖는다.

a) 기술진보를 도모하고, 농업생산의 합리적인 발전을 보장함으로써 농업 생산성을 향상시키고, 생산요소, 특히 노동력의 최적화된 사용
b) 농업인구의 균형적인 삶을 보장하고, 농업 분야에 종사하는 농업인의 개인 소득을 증대
c) 시장의 안정
d) 식량 공급의 안보를 보장
e) 소비자 유통에 있어 합리적 가격을 보장

2. 공동농업정책과 이를 수행하기 위한 방법을 구상하는데 있어 다음의 사항을 고려한다.

a) 농업의 사회적 구조에서 비롯되는 농업활동의 특별한 성격과 다양한 농업지역 간에 존재하는 구조적, 자연적 격차
b) 시의적절한 조정을 점진적으로 실시해야 하는 필요성
c) 회원국들에 있어서 농업은 경제 전체와 밀접하게 연결된 분야라는 사실

스에서 농업이 갖는 정치적 중요성 때문이었다. 초기 공동농업정책은 유럽연합 선구자 중 한 사람으로 선정된 만숄트(Sicco Mansholt)가 주도하였다. 그는 역외 농산물에 대하여 관세와 수입과징금을 부과하여 역내 농업을 보호하고 농업지도보증기금(Agricultural Guidance and Guarantee Fund)과 같은 공동체 자체의 재원 조달을 통해 초국가적 정책을 실현하고자 하였다.

제40조

1. 회원국들은 과도기간 중 점진적으로 공동농업정책을 구현하여 늦어도 과도기간 말에는 공동농업정책을 수립한다.

2. 제39조에 규정된 목표를 달성하기 위해 농업시장에 있어 공동기구가 형성된다.

품목에 따라 이 기구는 다음과 같은 형태 중 하나를 갖는다.

a) 경쟁에 있어 공동의 규칙
b) 다양한 국가별 시장조직의 의무적인 조율
c) 유럽시장기구[27]

3. 제2항에 규정된 형태의 공동기구는 제39조에 정의된 목표, 특히 가격규제와 다양한 상품의 생산 및 상업화, 저장과 보고, 수입과 수출 안정화를 위한 공동의 체제를 위해 필요한 조치를 취할 수 있다.

공동기구는 제39조에 명시된 목표를 추구하는데 한정되어야 하며, 공동체의 생산자 또는 소비자 간의 모든 차별을 배제한다.

가격에 있어 공동정책은 공동의 기준과 단일 계산방식에 기반을 두어야 한다.

---

[27] 유럽시장기구(European Market Organisation)는 공동농업정책의 구체적인 실현을 수행하기 위해 출범한 기구이다. 본 기구는 가격 규제, 농업상품의 생산, 상업화, 저장, 수출입 안정화 등을 도모하기 위한 구체적인 조치를 취할 수 있다. 이를 실현함에 있어 유럽경제공동체 내의 소비자와 생산자 사이의 모든 차별적 조치는 배제되어야 한다.

4. 제2항에 제시된 공동기구가 목표를 달성할 수 있도록 하나 이상의 농업지도보증기금[28]이 창설될 수 있다.

제41조

제39조에 규정된 목표를 달성할 수 있도록 공동농업정책 하에 다음과 같은 조치가 이루어진다.

a) 직업교육, 연구, 식품 보급 분야에서 이루어진, 공동 자금지원을 통한 프로젝트와 기관을 포함하는 노력에 대한 효율적인 조율
b) 특정 품목의 소비 증진을 위한 공동의 행동

제42조

경쟁 법규와 관련된 장의 규정은 제39조에 제시된 목표를 감안하여 제43조 제2와 제3항에 규정된 절차에 부합하는 범위 내에서 이사회에 의해 결정된 조치 내에서만 농산품의 생산과 유통에 적용될 수 있다.

이사회는 특히 다음과 같은 경우를 위해 지원을 할 수 있다.

a) 구조적, 자연적 조건에 의해 어려움에 처한 농업활동의 보호

---

[28] 유럽경제공동체는 농업지도보증기금(Agricultural Guidance and Guarantee Fund)을 공동재정부담원칙에 따라 설립·운영하였다. 농업지도보증기금은 농업부문의 구조조정과 농촌지역의 발전을 목표로 하는데 농산물 가격 지지를 위한 보증부분과 농업구조를 개선하기 위한 지도부문으로 구분된다. 기금 설립 당시 농업지도보증기금은 공동시장의 원활한 작동을 위하여 시장 개입을 통해 재정을 지원하였다. 이러한 조치들로 인해 농민들은 소득이 안정되었고, 소비자들은 농산품을 적절한 가격에 안정적으로 구매할 수 있게 되었다.

b) 경제발전 프로그램

제43조

1. 공동농업정책의 가이드라인을 도출하기 위해 유럽위원회는 본 조약의 발효 즉시 회원국들의 재원과 필요에 관한 종합평가표를 작성하며 회원국들의 농업정책을 비교하는 업무에 착수하기 위한 회의(conference)를 소집한다.

2. 제1항에 규정된 회의의 업무를 감안하여 유럽위원회는 경제사회위원회의 자문을 거쳐 본 조약의 발효 후 2년의 기간 동안에 국가별 조직을 제40조 제2항에 명시된 공동의 조직으로 대체하는 것과 동 편에 특별히 명시된 조치들의 실행을 포함한 공동농업정책을 구상하는 것에 관한 제안을 제시한다.

이 제안들은 동 편에 제시된 농업 관련 질문들이 상호의존적이라는 점을 고려해야 한다.

유럽위원회의 제안에 대해 의회의 자문을 마친 후, 이사회는 첫 번째, 제2단계의 시간 중 권고의 경우를 제외하고, 전원일치로 규칙이나 지침, 결정을 입안하고, 그 후의 기간에는 가중다수결로 결정한다.

3. 제40조 제2항에 제시된 공동기구는 이사회가 전술된 항에 따라 가중다수결로 결정하는 경우 국가별 시장기구를 대체한다.

a) 가능한 적응 속도와 필요한 전문화를 감안할 때 공동기구가 회원국

에 관련 생산자의 고용과 생활수준에 있어 유사한 조건을 보장해 줄 수 있는 경우,

b) 이 공동기구가 국가별 시장에 존재하는 것과 유사한 조건으로 공동체 내의 교역을 보장하는 경우

4. 가공품을 위한 공동기구가 없어, 특정 원자재를 대상으로 한 공동기구가 창설될 경우, 제3국의 수출을 목적으로 가공품을 위해 사용된 1차 원자재는 공동체 외부로부터 수입할 수 있다.

제44조

1. 회원국 간에 존재하는 관세와 수량적 제한의 점진적 철폐가 제39조에 규정된 목표 달성을 저해할 경우, 회원국은 특정 상품에 대해 비차별적이고, 쿼터를 대체하며, 제45조 제2항에 제시된 무역량의 확대를 저해하지 않는 한도에서 최저가격 제도를 적용할 수 있다. 최저가격의 한도 내에서 수입은

- 일시적으로 중단, 또는 축소될 수 있으며, 또는
- 허용될 수 있으나, 관련 제품에 적용되는 최저가격보다 높은 가격일 것을 조건으로 한다.

두 번째의 경우 최저가격은 관세를 포함하지 않는다.

2. 최저가격은 본 조약의 발효 당시 회원국 간에 존재하는 무역량을 축소시키거나 무역의 점진적 확대를 저해해서는 아니 된다. 최저가격은 회원국 간의 자연적 선호의 변화를 방해하기 위해 적용되어서는 아니 된다.

3. 본 조약의 발효 시, 이사회는 유럽위원회의 제안에 의거하여 최저가격 제도와 가격을 고정하기 위한 목표의 기준들을 정한다.

이 기준은 특히 최저가격을 적용하는 회원국의 평균 생산비용과 이러한 평균 생산비용과 관련된 다양한 기업들의 위치, 농업관행의 점진적인 개선과 조정, 공동시장 내에서 필요한 특화 등을 고려해야 한다.

유럽위원회는 또한 기술의 발전과 촉진, 그리고 공동시장 내에서의 가격 조율을 위해 이 기준들의 개정을 위한 절차를 제안한다.

이 기준들은 본 조약의 발효 후 3년 내에 이사회의 전원일치 결정으로 정하며 이 기준들의 개정절차에도 마찬가지 방식이 적용된다.

4. 이사회의 결정이 발효되기 전까지 회원국들은 유럽위원회와 다른 회원국이 의견을 제시할 수 있도록 사전 통보를 조건으로 최저가격을 정할 수 있다.

이사회의 결정이 확정된 후에 최저가격은 위와 같이 결정된 기준을 근거로 회원국에 의해 결정된다.

이사회는 유럽위원회의 제안에 대해 가중다수결로 결정함으로써 회원국이 내린 결정들이 상술된 기준들에 부합하지 않을 경우 교정할 수 있다.

5. 제3단계 또는 특정 제품들의 경우 상술된 객관적 기준을 수립하는 것이 불가능할 경우, 이사회는 유럽위원회의 제안에 대해 가중다수결로 결정함으로써 이 제품들에 적용된 최저가격을 변경할 수 있다.

6. 과도기간의 종료 시에는 시행 중인 최저가격에 대한 목록이 작성된다. 이사회는 유럽위원회의 제안에 대해 제148조 제2항에 기술된 가중방식에 따라 9표 과반으로 공동농업정책의 기본체계 내에서 적용될 제도를 결정한다.

제45조

1. 제40조 제2항에 의거하여 공동체의 시장기구가 국가별 시장기구들을 대체할 때까지 국가별 생산자에게 시장을 보장해주기 위해 별도의 조치와 수입 필요가 존재하는 국가에서는 수출국과 수입국 간에 장기협정 또는 계약이 체결된다.

이 협정과 또는 계약은 공동체 내의 다양한 생산자에게 적용함에 있어 차별을 점진적으로 철폐하는 방향으로 운영되어야 한다.

해당 협정과 계약은 제1단계에서 체결되어야 하며 상호성의 원칙을 고려해야 한다.

2. 수량에 관해서 이 협정과 계약들은 본 조약의 발효 이전 3년 간 해당 품목의 회원국 간 평균 교역량에 기반을 두어야 하며, 전통적 교역 흐름을 감안하여 기존의 요건의 한계 내에서 교역량의 증가를 예상한다.

가격에 관해서 이 협정과 계약들은 공급업자들이 합의된 수량에 대해 구매국의 국내 시장에서 국내 생산자들이 지불하는 가격에 점차 부합하는 가격으로 거래할 수 있도록 한다.

이러한 근사는 가능한 꾸준히 이루어져야 하며 과도기간의 종료 시까지 완전히 완료되어야 한다.

가격은 위의 전술된 두 호를 적용하기 위해 유럽위원회가 정한 지침에 따라 이해 당사자 간 협상의 대상이 된다.

제1단계가 연장될 경우, 이 협정과 계약들은 본 조약의 발효로부터 4년 말에 적용되는 조건과 제2단계 이행까지 중단된 수량 증가와 가격 근사에 대한 의무에 맞춰 이행된다.

회원국들은 이 협정 또는 계약들의 체결, 이행을 보장하기 위해 자국의 법, 특히 수입정책 내에서 자국에게 허용된 기회들을 활용해야 한다.

3. 회원국이 제3국의 상품과 경쟁하기 위해 공동체 외부로 수출될 상품의 생산을 위해 원자재를 수입할 필요가 있는 경우, 해당 협정 또는 계약들은 제3국으로부터 이 목적을 위한 원자재 수입을 막지 못한다. 그러나 이사회가 전원일치로 해당 협정 또는 계약들에 기초하여 이 목적에 따라 실시된 수입에 대해 초과가격이 지불되었고, 이사회가 전원일치로 이를 위해 필요한 보상금을 지급하고자 할 경우 동 규정은 적용되지 않는다.

제46조

한 회원국의 특정 상품이 국가별 시장기구 또는 다른 회원국에서 유사한 생산품의 경쟁력에 영향을 미칠 수 있는 상응하는 효과의 내부 규율에 저촉될 경우, 해당 국가가 수출에 있어 상계부과금을 부과하지 않는

한, 회원국은 이 상품을 수입할 때 상계부과금을 부과할 수 있다.

유럽위원회는 균형을 고려할 때 필요한 차원의 부과금의 액수를 정한다.; 유럽위원회는 다른 조치와 조건, 유럽위원회가 정하는 상세내용 등을 허용할 수 있다.

제47조

동 편에 따라 경제사회위원회가 수행해야 할 기능에 있어서 농업 관련 조항은 제197조와 제198조에 따른 경제사회위원회의 심의를 준비하기 위해 유럽위원회가 활용할 수 있다.

제Ⅲ편 사람, 서비스, 자본의 자유 이동

제1장 노동자

제48조

1. 늦어도 과도기간의 종료 시점부터는 공동체 내에서 노동자의 자유 이동은 보장된다.

2. 고용, 급료, 기타 노동 및 고용조건 등 회원국의 노동자 간 국적을

이유로 한 모든 차별은 폐지된다.

3. 노동자들은 공공정책, 공공안전 및 공중보건 분야에서 정당화된 한계 범위 내에서 아래와 같은 권리가 있다.

a) 실제로 제시된 고용기회를 수락할 수 있는 권리
b) 이를 위해 회원국의 영토 내에서 자유롭게 이동할 수 있는 권리
c) 고용을 목적으로 회원국 국민의 고용에 관한 법률, 규칙 혹은 행정행위에 따라 해당 회원국에 체류할 수 있는 권리
d) 회원국 내에 고용된 후 유럽위원회에 의해 제정된 규칙에 구체적으로 명시되는 조건에 따라 해당 회원국의 영토에 체류할 수 있는 권리

4. 동 조의 규정은 공공서비스 분야의 고용에는 적용되지 않는다.

제49조

본 조약의 발효 시 이사회는 경제사회위원회와 협의를 거친 후 유럽위원회의 제안에 의거하여 제48조에 규정되어 있는 노동자의 자유 이동을 도모하는데 필요한 조치를 정하는 지침 혹은 규칙을 제정한다.

a) 회원국의 고용 서비스 상호 간 긴밀한 협력관계를 확보한다.
b) 근거가 회원국의 국내법률 혹은 회원국들이 이전에 체결한 협정 여부를 묻지 않고, 계속 존치하면 노동자의 자유 이동을 저해하는 요인으로 작용하게 될 행정 절차 및 업무기준, 고용의 자격요건과 관련된 자격기간 등을 체계적으로, 점진적으로 폐지한다.
c) 근거가 회원국의 국내법률 혹은 회원국들이 이전에 체결한 협정 여

부를 묻지 않고, 고용기회의 자유 선택과 관련하여 해당 회원국 노동자에 부과된 사항 이외에 다른 회원국 노동자에게만 부과된 자격기간 및 기타 규제조치를 체계적으로, 점진적으로 폐지한다.

d) 구인 신청자와 구직 신청자를 상호 접촉하게 하고 다양한 지역 및 산업의 생활 또는 고용 수준에 중대한 위협을 초래하지 않는 방식으로 고용시장 수요 공급의 균형 달성을 촉진하기 위한 적절한 기구를 설치한다.

제50조

회원국은 공동 프로그램의 범위 내에서 청소년 노동자의 교환을 촉진한다.

제51조

이사회는 유럽위원회의 제안에 의거하여 전원일치로 노동자의 자유이동을 도모하는 데 필요한 사회보장분야 관련 조치를 결정한다. 이를 위해 이사회는 이주노동자 및 그 부양가족을 보호하기 위한 다음과 같은 조치를 수행한다.

a) 급여에 관한 권리를 취득·유지하고 급여금액을 계산하기 위한 목적으로 여러 회원국의 법률에 따라 계산되는 모든 기간의 합산 작업

b) 회원국의 영토에 거주하는 노동자에 대한 급여의 지급

제2장 사업체 설립의 자유

제52조

아래에 명시된 규정을 적용하는 데 있어 회원국 국민이 다른 회원국의 영토에서 사업체를 설립할 수 있는 자유를 규제하는 행위는 금지된다. 또한 상기의 금지는 회원국의 국민이 다른 회원국의 영토에서 대리점, 지사 또는 자회사를 설립하는 것에 대한 규제행위에도 적용된다.

사업체 설립의 자유에는 자본에 관한 장의 규정의 범위 내에서 사업체가 속하는 국가의 법률이 해당 국가의 국민에 적용하는 조건에 따라 자영업 종사자가 직종을 채택·영위하고 기업, 특히 제58조 제2항의 의미 범위에 속하는 회사를 설립·경영할 수 있는 권리가 포함된다.

제53조

회원국은 본 조약에서 달리 규정하는 경우를 제외하고 다른 회원국 국적자의 자국 내 사업체 설립을 제한하는 신규조치를 도입하지 아니한다.

제54조

1. 제1단계의 종료 전에 이사회는 유럽위원회의 제안에 의거하여 경제사회위원회 및 의회와 협의를 거친 후 전원일치로 공동체 내에서 사업체 설립의 자유에 관한 기존의 제한조치를 철폐하기 위한 프로그램을 정한다. 유럽위원회는 제1단계의 처음 2년 동안 이사회에 제안을 제출한다.

이 프로그램은 각각의 활동 종류에 대해 사업체 설립의 자유를 보장하기 위한 일반 조건들과 특히 목표를 달성하기 위한 단계를 명시한다.

2. 이 일반 프로그램을 실행하거나, 프로그램의 부재 시에 특정 활동에 있어 사업체 설립의 자유를 보장하기 위해 이사회는 유럽위원회의 제안에 의거하여 경제사회위원회와 의회와의 협의를 거친 후 제1단계의 종료 시까지 전원일치로 지침을 채택해야 하며, 그 이후에는 가중다수결로 정한다.

3. 이사회와 유럽위원회는 전 항의 규정에 따라 위임된 직무를 특히 다음과 같은 행위를 통해 수행한다.

a) 일반적으로 사업체 설립의 자유를 보장함으로써 생산 및 무역의 발전에 특히 귀중한 기여를 하게 되는 해당 경제활동에 우선순위를 부여한다.
b) 회원국의 해당 당국 상호 간에 긴밀하게 협력하여 공동체 내에서 다양한 해당 경제활동의 특정 상황을 확인한다.
c) 그 근거가 회원국의 국내법률 또는 회원국들이 이전에 체결한 협정 여부를 불문하고, 계속 존치하면 사업체 설립의 자유를 저해하는 요인으로 작용하게 될 행정 절차 및 업무기준을 폐지한다.
d) 다른 회원국의 영토 내에서 고용된 특정 회원국의 노동자가 자영업자로서의 활동에 종사하기 위하여 해당 영토 내에 계속 거주할 수 있도록 한다. 다만, 이 경우도 해당 노동자는 상기의 활동에 종사하기 위한 목적으로 해당 회원국에 입국하는 경우 이행해야 할 조건을 충족시켜야 한다.

e) 회원국의 국민이 다른 회원국의 영토 내에 소재하는 토지 및 건물을 취득·사용할 수 있도록 한다. 다만, 상기의 취득·사용이 제39조 제2항에 규정된 원칙에 위배되지 않아야 한다.

f) 해당 경제활동의 모든 파생 활동과 관련된 사업체 설립의 자유에 있어 회원국의 영토 내에서 대리점, 지사 또는 자회사를 설립하기 위한 조건, 회원국의 영토 내에서의 자회사, 본사에 속하는 요원을 상기 대리점, 지사 또는 자회사의 경영직 또는 감독직으로 임명하기 위한 조건 등에 부과된 규제사항을 점진적으로 폐지한다.

g) 공동체 전체에 걸쳐서 동일한 보호장치를 구축하기 위하여 회원국들이 자국민의 이익을 보호할 목적으로 제58조 제2항의 의미 범위 내에 속하는 회사에 부과하는 보호장치를 필요한 정도로 상호조정한다.

h) 사업체 설립의 조건이 회원국이 제공하는 지원으로 왜곡되지 않도록 한다.

제55조

동 장의 규정은 해당 회원국에서 공무상의 권한 행사와 상시 또는 일시적으로 관련되는 활동에는 적용하지 않는다.

이사회는 유럽위원회의 제안에 의거하여 가중다수결로 동 장의 규정이 특정 경제활동에 적용되지 않는다고 결정할 수 있다.

제56조

1. 동 장의 규정 및 이에 따라 채택하는 조치는 공공정책, 공공안전 또

는 공중보건을 사유로 외국인을 특별 처우하는 법률, 규칙 또는 행정 행위의 적용을 침해할 수 없다.

2. 과도기간의 종료 전에 이사회는 유럽위원회의 제안에 의거하여 경제사회위원회와 의회와의 협의를 거친 후 전원일치로 법률, 규칙 또는 행정 행위로 규정된, 위에 열거된 규정들의 조율을 위해 지침을 정한다. 그러나 제2단계가 종료된 후부터 이사회는 유럽위원회의 제안에 의거하여 가중다수결로 각 회원국에서 법률, 규칙 또는 행정 행위에 대한 규정들의 조율을 위해 지침을 정한다.

제57조

1. 자영업의 개업 및 영업을 용이하게 하기 위하여 이사회는 유럽위원회의 제안에 의거하여 의회와의 협의를 거친 후 제1단계에서는 전원일치로, 그 이후에는 가중다수결로 졸업증서, 증명서 및 기타 공식 자격증의 상호 인정에 관한 지침을 제정한다.

2. 마찬가지 목적으로 과도기간의 종료 전에 이사회는 유럽위원회의 제안에 의거하여 의회와의 협의를 거친 후 전원일치로 회원국의 자영업 종사자로서의 개업 및 영업에 관한 회원국의 법률, 규칙 또는 행정 행위를 조정하기 위한 지침을 제정한다. 회원국 최소 1개국의 법과 회원국 내에 대출 및 은행 직종의 업무 등 저축 보호와 관련된 조치, 의료 및 관련 직종, 제약 직종과 관련된 조치의 경우 전원일치가 필요하다. 그 외의 경우에 이사회는 제1단계에서는 전원일치로, 그 이후에는 가중다수결로 정한다.

3. 의사, 의사유사직종 및 제약사의 경우에는 회원국들마다 상이한 개업조건의 조정 결과에 따라 규제조치를 점진적으로 폐지한다.

제58조

특정 회원국의 법률에 따라 설립하고 등록 사무소, 본사 또는 주영업소가 공동체 내에 소재하는 회사는 동 장의 취지상 회원국들의 국민인 자연인과 동일한 방식으로 처우한다.

'회사'는 협동조합을 포함하여 민법 또는 상법에 따라 설립하는 회사, 공법 또는 사법이 적용되는 기타 법인 등을 의미한다. 단, 비영리 법인은 제외한다.

제3장 서비스

제59조

아래에 명시된 규정을 적용하는 데 있어 공동체의 특정 회원국에 설립된 회원국의 소속 기업에 대하여 서비스의 제공대상인 사람에 부과되는 규제사항 이외에 공동체 내에서 서비스를 제공할 수 있는 자유를 규제하는 행위는 점진적으로 철폐한다.

이사회는 유럽위원회의 제안에 의거하여 전원일치로 동 장의 규정을 공동체 내에 설립되어 있는 제3국 소속 서비스 제공 기업에도 확대 적용할 수 있다.

제60조

통상적으로 사용료가 대가로 제공되고 상품, 자본 및 사람의 자유 이동에 관한 규정이 적용되지 않는 서비스는 본 조약의 의미 범위 내에 속하는 "서비스"로 간주한다.

"서비스"에는 특히 다음과 같은 활동이 포함된다.

a) 산업적 성격의 활동
b) 상업적 성격의 활동
c) 기능공의 활동
d) 전문직 활동

서비스 제공자는 사업체 설립에 관한 권리와 관련된 장의 규정을 침해하지 않는 범위 내에서 서비스 제공대상 회원국에서 해당 회원국이 자국민에 부과하는 조건과 동일한 조건 하에 서비스 제공 활동을 일시적으로 수행할 수 있다.

제61조

1. 운송 분야의 서비스를 제공할 수 있는 자유에는 운송에 관한 편의 규정이 적용된다.

2. 자본의 이동과 관련된 금융 및 보험 서비스의 자유화는 자본 이동

의 점진적 자유화와 보조를 맞추어 단계적으로 추진한다.

제62조

회원국은 본 조약의 발효 시점에 사실상 획득된 서비스 제공의 자유에 대해 신규 제한조치를 본 조약에서 달리 규정하는 경우를 제외하고 도입해서는 아니 된다.

제63조

1. 제1단계의 종료 전에 이사회는 유럽위원회의 제안에 의거하여 경제사회위원회 및 의회와 협의를 거친 후 전원일치로 공동체 내에서 서비스 제공의 자유에 관한 기존의 제한조치를 철폐하기 위한 일반 프로그램을 정한다. 유럽위원회는 제1단계의 처음 2년 동안 이사회에 제안을 제출한다.

이 프로그램은 각각 종류의 서비스가 자유화되는 일반 조건과 단계를 명시한다.

2. 이 일반 프로그램을 실행하거나, 프로그램의 부재 시에 특정 서비스의 자유화에 있어 단계를 달성하기 위해 이사회는 유럽위원회의 제안에 의거하여 경제사회위원회와 의회와의 협의를 거친 후 제1단계의 종료 시까지 전원일치로 지침을 채택해야 하며, 그 이후에는 가중다수결로 정한다.

3. 제1항과 제2항에 규정된 제안 및 결정과 관련하여 일반적으로 생산원가에 직접적인 영향을 미치거나 자유화함으로써 상품 무역을 촉진하

는 데 도움이 되는 서비스에 우선순위를 부여한다.

제64조

　회원국은 자국의 일반적인 경제상황 및 해당 경제부문의 상황이 허용하는 경우 제63조 제2항에 따라 제정하는 지침의 범위를 넘는 서비스의 자유화를 실시할 준비를 갖추고 있다는 것을 선언한다.

　이를 위해 유럽위원회는 해당 회원국에 권고를 행한다.

제65조

　회원국은 서비스 제공의 자유에 대한 규제사항을 폐지하지 않고 있는 동안에는 해당 규제사항을 제59조 제1항에 규정된 모든 서비스 제공자에게 국적 또는 거주를 사유로 차별하지 않고 적용한다.

제66조

　동 장이 규율하고 있는 사항에는 제51조 내지 제54조의 규정이 적용된다.

제4장 자본

제67조

1. 과도기간 동안 또는 공동시장이 원활하게 기능하기 위한 한도에서

회원국에 거주하는 개인에게 속하는 자본의 회원국 간 이동에 관한 모든 제한과 당사자의 국적 및 거주지 또는 투자 장소에 대한 모든 차별을 점진적으로 철폐한다.

2. 회원국 간 자본의 이동과 관련된 결제에 대한 모든 제한조치를 늦어도 제1단계의 종료시점까지 철폐한다.

제68조

1. 회원국은 본 조약의 발효 이후 필요한 경우에 있어서 가능한 자유롭게 동 장에서 다루고 있는 환전 허용을 부여한다.

2. 자본시장과 대출제도에 관한 국내 법규를 동 장의 규정에 따라 자유화된 자본의 이동에 적용할 때, 회원국은 비차별적인 방식을 준수해야 한다.

3. 특정 회원국 또는 지역 및 지방자치단체를 재정 지원하기 위한 직접 또는 간접 대출은 관련 국가들 간에 합의가 도출되지 않는 한 다른 회원국에서 발행되거나, 투자될 수 없다. 동 규정은 유럽투자은행의 정관에 관한 의정서 제22조의 적용을 침해해서는 아니 된다.

제69조

유럽위원회는 제105조에 규정된 통화위원회[29]와 협의하여 제안을 제

---

[29] 통화위원회(Monetary Committee)는 유럽위원회를 포함해 재무부와 중앙은행 소속 고위 관료들로 이루어진 기구로 유럽경제공동체 설립조약 제105조에 따라 1958

출하며 이사회는 이에 의거하여 제67조 규정의 점진적인 이행을 위해 필요한 지침을 제1단계의 종료 시까지 전원일치로, 그 이후에는 가중다수결로 제정한다.

제70조

1. 유럽위원회는 회원국과 제3국과의 자본 이동에 관해 회원국의 외환정책을 점진적으로 조율하는 조치를 이사회에 제안한다. 이를 위해 이사회는 전원일치로 지침을 제정한다. 이사회는 가장 높은 수준의 자유화를 달성하기 위해 노력한다.

2. 제1항에 따른 조치가 회원국 간 외환 법규의 차이를 제거하지 못할 경우, 그리고 이러한 차이로 인해 회원국에 거주하는 개인들이 제3국과의 자본 이동에 있어 거주국의 규정을 회피하기 위해 제67조에 규정된 공동체 내의 더 자유로운 이체 기관을 활용할 수 있을 경우, 해당 국가는 다른 회원국과 유럽위원회와 협의 후에 곤란한 상황을 극복하기 위해 적

년에 설립되었다. 통화위원회는 경제재무 분야에서 이사회를 지원하기 위한 자문기구였다. 통화위원회는 매월 브뤼셀에서 회동하였으며, 경제재무이사회(Economic and Financial Affairs Council, Ecofin)에 제출된 모든 입법사안이나 비입법사안들에 대해 자문을 수행하였다. 동료 위원들 가운데서 위원장이 선출되었고, 임기는 2년이다. 통화위원회는 유럽경제공동체 내에서 이루어지는 경제정책의 조정사항을 감독하고, 특히 국제통화기금(International Monetary Fund, IMF)과 같은 국제기구에 자신의 입장을 제시하고 조율하는 것을 주요임무로 하였다. 이후 통화위원회는 마스트리히트조약에 따라 유럽경제통화연합(European Economic and Monetary Union, EMU)을 향한 첫 번째 단계에 해당하는 기간 동안 회원국의 통화정책을 조율하는 임무를 맡았고, 1994-1998년까지의 두 번째 단계에서는 경제재무이사회를 지원해 경제수렴을 향한 회원국들의 상황을 감독하였다. 한편 통화위원회는 1999년 1월 경제통화연합의 세 번째 단계가 시작되면서 새로 설립된 경제재무위원회(Economic and Financial Committee, EFC)로 대체되었다.

절한 조치를 채택할 수 있다.

이러한 조치가 공동체 내 자본 이동의 자유의 곤란한 상황을 극복하기 위해 필요한 수준보다 과도하게 제한한다고 판단할 경우, 이사회는 유럽위원회의 제안에 의거하여 가중다수결로 관련 국가가 해당 조치를 수정하거나 철폐하도록 결정할 수 있다.

제71조

회원국은 공동체 내에 자본이동과 이와 관련된 현행 결제에 대해 새로운 환전 제한조치가 도입되는 것을 막기 위해 노력하며, 현행 조치가 더 제한적으로 변하지 않도록 노력한다.

회원국은 경제적 사정, 특히 국제수지의 상황이 허용하는 한, 전 항에 명시된 자본이동의 자유화 단계를 뛰어넘을 준비가 되어 있음을 선언한다.

유럽위원회는 통화위원회와의 협의 후에 이 문제에 있어 회원국에 권고할 수 있다.

제72조

회원국은 제3국과의 자본 이동에 대해 인지할 수 있는 모든 정보를 유럽위원회에 알린다. 유럽위원회는 이 문제에 있어 적절하다고 판단되는 의견을 회원국에 전달한다.

제73조

1. 자본의 이동으로 인해 회원국의 자본시장이 기능에 있어 혼란을 겪고 있을 경우, 유럽위원회는 통화위원회와 협의 후, 자본이동의 분야에서 유럽위원회가 그 조건과 세부 내용을 결정한 후 보호 조치를 허용한다.

이사회는 가중다수결 방식으로 이 허용조치를 철회하거나, 그 조건과 세부 내용을 변경할 수 있다.

2. 곤란한 상황에 직면한 회원국은 비밀 또는 긴급한 이유로 필요가 증명될 경우 자신의 발의로 위에 기술된 조치를 취할 수 있다. 유럽위원회와 다른 회원국들은 늦어도 이러한 조치가 발효되는 시점까지 통보를 받아야 한다. 이 경우 유럽위원회는 통화위원회와 협의 후 관련 회원국이 동 조치를 수정 또는 철회해야 하는지 여부를 결정할 수 있다.

제Ⅳ편 운송

제74조

동 편이 규율하는 사안에 관한 본 조약의 목표는 공동운송정책[30]의 범

30　공동운송정책(Common Transport Policy)은 공동체 차원의 통합된 운송체계가 필요하다는 인식하에 유럽경제공동체 설립조약에 따라 출발하였다. 이사회는 1965년 철도, 도로, 내륙수로 등에서 유럽 차원의 조치를 모색하였다. 하지만 이러한 조치는 1968년에 제한적으로 적용되었다. 이후 1980년에 들어서야 비로소 유럽사법

위 내에서 추진된다.

제75조

1. 제74조를 실시하기 위하여, 또한 운송이 지니고 있는 독특한 특성을 고려하여, 이사회는 유럽위원회의 제안에 의거하여 경제사회위원회 및 의회와의 협의를 거친 후 제1단계에서는 전원일치로, 그 이후에는 가중다수결로 다음과 같은 사항을 정한다.

a) 회원국의 영토를 출입하거나 또는 하나 이상의 회원국 영토를 경유하는 국제운송에 적용하기 위한 공동 법규,
b) 비거주 운송업체가 회원국 내에서 운송 서비스를 운영하기 위한 조건,
c) 기타 적절한 규정

2. 제1항의 a)와 b)에 언급된 규정들은 과도기간 중에 제정된다.

3. 운송에 대한 규제체제의 원칙에 관한 규정의 적용이 생활기준과 특정 지역에서의 생활수준 및 고용상황 뿐만 아니라 운송 조직의 경영에 심각한 영향을 미칠 경우, 제1항에 명시된 절차와는 달리 이사회는 전원일치로 관련 규정을 제정한다. 이에 있어 이사회는 공동시장의 설립에 따른 경제적 발전이 불러일으킬 적응과정의 필요성을 고려한다.

> 재판소는 운송 부문에 있어 일반원칙을 적용하기에 이르렀다. 즉 국적이나 설립지역에 관계없이 유럽공동체의 모든 기업은 재화와 승객의 역내 수송을 개방해야 한다는 것이다. 이어서 1980년대 말 범유럽네트워크(Trans-European networks, TENs)의 필요성이 제기되었고 1991년 유럽단일운송시장과 범유럽운송망의 필요성을 강조한 '프라하 선언(Prague declaration)'이 채택되었다. 이는 1992년 마스트리히트 조약에서 다시 강조되었다.

제76조

제75조 제1항에 명시된 규정을 제정할 때까지는 어떤 회원국도 본 조약의 발효 당시에 다른 회원국의 운송업체에 대한 직간접의 효과에 있어 해당국에 속하는 운송업체보다 불리한 사항에 관한 규정을 제정하지 않는다. 단, 이사회가 예외를 허용하는 조치를 전원일치로 채택할 때는 이 제한을 받지 않는다.

제77조

운송의 상호조정 필요성을 이행하기 위한 정부지원이나 공공서비스에 특유한 특정 의무를 이행하는 것에 대한 보상으로 제공되는 정부지원은 본 조약과 양립한다.

제78조

본 조약의 범위 내에서 운임 및 운송 조건과 관련하여 채택하는 조치에서는 운송업체의 경제적 상황을 고려한다.

제79조

1. 공동체 내의 운송에 있어 상품의 원산지국 또는 목적지국을 이유로 하여 운송업체가 동일한 운송 경로를 통한 동일물품에 대하여 다른 운임을 청구하거나 다른 운송 조건을 부과하는 형태의 차별대우는 적어도 2단계의 종료 시까지 폐지한다.

2. 제1항은 이사회가 제75조 제1항에 따라 기타 조치를 취하는 것을 배제하지 않는다.

3. 본 조약의 발효 후 2년 내에 이사회는 유럽위원회의 제안에 의거하여 경제사회위원회 및 의회와 협의를 거친 후 전원일치로 제1항의 규정을 실시하기 위한 법규를 제정한다.

이사회는 특히 공동체의 기관이 제1항에 규정된 법규를 준수하고 이용자들이 이 법규를 최대한 이용하도록 하는데 필요한 규정을 제정할 수 있다.

4. 유럽위원회는 그 자신의 발의 또는 회원국의 요청에 따라 제1항에 규정된 차별대우 사건을 조사하고 해당 회원국과의 협의를 거친 후 제3항에 언급된 법규의 범위 내에서 필요한 결정을 제정한다.

제80조

1. 회원국은 유럽위원회에 의해 승인되는 경우를 제외하고는 공동체 내에서 수행되는 운송 업무와 관련하여 하나 이상의 특정 기업 또는 산업을 지원하거나 보호하는 요소가 포함된 운임 및 운송 조건을 부과할 수 없다.

2. 유럽위원회 자신의 발의 또는 회원국의 요청에 따라 제1항에 규정된 운임 및 운송 조건을 조사하는 경우에는 특히 해당 지역의 경제정책이 부과하는 요건, 저발전지역의 요구사항 및 정치적 상황으로부터 중대한 영향을 받고 있는 지역의 문제점을 고려하는 동시에 상기 운임 및 운

송 조건이 다양한 운송방식 상호 간 경쟁에 미치는 영향을 고려한다.

유럽위원회는 해당 회원국과 협의를 거친 후 필요한 결정을 제정한다.

3. 제1항에 규정된 금지는 경쟁적 성격을 가지고 있는 운임에는 적용되지 않는다.

제81조

운송업체가 국경의 통과와 관련하여 운임 이외에 추가로 부과하는 요금은 실제로 지출된 비용으로부터 합리적인 범위를 벗어나지 않아야 한다.

회원국은 상기 비용을 인하하기 위한 노력을 한다. 유럽위원회는 회원국에게 동 조의 적용에 관한 권고를 할 수 있다.

제82조

동 편의 규정에도 불구하고 독일연방공화국은 독일의 분단으로 인한 경제적 불이익을 보상하는 데 필요한 조치를 분단의 영향이 미치고 있는 독일 특정지역의 경제에 적용할 수 있다.

제83조

회원국 정부가 지명하는 전문가로 구성되는 자문위원회를 유럽위원회에 부속하여 설치한다. 유럽위원회는 바람직하다고 판단되는 경우에 경제사회위원회의 운송 분과의 권한을 침해하지 않는 범위 내에서 언제든지 운송 문제에 관하여 자문위원회와 협의한다.

제84조

1. 동 편의 규정은 철도, 도로 및 내륙 수로를 이용한 운송에 적용한다.

2. 이사회는 해운 및 항공운송을 위한 적절한 규정의 내용과 절차를 전원일치로 제정할 수 있다.

제3부 공동체의 정책

제Ⅰ편 공동법규

제1장 경쟁에 관한 법규

제1절 기업에 적용되는 법규

제85조

1. 회원국 상호 간 무역에 영향을 미칠 수 있고 역내시장 내의 경쟁을

방해, 규제, 왜곡시키는 것을 목적으로 하거나 이와 같은 효과를 낳고 있는 기업 상호 간의 계약, 기업 연합체가 내린 결정 및 합의된 관행은 역내시장에 위배되는 것으로 금지된다. 특히 아래와 같은 행위가 금지된다.

a) 구매가격, 판매가격 및 기타 거래조건을 직간접으로 정하는 행위
b) 생산, 시장, 기술발전 또는 투자를 제한하거나 통제하는 행위
c) 시장이나 공급원을 공유하는 행위
d) 다른 거래 상대방과 체결한 동일한 거래에 다른 조건을 적용함으로써 경쟁상 불이익한 상태에 놓이게 하는 행위
e) 계약 상대방이 성격상 또는 상관행에 따라 계약의 목적과 관련이 없는 부수적인 의무를 수용하는 것을 조건으로 계약을 체결하는 행위

2. 동 조에 따라 금지되는 계약 또는 결정은 자동적으로 무효이다.

3. 그러나 아래의 경우에는 제1항의 규정이 적용되지 않는 것으로 선언할 수 있다.

- 기업 상호 간에 체결한 계약,
- 기업 연합체가 내린 결정,
- 합의된 관행 또는 합의된 관행의 범주,

상기의 경우들이 상품의 생산 또는 유통을 개선하거나 기술적 또는 경제적 발전을 촉진하는 동시에 결과적으로 발생하는 이익의 상당한 몫을 소비자에게 제공하면서

a) 이들 목표를 달성하는 데 필수적인 것이 아닌 규제사항을 해당 기업에 부과하지 않은 경우,

b) 해당 상품의 중요 부분과 관련하여 경쟁적 성격을 제거할 수 있는 가능성을 해당 기업들에 허용하지 않는 경우

제86조

하나 이상의 기업이 역내시장 내에서 또는 공동시장의 중요 부분에 있어 지배적인 지위를 남용하는 행위는 회원국 상호 간 무역에 영향을 미칠 수 있는 경우 공동시장에 위배되는 것으로 금지된다.

상기의 남용행위는 특히 아래와 같은 형태를 취할 수 있다.

a) 부당한 구매가격이나 판매가격 또는 기타 부당한 거래조건을 직간접으로 부과하는 행위

b) 소비자에게 불이익이 되도록 생산, 시장 또는 기술발전을 제한하는 행위

c) 다른 거래 상대방과의 동일한 거래에 대하여 다른 조건을 적용함으로써 경쟁상 불이익한 상태에 놓이게 하는 행위

d) 계약 상대방이 성격상 또는 상관행에 따라 계약의 목적과 관련이 없는 부수적인 의무를 수용하는 것을 조건으로 계약을 체결하는 행위

제87조

1. 본 조약의 발효 후 3년 내에 이사회는 유럽위원회의 제안에 의거하

여 의회와 협의를 거친 후 전원일치로 제85조와 제86조에 규정된 원칙을 실현하기 위해 적절한 규칙 또는 지침을 제정한다.

상술된 기간에 이러한 규정이 채택되지 않을 경우, 이사회는 유럽위원회의 제안에 의거하여 의회와 협의를 거친 후 가중다수결로 결정한다.

2. 제1항에 규정된 규칙 또는 지침은 특히 아래와 같은 목적을 가진다.

a) 제85조 제1항 및 제86조에 규정된 금지사항을 준수하도록 벌금 및 주기적인 과태료 납부에 관한 규정을 둔다.
b) 효과적으로 감독하면서도 관련 행정업무를 최대한도로 간소화해야 할 필요성을 고려하면서 제85조 제3항을 적용하기 위한 세칙을 제정한다.
c) 필요한 경우 다양한 경제 분야에 있어 제85조와 제86조의 적용범위를 정한다.
d) 동 항의 규정을 적용하는 데 있어 유럽위원회와 사법재판소가 각각 수행해야 할 기능을 규정한다.
e) 회원국 국내법과 동 절 및 동 조에 따라 채택되는 규정과의 관계를 결정한다.

제88조

제87조에 따라 채택된 규정이 시행될 때까지는 회원국의 해당 당국이 계약, 결정 및 합의된 관행의 인정 여부, 공동시장에서의 지배적 지위의 남용 여부 등을 해당 회원국의 국내법 및 제85조, 특히 제3항과 제86조

에 따라 판정한다.

제89조

1. 유럽위원회는 제88조의 규정을 침해하지 않는 범위 내에서 제85조와 제86조의 원칙이 적용될 수 있도록 한다. 유럽위원회는 그 자신의 발의 또는 회원국이 요청하는 경우 소정의 지원을 제공해야 할 회원국의 해당 당국과 협력하여 이들 원칙을 침해한 혐의가 있는 사건을 조사한다. 침해를 하였다고 판단되는 경우, 유럽위원회는 침해행위를 중단시키기 위한 적절한 조치를 제안한다.

2. 침해행위가 중단되지 않은 경우, 유럽위원회는 이유를 붙인 결정을 통해 원칙에 대한 침해사실을 확인한다. 유럽위원회는 그 결정을 공표하고 회원국이 상황을 개선하는 데 필요한 조치를 취하도록 승인할 수 있으며, 이 경우 상기 조치의 조건 및 세부사항은 유럽위원회가 정한다.

제90조

1. 공기업 및 회원국이 특수하거나 독점적인 권리를 부여한 기업의 경우, 회원국은 본 조약, 특히 제7조 및 제85조 내지 제94조에 위반하는 조치를 계속 시행하거나 새로 도입할 수 없다.

2. 일반적 영리창출 서비스의 운영이 위임되어 있는 기업 또는 독점적으로 세수를 창출하는 기업의 성격을 지니고 있는 기업에는 본 조약의 법규, 특히 경쟁에 관한 법규가 적용된다. 다만 이들 기업에 위임된 특정

직무의 수행을 법률상 또는 사실상 저해하지 않는 범위 내에서 적용된다. 공동체의 이익에 배치될 정도로 거래의 발전에 영향을 미쳐서는 아니 된다.

3. 유럽위원회는 동 조의 규정이 적용될 수 있도록 보장해야 하며, 필요한 경우에는 회원국에게 적절한 지침 또는 결정을 시달한다.

제2절 덤핑

제91조

1. 과도기간 동안 유럽위원회가 회원국 또는 이해당사자의 제청에 의해 공동시장 내에 덤핑 행위를 발견하는 경우, 유럽위원회는 덤핑을 종료하기 위해 행위자 또는 이러한 행위의 당사자에게 권고한다.

이러한 행위가 계속될 경우, 유럽위원회는 피해 회원국이 보호 조치를 취하도록 허용하고, 그 조건과 내용을 결정한다.

2. 본 조약이 발효됨과 동시에 한 회원국에서 생산되거나 자유로운 이동이 가능하여 다른 회원국에 수출되었던 상품이 재수입될 때에는 모든 관세와 수량적 제한, 유사한 효과를 갖는 조치로부터 면제된다. 유럽위원회는 동 항을 적용하는 적절한 법규를 제정한다.

제3절 회원국 정부지원

제92조

1. 회원국이 제공하거나 회원국 자원을 통해 제공하는 것으로서 특정 기업 또는 특정 상품의 생산에 특혜를 줌으로써 경쟁을 왜곡시키거나 왜곡시킬 가능성이 있는 모든 지원 형태는 본 조약에서 달리 규정하는 경우를 제외하고는 회원국 상호 간 무역에 영향을 미치는 한도 내에서 공동시장에 위배되어서는 아니 된다.

2. 아래의 지원 형태는 공동시장과 양립한다.

a) 개별 소비자에게 제공되는 사회적 성격의 정부지원. 다만 해당 제품의 원산지에 대한 차별 없이 제공한다.
b) 자연재해나 특수사정에 따른 손해를 보상하기 위한 지원
c) 독일의 분단에 따른 영향을 받고 있는 독일연방공화국의 특정 지역 경제에 제공하는 지원. 다만, 분단에 따른 경제적 불이익을 보상하는 데 필요한 지원이어야 한다.

3. 아래와 같은 지원형태도 공동시장과 양립하는 것으로 간주할 수 있다.

a) 생활수준이 비정상적으로 낮거나 심각한 불완전고용상황을 겪고 있는 지역의 경제발전을 촉진하기 위한 지원
b) 유럽 공동의 이익이 되는 중요한 프로젝트의 실행을 촉진하거나 회원국의 경제에 초래된 심각한 혼란을 해결하기 위한 지원

c) 특정 경제활동 또는 경제분야의 발전을 촉진하기 위한 지원. 다만, 지원하더라도 공동이익에 배치되는 정도로 거래조건에 영향을 미쳐서는 아니 된다. 그러나 1957년 1월 1일부터 조선업에 대한 지원은 관세를 통한 보호조치 철폐를 보상하기 위한 목적으로만 이루어져야 하며, 제3국을 대상으로 한 공동통상정책에 관한 본 조약 규정의 범위 내에서 관세 철폐에 적용되는 조건에 따라 점진적으로 축소되어야 한다.

d) 유럽위원회 제안에 의거하여 이사회가 가중다수결 결정에 의해 특정하는 기타 종류의 정부지원 형태

제93조

1. 유럽위원회는 회원국과 협력하여 회원국 내에서 실시하고 있는 모든 정부지원 형태를 지속적으로 검토한다. 유럽위원회는 공동시장의 점진적인 발전 또는 운영에 필요한 적절한 조치를 회원국에 제안한다.

2. 유럽위원회가 의견 제출을 통지하여 해당 회원국의 의견을 들은 후 회원국의 정부지원 또는 회원국 자원을 통한 지원이 제92조와 관련하여 공동시장에 위배되거나 상기의 지원이 잘못 사용되고 있다고 판단하는 경우, 유럽위원회는 해당 회원국이 상기의 지원을 유럽위원회가 정하는 시한 이내에 폐지하거나 변경할 것을 결정한다.

해당 회원국이 지정된 시한 이내에 이 결정을 이행하지 않는 경우, 유럽위원회 또는 기타 이해관계가 있는 회원국은 제169조 및 제170조의 적용유보조치로서 이 사안을 사법재판소에 직접 회부할 수 있다.

정당한 특수 상황이 존재하는 경우, 이사회는 회원국의 요청에 따라 제92조의 규정 또는 제94조에 명시된 규칙의 적용유보조치로서 전원일치로 의결함으로써 해당 회원국이 제공하고 있거나 제공하려고 하는 지원이 공동시장에 위배된다고 결정할 수 있다. 해당 지원형태와 관련하여 유럽위원회가 이미 동 항의 제1호에 규정된 절차를 개시한 상황에서 해당 회원국이 이사회에 신청서를 제출한 경우에는 이사회가 자신의 입장을 통지할 때까지 해당 절차가 유예되는 효과가 발생한다.

그러나 이사회가 자신의 입장을 상기 신청서를 제출한 때로부터 3개월 이내 통지하지 않은 경우, 유럽위원회는 해당 사안에 대하여 결정한다.

3. 지원을 제공하거나 변경하고자 하는 계획을 유럽위원회에 통지하는 일은 유럽위원회가 의견을 제출할 수 있는 충분한 시간적인 여유를 두고 수행한다. 상기의 계획이 제92조와 관련하여 역내시장에 위배한다고 판단되는 경우, 유럽위원회는 지체없이 제2항에 규정된 절차를 개시한다. 해당 회원국은 이 절차에 따라 최종 결정이 내려질 때까지 해당 조치를 시행할 수 없다.

제94조

이사회는 유럽위원회 제안에 의거하여 제92조 및 제93조를 적용하기 위한 적절한 규칙을 가중다수결로 제정할 수 있으며, 특히 제93조 제3항의 적용조건과 동 절차가 면제되는 지원형태를 정할 수 있다.

제2장 과세 규정

제95조

어떤 회원국도 다른 회원국의 제품에 대하여 유사한 국산품에 직간접적으로 부과되는 모든 유형의 내국세를 초과하는 세금을 직간접적으로 부과할 수 없다.

또한 어떤 회원국도 다른 회원국의 제품에 대하여 다른 제품을 간접적으로 보호하는 성격을 가지는 모든 유형의 내국세를 부과할 수 없다.

회원국은 2단계의 시작 전에 본 조약의 발효 시 상기의 법규와 상충되는 기존의 규정을 철폐 또는 수정해야 한다.

제96조

회원국 영토에 수출되는 제품과 관련된 내국세의 환급범위는 해당 제품에 직간접적으로 부과되는 내국세를 초과할 수 없다.

제97조

다단계 누적방식의 매출세를 징수하는 국가가 수입품에 적용되는 내국세 또는 수출품에 대해 허용되는 환급의 경우 상품 또는 상품군에 대한 평균세율을 정할 수 있다. 단 이 조치는 제95조와 제96조를 위반해서는 아니 된다.

회원국이 정한 평균세율이 이 원칙에 부합하지 않을 경우, 유럽위원회는 관련 회원국에 대한 적절한 지침 또는 결정을 정한다.

제98조

매출세, 소비세 및 기타 형태의 간접세 이외의 과징금과 관련하여, 이사회가 사전에 유럽위원회 제안에 대하여 해당 조치를 제한된 기간 동안 가중다수결로 승인한 경우를 제외하고는 다른 회원국으로의 수출품에 면세 및 환급 혜택을 제공할 수 없으며 회원국으로부터의 수입품에 상쇄 과징금을 부과할 수 없다.

제99조

유럽위원회는 회원국 간 무역에 대한 상계조치를 포함한 매출세, 소비세 및 기타 형태의 간접세에 관한 입법을 공동시장의 이익을 위하여 조화시키는 작업을 고려한다.

유럽위원회는 이사회에 제안을 제출하며, 이사회는 제100조와 제101조를 침해하지 않는 범위 내에서 전원일치로 정한다.

제3장 법률의 상호접근

제100조

이사회는 유럽위원회의 제안에 의거하여 전원일치로 역내시장이 구축 또는 운영되는 데 직접 영향을 미칠 수 있는 회원국의 법률, 규칙 또는 행정 행위를 상호접근시키기 위한 지침을 제정한다.

하나 이상의 회원국에서 법률의 수정을 필요로 하는 지침의 경우 의회와 경제사회위원회와 협의를 거친다.

제101조

유럽위원회는 회원국들의 법률, 규칙 또는 행정 행위 상호 간에 존재하는 차이로 인해 공동시장의 경쟁조건이 왜곡되고 있고, 이와 같이 발생한 왜곡현상을 제거해야 한다고 판단되는 경우 해당 회원국과 협의한다.

협의과정에서 왜곡현상을 제거하는 합의에 도달하지 못할 경우, 이사회는 유럽위원회의 제안에 의거하여 제1단계에서는 전원일치로, 그 이후에는 가중다수결로 필요한 지침을 제정한다. 유럽위원회와 이사회는 본 조약에 의거하여 다른 적절한 조치를 취할 수 있다.

제102조

1. 법률, 규칙 또는 행정 행위를 채택하거나 개정하면 제101조가 규정하는 왜곡현상을 초래할 수 있다고 우려할만한 근거가 있는 경우 이를 계속 추진하고자 하는 회원국은 유럽위원회와 협의한다. 회원국과 협의 후 유럽위원회는 이 왜곡의 방지에 적절한 조치를 관련 국가에게 권고한다.

2. 국내 규정을 새로 도입하거나 개정하고자 하는 회원국이 유럽위원회가 시달한 권고를 이행하지 않는 경우, 다른 회원국들은 제101조에 따라 상기의 왜곡현상을 제거하기 위하여 자국 국내 규정을 개정할 필요가 없다. 유럽위원회의 권고를 무시한 상기 회원국이 자국에게만 불리한 왜곡현상을 초래하는 경우에는 제101조가 적용되지 않는다.

제II편 경제정책

제1장 경기정책

제103조

1. 회원국은 경기정책을 공동의 관심사로 간주한다. 회원국은 상황을 고려하여 다른 회원국 또는 유럽위원회와 협의한다.

2. 본 조약에 규정된 절차를 위배하지 않는 범위에서 이사회는 유럽위원회의 제안에 의거하여 전원일치로 상황에 따른 적절한 조치를 결정한다.

3. 이사회는 유럽위원회의 제안에 의거하여 제2항에 의거한 조치의 실행을 위해 필요한 분야에서 가중다수결로 지침을 제정한다.

4. 동 조에 따른 절차는 특정 상품의 공급에 있어 곤란을 겪을 경우에도 적용된다.

제2장 국제수지

제104조

회원국은 높은 수준의 고용과 물가안정의 확보에 유의하는 가운데 전반적인 국제수지의 균형을 확보하고 자국 통화에 대한 신뢰를 유지하기 위한 경제정책을 실시한다.

제105조

1. 제104조에 규정된 목표의 달성을 촉진하기 위해 회원국은 경제정책을 조율한다. 이를 위해 회원국은 적절한 행정부처와 중앙은행 간의 협력을 도모한다.

유럽위원회는 이러한 협력의 실행방법에 대해 이사회에 권고를 제출한다.

2. 통화정책 분야에서 공동시장의 운영에 필요한 회원국 간 협력을 최대한 촉진하기 위해 자문기구의 지위를 갖춘 통화위원회를 설립한다. 통화위원회는 다음과 같은 임무를 갖는다. ;

- 회원국 및 공동체의 통화·재정 상황, 회원국의 결제 시스템을 지속적으로 검토하고 이에 관한 보고서를 이사회 및 유럽위원회에 정기적으로 제출한다.
- 이사회나 유럽위원회의 요청에 따라 또는 그 자신의 발의로 자신의 의견을 기관에 제출한다.

회원국과 유럽위원회는 통화위원회에 각각 2명의 위원을 임명한다.

제106조

1. 본 조약에 따라 회원국 간 상품 및 서비스, 자본, 사람의 이동을 자유화하는 한도 내에서 회원국은 채권자 또는 수령자가 거주하는 국가의 통화에 대해 상품 및 서비스 또는 자본의 이동과 자본 및 이익의 이전을 허용한다.

회원국은 자국의 일반적인 경제상황, 특히 국제수지의 상태를 감안하여 상술된 범위를 뛰어넘는 결제 자유화를 추진할 준비가 되었음을 선언한다.

2. 상품 및 서비스, 자본 이동이 지급에 대한 제약에 의해 제한되는 경우에 한에서 이러한 제약은 수량제한의 철폐와 관련된 동 장의 규정을 준용하여 서비스와 자본 이동에 적용함으로써 점진적으로 철폐된다.

3. 회원국은 본 조약 부속서 Ⅲ에 열거된 무형의 거래와 관련된 회원국 간 송금에 대해 새로운 제약을 도입하지 않는다.

자본의 자유 이동에 관한 장 또는 제1항과 제2항에 포함된 규정에 의해 규율되지 않는 한, 기존의 제약에 대한 점진적인 철폐는 제63조와 제65조의 규정에 따라 실행한다.

4. 필요한 경우, 회원국은 동 조에 언급된 지급과 송금을 허용하기 위한 조치에 대해 서로 간에 협의한다. 이러한 조치가 동 장에 명시된 목표의 달성을 침해해서는 아니 된다.

제107조

1. 회원국은 환율에 관련된 자국의 정책을 공동의 관심사로 간주한다.

2. 회원국이 제104조에 명시된 목적에 부합하지 않고, 경쟁조건을 심각하게 왜곡할 수 있는 환율 변화를 실행할 경우, 유럽위원회는 통화위원회와 협의 후 다른 회원국이 엄격하게 제한된 기간 동안에 환율 변화에 대응하기 위해 필요한 조치를 취하도록 허용할 수 있으며, 상기 승인의 조건 및 세부사항을 정한다.

제108조

1. 회원국이 전반적인 국제수지 불균형 상태나 가처분 통화 유형으로 인해 국제수지의 측면에서 곤경에 처해 있거나 곤경에 처할 가능성이 높은 경우 또는 이와 같은 곤경이 특히 공동시장의 운영 또는 공동통상정책의 점진적인 추진을 위태롭게 할 가능성이 있는 경우, 유럽위원회는 즉시 해당 회원국의 입장과 해당 회원국이 가능한 모든 수단을 동원하여

제104조에 따라 취하였거나 취할 수 있는 조치를 조사한다. 유럽위원회는 해당 회원국에게 이행할 것을 권고하는 조치를 명시한다.

회원국이 취한 조치 및 유럽위원회가 제안한 조치가 이미 발생하였거나 발생할 가능성이 있는 곤경을 극복하는 데 충분하지 않은 것으로 밝혀질 경우, 유럽위원회는 통화위원회와 협의 후 상호지원 제공 및 이를 위한 적절한 방법을 이사회에 권고한다.

유럽위원회는 진전상황을 정기적으로 이사회에 통지한다.

2. 이사회는 상호지원을 부여하고, 그 지원 조건 및 세부사항을 정하는 지침 또는 결정을 가중다수결로 채택한다. 그 지원형태는 아래와 같다.:

a) 회원국이 지원을 구할 수 있는 기타 국제기구에 대한 공동 접촉,
b) 곤경에 처한 회원국이 제3국에 대하여 수량 규제를 유지하거나 재도입하게 되는 무역 불균형 상황을 피하기 위한 조치,
c) 다른 회원국들이 계약에 따라 제한된 범위의 신용을 제공하는 형태

과도기간 동안 상호지원은 회원국 간 합의를 조건으로 곤경에 처한 회원국으로부터 수입을 확대하기 위한 관세에 대한 특별 축소 또는 쿼터의 확대의 형태로 이루어질 수 있다.

3. 유럽위원회가 권고한 상호지원을 이사회가 제공하지 않은 경우 또는 제공한 상호지원 및 이행 조치가 불충분한 경우, 유럽위원회는 곤경에 처한 회원국이 보호조치를 취하는 것을 승인해야 하며 상기 승인의 조건 및 세부사항을 정한다.

이사회는 가중다수결로 상기의 승인을 취소하거나 상기의 조건 및 세부사항을 변경할 수 있다.

제109조

1. 국제수지의 위기가 갑자기 발생한 상황에서 제108조 제2항에 규정된 결정을 즉시 내리지 못하는 경우, 적용예외 회원국은 예방적인 차원에서 필요한 보호조치를 취할 수 있다. 예방 조치는 공동시장의 운영에 최소한도의 혼란만 주어야 하고 갑자기 발생한 곤경을 해결하는데 필수적인 범위로 한정되어야 한다.

2. 해당 회원국은 제1항에 규정된 보호조치에 관하여 조치가 시행되는 날까지 유럽위원회 및 기타 회원국에 통지한다. 위원회는 이사회에 제108조에 따른 상호지원을 제공하도록 권고할 수 있다.

3. 이사회는 유럽위원회의 권고 후, 또 통화위원회와 협의 후 해당 회원국이 제1항의 보호조치를 개정, 중단 또는 폐지해야 하는지 여부를 결정할 수 있다.

제3장 공동통상정책

제110조

관세동맹을 창설함으로써 회원국은 공동이익을 위하여 세계무역의 조화로운 발전, 관세장벽 및 기타 장벽의 완화에 기여한다.

공동통상정책은 회원국 간 관세철폐가 회원국 내 기업의 경쟁력 강화에 미칠 수 있는 긍정적 효과를 고려한다.

제111조

아래의 규정은 제115조와 116조를 침해하지 않는 범위에서 과도기간 동안에 적용된다.

1. 회원국은 과도기간의 종료 시까지 대외무역 분야에서 공동정책을 이행하는데 필요한 조건을 조성할 수 있도록 제3국과의 무역관계를 조율한다.

유럽위원회는 과도기간 중 따라야 할 공동실행을 위한 절차와 통일화에 관한 제안을 이사회에 제출한다.

2. 유럽위원회는 공동관세에 관해 제3국과 관세협상을 위한 권고를 이사회에 제출한다.

이사회는 유럽위원회가 관세에 관한 협상을 개시할 수 있도록 승인한다.

유럽위원회는 이사회가 위원회의 교섭 업무를 지원하기 위히어 인명하는 특별위원회와 협의하고 이사회가 유럽위원회에 시달하는 지침에 따라 이들 교섭을 수행한다.

3. 동 조에 의거하여 부여된 권한을 행사하는데 있어서 이사회는 첫 번째 두 단계에는 전원일치로 결정하며, 이후에는 가중다수결로 결정한다.

4. 회원국은 유럽위원회와 협의를 거쳐 공동관세의 도입이 지체되지 않도록 제3국과 발효 중인 관세협정을 조정하기 위해 모든 필요한 조치를 취한다.

5. 회원국은 제3국 또는 제3국의 단체에 대한 자유화 목록에 있어 회원국 간 최대한의 통일성을 갖춘다. 이를 위해 유럽위원회는 회원국에 적절한 모든 권고를 행한다.

제3국에 대해 수량제한을 철폐하거나 축소할 경우, 회원국은 사전에 유럽위원회에 알려야 하며 다른 회원국에게 같은 양허를 부여해야 한다.

제112조

1. 다른 국제기구의 범위 내에서의 의무에 저촉되지 않는 한 회원국은 과도기간의 종료 전에 공동체 내의 기업 간 경쟁이 왜곡되지 않도록 제3국 수출에 대한 보조금 제도를 점진적으로 조율한다.

이사회는 유럽위원회의 제안에 대해 2단계에서는 전원일치로, 이후에는 가중다수결로 위의 목적을 위해 지침을 제정한다.

2. 전 항의 규정은 관세환급이나 유사한 효과의 세금에는 적용되지 않으며, 과징금 또는 매출세, 소비세, 기타 간접세 등 회원국의 제3국에 대한 수출품에 적용되는 부과세에도 적용되지 않는다. 단 환급범위는 해당

제품에 직간접적으로 부과된 세금을 초과할 수 없다.

제113조

1. 과도기간이 종료된 후부터 공동통상정책은 특히 관세율의 변경, 관세 및 무역 협정의 체결, 자유화 조치의 통일화, 수출정책, 덤핑 또는 정부 보조금 지급에 대하여 취하는 조치와 같은 무역보호조치 등에 관한 통일원칙에 기초한다.

2. 유럽위원회는 공동통상정책을 실시하기 위해 이사회에 제안을 제출한다.

3. 제3국과 협정을 교섭하는 경우 유럽위원회는 이사회에 권고를 제출하고, 이사회는 유럽위원회가 필요한 교섭을 개시할 수 있도록 승인한다.

유럽위원회는 이사회가 유럽위원회의 교섭 업무를 지원하기 위하여 임명하는 특별위원회와 협의하고 이사회가 유럽위원회에 시달하는 지침에 따라 이들 교섭을 수행한다.

4. 동 조에 의거하여 부여된 권한을 행사하는데 있어서 이사회는 가중다수결로 결정한다.

제114조

제111조 제2항과 제113조에 언급된 협정은 공동체를 대신하여 첫 번째 두 단계 동안에는 전원일치로, 이후에는 가중다수결로 체결된다.

제115조

본 조약에 의거하여 회원국이 채택한 통상조치의 집행이 무역굴절에 의해 저해되는 것을 방지하기 위하여, 또는 이러한 조치에 있어서의 차이가 하나 이상의 회원국에 있어 경제적 어려움을 초래할 경우, 유럽위원회는 회원국 간 협력에 필요한 방법을 권고한다. 그렇지 못할 경우, 유럽위원회는 회원국에 필요한 보호 조치를 취하도록 승인하고, 그 조건과 세부 내용을 정한다.

과도기간 중 긴급한 상황이 발생할 경우, 회원국은 스스로 필요한 조치를 취하고, 이를 회원국과 유럽위원회에 통보하며, 유럽위원회는 해당 국가에 대해 이 조치의 수정 또는 철폐를 결정할 수 있다.

선택에 있어 공동시장의 운영에 대한 최소한의 혼란과 가능한 공동관세의 도입을 촉진하는 조치를 우선시 해야 한다.

제116조

과도기간이 종료된 후부터 회원국은 공동시장에 대한 모든 특수 이익을 존중하며 경제적 성격의 국제기구의 범위 내에서 공동행동을 추구한다. 이러한 목적을 위해 유럽위원회는 공동행동의 범위와 이행에 관한 제안을 이사회에 제출하며, 이사회는 가중다수결로 채택한다.

과도기간 중 회원국은 행동을 조율하고 가능한 동일한 입장을 채택할 수 있도록 상호 협의한다.

제III편 사회정책

제1장 사회 규정

제117조

회원국은 노동조건과 노동자를 위한 생활기준을 개선할 필요에 합의하고, 지속적인 개선과 조율이 이루어지도록 노력한다.

회원국은 사회제도의 조화를 지원하는 공동시장의 운영, 본 조약에 규정된 절차, 법률, 규칙 또는 행정 행위의 상호접근 등을 통해 상기의 발전을 달성할 수 있다고 믿는다.

제118조

유럽위원회는 본 조약의 기타 규정을 침해하지 않는 범위 내에서 조약의 일반목적에 따라 사회정책 분야, 특히 아래와 같은 분야에서의 회원국 간 긴밀한 협력을 촉진하는 임무를 갖는다.

- 고용
- 노동법과 노동조건
- 직업교육 및 재교육
- 사회보장

- 직업 재해 및 질병의 예방

- 직업상의 위생

- 단결권 및 노사 간 단체교섭권

이 목적을 위하여, 유럽위원회는 국내문제·국제기구와 관련된 문제에 대해 의견을 표명하고 협의를 준비하며 회원국과 긴밀한 연락을 취한다.

유럽위원회는 동 조에 규정된 의견을 제시하기 전에 경제사회위원회와 협의를 거쳐야 한다.

제119조

회원국은 제1단계 중 남성 및 여성 노동자 사이에 동일노동동일임금의 원칙[31]을 적용하고 유지해야 한다.

동 조의 취지상, "임금"은 현금 또는 현물의 형태를 불문하고 노동자가 고용과 관련하여 사용자로부터 직간접으로 수령하는 통상기본급 또는 최저 임금, 기타의 대가 등을 의미한다.

성에 따라 차별하지 않는 동일임금이 의미하는 것은 아래와 같다.

---

[31] 유럽경제공동체 설립조약은 제119조에서 남성 노동자와 여성 노동자 사이에 동일노동동일임금의 원칙을 명시하고 있다. 이는 당시 프랑스가 남녀동일노동, 남녀동일임금 지급정책을 시행하고 있는 가운데 유럽경제공동체 설립에 따른 경제적 불이익을 우려하여 적극적으로 추진한 것으로 알려져 있다. 하지만 제119조는 조약상의 규정이었을 뿐 지침의 제정은 이루어지지 않았다. 이 원칙은 1975년 동일임금원칙에 관한 지침(75/117/EEC)이 제정되면서 실질적으로 공동체에서 적용되기 시작하였다.

a) 동일노동에 대하여 성과급으로 지급하는 임금은 동일한 측정 단위로 산정한다.

b) 시간급으로 지급하는 임금은 동일한 노동에 대하여 동일한 액수이어야 한다.

제120조

회원국은 기존 유급휴가제도를 그대로 유지하기 위해 노력한다.

제121조

이사회는 경제사회위원회와 협의 후 유럽위원회에 공동의 조치, 특히 제48조에서 제51조에 명시된 이주노동자에 대한 사회보장의 이행과 관련된 임무를 부여할 수 있다.

제122조

유럽위원회는 의회에 대한 연례보고서에 공동체 내의 사회 발전에 관한 별도의 장을 포함시킨다.

의회는 사회상황과 관련된 특정 문제에 관한 보고서를 작성하도록 유럽위원회에 요구할 수 있다.

제2장 유럽사회기금

제123조

 공동시장의 노동자 고용기회를 개선하고 이에 따라 생활수준의 향상에 기여하기 위하여 아래 규정에 따라 유럽사회기금을 설치한다. 유럽사회기금은 노동자의 취업을 용이하게 하고 공동체 내에서 노동자의 지리적·직업적 이동성을 향상시키며, 특히 직업훈련 및 재교육을 통해 노동자가 산업 및 생산 시스템의 변화에 보다 용이하게 적응할 수 있도록 촉진하는 데 목표를 둔다.

제124조

 유럽위원회는 동 기금을 관리한다.

 유럽위원회는 회원국, 사용자단체 및 노동자단체의 대표로 구성되며, 유럽위원회 위원 1인이 의장이 되어 주재하는 별도의 위원회로부터 지원을 받는다.

제125조

 1. 제127조에 제정된 법규의 범위 내에서 집행 시 기금은 본 조약의 발효 후 다음과 같은 목적으로 회원국 또는 공법이 적용되는 기관이 실제로 지출한 비용의 50%를 지원한다.

 a) 직업 재교육, 재정착 수당을 통해 노동자의 생산적인 재고용

b) 사업체의 생산 변경에 따라 전체 또는 부분적으로 일자리가 감소하거나 일시적으로 중단된 노동자에 대해 완전고용 시까지 같은 수준의 임금이 지급될 수 있도록 보조금을 지급

2. 기금을 통한 직업 재훈련 비용의 지원은 새로운 직종 외에는 실직노동자가 고용에 복귀하기 어려운 경우와 재훈련을 통해 얻게 된 직업에 최소한 6개월 이상 근무하는 경우로 제한한다.

기금을 통한 재정착 비용의 지원은 실직노동자가 공동체 내에서 거주지를 변경해야 하고, 재정착을 통해 얻게 된 직업에 최소한 6개월 이상 근무하는 경우로 제한한다.

사업체 전환의 경우 노동자에 대한 지원은 다음의 경우로 제한한다.

a) 해당 노동자가 사업체에서 최소 6개월간 전일제로 재고용되는 경우
b) 문제의 사업체가 제출한 전환 및 재정계획을 근거로 해당 정부가 계획안을 사전에 제출한 경우
c) 유럽위원회가 전환계획을 사전에 승인한 경우

제126조

과도기간이 종료한 후, 이사회는 유럽위원회의 의견을 확인하고 경제사회이사회와 의회와의 협의를 거쳐 다음의 조치를 취할 수 있다.

a) 제125조에 의거하여 지원의 전체 또는 부분에 대해 중단여부를 가중다수결로 결정

b) 제123조에 명시된 조건의 범위 내에서 기금에 대한 새로운 임무부여를 전원일치로 결정

제127조

이사회는 유럽위원회의 제안에 의거하여 경제사회위원회 및 의회와 협의를 거친 후 가중다수결로 제124조에서 제126조의 이행에 필요한 규정을 정한다. 특히 이사회는 제125조에 따라 기금을 통해 제공할 수 있는 지원의 세부 조건과 제125조 제1항 b)에 따라 지원을 받을 수 있는 노동자들이 소속된 사업체의 종류를 정한다.

제128조

이사회는 유럽위원회의 제안에 의거하여 경제사회위원회와 협의를 거친 후 국가 경제와 공동시장의 조화로운 발전에 기여할 수 있는 공동직업교육을 이행하기 위한 일반 원칙을 정한다.

제IV편 유럽투자은행

제129조

유럽투자은행을 설립한다. 유럽투자은행은 법인격을 가진다.

유럽투자은행의 구성원은 회원국이다.

유럽투자은행 정관은 본 조약에 부속된 의정서에 규정된다.

제130조

유럽투자은행은 자본시장을 이용하거나 자체 재원을 활용하여 공동체의 이익을 위하여 공동시장을 균형 있고 지속적으로 발전시키는데 기여하는 것을 그 임무로 한다. 이를 위해 유럽투자은행은 비영리적으로 운영되고, 모든 경제 부문에 걸쳐서 아래와 같은 프로젝트의 자금 조달을 촉진하기 위한 대출 및 지급보증을 제공한다.

a) 발전 정도가 상대적으로 떨어지는 지역을 발전시키는 프로젝트
b) 기업을 현대화하거나 개조하는 프로젝트 또는 점진적인 역내시장 구축 또는 운영에 따라 필요한 새로운 활동을 발전시키는 프로젝트. 다만, 규모나 성격의 측면에서 개별 회원국에서 이용할 수 있는 여러 수단을 통해 자금 전체를 조달할 수 없는 프로젝트에 한정한다.
c) 여러 회원국이 공동의 이해관계를 가지고 있는 프로젝트. 다만, 규모나 성격의 측면에서 개별 회원국에서 이용할 수 있는 여러 수단을 통해 자금 전체를 조달할 수 없는 프로젝트에 한정한다.

제4부 해외 국가 및 영토와의 협력

제131조

회원국은 벨기에, 프랑스, 이탈리아 및 네덜란드와 특별한 관계가 있는 비유럽 지역 국가 및 영토가 공동체와 협력하는데 동의한다. 이 국가 및 영토 (이하 '해외 국가 및 영토'로 한다)는 본 조약 부속서 IV에 명시한다.

협력의 목적은 해외 국가 및 영토의 경제적 사회적 발전을 촉진하고 해외 국가 및 영토와 공동체 전체 상호 간 긴밀한 경제적 관계를 구축하는 데 있다.

본 조약의 전문에 규정된 원칙에 따라 해외 국가 및 영토와의 협력은 해외 국가 및 영토가 열망하는 경제적·사회적·문화적 발전을 달성하도록 유도하기 위하여 그 거주민의 이익 및 번영을 촉진하는 데 봉사한다.

제132조

해외 국가 및 영토와의 협력은 아래와 같은 목표를 가진다.

1. 회원국은 본 조약에 의거하여 회원국 상호 간에 부여하고 있는 것과 동일한 처우를 해외 국가 및 영토와의 무역에 대해 적용한다.

2. 각 해외 국가 및 영토는 특별한 관계를 가지고 있는 유럽 국가에 적

용하는 것과 동일한 처우를 회원국 및 다른 해외 국가 및 영토와의 무역에 대해 적용한다.

3. 회원국은 해외 국가 및 영토를 점진적으로 발전시키는데 필요한 투자에 기여한다.

4. 공동체가 자금을 조달하는 투자의 경우, 입찰 및 물자공급에 대한 참여 기회는 회원국 또는 해외 국가 및 영토의 국민인 모든 자연인 및 법인에 동등한 조건으로 개방된다.

5. 국민 및 회사의 사업체 설립의 권리에 있어 회원국과 해외 국가 및 영토와의 관계는 제136조에 따라 제정된 특별 규정의 범위 내에서 사업체 설립의 권리에 관한 제2부 제3편 제2장에 명시된 규정 및 절차에 따라 차별대우 없이 규율된다.

제133조

1. 해외 국가 및 영토에서 회원국으로 수입되는 상품에 대한 관세는 본 조약의 규정에 따라 회원국 상호 간에 관세 부과를 금지하는 것과 보조를 맞추어 금지한다.

2. 회원국에서 각 해외 국가 및 영토로 수입되는 상품, 해외 국가 및 영토 상호 간 수입품 등에 대한 관세는 제12조, 제13조, 제14소, 제15조 그리고 제17조의 규정에 따라 점진적으로 철폐된다.

3. 그러나 해외 국가 및 영토는 자국의 발전 및 산업화의 필요성에 부

응하거나 예산상의 세수를 확보하기 위한 관세를 부과할 수 있다.

상기의 호에서 언급한 관세는 각 해외 국가 및 영토가 특별한 관계를 가지고 있는 회원국에서 수입하는 상품에 부과하는 수준으로 점진적으로 감축한다. 본 조약에 규정된 감축 비율 및 일정은 각 해외 국가 및 영토가 특별한 관계를 가지고 있는 회원국에서 수입하는 상품에 적용되는 관세와 공동체 내에서 해당 해외 국가 및 영토에 수입되는 동일한 상품에 적용되는 관세의 차이에 대해 적용된다.

4. 제2항은 본 조약의 발효 시점에서 구속력 있는 특별 국제의무를 사유로 이미 비차별 관세를 적용하고 있는 해외 국가 및 영토에는 적용하지 않는다.

5. 해외 국가 및 영토로 수입되는 상품에 관세를 새로 부과하거나 기존 관세를 변경하더라도 법적 또는 사실적이든 여러 회원국의 수입품 상호 간에 직간접적인 차별을 초래해서는 아니 된다.

제134조

제3국의 상품을 해외 국가 및 영토에 수입할 때 적용하는 관세 수준이 제133조 제1항의 규정을 적용하면 특정 회원국에 불리한 무역 불균형 상태를 야기할 가능성이 있는 경우, 해당 회원국은 유럽위원회에 상황을 해결하는 데 필요한 조치를 다른 회원국에 제안할 것을 요구할 수 있다.

제135조

해외 국가 및 영토 소속 노동자가 회원국 내에서 이동할 수 있는 자유와 회원국 소속 노동자가 해외 국가 및 영토 내에서 이동할 수 있는 자유는 공중보건, 공공안전 또는 공공정책에 관한 규정의 범위 내에서 회원국의 전원일치 승인으로 향후 체결될 협약에 의해 규율된다.

제136조

본 조약의 발효 이후 처음 5년 동안 해외 국가 및 영토와의 협력에 관한 세부 내용과 절차는 본 조약에 부속될 이행 협약에 의해 정한다.

상기의 협약이 만료되기 전에 이사회는 이행 경험과 본 조약에 규정된 원칙을 기반으로 기간 연장을 위한 규정을 전원일치로 정한다.

제5부 공동체의 기관

제Ⅰ편 기관 운영에 관한 규정

제1장 기관

제1절 의회

제137조

의회는 회원국 국민의 대표로 구성되며, 본 조약에 의거하여 자문 및 감독권을 행사한다.

제138조

1. 의회는 회원국별 절차에 따라 국가별 의원 중 자국 의회에서 지명된 대표들(delegates)로 구성된다.

2. 대표의 수는 아래와 같다.:

벨기에 ········ 14

독일 ············ 36

프랑스 ········· 36

이탈리아 ······ 36

룩셈부르크 ··· 6

네덜란드 ······ 14

3. 의회는 모든 회원국에서 통일적인 절차에 따라 직접보통선거로 선출하는 제안을 작성한다.

이사회는 적절한 규정을 전원일치로 제정하고 회원국에게 헌법상의 요청에 따른 채택을 권고한다.

제139조

의회는 연례 정기회기를 개최한다. 의회는 별도의 소집 절차 없이 3월 두 번째 화요일에 개회한다.

의회는 의원 과반수, 이사회 또는 유럽위원회의 요청에 따라 임시회기를 개최할 수 있다.

제140조

의회는 그 의원 중에서 의장과 임원을 선출한다.

유럽위원회의 구성원은 의회의 모든 회의에 참가할 수 있고, 자신이 신청하여 유럽위원회를 대표하여 청문을 받는다.

유럽위원회는 의회 또는 그 의원이 제기한 질문에 구두 또는 문서로 답변한다.

이사회는 이사회 의사규칙에 규정된 조건에 따라 의회로부터 청문을 받는다.

제141조

본 조약에서 달리 규정된 것을 제외하고 의회는 투표수의 절대 과반수로서 결정한다.

정족수는 의사규칙에서 정한다.

제142조

의회는 의원 과반수의 찬성으로 의결함으로써 의사규칙을 채택한다.

의회 회의록은 본 조약과 의사규칙에 명시된 방식으로 공표한다.

제143조

의회는 유럽위원회가 제출한 연례종합보고서를 공개 회의에서 토론한다.

제144조

유럽위원회의 활동에 관하여 불신임 동의가 상정된 경우, 의회는 동의안이 상정된 후 3일 이상의 기간이 경과하기 전에는 투표할 수 없으며 공개투표를 통해서만 결정한다.

불신임 동의가 의회의 투표수의 3분의 2의 다수와 재적의원의 과반수로서 가결될 때 유럽위원회 위원은 총사퇴한다. 유럽위원회 위원은 본 조약 제158조에 따라 교체될 때까지 계속하여 당면한 사무를 처리한다.

제2절 이사회

제145조

본 조약에 규정된 목표를 달성하기 위해 유럽위원회는 본 조약의 규정에 따라 회원국의 일반 경제정책을 조율하고, 결정권을 행사한다.

제146조

이사회는 회원국의 대표로 구성된다. 각 정부는 위원 중 한 명을 이사회에 위임한다.

의장직은 이사회의 위원이 6개월 임기로 순환하며 회원국의 알파벳 순서에 따른다.

제147조

이사회는 그 의장이 자신의 발의로, 또는 이사회 위원 혹은 유럽위원회의 요청에 의거하여 소집된다.

제148조

1. 본 조약에서 달리 규정된 것을 제외하고, 이사회는 위원의 과반수로서 결정한다.

2. 가중다수결이 요구되는 경우 위원의 투표는 다음과 같이 가중된다:

    벨기에 ········ 2
    독일 ············ 4
    프랑스 ········· 4
    이탈리아 ······ 4
    룩셈부르크 ··· 1
    네덜란드 ······ 2

채택을 위해서 이사회의 의결은 최소한 다음을 요구한다:

- 본 조약에 따라 유럽위원회의 제안에 따른 채택인 경우 12표
- 그 외의 경우 최소 4인 이상의 위원에 의해 행사된 12표

3. 출석 중인 위원 본인 또는 대리인에 의한 기권은 전원일치를 필요로 하는 이사회의 의결의 성립을 방해하지 않는다.

제149조

본 조약에 따라 유럽위원회의 제안에 대한 의결시 이사회가 해당 제안을 수정하는 경우에는 전원일치로 정한다.

이사회가 의결하지 않는 한, 유럽위원회는 특히 의회와 협의한 경우에 원안을 변경할 수 있다.

제150조

투표 시 이사회의 위원은 한 명에 한하여 다른 위원을 대리하여 투표할 수 있다.

제151조

이사회는 의사규칙을 결정한다.

제152조

이사회는 공동목표를 달성하는 데 필요하다고 판단되는 연구를 수행하여 적절한 제안을 이사회에 제출하도록 유럽위원회에 요구할 수 있다.

제153조

이사회는 유럽위원회의 의견을 확인하고 본 조약에 규정된 각종 위원회를 규율하는 법규를 정한다.

제154조

이사회는 유럽위원회 위원장과 그 위원, 사법재판소의 재판관과 법무관,[32] 사무처장[33]의 급여, 수당 및 연금을 가중다수결로 정한다. 이사회는 보수로서 지불되는 기타 모든 수당에 대해 정한다.

제3절 유럽위원회

제155조

공동시장의 원활한 운영과 발전을 위해 유럽위원회는 다음과 같은 임무를 갖는다.

- 본 조약의 규정과 이에 따른 기관들의 조치의 적용을 보장하는 것
- 본 조약이 명시적으로 규정하였거나 유럽위원회가 필요하다고 판단한 경우, 본 조약이 적용되는 문제에 대해 권고를 제출하고 의견을 전달하는 것
- 본 조약에 규정된 방식으로 결정권을 갖고 이사회와 의회가 채택하는 조치를 구체화하는데 참여하는 것
- 이사회가 결정한 법규에 따라 집행을 위해 이사회가 부여한 권한을

---

[32] 법무관(Advocate-General)은 사법재판소를 지원하는 역할을 하며, 총 2명의 법무관이 있다. 법무관은 공정성과 독립성을 보장받아야 하며, 사법재판소에 회부된 사건에 대한 최종변론서를 제출하는 역할을 한다.

[33] 사법재판소는 사무처장(Registrar)을 임명하고 그의 복무에 관한 규칙을 정해야 한다. 사무처장은 공정하고 양심적으로 직무를 수행하고 업무상 취득하게 된 비밀에 대해서 엄수할 것을 재판소에서 선서해야 한다.

행사하는 것

제156조

유럽위원회는 매년 늦어도 의회의 회기 개시 1개월 전에 공동체의 활동에 대한 전체 보고를 공표한다.

제157조

1. 유럽위원회는 독립성에 의심의 여지가 없는 인물 가운데 종합적인 능력에 기초하여 선출된 9명의 위원으로 구성된다.

유럽위원회 위원 수는 이사회의 전원일치 결정으로 변경될 수 있다.

회원국 국민만이 유럽위원회 위원이 될 수 있다.

유럽위원회는 각 회원국 국민을 최소 1인을 포함해야 하며, 동일 회원국의 국민을 2인 이상 포함할 수 없다.

2. 유럽위원회 위원은 공동체의 일반적 이익을 위하여 완전히 독립하여 자신의 임무를 수행한다.

그 의무의 이행시 정부나 다른 기구의 의견을 구하거나 받을 수 없다. 유럽위원회 위원은 직무수행 조건에 위배되는 어떤 조치도 수행할 수 없다. 회원국은 이 원칙을 존중하여 유럽위원회 위원이 직무를 수행하는 데 있어 영향력을 행사하지 않아야 할 책임이 있다.

유럽위원회 위원은 그 임기 중 보수의 유무를 묻지 않고 다른 직업에 종사해서는 아니 된다. 동 위원은 직무의 수행 중 혹은 종료 후에도 직무로부터 발생한 의무를 다하고, 특히 직무의 종료 후 일정한 지위 또는 이익을 받았을 때에는 고결하게 자제할 의무를 다할 것을 취임시 엄숙하게 선서한다. 이 의무들에 위반할 때 사법재판소는 이사회 또는 유럽위원회의 신청에 의거하여 당해 위원을 사정에 따라 제13조에 명시된 바와 같이 파면하거나, 연금청구권 또는 그에 대신하여 부여되는 다른 혜택을 박탈할 수 있다.

제158조

유럽위원회 위원은 회원국 정부의 상호 합의에 의거하여 임명된다.

위원직의 임기는 4년이다. 재임될 수 있다.

제159조

정상적인 교체나 사망 이외에도 유럽위원회 위원들의 직무는 사직하거나 강제 퇴직당하는 경우 종료한다.

결원이 발생한 경우 후임자는 전임자 임기의 잔여기간 동안에만 재직한다. 이사회는 전원일치 결정을 통해 후임자를 임명하지 않을 수 있다.

유럽위원회 위원은 제160조에 의거하여 강제 퇴직의 경우를 제외하고는 교체될 때까지 직무를 계속 수행한다.

제160조

유럽위원회 위원이 더 이상 직무수행에 필요한 조건을 충족하지 못하거나 중대한 위법행위를 범한 경우, 사법재판소는 이사회 또는 유럽위원회의 요청에 따라 해당 위원을 강제 퇴직시킬 수 있다.

제161조

위원장과 2명의 부위원장은 유럽위원회 위원의 선출 절차와 같은 절차에 따라 2년의 임기로 유럽위원회 위원 중 임명한다. 임기는 재임이 가능하다.

유럽위원회 전원이 교체되는 경우를 제외하고 임명은 유럽위원회와의 협의를 거친다.

위원장과 부위원장의 사임 또는 사망 시 그 잔여 임기는 제1항에 규정된 절차에 따라 후임이 임명된다.

제162조

이사회와 유럽위원회는 상호 협의하며 공동 합의에 따라 협력 방법을 정한다.

유럽위원회는 유럽위원회 및 그 부(部)와 국(局)의 운영을 보장하기 위하여 본 조약이 규정한 조건에 따라 자신의 의사규칙을 정한다. 유럽위원회는 이 의사규칙을 공표한다.

제163조

유럽위원회의 의결은 제157조에 따라 위원의 과반수로 한다.

유럽위원회의 회의는 의사규칙에 의해 정해진 구성원 수가 참석하였을 때에만 유효하다.

제4절 사법재판소

제164조

사법재판소는 본 조약의 해석 및 적용 시 법의 존중을 확보한다.

제165조

사법재판소는 7명의 재판관으로 구성된다.

사법재판소는 본회의로 개정(開廷)한다. 그러나 사법재판소는 목적에 따른 절차에 따라 예비조사 또는 특정한 종류의 사건을 판결하기 위해 3명 또는 5명의 재판관으로 구성된 소법정을 구성할 수 있다.

사법재판소는 회원국 또는 공동체 기관이 제기한 사건을 심문하거나 제177조에 의거하여 제출된 질의에 대한 선결적 판단[34]을 내려야 할 때

---

34   선결적 판단(preliminary rulings)은 본 조약과 회원국 국내법 간에 충돌이 있거나 그럴 가능성이 있을 때, 회원국의 국내법원이 사법재판소에 사전적으로 법 해석을 요청하는 것이다. 이를 통해 문제의 해결과 더불어 국내법원과의 사법 질서를 조화시키며 본 조약을 보다 합리적으로 원활하게 이행하기 위한 데 그 목적이 있다. 일

마다 본회의를 개정한다.

사법재판소가 요청할 경우 이사회는 전원일치로 재판관을 증원하고 동 조의 제2항과 제3항, 그리고 제167조 제2항에 따라 필요한 조정을 실시한다.

제166조

사법재판소는 2명의 법무관으로 구성된다.

법무관은 본 조약 제164조에 규정된 사법재판소의 임무를 완수함에 있어 제기된 소송에 대해서는 공개법정에서 이유를 붙인 최종 변론을 완전히 중립적이고 독립하여 행한다.

사법재판소가 요청할 경우 이사회는 전원일치로 법무관을 증원하고 제167조 제3항에 따라 필요한 조정을 실시한다.

제167조

사법재판소의 재판관 및 법무관은 그 독립성에 의심의 여지가 없으며, 당해 국가에서 최고의 재판관직에 필요한 전제조건을 충족하고 있는 인물, 또는 탁월한 능력을 가진다고 인정되고 있는 법률가가 선임되어야 한다. 사법재판소의 재판관 및 법무관은 회원국 정부의 상호 합의에 의거하여 6년의 임기로 임명된다.

반적으로 선결적 판단에 대한 의뢰는 국내법원이 재판을 앞두고 이루어지는 경우보다는 재판 진행 중에 행해지는 경우가 많다. 현재까지도 선결적 판단은 유럽연합의 사법적 통합에 중요한 역할을 담당하고 있다.

3년마다 재판관의 일부는 교체된다. 3명 또는 4명의 재판관이 교대로 교체된다. 3년의 첫 번째 기간 후 교체 대상인 3명의 재판관은 추첨을 통해 정한다.

3년마다 법무관의 일부는 교체된다. 3년의 첫 번째 기간 후 교체 대상인 법무관은 추첨을 통해 정한다.

퇴임한 재판관 및 법무관은 재임될 수 있다.

재판관은 호선에 의해 3년의 임기로 사법재판소 소장을 선임한다. 소장은 재임될 수 있다.

제168조

사법재판소는 사무처장을 임명하고, 그 지위를 정한다.

제169조

유럽위원회가 회원국이 본 조약에 따른 의무를 이행하지 않았다고 판단하는 경우, 유럽위원회는 당해 회원국에 의견을 제출할 수 있는 기회를 준 후 당해 사안에 관한 적절한 의견을 제시한다.

당해 회원국이 유럽위원회가 정한 기간 이내 유럽위원회의 의견을 이행하지 않는 경우, 유럽위원회는 당해 사안을 사법재판소에 회부할 수 있다.

제170조

다른 회원국이 본 조약에 따른 의무를 이행하지 않았다고 판단하는 회원국은 당해 사안을 사법재판소에 회부할 수 있다.

회원국은 다른 회원국을 상대로 본 조약에 따른 의무를 침해한 혐의로 소송을 제기하기 전에 당해 사안을 유럽위원회에 회부한다.

유럽위원회는 각 해당 회원국에게 상대방 회원국의 주장에 대한 자신의 주장 및 의견을 구두 및 문서로 제출할 수 있는 기회를 준 후 적절한 의견을 제시한다.

유럽위원회가 당해 사안이 회부된 때로부터 3개월 이내 의견을 제시하지 않는다면 당해 사안을 재판소에 회부할 수 있다.

제171조

사법재판소가 회원국이 본 조약에 따른 의무를 이행하지 않고 있다고 결정하는 경우, 해당 회원국은 재판소의 판결을 이행하는 데 필요한 조치를 취한다.

제172조

본 조약의 규정에 따라 이사회가 제정하는 규칙은 그 규칙에서 명시된 벌금을 아무런 제한 없이 정할 수 있는 관할권을 사법재판소에 부여할 수 있다

제173조

사법재판소는 권고와 의견을 제외한 이사회 및 유럽위원회의 입법행위의 적법성을 심사한다. 제1항의 목적을 위하여 사법재판소는 회원국, 이사회 또는 유럽위원회가 권한의 결여, 중요한 절차 요건의 위반, 본 조약 또는 그 적용되어야 할 법규범의 위반, 또는 권한의 남용을 이유로 하여 제기되는 소송을 관할한다.

자연인 또는 법인은 누구나 동일한 조건에서 해당 개인에게 시달된 결정, 또는 비록 다른 개인에게 시달된 규칙이나 결정의 형태이기는 하지만 해당 개인에게 직접적이고 개별적으로 관계하는 결정에 대해 소송을 제기할 수 있다.

동 조에 규정된 소송은 조치가 공표된 날, 행위가 원고에게 통지된 날 또는 통지가 없는 경우에는 원고가 행위를 알게 된 날로부터 2개월 이내 제기한다.

제174조

정당한 근거에 따라 소송이 제기된 경우, 사법재판소는 해당 조치를 무효라고 선고한다.

규칙에 관한 한 사법재판소는 필요하다고 판단되는 경우, 무효라고 선고된 행위의 효과 중에서 어떤 효과가 최종적인 것으로 간주되는지 명시한다.

제175조

이사회와 유럽위원회가 본 조약을 위반하여 행위의 제정을 태만히 한 경우, 회원국 및 공동체의 기타 기관은 위반사실을 확인하기 위한 소송을 사법재판소에 제기할 수 있다.

소송 제기는 먼저 해당 기관, 조직 또는 기타 부서에게 행위를 제정할 것을 요구한 경우만 인정된다. 해당 기관, 조직 또는 기타 부서가 행위 제정에 관한 요구를 받은 때로부터 2개월 이내 자신의 입장을 밝히지 않는 경우 소송은 추가 2개월 이내 제기될 수 있다.

자연인 또는 법인은 누구나 상기의 조건에 따라 공동체의 기관, 조직 또는 기타 부서가 권고 또는 의견 이외의 행위를 자신에게 시달하지 않았다는 내용의 이의를 제1항 및 제2항에 따라 재판소에 제기할 수 있다.

제176조

해당 행위가 무효이거나 또는 해당 행위의 제정을 태만히 한 것이 본 조약에 위반된다고 선고를 받은 기관은 사법재판소의 판결을 이행하는 데 필요한 조치를 취한다.

이 의무는 제215조 제2항을 적용함으로써 발생할 수 있는 의무에 영향을 미치지 않는다.

제177조

사법재판소는 아래 사항에 관하여 선결적 판단을 내릴 관할권을 가진다.

a) 본 조약의 해석
b) 공동체의 기관이 제정한 행위의 유효성 및 해석
c) 이사회의 행위로 설립된 조직의 정관에서 명시된 정관에 관한 해석

상기의 문제가 회원국의 법원 또는 재판소에 제기된 경우, 상기 회원국 법원 또는 재판소는 판결을 내리기 위하여 상기 문제를 결정할 필요가 있다고 판단되는 경우 이를 결정해 줄 것을 사법재판소에 요청할 수 있다.

회원국의 법원 또는 재판소에 계류 중인 사건에서 상기의 문제가 제기되고 상기 법원 또는 재판소의 결정에 대하여 해당 회원국의 국내법상 아무런 사법적 구제수단이 존재하지 않는 경우, 상기 회원국 법원 또는 재판소는 이 문제를 사법재판소에 회부한다.

제178조

사법재판소는 제215조 제2항에 규정된 손해배상과 관련된 분쟁에 대해 관할권을 가진다.

제179조

사법재판소는 공동체와 공동체 직원 상호 간에 발생한 분쟁에 대하여

공동체의 복무 규칙 또는 고용조건에 명시된 조건에 따라 관할권을 행사한다.

제180조

사법재판소는 아래 규정된 제한사항의 범위 내에서 아래 사항과 관련된 분쟁을 관할한다.

a) 회원국이 유럽투자은행 정관에 따른 의무를 이행하는 문제. 이와 관련하여 유럽투자은행 이사회는 제169조에서 유럽위원회에 부여하고 있는 권한을 행사할 수 있다.
b) 유럽투자은행 총재이사회가 채택하는 조치. 이와 관련하여 회원국, 유럽위원회 또는 유럽투자은행 이사회는 제173조에 규정된 조건에 따라 소송을 제기할 수 있다.
c) 유럽투자은행 이사회가 채택하는 조치. 이 조치에 대한 소송은 회원국 또는 유럽위원회만이 제173조에 규정된 조건에 따라 유럽투자은행 정관 제21조 제2항 및 제5항에서 제7항에 규정된 절차를 준수하지 않았다는 사유에 기초해서만 제기할 수 있다.

제181조

사법재판소는 계약에 대한 적용법규가 공법 또는 사법인기의 여부를 묻지 않고, 공동체가 직간접으로 체결한 계약에 명시된 중재 조항에 의거하여 재정(裁定)을 내릴 수 있는 관할권을 가진다.

제182조

재판소는 본 조약의 주제에 관하여 발생하였고, 양 당사자가 재판소에 제기하기로 별도로 합의한 경우 회원국 상호 간 분쟁에 대한 관할권을 가진다.

제183조

공동체가 일방 당사자인 분쟁은 본 조약에서 사법재판소에 관할권을 부여한 경우를 제외하고는 이를 이유로 회원국 법원 또는 재판소의 관할권에서 제외되지 않는다.

제184조

제173조에 규정된 기간의 경과에도 불구하고, 이사회 또는 유럽위원회가 제정한 규칙에 대한 소송에서는 각 당사자는 사법재판소에 대하여 제173조 제1항에 적시된 이유를 들어 당해 규정이 적용될 수 없다고 주장할 수 있다.

제185조

사법재판소에 소송을 제기하더라도 중지 효과가 발생하지 않는다. 그러나 재판소는 상황에 따라 필요하다고 판단하는 경우 계쟁 행위의 적용을 중지할 것을 명령할 수 있다.

제186조

사법재판소는 재판소에 제기된 어떤 사건에서도 필요한 잠정조치[35]를 명령할 수 있다.

제187조

사법재판소의 판결은 제192조에 규정된 조건에 따라 집행한다.

제188조

사법재판소의 정관은 별도의 의정서로 정한다.

사법재판소는 의사규칙을 채택한다. 의사규칙은 이사회의 전원일치 찬성을 필요로 한다.

제2장 여러 기관에 적용되는 규정

제189조

본 조약에 따라 임무를 수행하기 위해 이사회와 유럽위원회는 기관의 규칙, 지침, 결정, 권고 및 의견을 채택한다.

35　잠정조치(interim measures)는 사건이 사법재판소에 회부된 후 최종적인 판결이 내려지기 전까지 당사자의 권리 보호를 위하여 긴급한 필요에 의하여 임시적으로 취해지는 조치이다.

규칙은 일반적 적용성이 있다. 규칙은 완전한 구속력이 있으며, 모든 회원국에 직접 적용된다.

지침은 달성해야 할 결과에 관하여 시달 대상인 해당 회원국을 구속하지만, 그 형태와 방식은 해당 회원국의 국내 당국이 선택한다.

결정은 오직 그 시달 대상에 대해서만 완전한 구속력이 있다.

권고와 의견은 구속력이 없다.

제190조

이사회와 유럽위원회의 규칙, 지침 및 결정은 그 근거에 대한 이유를 설명하고, 본 조약에 의해 요구된 제안 또는 의견에 대해 언급한다.

제191조

규칙은 공동체 관보에 게재된다. 규칙은 당해 규칙에 명시된 날짜에 효력을 발생하며, 날짜가 명시되어 있지 않은 경우에는 관보에 게재한 날 이후 20일째 되는 날에 효력을 발생한다.

지침 및 결정은 수범자에게 통지되고, 통지한 때로부터 효력을 발생한다.

제192조

회원국 이외의 사람에게 금전채무를 부과하는 이사회 또는 유럽위원회의 결정은 집행 가능성이 있어야 한다.

결정의 집행에는 결정이 집행되는 회원국에서 시행되고 있는 민사절차규칙이 적용된다. 각 회원국 정부가 이 목적을 위해 지정하고 유럽위원회 및 사법재판소에 통지한 회원국 국가기관은 단지 행위의 진정성을 확인하는 절차만 경유하여 집행명령을 결정에 첨부한다.

해당 당사자의 신청에 따라 이들 절차가 종료되었을 때 해당 당사자는 사안을 관할 당국에 직접 의뢰함으로써 국내법에 따른 결정의 집행을 추진할 수 있다.

집행은 사법재판소의 결정으로만 중지시킬 수 있다. 그러나 해당 국가의 재판소는 집행이 비정상적인 방식으로 수행되고 있다는 요청에 대해 심사할 관할권을 가진다.

제3장 경제사회위원회

제193조

경제사회위원회를 설립한다. 경제사회위원회는 자문 지위를 갖는다.

경제사회위원회는 다양한 부문의 경제적 및 사회적 활동의 대표, 특히 생산자, 농부 및 운송업자, 노동자, 중개업자, 기능공, 전문직, 일반 대중의 대표로 구성된다.

제194조

경제사회위원회 위원의 수는 다음과 같다.

  벨기에 ········ 12
  독일 ············ 24
  프랑스 ········· 24
  이탈리아 ······ 24
  룩셈부르크 ··· 5
  네덜란드 ······ 12

경제사회위원회 구성원은 4년의 임기로 이사회의 전원일치로 임명된다. 임명은 재임이 가능하다.

경제사회위원회 구성원은 개인의 자격으로 임명되며, 어떠한 지시에도 구속되지 아니한다.

제195조

1. 경제사회위원회 위원의 임명을 위해 회원국은 이사회에 국적별로 할당된 의석의 2배수를 포함하는 후보자 명부를 제출한다.

경제사회위원회 구성은 다양한 부문의 경제적 및 사회적 활동을 적절히 대표할 수 있도록 보장하는 것을 고려한다.

2. 이사회는 유럽위원회와 협의 후 결정한다. 이사회는 경제적 및 사회적 활동의 다양한 부문 및 시민사회의 대표적인 유럽조직으로서 공동

체의 활동에 관계하는 조직의 의견을 청취할 수 있다.

제196조

경제사회위원회는 위원 중에서 2년 임기의 위원장 및 임원을 선출한다.

경제사회위원회는 의사규칙을 채택하고 승인을 위해 이사회에 제출한다. 이사회는 전원일치로 결정한다.

경제사회위원회는 이사회 또는 유럽위원회가 요청하는 경우 위원장이 소집한다.

제197조

경제사회위원회는 본 조약이 미치는 주요 분야를 위해 특별 분과를 포함한다.

특히 농업 및 운송에 관한 편에 명시된 특별 규정의 대상이 되는 농업 및 운송 분과를 포함한다.

특별 분과는 경제사회위원회에 대한 일반 위임사항을 따른다. 특별 분과는 경제사회위원회와 협의 없이 독립적으로 활동할 수 있다.

특정 문제 또는 분야에서 경제사회위원회에 제출할 의견 초안을 준비하기 위해 소위원회를 구성할 수 있다.

의사규칙은 특별 분과와 소위원회의 구성 방법과 위임사항을 규정한다.

제198조

경제사회위원회는 본 조약이 규정하는 경우 이사회 및 유럽위원회의 협의 요청에 응한다. 동 위원회는 이 기관들이 적절하다고 판단하는 모든 경우 이러한 기관들의 협의 요청에 응한다.

이사회 또는 유럽위원회는 필요하다고 판단되는 경우 위원회는 통지를 받은 날로부터 10일 이내의 기간으로 경제사회위원회의 의견 제출 시한을 설정할 수 있다. 설정한 시한이 만료할 때까지 의견을 제출하지 못하더라도 추가 조치에는 영향을 미치지 않는다.

경제사회위원회와 특별 분과의 의견은 절차의 기록과 함께 이사회 및 유럽위원회에 제출된다.

제II편 재정 규정

제199조

1. 유럽사회기금과 관련된 항목을 포함한 공동체의 모든 수입 및 지출은 각 회계연도마다 작성하는 개산서(槪算書) 및 예산에 명기된다.

예산의 수입과 지출은 균형을 이루어야 한다.

제200조

1. 예산 수입은 다른 어떤 수입을 막론하고 회원국의 재정 분담금을 다음과 같은 규모로 포함한다.

    벨기에 ········ 7.9
    독일 ··········· 28
    프랑스 ········ 28
    이탈리아 ······ 28
    룩셈부르크 ··· 0.2
    네덜란드 ······ 7.9

2. 유럽사회기금의 지출에 대한 회원국의 재정 분담금은 다음과 같은 규모로 정한다.

    벨기에 ········ 8.8
    독일 ··········· 32
    프랑스 ········ 32
    이탈리아 ······ 20
    룩셈부르크 ··· 0.2
    네덜란드 ······ 7

3. 이 규모는 이사회의 전원일치 결정으로 변경될 수 있다.

제201조

유럽위원회는 공동체의 자체 예산, 특히 최종 도입 후 공동관세에 따른 수입이 제200조에 따른 회원국의 재정 분담금을 대체할 수 있는 조건을 검토한다.

이를 위해 유럽위원회는 이사회에 제안을 제출한다.

이 제안에 대해 의회와 협의한 후, 이사회는 회원국이 각 국의 헌법상의 요청에 따라 채택할 적절한 규정을 전원일치로 제정한다.

제202조

예산에 명시된 지출은 제209조에 따른 규칙이 달리 규정하고 있지 않다면 회계연도에 한하여 승인된다.

제209조에 의거하여 규정된 조건에 따라 인건비 이외의 지출에 할당된 배당액은 예산의 집행기간의 종료까지 사용되지 않았을 때는 다음 회계연도에 한해 이월하는 것이 허용된다.

지출을 포함한 배당액은 종류 또는 목적별로 지출이 결정되는 비용으로 분류된다. 필요한 경우 배당액은 제209조에 의한 규칙에 따라 분류된다.

의회, 이사회, 유럽위원회 및 사법재판소의 지출은 특정 공동지출을 위한 특별규정을 침해하지 않는 범위 내에서 각각 개별계획에 기재된다.

제203조

1. 회계연도는 1월 1일부터 12월 31일까지로 한다.

2. 각 기관은 7월 1일 이전에 자신의 지출을 위한 개산서를 편성한다. 유럽위원회는 이 개산서를 예비예산안에 포함시킨다. 단, 이 예비예산안에는 다른 개산서를 포함시킬 수 있다.

유럽위원회는 이사회에 늦어도 당해 회계연도에 선행하는 연도의 9월 30일까지 예비예산안을 제출한다.

이사회는 예비예산안을 벗어나는 문제가 있을 때는 이사회와 협의하고, 필요한 경우 다른 기관과 협의한다.

3. 이사회는 가중다수결로 예산안을 정하고, 이를 의회에 전달한다.

예산안은 늦어도 당해 회계연도에 선행하는 연도의 10월 31일까지 의회에 제출되어야 한다.

의회는 예산안의 수정을 이사회에 제안할 수 있다.

4. 예산안의 통보 후 1개월 안에 의회가 이를 승인하거나, 이사회에 의견을 제시하지 않을 경우, 이 예산안은 확정된다.

이 기간 중 의회가 수정을 제안할 경우, 수정된 예산안은 이사회에 전달된다. 이사회는 유럽위원회와 협의하고, 필요한 경우 관련된 다른 기관과 협의 후, 가중다수결로 예산안을 확정한다.

5. 유럽사회기금과 관련된 예산의 채택을 위해서 이사회의 투표는 다음과 같은 가중치가 적용된다.

  벨기에 ········ 8
  독일 ·········· 32
  프랑스 ········ 32
  이탈리아 ······ 20
  룩셈부르크 ··· 1
  네덜란드 ······ 7

최소 67표가 확보되었을 때 최종 결정이 이루어진다.

제204조

회계연도의 개시시 아직 예산이 의결되지 않은 경우, 제209조에 의한 규칙의 규정에 따라 예산의 항목 또는 기타 하위 항목에 대해 전년도 회계연도 예산 배당액의 12분의 1 이하에 해당하는 금액을 매월 지출할 수 있다. 그러나 이 세칙은 준비 과정에서 예산안에 규정된 것의 12분 1을 초과하는 유럽위원회의 배당액을 제출하는 효과를 가지지 않는다.

이사회는 제1항에서 정한 여러 조건을 고려하면서 이 12분의 1을 초과하는 지출을 가중다수결로 승인할 수 있다.

회원국은 매월 임시적으로 직전 회계연도를 위해 정해진 규모에 따라 동 조를 이행하기 위해 필요한 금액을 납부한다.

제205조

유럽위원회는 제209조에 의한 규칙의 규정에 따라 독자적인 책임으로, 동시에 배당액의 범위 내에서 예산을 집행한다.

규칙은 각 기관이 그 지출의 집행에 참가할 때의 특별 세칙을 정한다.

예산 내에서 유럽위원회는 제209조에 의한 규칙에 규정된 제한 및 조건에 따라 배당액을 비용 항목에서 비용 항목으로, 또는 하위 비용 항목에서 하위 비용 항목으로 이전할 수 있다.

제206조

모든 세출입 회계는 독립성에 의심이 없는 감사로 구성된 회계감사원[36]에 의해 심사된다. 감사 중 1인이 감사원장이 된다. 이사회는 감사의 수를 전원일치로 정한다. 감사와 감사원장은 5년의 임기로 이사회가 전원일치로 임명한다. 급여는 이사회가 가중다수결로 정한다.

감사는 기록에 기초하여 수행되지만, 필요한 경우에는 공동체의 기타 기관의 현장에서 모든 세출입이 합법적이고 정상적인 방식으로 수행되었는지 여부 및 재무관리가 건전하게 수행되었는지 여부를 심사한다. 회

---

[36] 회계감사원(Audit Board)은 유럽경제공동체의 예산이 적절하게 집행되었는지를 심사하는 기관이다. 이후 유럽석탄철강공동체와 유럽원자력공동체/유럽경제공동체의 예산을 각각 심사하던 기존의 두 회계감사원은 1975년 예산조약(Budgetary Treaty)에 따라 유럽회계감사원(European Court of Auditors)으로 대체되었다. 유럽회계감사원은 마스트리히트조약을 통해 유럽연합의 5번째 법적 기관의 지위를 획득하였다.

계감사원은 각 회계연도가 종료한 후 보고서를 작성하고 구성원의 과반 찬성으로 채택한다.

유럽위원회는 매년 예산의 집행과 관련된 직전 회계연도 회계장부를 회계감사원의 보고서와 함께 이사회 및 의회에 제출한다. 또한 유럽위원회는 공동체 자산 및 부채의 재무제표를 이사회 및 의회에 제출한다.

이사회는 가중다수결로 예산의 집행과 관련된 유럽위원회의 예산집행 책임을 면제한다. 이사회는 이에 관한 결정을 의회에 통보한다.

제207조

예산은 제209조에 의거한 규칙에 따라 결정된 계산단위로 작성된다.

제200조 제1항에 따른 재정 분담금은 회원국이 자국 통화로 공동체에 납부한다.

이러한 분담금의 활용 가능한 잔액은 회원국의 재무부 또는 그들이 지정한 기구에 예치된다. 예치되어있는 동안, 해당 기금은 제1항에서 언급한 계산단위와 관련하여 예치 기간 등가(parity)에 상응하는 가치를 유지한다.

잔액은 유럽위원회와 해당 회원국의 합의에 따라 투자될 수 있다.

제209조에 따른 규칙은 유럽사회기금과 관련된 금융업무를 이행하기 위한 기술적 조건을 명시한다.

제208조

유럽위원회는 해당 회원국의 관할 당국에 통지하는 것을 조건으로 보유하고 있는 특정 회원국의 통화를 본 조약의 범위에 속하는 목적에 사용하는 데 필요한 한도 내에서 다른 회원국의 통화로 이관할 수 있다. 유럽위원회는 필요한 통화로 된 현금 또는 유동성 자산을 보유하고 있는 경우에는 상기 이관행위를 가능한 한 피한다.

유럽위원회는 회원국이 지정하는 국내 당국을 통해 해당 회원국을 상대한다. 유럽위원회는 금융업무를 수행하는 데 있어 해당 회원국의 발권은행 또는 해당 회원국이 승인하는 기타 금융기관의 서비스를 활용한다.

제209조

이사회는 유럽위원회의 제안에 대해 전원일치로 다음의 사항을 정한다.

a) 재정 규칙, 특히 예산의 수립 및 집행, 회계자료의 제출 및 감사 등에 관한 절차를 정하는 재정 규칙을 만든다.
b) 유럽위원회가 회원국의 분담금을 활용할 수 있는 방법과 절차를 결정한다.
c) 승인담당 및 회계담당 임원의 책임과 사찰을 위한 적절한 세칙에 관한 법규를 정한다.

제6부 일반 규정 및 최종 규정

제210조

공동체는 법인격을 갖는다.

제211조

공동체는 각 회원국 내에서 회원국이 국내법에 따라 법인에 부여하는 가장 광범위한 능력을 향유한다. 공동체는 특히 동산 및 부동산을 취득 처분할 수 있으며, 소송 당사자 능력을 가진다. 이를 위해 유럽위원회가 공동체를 대리한다.

제212조

이사회는 유럽위원회와 협력하여 전원일치로 의결하고 다른 해당 기관과 협의한 후 공무원복무규칙 또는 공동체의 기타 직원의 고용조건을 규정한다.

본 조약이 발효된 후 4년이 경과한 이후, 공무원복무규칙과 고용조건은 이사회가 유럽위원회의 제안을 가중다수결로 의결하고 기타 해당 기관과 협의한 후 개정할 수 있다.

제213조

유럽위원회는 본 조약의 규정에 따라 이사회가 정한 제한 및 조건 하에서 유럽위원회에 위임된 직무를 수행하는 데 필요한 정보를 수집하고 통제행위를 수행할 수 있다.

제214조

공동체 기관의 구성원, 제반 위원회의 위원, 공동체의 공무원과 기타 직원은 직무수행 기간이 종료한 이후에도 업무상 기밀유지 의무가 적용되는 정보 유형, 특히 기업, 기업들의 사업관계나 비용 요소 등에 관한 정보를 누설하지 않아야 할 의무를 진다.

제215조

공동체가 부담하는 계약적 책임은 해당 계약에 적용되는 법률에 따라 규율된다.

비계약적 책임의 경우, 공동체는 소속 기관 또는 그 직원이 직무수행 중에 초래한 손해를 회원국 법질서에 공통하는 법의 일반원칙에 따라 배상한다.

공동체 직원이 공동체에 부담하는 개인 책임은 그에게 적용되는 공동체의 공무원복무규칙 또는 공동체의 기타 직원의 고용조건에 명시된 규정에 따라 규율된다.

제216조

공동체 기관의 소재지는 회원국 정부가 공동 합의로 정한다.

제217조

공동체 기관의 언어를 규율하는 법규는 사법재판소 규정에 포함된 규정을 침해하지 않는 범위에서 이사회에 의해 전원일치로 제정된다.

제218조

공동체는 별도의 의정서에 따라 회원국 영토에서 그 임무 수행에 필요한 특권과 면책권을 향유한다. 이는 유럽투자은행에도 동일하게 적용된다.

제219조

회원국은 본 조약의 해석 또는 적용과 관련된 분쟁을 본 조약에 규정된 것 이외의 분쟁해결수단에 제기하지 않아야 할 책임을 진다.

제220조

회원국은 필요에 따라 자국민을 위해 다음과 같은 사항을 보호하기 위해 서로 협상한다.

- 각 회원국이 자국민에게 부여하는 동일한 조건에 따라 사람의 보호

및 권리의 향유와 보호
- 공동체 내의 이중과세 금지
- 제58조 제2항의 의미 범위에 속하는 회사의 상호 인정, 한 국가에서 다른 국가로 본부를 이전할 때 법인격의 유지, 다른 국가의 법 적용을 받는 회사 간의 합병 가능성
- 상호 인정에 관한 형식의 간소화와 법원 판결 및 중재결정의 이행

제221조

본 조약의 발효 3년 이내에 회원국은 본 조약의 기타 규정의 적용을 침해하지 않는 범위 내에서 제58조가 규정하는 회사의 자본 참여와 관련하여 다른 회원국의 국민들을 자국 국민과 동일하게 처우한다.

제222조

본 조약은 어떠한 방식으로든 재산소유권 제도에 관한 회원국 법규를 침해할 수 없다.

제223조

1. 본 조약의 규정은 다음 법규의 적용을 침해해서는 아니된다.

a) 어떤 회원국도 공개되면 자국 안보상의 본질적 이익을 저해한다고 판단되는 정보를 제공할 의무를 지지 않는다.
b) 모든 회원국은 무기, 군수품, 전쟁 물자 등의 생산 또는 무역과 관련

되고 자국 안보상의 본질적 이익을 보호하는 데 필요하다고 판단되는 조치를 취할 수 있다. 상기의 조치는 군사적인 용도로만 한정되어 있지 않은 상품과 관련된 공동시장의 경쟁조건에 불리한 영향을 미쳐서는 아니된다.

2. 본 조약 발효 이후 1년 동안 이사회는 제1항 b)의 규정이 적용되는 상품의 품목을 전원일치로 정한다.

3. 이사회는 유럽위원회의 제안을 전원일치로 의결함으로써 제품 목록을 변경할 수 있다.

제224조

회원국은 특정 회원국이 법과 질서의 유지에 영향을 미칠 정도의 심각한 국내 혼란을 겪고 있는 경우, 전쟁이나 전쟁을 야기할 위험이 있는 심각한 국제 긴장상태가 초래된 경우, 또는 해당 회원국이 평화와 국제 안보를 유지하기 위하여 받아들인 의무를 이행할 수 있도록 해당 회원국에 취하도록 요청한 조치가 역내시장의 운영에 영향을 미치지 않도록 방지하는 데 필요한 조치를 공동으로 취하기 위해 상호 협의한다.

제225조

제223조 및 제224조에 규정된 상황 하에서 취한 조치에 따라 공동시장의 경쟁조건을 왜곡시키는 효과가 발생되는 경우, 유럽위원회는 본 조약에 규정된 법규에 맞도록 이들 조치를 어떻게 조정 변경할 것인지에 대

하여 해당 회원국과 함께 검토한다.

제169조 및 제170조에 규정된 절차의 적용유보조치로서, 유럽위원회 또는 회원국은 다른 회원국이 제223조 및 제224조에 규정된 권한을 잘못 사용하고 있다고 판단되는 경우 해당 사안을 바로 사법재판소에 회부할 수 있다. 사법재판소는 해당 사안에 대하여 비공개로 결정한다.

제226조

1. 과도기간 중 경제의 한 분야에 심각한 애로가 지속되거나, 특정 지역의 경제적 상황이 심각하게 악화될 경우, 회원국은 상황을 교정하고, 해당 분야를 공동시장의 경제에 맞춰 조정하기 위해 교정 조치의 허용을 신청할 수 있다.

2. 해당 국가의 신청에 대해 유럽위원회는 긴급 절차를 통해 지체없이 필요하다고 판단되는 교정 조치를 결정하며, 동 조치가 실행될 수 있는 상황과 방법을 명시한다.

3. 제2항에 따라 허용된 조치는 제1항에 규정된 목표를 달성하는데 엄격하게 필요한 한도와 기간 내에서 본 조약의 법규의 적용 예외를 받을 수 있다. 공동시장의 운영을 최소화하는데 우선순위를 부여한다.

제227조

1. 본 조약은 벨기에왕국, 독일연방공화국, 프랑스공화국, 이탈리아공화국, 룩셈부르크공국 및 네덜란드공화국에 적용된다.

2. 알제리와 프랑스령 해외행정도에 대해서는 본 조약의 발효 즉시 다음에 관한 일반 및 특별 규정이 적용된다.

- 상품의 자유 이동
- 제40조 제4항을 제외한 농업
- 서비스 자유화
- 경쟁 규정
- 제108조, 109조 및 제226조에 규정된 보호 조치
- 기관

본 조약의 다른 규정들이 적용되는 조건은 본 조약 발효 후 2년 내에 유럽위원회의 제안에 대해 이사회가 전원일치로 정한다.

공동체의 기관은 본 조약에 규정된 절차의 범위 내에서 이 지역의 경제적 및 사회적 발전이 가능할 수 있도록 존중한다.

3. 부속서 IV에 열거되는 해외 국가 및 영토에는 본 조약의 제4부에서 정한 특별협력협정이 적용된다.

4. 본 조약의 규정은 대외관계를 회원국이 대리하는 유럽의 영토에도 적용된다.

제228조

1. 본 조약이 공동체와 하나 이상의 국가 또는 국제기구와 협정의 체결을 규정하는 경우, 유럽위원회는 이러한 협정의 협상을 담당한다. 이

분야에 유럽위원회에 위임된 권한을 존중하면서 이사회는 본 조약의 요건에 따라 의회와 협의 후 협정을 체결한다.

이사회와 유럽위원회 또는 회원국은 사전에 본 조약과의 적합성에 관한 사법재판소의 판단을 구할 수 있다. 사법재판소의 판단이 부정적인 경우 협정은 제236조에 따른 경우에만 효력이 발생할 수 있다.

2. 상기의 조건에서 체결된 협정은 공동체의 기관과 회원국에 구속력이 있다.

제229조

유럽위원회는 국제연합의 기관과 그 특별기관, 관세와 무역에 관한 일반협정[37]과 적절한 관계 유지를 담당한다.

---

[37] 관세와 무역에 관한 일반협정(General Agreement on Tariffs and Trade, GATT)은 1947년 23개국에 의한 체결로 시작되었다. 이 협정은 국가의 일방적인 조치를 제거하고 점진적으로 관세 장벽을 축소하여 전후 세계에서 자유무역 질서를 수립하는 것을 목적으로 하였다. 이 협정은 차별금지원칙을 기반으로 하여 무역의 이점을 모든 국가로 확대하고자 하였다. 하지만 차별금지원칙에는 다수의 예외가 있기도 하였다. 로마조약은 유럽공동체(European Communities, EC)가 대외문제와 협상에서 회원국과 그들의 이해를 대표한다고 명시해 놓았고, 그에 따라 유럽위원회가 1960년대 케네디 라운드 이후의 모든 GATT 협상 라운드에서 회원국을 대표하였다. GATT는 대체로 성공적이었지만, 최종 협상은 상당한 논쟁을 야기하였다. 왜냐하면 의제가 제조업 제품에서 농업, 저작권 및 서비스 등으로 확대되었기 때문이다. 1986-94년의 우루과이 라운드 협상은 유럽공동체와 미국 간의 논쟁으로 점철되었는데, 특히 공동농업정책(Common Agricultural Policy, CAP)과 관련하여 다양한 영역에서 미국은 유럽공동체의 조치를 보호주의로 간주하여 매우 비판적이었던 것이다. 자국 농부에 대한 보호 수준을 낮추는 것에 프랑스는 강한 반발을 보였고, 미국 정부는 공동농업정책이 해결되지 않는 한 전체 라운드에서 퇴각할 것이라고 위협하였다. 이런 미국의 입장은 영국을 포함한 일부 유럽공동체 회원국들로부터 공감을 얻었다. 1992년 11월 유럽공동체와 미국 간의 블레어하우스협정은 유럽공

유럽위원회는 모든 국제기구와도 적절한 관계를 유지한다.

제230조

공동체는 유럽평의회[38]와 모든 유용한 모든 적절한 관계를 수립한다.

제231조

공동체는 유럽경제협력기구와 긴밀한 협력관계를 수립하고, 그 세부 내용을 공동 합의를 통해 정한다.

제232조

1. 본 조약의 규정은 유럽석탄철강공동체 설립조약의 규정, 특히 회원

동체 농부에 대한 재정지원을 크게 제한하였고, 프랑스에 반기를 들었다. 이에 맞서 프랑스 정부는 1992년 12월 유럽공동체 특별정상회담에서 프랑스가 양보를 얻을 때까지 논의를 보이콧하겠다고 위협하였다. 이런 난관에도 불구하고 GATT를 계승하기 위한 협상이 1993년 완료되었고, 1995년 1월 1일 세계무역기구(World Trade Organization, WTO)가 설립되어 현재에 이르고 있다.

[38] 유럽평의회(Council of Europe)는 스트라스부르에 본부를 둔 유럽 차원의 국제기구로서 1949년에 10개 회원국(벨기에, 덴마크, 프랑스, 아일랜드, 이탈리아, 룩셈부르크, 네덜란드, 노르웨이, 스웨덴, 영국)으로 출범하였다. 2021년 현재 47개 회원국을 두고 있으며, 이 중 27개국은 유럽연합회원국이기도 하다. 유럽평의회는 유럽연합과 달리 초국가적인 구속력을 가진 결정이나 법률을 만들 수는 없다. 그렇지만 유럽의 인권, 민주주의, 법치주의 수호를 목적으로 다양한 분야에서 유럽의 단합과 경제 및 사회적 진보를 촉진하는 데 관심을 두고 있다. 그 외에도 유럽평의회는 유럽의 인권, 교육 및 문화사업, 스포츠, 공중보건, 환경보호 등에도 관심을 두고 있다. 유럽평의회의 주요 기관으로는 회원국의 외무장관 또는 스트라스부르의 상임대표로 구성된 각료위원회, 그리고 각 회원국의 의원들로 구성된 의회가 있다. 또한 유럽인권협약(European Convention on Human Rights)을 집행하는 유럽인권재판소(European Court of Human Rights) 역시 유럽평의회에 의해 창설되었다.

국의 권리 및 의무, 해당 공동체 기관의 권한과 그리고 석탄 및 철강 분야의 공동시장 기능에 관한 조약에 따른 법규에 영향을 미치지 않는다.

2. 본 조약의 규정은 유럽원자력공동체의 규정을 훼손할 수 없다.

제233조

벨기에 및 룩셈부르크 간의 지역연합, 벨기에, 룩셈부르크 및 네덜란드 간의 지역연합[39] 등에 대하여 본 조약을 적용하더라도 이들 연합의 목표를 달성할 수 없는 한도 내에서 본 조약의 규정은 이들 연합의 존속 또는 임무 완수에 영향을 미치지 않는다.

---

[39] 벨기에-룩셈부르크 경제연합(Belgo-Luxembourg Economic Union)은 약어로 BLEU로 표기하기도 하고 UEBL로 표기되기도 한다. 벨기에-룩셈부르크 경제연합은 베네룩스 경제연합의 두 국가인 벨기에와 룩셈부르크 간 경제통화연합을 의미한다. 벨기에-룩셈부르크 경제연합은 1921년 7월 25일에 조약에 의해 체결이 되었으며 1922년 12월 22일 룩셈부르크 의회 비준에 의해 효력을 발휘하게 되었다. 벨기에-룩셈부르크의 초기 조약은 약 50년 동안 지속되어 1972년에 만료되었으나 1982년에 10년간 연장되었고 1992년에 재차 10년 연장이 되었다. 벨기에-룩셈부르크 경제연합은 1944년 9월 5일 네덜란드-벨기에-룩셈부르크 관세협약(Netherlands-Belgium-Luxembourg Customs Convention)인 런던관세협약(London Customs Convention)에 의해 네덜란드를 포함하여 '베네룩스(Benelux)'로 지칭되는 기원이 되었다. '베네룩스'는 벨기에, 네덜란드, 룩셈부르크 세 국가의 알파벳 첫 머리글자들을 조합하여 조어한 것이다. 런던관세협약으로 창설된 베네룩스 관세연합(Benelux Customs Union, BCU)은 1958년 9월 16일 베네룩스경제연합 설립조약(Treaty establishing the Benelux Economic Union)을 체결함으로써 베네룩스 경제연합(Benelux Economic Union, BEU)으로 대체되었다. 조약 체결 50년 만인 2008년에 조약이 만료됨에 따라 이를 갱신하는 한편 조약 개정을 단행하였다. 이에 따라 2012년 1월 1일부로 베네룩스 연합(Benelux Union)으로 탈바꿈하였고 순수 경제동맹에서 정치·경제동맹으로 그 성격이 바뀌었다.

제234조

본 조약의 규정은 본 조약의 발효 이전에 하나 이상의 회원국과 하나 이상의 제3국 사이에 체결된 협정에 따른 권리 및 의무에 영향을 미치지 않는다.

회원국 또는 해당 국가는 상기의 협정이 본 조약과 양립되지 않는 경우 확인된 협정 위반 부분을 제거하는데 적절한 모든 조치를 취한다. 회원국은 필요한 경우 이를 위한 지원을 상호 간에 제공해야 하며, 적절한 경우 공동입장을 채택한다.

제1항에 언급된 협정을 적용하는데 있어 회원국은 각 회원국이 본 조약에 따라 제공하는 이익이 공동체를 창설하는데 필수적인 요소이고, 이에 따라 공동 기관을 설치하고 설치된 기관에 권한을 부여하며, 기타 모든 회원국이 동일한 이익을 제공하는 것에 불가분적으로 연결되어 있다는 사실을 고려한다.

제235조

공동시장의 운영과정에서 공동체의 목표 중 하나를 실현하기 위해 공동체의 운영이 필요하지만 본 조약에는 이에 대한 필요한 권한을 정하지 않은 경우, 이사회는 유럽위원회의 제안에 의거하여 의회와 협의 후 전원일치로 적절한 조치를 취한다.

제236조

회원국 정부 또는 유럽위원회는 이사회에 본 조약의 개정안을 제출할 수 있다.

이사회가 의회, 그리고 유럽위원회와 협의 후 회원국 정부대표자회의를 위한 의견을 전달할 경우, 회원국 정부대표자회의는 본 조약의 개정에 합의하기 위하여 이사회 의장에 의해 소집된다.

개정은 모든 회원국이 그 헌법상의 요청에 따라 비준한 후 발효한다.

제237조

어떤 유럽국가라도 공동체에 가입을 신청할 수 있다. 가입신청국은 이사회에 그 가입을 신청하고, 이사회는 유럽위원회의 의견을 청취한 후 전원일치로 결정한다.

가입조건 및 본 조약에 대한 조정은 회원국과 가입신청국 간 협정에 구속된다. 이 협정은 모든 체약국의 헌법상의 요청에 따라 비준되어야 한다.

제238조

공동체는 상호 간의 권리, 의무, 공동행동 및 특별절차와 관련된 협정을 하나 혹은 복수의 제3국 또는 국제기구와 체결할 수 있다.

이 협정은 의회와 협의 후 이사회가 전원일치의 결정으로 체결한다.

이 협정이 본 조약의 개정을 필요로 할 경우, 먼저 제236조에 규정된 절차에 따라 개정안이 채택되어야 한다.

제239조

회원국의 공동 합의에 따라 본 조약에 부속된 의정서는 필요불가결한 구성부분이다.

제240조

본 조약은 기한없이 체결된다.

기관의 설립

제241조

본 조약의 발효 후 1개월 이내에 이사회를 소집한다.

제242조

이사회는 첫 번째 회의 후 3개월 이내에 경제사회위원회를 설립하기 위한 모든 조치를 실시한다.

제243조

의회는 임원의 선발과 의사규칙 제정을 위해 이사회 의장이 소집한 이사회의 첫 번째 회의 후 2개월 이내에 회합한다. 임원을 선발하는 중에는 위원 중 최고 연장자가 의장직을 맡는다.

제244조

사법재판소는 구성원이 임명되는 즉시 임무를 시작한다. 초대 사법재판소 소장은 3년의 임기로 구성원과 같은 방식으로 임명된다.

사법재판소는 임무 시작 후 3개월 이내에 의사규칙을 정한다.

의사규칙이 공표된 후에야 사법재판소에 사안이 회부될 수 있다.

임명 즉시 사법재판소 소장은 본 조약에 의해 부여된 권한을 행사한다.

제245조

유럽위원회는 위원이 임명되는 즉시 임무를 시작하고, 본 조약에 의해 부여된 책임을 갖는다.

임무 착수 시 유럽위원회는 공동체의 경제상황에 대한 전반적 조사에 필요한 연구와 접촉을 실시한다.

제246조

1. 첫 번째 회계연도는 본 조약의 발효 시점부터 당해연도의 12월 31일까지로 한다. 본 조약이 하반기에 발효될 경우, 첫 번째 회계연도는 차년의 12월 31일까지로 한다.

2. 첫 번째 회계연도의 예산이 확정될 때까지 회원국은 공동체에 무이자로 예산실행에 대한 재정 분담금에서 차감될 선입금을 제공한다.

3. 제212조에 따라 공동체의 공무원복무규칙 또는 공동체의 기타 직원의 고용조건이 정해질 때까지 각 기관은 필요한 인원을 채용하고, 이를 위해 기간고용계약을 체결한다.

각 기관은 이사회와 함께 인원수, 급여 및 직책의 분포에 관한 문제를 검토한다.

최종 규정

제247조

본 조약은 체약국의 헌법상의 요청에 따라 비준한다. 비준서는 이탈리아공화국 정부에 기탁한다.

본 조약은 이 조치를 취한 마지막 서명국이 비준서를 기탁한 후 다음

달 첫째 날에 효력을 발생한다. 그러나 다음 달이 개시되기 15일 전 이내의 기간에 기탁한 경우, 본 조약은 기탁한 날 이후 두 번째 달 첫째 날에 효력을 발생한다.

제248조

본 조약은 독일어, 프랑스어, 이탈리아어 및 네덜란드어에 의해 원본이 기초되고, 4개의 모든 언어 원본이 동일한 정본이다. 본 조약은 이탈리아공화국 정부 공문서 보관소에 기탁된다. 동 정부는 다른 각 서명국 정부에게 인증사본을 교부한다.

위의 증거로서 전권대표는 본 조약에 서명하였다.

로마에서, 1957년 3월 25일

폴-앙리 스파크.   장 샤를 스노이 에 도퀴에르.
아데나워.   할슈타인.
피노.   모리스 포르.
안토니오 세니.   가에타노 마르티노.
베슈.   랑베르 샤우스.
조셉 룬스.   요하네스 린토스트 호만.

본 조약 제19조와 제20조에 규정된 A에서 G의 목록

목록 A
아래 세 번째 칸에 명시된 관세에 대해
산술평균이 적용되는 관세율 호의 목록

브뤼셀 분류법 코드	품목 명칭	프랑스에 대해 적용되는 관세(%)
ex 15.10	정제 산성유	18
15.11	글리세롤(glycerol), 글리세롤 수(水), 글리세롤 폐액(廢液)	6
	- 가공하지 않은 것	10
	- 정제한 것	45
1904	타피오카와 전분으로 조제한 타피오카 대용물	15
ex 28.28	바나듐(V) 산화물	20
ex 28.37	중아황산나트륨	20
ex 28.52	세륨클로라이드, 세륨황산염	
ex 29.01	방향족 탄화수소 - 자일렌	

	- 이성질체 혼합물	20
	- 오르톡실렌, 메타자일렌, 파라자일렌	25
	- 스타이렌(스티렌) 모노머	20
	- 아이소프로필벤젠(큐멘)	25
ex 29.02	다이클로로메테인	20
	단량체 염화 바이닐	25
ex 29.03	파라-톨루엔설폰일 염화물	15
ex 29.15	테레프탈산디메틸	30
ex 29.22	에틸렌다이아민과 그 염화물	20
ex 29.23	아미노알데하이드, 아미노케톤 및 아미노퀴노아, 할로겐, 설폰, 초석 및 질소 부산물과 그 염화물과 에스테르	25
ex 29.25	호모베라트릴아민	25
29.28	디아졸, 아졸 및 아족시 화합물	25
29.31	이염소 벤질 이염화이황	25
ex 29.44	항생제, 단 페니실린, 스트레토마이신, 클로람페니콜과 그 염화물, 오레오마이신은 제외	15
ex 30.02	구제역 백신과 이를 제조하기 위한 마이크로 유기체, 돼지콜레라에 대한 혈청과 백신	15
ex 30.03	사르코마이신	18
ex 31.02	광물 비료 또는 화학질소 화합비료	20
ex 31.03	광물 비료 또는 질산염 비료:	
	- 단순 원료	
	- 과린산	
	- 골분	10
	- 기타	12
	- 혼합물	7
ex 31.04	광물 비료 또는 화학칼륨 혼합비료	7

ex 31.05	기타 비료, 화합비료 및 복합비료	
	- 인초석 및 암모니아 칼륨 인산염	10
	- 기타, 단, 아래의 유기비료는 제외	7
	상기의 비료는 판상결정, 정제 및 기타 형태로 포장을 포함한 무게 10kg 이하여야 함.	15
ex 32.07	석탄 세척 용도의 잘게 분쇄된 형태의 자연 자철강	25
ex 37.02	인화되지 않은 감광막	
	- 3개가 짝을 이루어 천연색 영화 촬영의 지원을 목적으로 수입된 흑백 이미지 용도	20
	- 길이가 100미터 이상인 천연색 이미지 용도	20
ex 39.02	폴리비닐리덴의 염화물, 낙산염 피막	30
ex 39.03	질산염 및 초산염을 제외한 셀룰로스 에스테르	20
	셀룰로스 에스테르로 구성된 플라스틱	15
	에테르와 기타 셀룰로스 화학부산물로 구성된 플라스틱	30
ex 39.06	건조상태의 알긴산과 그 염화물 및 에스테르	20
ex 48.01	기계로 제작한 종이와 판지	
	- 크라프트 종이와 판지	25
	- 크라프트 종이 내부에 둘 또는 여러 번 투사된 연결된 형태의 기타	25
48.04	원통형 또는 코팅으로 내부가 강화하고 덧칠하지 않은 단순히 연결한 종이와 판지	25
ex 48.05	물결 모양의 종이와 판지	25
	주름지거나 구겨진 크라프트 종이와 판지	25
ex 48.07	접착물질이 발라진 크라프트 종이와 판지	25
ex 51.01	실과 인위적으로 연결된 섬유, 단 꼬지 않거나, 400회 이하로 꼬아야 함.	20
ex 55.05	모조, 표백되지 않은 단사가 킬로그램당 337,500미터 이상인 면화 또는 연사물사(紗)	20

ex 57.07	코이어(coir)사(紗)	18
ex 58.01	양탄자류(매듭이 있는 것으로 한정하며, 명주, 견방사, 합성섬유,금속사를 포함한 제5201호의 금속실, 양모 또는 부드러운 털로 만든 것)	80
ex 59.04	연사물 코이어(coir)사(紗)	18
ex 71.04	천연의 것이나 다이아몬드의 더스트(dust)	10
ex 84.10	스테인레스가 아닌 철 또는 경금속으로 제작된 펌프 본체, 또는 비행을 위해 피스톤 엔진에 부착된 혼합물	15
ex 84.11	스테인레스가 아닌 철 또는 경금속으로 제작된 펌프 본체, 또는 압착기, 또는 비행을 위해 피스톤 엔진에 부착된 혼합물	15
ex 84.37	망사, 레이스, 기퓌르 직조기	10
	자수용 직조기, 단 실을 뽑거나 연결하는 용도는 제외	10
ex 84.38	망사, 레이스, 기퓌르 직조기의 보조기계:	
	- 수레 장착을 위한 기계	10
	- 자카드 방식	18
	자수용 직조기의 보조기계	
	- 자동화된 것	18
	- 종이 찍기용 기계, 반복작업용 기계, 컨트롤러, 누에 방직기	10
	망사, 레이스, 기퓌르 직조기와 그 보조기계용 부속품 및 부품	
	- 평면각 직조기용 수레, 실패, 빗, 쌍안경과 빗의 날, 가락 전체 및 원형직조기용 틀과 가락에서 분리되는 부품	10
	망사 직조기의 부속품 및 부품, 보조기계:	
	- 셔틀, 왕복 작용 볼트와 그 판, 클립	10
ex 84.59	전기코일 제작을 위한 접속자, 절연체 코일 제작 기계	23
	직접 접촉 또는 관성 시동장치	25

ex 84.63	피스톤 엔진용 크랭크	10
ex 85.08	시동장치	20
	점화용 자석발전기, 직류 자석발전기 포함	25
88.01	경항공기	25
ex 88.03	경항공기의 부분 및 부품	25
88.04	낙하산과 그 부분, 부품 및 부속품	12
88.05	캐터필터와 유사한 발사 장치, 그 부분 및 부품	15
	지상 비행훈련 기기와 그 부분 및 부품	20
ex 90.14	항공운행을 위한 기구 및 장치	18
ex 92.10	피아노 부품과 건반(제85호 또는 그 이상을 포함)	30

목록 B
공동관계가 3%를 상회하지 않는 관세율 호의 목록

브뤼셀 분류법 코드	품목 명칭
제5장	
05.01	
05.02	
05.03	
05.05	
05.06	
ex 05.07	새의 깃털이나 깃털 또는 솜털이 붙은 가죽이나 다른 부분, 생것. 단, 가공하지 않은 침대용 깃털이나 솜털은 제외
05.09	
05.12	
ex 05.13	가공하지 않은 자연 해면
제13장	
13.01	
13.02	
제14장	
14.01	
에서	
14.05	
제25장	
25.02	
ex 25.04	천연 흑연(소매용은 제외한다)
25.05	
25.06	

ex 25.07	점토(고령토와 제6807호의 팽창된 점토는 제외한다)·홍주석(紅柱石)·남정석(藍晶石)·규선석(硅線石)[하소(煆燒)한 것인지에 상관없다], 멀라이트(mullite), 샤모트(chamotte)나 다이나스 어스(dinas earth)
ex 25.08	초크(소매용은 제외한다)
ex 25.09	어스컬러, 단 하소(煆燒)와 혼합물은 제외한다, 천연 운모직의 산화철
25.10	
25.11	
ex 25.12	적충토, 규산질 또는 유사한 규산질 흙(규조토, 트리폴리트, 다이어토마이트 등). 단, 밀도가 1보다 낮아야 하며, 소매용을 제외한다[하소(煆燒)한 것인지에 상관없다].
ex 25.13	부석(浮石), 금강사(金剛砂), 천연 커런덤(corundum)과 그 밖의 천연 연마재료(소매용은 제외한다)
25.14	
ex 25.17	도로용, 철도용이나 그 밖의 밸러스트(ballast)용에 일반적으로 사용되는 쇄석(碎石), 왕자갈, 마카담 및 타르마카담, 자갈
ex 25.18	톱질이나 그 밖의 방법으로 거칠게 다듬거나 단순히 절단한 석회석
25.20	
25.21	
25.24	
25.25	
25.26	
ex 25.27	톱질이나 그 밖의 방법으로 거칠게 다듬거나 단순히 절단한 천연 동석(凍石)
25.28	
25.29	
25.31	
25.32	

제26조	
ex 26.01	제련 광물[하소(煆燒)한 것인지에 상관없다]. 단 납과 아연 광물, 유럽석탄철강공동체와 관련된 제품, 배소(焙燒)한 황화철광은 제외한다.
26.02	
ex 26.03	황화철광과 제2602호를 제외한 금속 및 금속 복합물을 포함한 잔류물. 단 아연을 포함한 것은 제외한다.
26.04	
제27장	
27.03	
ex 27.04	전도체와 이탄 코크스를 제조하기 위한 코크스와 반성(半成) 코크스
27.05	
27.06	
ex 27.13	가공하지 않은 오조케라이트, 갈탄왁스 및 토탄왁스
27.15	
27.17	
제31장	
31.01	
ex 31.02	천연의 소듐질산
제40장	
40.01	
40.03	
40.04	
제41장	
41.09	
제43장	
43.01	

제44장	
44.01	
제47장	
47.02	
제50장	
50.01	
제53장	
53.01	
53.02	
53.03	
53.05	
제55장	
ex 55.02	생것이 아닌 면 린터
55.04	
제57장	
57.04	
제63장	
63.02	
제70장	
ex 70.01	유리제품 조각 및 유리 잔해
제71장	
ex 71.01	가공하지 않은 진주
ex 71.02	가공하지 않은 귀석
71.04	
71.11	
제77장	
ex 77.04	베릴륨(글루시늄), 생것

목록 C
공동관계가 10%를 상회하지 않는 관세율 호의 목록

브뤼셀 분류법 코드	품목 명칭
제5장	
ex 05.07 05.14	가공한 새의 깃털이나 깃털 또는 솜털이 붙은 가죽이나 다른 부분
제13장	
ex 13.03	식물성 수액과 추출물, 식물성 원료에서 얻은 한천 · 그 밖의 점질물(펙틴질은 제외)
제15장	
ex 15.04	어류나 바다에서 사는 포유동물의 지방과 기름(정제하였는지에 상관없으며 고래 기름은 제외한다)
15.05	
15.06	
15.09	
15.11	
15.11	
제25장	
ex 25.09	어스컬러, 단 하소(煆燒)와 혼합물은 제외한다. 천연 운모직의 산화철
ex 25.15	대리석 · 트래버틴(travertine) · 에코신(ecaussine)과 그 밖의 석비(石碑)용 · 건축용 석회질의 암석(겉보기 비중이 2.5 이상인 것으로 한정한다)과 설화석고(alabaster)[톱질로 단순히 절단한 두께 25cm미터 이하인 것]
ex 25.16	화강암 · 반암(斑巖) · 현무암 · 사암과 그 밖의 석비(石碑)용 · 건축용 암석[톱질로 단순히 절단한 두께 25cm 미터 이하인 것]
ex 25.17	타르 머캐덤(tar macadam)

ex 25.18	하소(煅燒) 또는 소결(燒結)한 백운석(白雲石), 응결 백운석
25.22	
25.23	
제27장	
ex 27.07	콜타르(coal tar)를 고온 증류하여 얻은 오일과 그 밖에 이와 유사한 물품. 단 페놀, 크레졸 및 자일레놀은 제외한다.
27.08	
ex 27.13	오조케라이트, 갈탄왁스 및 토탄왁스. 생것은 제외
ex 27.14	석유역청(瀝靑)과 그 밖의 석유나 역청유(瀝靑油)의 잔재물. 단 석유코크스는 제외한다.
27.16	
제30장	
ex 30.01	장기(臟器) 요법용 선(腺)과 그 밖의 기관(건조한 것으로 한정하며, 가루로 된 것인지에 상관없다)
제32장	
ex 32.01	식물성 유연용 추출물(extract). 단 왓틀 추출물(wattle extract) 및 퀘브라쵸 추출물(quebracho extract)은 제외한다.
32.02	
32.03	
32.04	
제33장	
ex 33.01	액상 또는 고체의 방향유(테르펜을 제거한 것인지에 상관없다). 단 감귤류 오일은 제외한다, 레지노이드
33.02	
33.03	
33.04	
제38장	
38.01	

38.02	
38.04	
38.05	
38.06	
ex 38.07	가공하지 않은 검테레빈유 · 황산테레빈유, 가공하지 않은 디펜틴
38.08	
38.10	

제40장

40.05	
ex 40.07	침투시킨 방직용 섬유사 또는 실리콘화 가황처리된 고무실
40.15	

제41장

41.02	
ex 41.03	무두질한 양가죽
ex 41.04	무두질한 염소가죽
41.05	
41.06	
41.07	
41.10	

제43장

43.02	

제44장

44.06	
에서	
44.13	
44.16	
44.17	

44.18	
제48장	
ex 48.01	롤 모양의 신문용지
제50장	
50.06	
50.08	
제52장	
52.01	
제53장	
53.06 에서 53.09	
제54장	
54.03	
제55장	
55.05	
제57장	
ex 57.05	대마사(소매용은 제외한다)
ex 57.06	황마(소매용은 제외한다)
ex 57.07	그 밖의 식물성 섬유사(소매용은 제외한다)
ex 57.08	종이실(소매용은 제외한다)
제68장	
68.01	
68.03	
68.08	
ex 68.10	플라스터(plaster) 또는 플라스터(plaster)를 기본 재료로 조합한 건축 자재

ex 68.11	시멘트 제품·콘크리트 제품·인조석(보강한 것인지에 상관없다)으로 된 건축 자재. 용재(鎔滓) 및 인조화강석 시멘트를 포함한다.
ex 68.12	석면시멘트, 셀룰로스시멘트 및 그 유사품으로 된 건축 자재
ex 68.13	가공한 석면섬유, 석면을 기본 재료로 하거나 하 마그네슘 탄산염을 혼합하는 것
제69장	
69.01	
69.02	
69.04	
69.05	
제69장	
ex 70.01	유리괴. 단 광학유리는 제외한다.
70.02	
70.03	
70.04	
70.05	
70.16	
제71장	
ex 71.05	가공하지 않은 은과 은 혼합물
ex 71.06	은을 입힌 가공하지 않은 것
ex 71.07	가공하지 않은 금과 금 혼합물
ex 71.08	금을 입힌 가공하지 않은 금속 또는 은
ex 71.09	가공하지 않은 백금, 백금 표면 금속 및 그 혼합물
ex 71.10	백금 또는 백금 표면을 입힌 가공하지 않은 금속 및 귀금속
제73장	
73.04	
73.05	

ex 73.07	괴철(塊鐵), 덩어리 및 시트바 형태의 철과 철강(유럽석탄철강공동체 관할 품목은 제외한다), 망치질 등으로 단순하게 단조(鍛造) 및 단련된 철과 철강(기초 단련)
ex 73.10	열간(熱間)압연·열간인발(熱間引拔)·단조(鍛造)(스프링강을 포함한다) 가공을 거친 철이나 철강 봉, 냉간(冷間)성형이나 냉간처리 가공을 거친 철이나 철강의 봉, 중공(中空)드릴봉(유럽석탄철강공동체 관할 품목은 제외한다)
ex 73.11	열간(熱間) 또는 냉간(冷間)압연, 냉간성형이나 냉간처리 가공을 거친 형강(形鋼), 철강으로 만든 널말뚝(sheet piling)(구멍을 뚫은 것인지 또는 조립된 것인지에 상관없다)(유럽석탄철강공동체 관할 품목은 제외한다)
ex 73.12	열간(熱間) 또는 냉간(冷間)압연한 철이나 철강으로 만든 유자선(有刺銑)(유럽석탄철강공동체 관할 품목은 제외한다)
ex 73.13	열간(熱間) 또는 냉간(冷間)압연 철 또는 철강 판(유럽석탄철강공동체 관할 품목은 제외한다)
73.14	
ex 73.15	제73.06호부터 제73.14호에 정해진 형태의 합금강이나 탄소정제 철강(유럽석탄철강공동체 관할 품목은 제외한다)
제74장	
74.03	
74.04	
ex 74.05	구리의 박(箔)(무늬, 절단, 구멍, 코팅, 인쇄 등의 작업을 한 것인지에 상관없음), 단 보강재를 붙인 것은 제외한다.
ex 74.06	구리 가루(미세한 것은 제외)
제75장	
75.02	
75.03	
ex 75.05	주조로 된 니켈도금용 양극
제76장	

76.02	
76.03	
ex 76.04	알루미늄의 박(箔)(무늬, 절단, 구멍, 코팅, 인쇄 등의 작업을 한 것 인지에 상관없음), 단 보강재를 붙인 것은 제외한다.
ex 76.05	알루미늄 가루(미세한 것은 제외)
제77장	
ex 77.02	봉, 개구, 부, 판, 띠 및 스트립 형태의 마그네슘(미세한 것은 제외)
ex 77.04	봉, 개구, 부, 판, 띠 형태의 베릴륨(글루시늄)
제78장	
78.02	
78.03	
ex 78.04	납의 박(箔)(무늬, 절단, 구멍, 코팅, 인쇄 등의 작업을 한 것인지에 상관없음), 단 보강재를 붙인 것은 제외한다.
제79장	
79.02	
79.03	
제80장	
80.02	
80.03	
ex 80.04	주석의 박(箔)(무늬, 절단, 구멍, 코팅, 인쇄 등의 작업을 한 것인지 에 상관없음), 단 보강재를 붙인 것은 제외한다.
제81장	
ex 81.01	봉, 개구, 부, 판, 띠, 실 및 필라멘트 형태의 텅스텐(볼프람)
ex 81.02	봉, 개구, 부, 판, 띠, 실 및 필라멘트 형태의 몰리브덴
ex 81.03	봉, 개구, 부, 판, 띠, 실 및 필라멘트 형태의 탄탈
ex 81.04	봉, 개구, 부, 판, 띠, 실 및 필라멘트 형태의 다른 금속
제93장	

ex 93.06	총의 개머리
제95장	
ex 95.01	재단 대상 재료: 초벌 판, 시트, 막대기, 튜브 등 매끄럽게 하는 작업을 거치지 않은 초벌 작업
에서	
ex 95.07	
제98장	
ex 98.11	브라이어 파이프

목록 D
공동관계가 15%를 상회하지 않는 관세율 호의 목록

브뤼셀 분류법 코드	품목 명칭
제28장	무기화학물: 방사선 물질이나 희토류 금속, 동위원소를 함유한 귀금속 무기 또는 유기합성물
ex 28.01	할로겐(요오드와 브롬은 제외한다)
ex 28.04	할로겐, 희귀 가스, 메탈로이드(셀레늄과 인(燐)은 제외한다)
28.05 에서 28.10	
ex 28.11	삼산화 비소, 아비산
28.13 에서 28.22	
28.24	
28.26 에서 28.31	
ex 28.32	염소산염(염소산 나트륨이나 염소산 칼륨은 제외한다)과 과염소산염
ex 28.34	산화 아이오딘과 과요오드산염
28.35 에서 28.45	
28.47 에서 28.58	

목록 E
공동관계가 25%를 상회하지 않는 관세율 호의 목록

브뤼셀 분류법 코드	품목 명칭
제29장	유기화학물
ex 29.01	탄화수소(나프탈린은 제외한다)
29.02	
29.03	
ex 29.04	비환식알코올과 이들의 할로겐화유도체·술폰화유도체·니트로화유도체·니트로소화유도체(부틸과 이소부틸 알코올은 제외한다)
29.05	
ex 29.06	페놀(페놀, 크레졸 및 자일레놀은 제외한다)과 페놀알코올
29.07 에서 29.45	
제32장	
32.05	
32.06	
제39장	
39.01 에서 39.06	

목록 F
공동 합의에 따라 공동관세가 정해지는 관세율 호의 목록

브뤼셀 분류법 코드	품목 명칭	공동관세 (관세율 해당 %)
ex 01.01	살아있는 도축용 말	11
ex 01.02	살아있는 소(번식용 제외) * 국내종에만 해당함.	16
ex 01.03	살아있는 돼지(번식용 제외) * 국내종에만 해당함.	16
ex 02.01	신선 · 냉장 · 냉동 정육과 설육(屑肉)	
	- 말의 것	16
	- 소의 것	20
	- 돼지의 것	20
02.02	신선 · 냉장 · 냉동한 죽은 가금류 고기와 설육(간은 제외한다)	18
ex 02.06	소금에 절이거나 건조시킨 말 고기	16
ex 03.01	신선(살아있거나 죽은) · 냉장 · 냉동한 민물 고기	
	- 송어와 기타 연어과	16
	- 기타	10
ex 03.03	신선(살아있거나 죽은) · 냉장 · 냉동·건조하였거나 소금에 절인 갑각류 · 연체동물·조개류(껍질을 벗겼거나 껍질이 붙은 것에 상관없다), 껍질을 벗기지 않은 삶은 갑각류	
	- 닭새우류와 바닷가재	25
	- 게와 새우	18
	- 굴	18
04.03	버터	24
ex 04.05	새의 알(껍질이 붙은 것으로서 신선하거나 보존처리	

	한 것):	
	- 2월 16일에서 8월 31일까지	12
	- 9월 1일에서 2월 15일까지	15
04.06	천연 벌꿀	30
ex 05.07	가공하지 않은 침대용 깃털과 솜털	0
05.08	뼈와 혼코어(horn-core)[가공하지 않은 것, 탈지(脫脂)한 것, 단순히 정리한 것(특정한 형상으로 깎은 것은 제외한다), 산(酸)처리를 하거나 탈교한(degelatinised) 것], 이들의 가루와 웨이스트(waste)	0
ex 06.03	꽃다발용이나 장식용 절화(切花)와 꽃봉오리(신선한 것)	
	- 6월 1일에서 10월 31일까지	24
	- 11월 1일에서 5월 31일까지	20
07.01	신선하거나 냉장 상태의 채소 및 채소용 식물	
	- 염교와 마늘로 양념한 양파	12
	- 지면 또는 속성재배한 감자	
	- 1월 1일에서 5월 15일까지	15
	- 5월 16일에서 6월 30일까지	21
	- 기타	
07.04	건조·탈수·증발 처리를 한 채소 및 채소용 식물(조각 또는 부분으로 잘라졌거나 으깨거나 가루 상태여도 상관없으나, 달리 가공되지는 않아야 한다)	
	- 양파	20
	- 기타	16
ex 07.05	건조로 깍지를 깐 채두류(菜豆類)(껍질을 깠거나 깨뜨린 것에 상관없다):	
	- 완두(섬 새티범)와 콩(비그나) 종	10
ex 08.01	신선한 바나나	20
08.02	감귤류의 과실(신선하거나 건조한 것으로 한정한다):	

	오렌지	
	- 3월 15일에서 9월 30일까지	15
	- 이 기간을 제외한 경우	20
	- 만다린과 클레멘타인	20
	- 레몬	8
	- 자몽	12
	- 기타	16
ex 08.04	신선한 포도	
	- 1월 11일에서 7월 14일까지	18
	- 7월 15일에서 10월 31일까지	22
08.06	신선한 사과, 배 및 모과	
	* 원칙적으로 산술평균 수준으로 정한다. 공동체의 농업정책의 범위에서 계절관세를 통해 조정될 수 있다.	
08.07	신선한 핵과	
	- 살구	25
	- 기타	
	* 원칙적으로 산술평균 수준으로 정한다. 공동체의 농업정책의 범위에서 계절관세를 통해 조정될 수 있다.	
ex 08.12	말린 자두	18
ex 09.01	원두커피	16
10.01 에서 10.07	곡식	
	* 곡식과 밀가루에 대한 관세는 등록된 관세의 산술평균으로 정한다.	
ex 11.01	밀가루	
	* 곡식과 밀가루에 대한 관세는 등록된 관세의 산술평균으로 정한다.	

12.01	채유(採油)에 적합한 종자와 과실	0
ex 12.03	파종용 종자(무우류는 제외한다)	10
12.06	홉(hop) (방울과 루플린)	12
15.15	꿀벌 또는 다른 곤충의 납(蠟)(인위적으로 착색한 것도 상관없다):	
	- 천연의 것	0
	- 기타	10
15.16	식물성 납(蠟)(인위적으로 착색한 것도 상관없다):	
	- 천연의 것	0
	- 기타	8
ex 16.04	조제하거나 보존처리한 어류	
	- 연어류	20
ex 16.05	조제하거나 보존처리한 갑각류	20
17.01	고체상태의 사탕무우와 사탕수수의 설탕	80
18.01	코코아두(원래 모양이나 부순 것으로서 생 것이나 볶은 것으로 한정한다)	9
18.02	코코아의 껍데기와 껍질, 그 밖의 코코아 웨이스트(waste)	9
19.02	밀가루, 전분 및 맥아추출물로 만들어진 어린이용 또는 식영 조제 식료품(무게의 50% 이내로 카카오를 추가해도 상관없다)	25
ex 20.02	슈크루트	20
21.07	따로 분류되지 않은 조제 식료품	25
22.04	부분적으로 발효한 포도즙(알코올 발효를 막은 것도 상관없다)	40
23.01	식용에 부적절한 분말 및 가루:	
	- 고기와 설육, 지방	4
	- 생선, 갑각류 또는 연체동물	5

24.01	가공하거나 조제하지 않은 담배, 담배 웨이스트(waste)	30
ex 25.07	고령토	0
ex 25.15	가공하지 않거나 네모나게 자른 대리석(25cm 두께 이상으로 톱으로 자른 것을 포함한다)	0
ex 25.16	가공하지 않거나 네모나게 자른 화강암·반암(斑巖)·현무암·사암과 그 밖의 석비(石碑)용·건축용 암석(25cm 두께 이상으로 톱으로 자른 것을 포함한다)	0
25.19	천연 탄산마그네슘(마그네사이트)(소결(燒結)한 것은 상관없으나 산화마그네슘은 포함하지 않는다)	0
ex 25.27	무게가 1kg 미만의 포장한 탈(tale)	8
ex 27.07	가공하지 않은 페놀, 크레졸 및 자일레놀	3
27.09	석유 및 역청유(瀝靑油)	0
ex 27.14	석유코르크	0
28.03	탄소(석유가스를 함유하고 있거나 카본 블랙, 아세틸렌 블랙, 안트라센 블랙, 기타 블랙)	5
ex 28.04	인(燐)	15
	셀레늄	0
28.23	산화철·수산화철·어스컬러(earth colour)(화합철분의 함유량이 산화제이철(Fe_2O_3)로서 계산하여 전 중량의 100분의 70 이상인 것으로 한정한다)	10
28.25	티타늄 이산화물	15
ex 28.32	염소산 소듐과 염소산 칼륨	10
ex 29.01	방향족 탄화수소	
	- 나프탈렌	8
ex 29.04	3기 부탄알코올	8
32.07	이산화 타이타늄	15
ex 33.01	테르페넨을 함유하거나, 제거한 액상 또는 응고된 감귤류 방향유	12

34.04	인조 왁스(수용성 포함), 비유화성·비용매 조제 왁스	12
ex 40.07	실리콘화 · 가황처리된 고무실과 고무끈(섬유 피복이 있어도 상관없다)	15
41.01	면양을 포함한 동물의 원피(생 것 · 염장한 것 · 건조한 것 · 석회처리한 것 · 산처리한 것)	0
ex 41.03	유연처리한 면양의 원피	
	- 인도 교차종	0
	- 기타	6
ex 41.04	유연처리한 염소의 원피	
	- 인도 교차종	0
	- 기타	7
41.08	왁스칠 또는 광택을 낸 가죽과 원피	12
44.14	톱으로 자르거나 펼친 두께 5mm이하의 목재로 된 마감용 시트(종이 또는 막으로 표면을 강화한 것도 상관없다)	10
44.15	합판 · 베니어패널(다른 재료를 첨가한 것도 상관없다), 마르퀘트리(marquetry) 목제품과 상감세공 목제품	15
53.04	양모 · 동물의 부드러운 털이나 거친 털의 가닛스톡(garnetted stock)	0
54.01	껍질을 벗기거나, 코움(comb) 기타 처리를 한 생아마나 침지(沈漬)아마(생것이거나 가공은 하였으나 방적하지 않은 것으로 한정한다), 부스러기와 웨이스트(waste)	0
54.02	껍질을 벗기거나, 코움(comb) 기타 처리를 한 라미(생것이거나 가공은 하였으나 방적하지 않은 것으로 한정한다) 부스러기와 웨이스트(waste)	0
55.01	면화	0
ex 55.02	가공하지 않은 면(綿) 린터(linter)	0
55.03	면 웨이스트(waste)(실 웨이스트(waste)와 가닛스톡(garnetted stock)을 포함한다)(카드(card)하거나 코움	0

	(comb)한 것으로 한정한다)	
57.01	껍질을 벗기거나, 코움(comb) 기타 처리를 한 대마(생것이거나 가공은 하였으나 방적하지 않은 것으로 한정한다), 대마의 토우(tow)와 웨이스트(waste)	0
57.02	섬유뭉치로 된 아바카(마닐라마)(생것이거나 가공은 하였으나 방적하지 않은 것으로 한정한다), 대마의 토우(tow)와 웨이스트(waste)	0
57.03	껍질을 벗기거나, 기타 처리를 한 황마(생것이거나 가공은 하였으나 방적하지 않은 것으로 한정한다), 황마의 토우(tow)와 웨이스트(waste)	0
74.01	구리의 매트(mat), 가공하지 않은 구리(제련용 또는 제련된 구리), 구리 웨이스트와 잔해	0
74.02	구리합성물	0
75.01	매트(mat), 스파이스, 기타 니켈 제련 중간물, 가공하지 않은 니켈(제75.05호는 제외), 니켈 웨이스트와 잔해	0
80.01	가공하지 않은 주석, 주석 웨이스트와 잔해	0
ex 85.08	양초	18

목록 G
회원국 간 협의에 따라 공동관세가 정해지는 관세율 호의 목록

브뤼셀 분류법 코드	품목 명칭
ex 03.01	냉장 또는 냉동한 신선한 바다 생선(살아있거나 죽은)
03.02	소금 또는 소금물에 절인, 건조 또는 훈제한 생선
04.04	치즈와 응유덩어리
11.02	곡물의 부순 알곡, 탈곡 후 으깨서 평평하게 한 곡물(플레이크 포함), 단 탈곡 후 얼려 부드럽게 하거나, 조각을 낸 쌀은 제외한다, 곡물의 발아(가루로 만든 것도 상관없다)
11.07	맥아(볶은 것도 상관없다)
ex 15.01	압축 또는 녹인 형태의 라드와 기타 돼지지방
15.02	천연의 또는 녹인 소, 양, 염소의 텔로우(tallow)(첫 번째 즙을 포함할 수 있다)
15.03	라드스테아린(lard stearin), 라드유(lard oil), 올레오스테아린(oleostearin), 올레오유(oleo-oil), 텔로우유(tallow oil)로서 유화·혼합 그 밖의 조제를 하지 않은 것
ex 15.04	고래기름(정제한 것도 상관없다)
15.07	정제 후 가공하지 않은 고정 또는 유동, 고체상태인 식물성 기름
15.12	수소화한 동물성·식물성 유지 및 기름(정제를 제외하고 다른 가공이 되지 않은 것에 한정된다)
18.03	코코아 페이스트(paste)(탈지(脫脂)한 것인지에 상관없다)
18.04	코코아 버터(코코아 지방 및 기름을 포함할 수 있다)
18.05	달지 않은 코코아 분말
18.06	코코아를 포함한 초콜렛과 기타 식품용
19.07	빵, 하드택과 기타 일반적인 제빵제품(단 설탕, 꿀, 계란, 유지, 치즈 또는 과일은 포함하지 않는다)

19.08	고급 제빵, 제과, 비스킷 제품(코코아 함유량은 상관없다)
21.02	커피, 차와 마테의 추출물 또는 원액, 이 추출물 또는 원액을 바탕으로 가공된 제품
22.05	신선한 포도주, 알콜을 함유한 신선한 포도주(미스텔을 포함할 수 있다)
22.08	변성하지 않은 에틸알코올(알코올의 용량이 전 용량의 100분의 80 이상인 것으로 한정한다), 그 밖의 변성 에틸알코올
22.09	변성하지 않은 에틸알코올(알코올의 용량이 전 용량의 100분의 80 이하인 것으로 한정한다), 증류주, 리큐와 음료를 위해 알코올을 혼합한 다른 음료
25.01	돌소금, 염전소금, 바다소금, 식탁용 소금, 순염화소듐, 염 액체, 바닷물
25.03	모든 종류의 유황(승화황(昇華黃)·침강황(沈降黃)·콜로이드황은 제외한다)
25.30	천연 붕산염과 그 정광(精鑛)(하소(煆燒)한 것인지에 상관없으며 천연 염수(鹽水)에서 분리한 붕산염은 제외한다), 천연 붕산(건조한 상태에서 측정한 붕산의 함유량이 전 중량의 1분의 85 이하인 것으로 한정한다)
ex 26.01	납광과 아연광
ex 26.03	아연을 포함한 분말과 잔여물
27.10	석유 및 역청유(瀝靑油)(원유는 제외한다). (석유나 역청유의 함유량이 전 중량의 100분의 70 이상이고 조제품의 기초 성분이 석유나 역청유인 경우를 포함한다)
27.11	석유가스와 가스 탄화수소
27.12	석유젤리
ex 27.13	파라핀왁스·석유 및 역청류 왁스, 파라핀을 포함한 잔여물(착색한 것인지에 상관없다)
ex 28.01	요오드와 브롬
28.02	승화황(昇華黃), 침강황(沈降黃)과 콜로이드황

ex 28.11	삼산화 비소
28.12	산과 삼산화 붕소
28.33	브롬화물·산화브롬화물과 브론산염 및 과(過)브롬산염, 하이포아브롬산염
ex 28.34	요오드화물과 요오드산염
28.46	붕산염과 과붕산염
ex 29.04	부틸알코올과 이소부틸산(제3기의 부틸알코올은 제외한다)
ex 29.06	페놀, 크레졸 및 자일레놀
ex 32.01	퀘브라쵸 추출물 및 왓틀 추출물(wattle extract)
40.02	합성고무(안정화 여부에 상관없이 합성유액(乳液)을 포함할 수 있다), 기름에서 제조한 고무 팩티스
44.03	껍질을 벗기거나 단순히 자른 가공하지 않은 목재
44.04	네모나게 절단한 목재
44.05	두께 5mm 이상으로 세로로 톱으로 자르거나 펼친 목재
45.01	가공하지 않은 천연 코르크아 그 웨이스트, 잘게 만든 코르크
45.02	천연의 코르크로 만든 블록, 판, 시트, 스트립(병마개용 블록 또는 사각형 모양을 포함할 수 있다)
47.01	종이펄프
50.02	생사(꼰 것은 제외한다)
50.03	견 웨이스트(waste)(생사를 뽑는 데에 적합하지 않은 누에고치, 실 웨이스트(waste), 가닛스톡(garnetted stock)을 포함한다), 솜털, 고치를 둘러싸고 있는 거친 명주실
50.04	견사(소매용은 제외한다)
50.05	견방사(소매용은 제외한다)
ex 62.03	황마로 만든 포장용 빈 포대
ex 70.19	유리로 만든 비드(bead)·모조 진주·모조 귀석과 반귀석·이와 유사한 유리 세공품·모조 신변장식용품을 제외한 유리제품, 인체용을 제외한 유리 안구

ex 73.02	합금철(ferro-alloy)(페로망간은 제외한다)	
76.01	가공하지 않은 알루미늄, 그 웨이스트와 잔여물	
	* 반제품에 적용되는 관세는 본 조약 제21조 제2항에 규정된 절차에 의거하여 금속에 대해 정해진 관세에 따라 재검토된다.	
77.01	가공하지 않은 마그네슘, 그 웨이스트와 잔여물(선별되지 않은 부스러기를 포함한다)	
	* 반제품에 적용되는 관세는 본 조약 제21조 제2항에 규정된 절차에 의거하여 금속에 대해 정해진 관세에 따라 재검토된다.	
78.01	가공하지 않은 납(은을 포함하는 것도 상관없다), 그 웨이스트와 잔여물	
	* 반제품에 적용되는 관세는 본 조약 제21조 제2항에 규정된 절차에 의거하여 금속에 대해 정해진 관세에 따라 재검토된다.	
79.01	가공하지 않은 아연, 그 웨이스트와 잔여물	
	* 반제품에 적용되는 관세는 본 조약 제21조 제2항에 규정된 절차에 의거하여 금속에 대해 정해진 관세에 따라 재검토된다.	
ex 81.01	가공하지 않은 가루 형태의 텅스텐(볼프람)	
	* 반제품에 적용되는 관세는 본 조약 제21조 제2항에 규정된 절차에 의거하여 금속에 대해 정해진 관세에 따라 재검토된다.	
ex 81.02	가공하지 않은 몰리브덴	
	* 반제품에 적용되는 관세는 본 조약 제21조 제2항에 규정된 절차에 의거하여 금속에 대해 정해진 관세에 따라 재검토된다.	
ex 81.03	가공하지 않은 탄탈	
	* 반제품에 적용되는 관세는 본 조약 제21조 제2항에 규정된 절차에 의거하여 금속에 대해 정해진 관세에 따라 재검토된다.	
ex 81.04	가공하지 않은 기타 금속	
	* 반제품에 적용되는 관세는 본 조약 제21조 제2항에 규정된 절차에 의거하여 금속에 대해 정해진 관세에 따라 재검토된다.	
ex 84.06	차량, 항공기, 선박의 엔진과 그 부분 및 부품	
ex 84.08	반작용 추진기관과 그 부품 및 주변장치	
84.45	제84.49호와 제84.50호를 제외한 금속 및 금속탄소 가공용 공작기계	

84.48	제84.45호부터 제84.47호까지의 공작기계에 사용되는 용도의 부품 및 주변기기. 가공물홀더, 툴홀더(tool holder)와 자동개폐식 다이헤드(diehead), 분할대와 그 밖의 기계용 특수부착물을 포함한다, 제82.04, 제84.49, 제85.05의 설치를 위한 툴홀더
ex 84.63	차량엔진의 동력전달장치
87.06	제87.01호부터 제87.03호까지의 자동차 부분, 부품 및 주변기기
88.02	항공기(비행기, 수상기, 연, 행글라이더, 오토자이로, 헬리콥터, 오니 호퍼), 회전낙하산
ex 88.03	항공기 부분 및 부품

본 조약 제38조에 규정된 목록

브뤼셀 분류법 코드	품목 명칭
제1류	산동물
제2류	육과 식용설육
제3류	어패류
제4류	낙농품 · 조란 · 천연꿀
제5류	기타동물성생산품
05.04	동물(어류는 제외한다)의 장·방광·위의 전체나 부분
05.15	따로 분류되지 않은 동물성 생산품과 제1류나 제3류의 동물의 사체로서 식용에 적합하지 않은 것
제6류	산수목 · 꽃
제7류	채소
제8류	과실 · 견과류
제9류	커피 · 향신료(제09.03호 마테차 제외)
제10류	곡물
제11류	밀가루 · 전분
제12류	채유용종자

제13류		식물성엑스
ex 13.03		펙틴
제15류		동식물성유지
	15.01	압축 또는 녹인 형태의 라드와 기타 돼지지방, 압축 또는 녹인 가금(家禽)의 지방
	15.02	천연의 또는 녹인 소, 양, 염소의 탤로우(tallow)(첫번 째 즙을 포함할 수 있다)
	15.03	라드스테아린(lard stearin), 라드유(lard oil), 올레오스테아린(oleostearin), 올레오유(oleo-oil), 탤로우유(tallow oil)로서 유화·혼합 그 밖의 조제를 하지 않은 것
	15.04	어류 및 바다 포유동물의 기름(정제한 것도 상관없다)
	15.07	정제 후 가공하지 않은 고정 또는 유동, 고체상태인 식물성 기름
	15.12	수소화한 동물성·식물성 유지 및 기름(정제를 제외하고 다른 가공이 되지 않은 것에 한정된다)
	15.13	마가린, 모조 돼지기름이나 그 외에 가공된 식품용 유지
	15.17	지방성 물질 또는 동식물성 납(蠟)의 처리로 인해 발생하는 잔류물
제16류		육·어류조제
제17류		당류·설탕과자
	17.01	고체상태의 사탕무우와 사탕수수의 설탕
	17.02	그 밖의 당류(糖類)와 당시럽, 꿀 대용물(꿀이 섞여 있어도 상관없다), 카라멜 색의 설탕과 당밀
	17.03	당밀(표백된 것도 상관없다)
제18류		코코아·초콜릿
	18.01	코코아두(원래 모양이나 부순 것으로서 생 것이나 볶은 것으로 한정한다)
	18.02	코코아의 껍데기와 껍질, 그 밖의 코코아 웨이스트(waste)
제20류		채소·과실의 조제품
제22류		음료, 주류, 식초

	22.04	부분적으로 발효한 포도즙(알코올 발효를 막은 것도 상관없다)
	22.05	신선한 포도주, 알코올을 함유한 신선한 포도주(미스텔을 포함할 수 있다)
	22.07	사과와 배로 만든 술, 꿀물, 기타 발효 음료
제23류		식품가공 잔여물, 조제사료
제24류		담배
	24.01	가공하거나 조제하지 않은 담배, 담배 웨이스트(waste)
제45류		코르크·짚
	54.01	껍질을 벗기거나, 코움(comb) 기타 처리를 한 생아마나 침지(沈漬)아마(생것이거나 가공은 하였으나 방적하지 않은 것으로 한정한다), 부스러기와 웨이스트(waste)
제57류		마류의 사와 직물
	57.01	껍질을 벗기거나, 코움(comb) 기타 처리를 한 대마(생것이거나 가공은 하였으나 방적하지 않은 것으로 한정한다), 대마의 토우(tow)와 웨이스트(waste)

본 조약 제106조에 규정된 서비스 교역 목록

- 해상운송: 용선계약, 운임, 어선 비용 등 포함
- 하천운송: 용선계약 포함
- 도로운송: 여행, 운임, 임차
- 항공운송: 여행, 운임, 임차
  승객에 의한 국제항공권, 초과화물 비용 결제, 운임과 임차 결제
  승객에 의한 국제항공권 판매, 초과화물 비용, 운임 및 임차 수입
- 모든 해상운송에 적용: 기항(선박연료 공급, 연료, 생필품, 정비 및 수리비용, 승무원 비용 등)
- 모든 하천운송에 적용: 기항(선박연료 공급, 연료, 생필품, 정비 및 소규모 수리비용, 승무원 비용 등)
- 모든 상업적 도로운송에 적용: 연료, 기름, 소규모 수리, 주차, 운전사 및 승무원 비용 등
- 모든 항공운송에 적용: 사용 비용과 상업적 비용, 항공기 및 항법장치 수리비용
- 창고, 보관 및 통관 비용

- 기착에 따른 비용
- 수리 및 정비 비용
- 변환 및 사용, 그 외 서비스에 대한 비용
- 선박의 수리
- 선박과 항공기를 제외한 운송 장비 수리
- 기술지원(지원 대상에 따라 정해진 기간 동안 모든 단계에서 재산 및 서비스의 생산 및 배분을 위한 지원. 전문가의 상담 및 출장, 기술적 성격의 계획 및 도면 작성, 제작 컨트롤, 시장 조사, 인력 교육 등을 포함)
- 수수료 및 중개료
- 기착에 따른 혜택
- 수수료와 송금비용
- 대리 비용
- 모든 형태의 광고
- 사업출장
- 해외에 소재한 본사의 현지 법인 및 사무소에 근무 또는 반대의 경우
- 기업 계약(공개입찰 후 견적에 따라 전문기업이 시행한 건물, 길, 다리, 항구 등의 건설 또는 유지보수 공사)
- 상업 관행에 따라 어음 지급된 상품에 관한 차액, 담보물 및 예치금
- 여행
- 학업을 목적으로 한 개인적 여행 및 체류
- 건강상의 이유로 필요한 개인적 여행 및 체류
- 가족상의 이유로 필요한 개인적 여행 및 체류
- 신문, 정기발간물, 서적, 음반 등의 구독
- 신문, 정기발간물, 서적, 음반

- 상업, 정보 및 교육 등 성격의 영화(임대, 영화관 사용료, 가입비, 복사 및 동시녹음 등의 비용)
- 해외의 사유 자산에 대한 유지보수
- 정부 지출(해외 공관, 국제기구에 대한 분담금)
- 조세와 세금, 소송 비용, 특허 및 상업마크 등록비용
- 피해배상
- 계약 및 결제 취소에 따른 환불
- 벌금
- 우편, 전신 및 전화 비용, 대중교통 비용
- 해외로 이주하는 본국인 또는 외국인에게 부과되는 환전비용
- 해외에서 입국하는 본국인 또는 외국인에게 부과되는 환전비용
- 급여와 보수(국경 또는 계정노동자, 외국 노동자에 대한 규제 범위를 침해하지 않는 비거주자의 기타 수입)
- 이민자의 해외송금(해당 국가의 이민규제 범위를 침해하지 아니한다)
- 사례금과 보상
- 주식에 대한 배당금과 수입
- 임대료와 소작료 등
- 계약에 따른 채무의 감가상각(사전 환불 또는 체납 해결 성격의 이전은 제외한다)
- 기업 경영에 따른 이익
- 저작권
- 특허, 디자인, 상업마크 및 발명(보호여부와 관련 없이 특허, 디자인, 상업마크 및 발명의 양도 및 사용승인, 그리고 이로 인한 이전)
- 영사 수입

- 연금 및 퇴직수당, 그 외에 유사한 성격의 수입
- 법적 양육비 및 특별한 곤란이 있는 경우의 재정 지원
- 다른 회원국에 거주 중인 특정인이 개인생활에 충분한 수입이 없을 경우 특정 회원국에 보유 중인 본인의 자산을 정기적으로 이전하는 것
- 직접 보험에 귀속되는 거래와 이전
- 재보험 또는 전매에 귀속되는 거래와 이전
- 상업적 또는 사업 성격의 대출의 개시와 환불
- 소규모의 해외송금
- 공인 환전기관에 의한 모든 성격의 개인 계좌에 대한 서류비용
- 스포츠 장려금 또는 경기 수상금
- 상속
- 지참금

| 목록 _ 부속서 IV

본 조약 제4부의 규정이 적용되는
해외 국가 및 영토

프랑스령 서아프리카: 세네갈, 수단, 기니, 코트디부아르, 다호메이, 모리타니, 니제르, 오트볼타(現 부르키나파소)

프랑스령 적도아프리카: 프랑스령 콩고(Moyen-Congo), 우방기샤리(Oubangui-Chari, 現 중앙아프리카), 차드, 가봉

생피에르 미클롱,[1] 코모로제도,[2] 마다가스카르, 프랑스령 소말리아 해안(現 지부티), 누벨칼레도니, 프랑스령 폴리네시아, 프랑스령 남방 및 남극

토고자치공화국

프랑스 신탁통치령 카메룬

---

1 생피에르 미클롱(Saint Pierre and Miquelon)은 뉴펀들랜드 제도 남단에 위치한 프랑스령 해외영토이다. 현재 유럽연합의 해외 국가 및 영토에 포함되며 유럽연합에 가입하지는 않았으나 유로를 사용하는 9개국 중 하나이다.
2 코모로제도(Comoro Archipelago)는 아프리카 동부, 즉 마다가스카르섬과 아프리카 대륙 사이 인도양에 위치한 공화국이다.

벨기에 콩고와 루안다-우룬디

이탈리아 신탁통치의 소말리아

네덜란드령 뉴기니

유럽투자은행의 정관에 대한 의정서

체약국은,

본 조약 129조에 의거하여 유럽투자은행의 정관을 정하기를 희망하면서,

본 조약에 다음과 같은 규정을 부속하기로 합의하였다.

제1조

본 조약의 제129조에 의거하여 설립된 유럽투자은행(이하 '은행'으로 지칭)은 이로써 설립된다. 은행은 본 조약의 규정과 동 정관에 따라 기능과 활동을 수행한다.

은행의 소재지는 회원국 정부 간 공동 합의에 의해 정한다.

제2조

은행의 임무는 본 조약 제130조에 의해 정한다.

제3조

본 조약 제129조에 따라 은행의 회원국은 다음과 같다.

- 벨기에왕국
- 독일연방공화국
- 프랑스공화국
- 이탈리아공화국
- 룩셈부르크공국
- 네덜란드왕국

제4조

은행의 회원국은 다음과 같이 공모한 10억 계산단위의 자본금을 갖는다.

독일 ………… 3억

프랑스 ……… 3억

이탈리아 …… 2억 4천만

벨기에 ……… 8,650만

네덜란드 …… 7,150만

룩셈부르크 …   2백만

계산단위의 가치는 순금 0.88867088 그램이다.

회원국은 공모자본금[1] 중 자국의 자본 비중과 납입을 마치지 않은 부분에 한해서 책임을 갖는다.

2. 신규 회원국의 가입 시에는 신규 회원국의 기여만큼 공모자본금을 증액한다.

3. 총재이사회는 전원일치 결정으로 공모자본금을 증액할 수 있다.

4. 공모자본금 중 회원국의 몫은 양도 · 담보 · 귀속의 대상이 되지 않을 수도 있다.

제5조

1. 본 조약의 발효 후 회원국은 늦어도 2개월, 9개월, 16개월, 23개월, 30개월 후 5번에 걸쳐 25%의 공모자본금을 납입한다.

각 납입에 있어 1/4은 금 또는 태환 통화로 지급하고 3/4은 자국 통화로 지급한다.

2. 운영이사회[2]는 은행이 기금의 출자자에 대한 은행의 의무이행에 필

---

[1] 공모자본금은 유럽경제공동체 회원국이 유럽투자은행에 제공하는 자본금으로 회원국의 경제적 가중치에 따라 각 회원국의 분담금이 결정된다.

[2] 운영이사회(Board of Directors)는 유럽투자은행의 일상적 활동에 대한 감독을 맡고 있다. 구체적으로 운영이사회는 대출, 보증의 부여, 공채의 모집 결정 등에 대한 배타적 권한을 지니며, 대출에 대한 금리와 보증수수료를 정하며 은행 운영의 건전성을 감독한다. 운영이사회의 이사는 회원국과 유럽위원회에 의해 지명되며, 12인

요한 경우 잔여 공모자본금 75%의 지급을 요구할 수 있다.

회원국은 은행이 의무이행을 위해 필요한 통화로 자국의 공모자본금 비중에 비례하여 납입한다.

제6조

1. 은행이 특정 프로젝트의 자금 조달을 위해 대출이 필요하고, 프로젝트의 성격과 대상을 감안하여 운영이사회가 은행이 자본시장에서 적절한 조건으로 재원을 조달할 수 없다고 인정할 경우, 총재이사회는 운영이사회의 제안에 따라 회원국이 은행에 이자 지급 의무가 있는 특별 대출을 실시하도록 가중다수결로 결정할 수 있다.

2. 특별 대출은 본 조약의 발효 4년 차부터 가능하다. 특별 대출은 합계 4억 계산단위 또는 한해에 1억 계산단위를 초과할 수 없다.

3. 특별 대출의 기간은 은행이 대출을 통해 부여하는 신용과 보증의 기간에 따라 정한다. 이 기간은 20년을 초과할 수 없다. 총재이사회는 운영이사회의 제안에 따라 가중다수결로 특별 대출의 조기상환을 결정할 수 있다.

4. 특별 대출의 금리는 총재이사회가 자본시장의 금리 변화를 감안하여 다른 금리를 정하지 않는 한 연 4%로 정한다.

5. 특별 대출은 회원국의 공모자본금에 비례하여 회원국에 의해 실시

의 운영이사와 12인의 대리이사로 구성된다.

된다. 특별 대출은 요청이 있은 후 6개월 내에 회원국 통화로 납입된다.

6. 은행의 청산 시 회원국의 특별 대출은 은행의 다른 채무가 청산된 후에야 상환될 수 있다.

제7조

1. 제4조에서 정한 계산단위에 대해 회원국 통화의 교환 비율이 감소한 경우, 해당 회원국이 납입한 자본금의 비중은 은행에 대한 추가 납입을 조건으로 하여 교환 비율의 변화에 비례하여 조절된다. 조절이 이루어진 금액은 은행에 의해 해당 통화로 발행된 대출의 합계와 이 통화로 은행에 적립된 자산을 상회할 수 없다.

2. 제4조에서 정한 계산단위에 대해 회원국 통화의 교환 비율이 증가한 경우, 해당 회원국이 납입한 자본금의 비중은 회원국에 대한 은행의 상환을 조건으로 하여 교환 비율의 변화에 비례하여 조절된다. 조절이 이루어진 금액은 은행에 의해 해당 통화로 발행된 대출의 합계와 이 통화로 은행에 적립된 자산을 상회할 수 없다. 이 납입은 2개월 내에 이루어지거나 대출에 부합하는 한도에서 대출의 만기에 따라 이루어진다.

3. 제4조에서 정한 계산단위에 대한 회원국 통화의 교환 비율은 계산단위 당 순금의 무게와 국제통화기구에 공표된 통화에 해당하는 순금 무게의 비율이다. 기본적으로 이 비율은 경상거래를 위해 회원국이 적용하는 지정 또는 금태환 통화에 대한 환율을 의미한다.

4. 국제통화기구의 모든 회원국 또는 은행의 모든 회원국 통화의 액면

가치가 균일하게 비례적으로 변동하는 경우, 총재이사회[3]는 제1항과 제2항을 적용하지 않을 것을 결정할 수 있다.

제8조

총재이사회, 운영이사회 그리고 관리위원회[4]는 은행의 행정과 운영을 담당한다.

제9조

1. 총재이사회는 회원국이 임명한 각료로 구성된다.

2. 총재이사회는 은행의 대출 정책, 특히 공동시장이 실현됨에 따라 추구하게 될 목적과 관련하여 일반 지침을 정한다.

총재이사회는 지침의 집행을 감시한다.

3. 그 외에 총재이사회는 다음과 같은 업무를 담당한다.

---

[3] 총재이사회(Board of Governors)는 유럽투자은행의 최고 의사결정기구로 회원국이 임명한 각료로 구성된다. 총재이사회는 유럽투자은행의 일반 지침을 정하고 이를 감독하는 역할을 수행한다. 총재이사회는 공모자본금의 증액 결정, 특별 대출에 대한 권한 행사, 가중다수결로 운영이사회와 관리위원회 임원의 임명과 해임에 관한 권한 행사 등의 업무를 담당한다.

[4] 관리위원회(Management Committees)는 유럽투자은행의 일상 업무를 책임진다. 관리위원회는 1인의 위원장과 2인의 부위원장으로 구성되며, 이들은 총재이사회에 의해 지명되어 6년 임기로 임명된다. 관리위원회는 특히 공채의 모집, 대출 및 보증의 부여에 있어 운영이사회의 결정을 준비한다. 운영이사회가 결정하며, 관리위원회가 해당 결정을 집행한다.

a) 제4조 제3항에 따라 공모자본금의 증액을 결정

b) 특별 대출에 대해 제6조에 규정된 권한을 행사

c) 제11조와 제13조에 따라 운영이사회와 관리위원회 임원의 임명과 해임에 관한 권한을 행사

d) 제18조 제1항에 의거하여 예외 적용을 결정

e) 운영이사회가 작성한 연례보고서를 승인

f) 이익 및 손실에 관한 연간 대차대조표를 승인

g) 제7조, 제14조, 제17조, 제26조 및 제27조에 의거하여 권한과 기능을 행사

h) 은행의 의사규칙을 승인

4. 본 조약과 정관의 범위 내에서 총재이사회는 은행의 활동 중단과 만약의 경우 청산에 관한 모든 결정을 전원일치로 결정할 수 있다.

제10조

동 정관에 달리 명시되지 않은 한, 총재이사회의 결정은 구성원의 과반수 의결로 결정된다. 총재이사회의 표는 본 조약의 제148조 규정의 적용을 받는다.

제11조

1. 운영이사회는 대출 및 보증의 부여, 공채 모집의 결정에 있어 배타적 권한을 갖는다. 운영이사회는 대출에 대한 금리와 보증 수수료를 정하고, 은행 운영의 건전성을 감독하며, 은행의 경영이 본 조약 및 정관,

총재이사회가 정한 일반 지침에 부합하도록 한다.

업무 종결 후, 운영이사회는 총재이사회에 보고서를 제출하고, 승인을 얻은 후 이를 공표한다.

2. 운영이사회는 12인의 운영이사와 12인의 대리이사로 구성된다.

운영이사는 5년의 임기로 회원국과 유럽위원회의 지명에 따라 총재이사회가 다음과 같이 임명한다.

독일연방공화국이 3인을 지명
프랑스공화국이 3인을 지명
이탈리아공화국이 3인을 지명
베네룩스 국가들이 공동 합의로 2인을 지명
유럽위원회가 1인을 지명

임기는 재임이 가능하다.

각각의 운영이사는 운영이사와 같은 조건 하에 같은 절차에 의해 임명된 대리이사 1인의 보좌를 받는다.

대리이사는 운영이사회의 회의에 참석할 수 있다. 대리이사는 특정 사유로 운영이사를 대체하는 경우를 제외하고는 투표권이 부여되지 않는다.

위원장 또는 위원장 부재시 관리위원회의 부위원장 중 1인은 운영이사회의 회의를 주재하며, 투표권을 행사하지 않는다.

운영이사회의 운영이사는 독립성에 대한 전적인 보장과 능력을 갖춘 인물 중 선정한다. 운영이사는 은행에 대해서만 책임을 갖는다.

3. 운영이사가 더 이상 자신의 기능을 수행하는데 필요한 조건을 충족하지 못할 경우, 총재이사회는 가중다수결로 해임을 결정할 수 있다.

연례보고서를 승인받지 못할 경우, 운영이사회는 사임한다.

4. 운영이사회가 사망 또는 자발적 사임에 따라 부분적 또는 전체가 공석일 경우, 제2항에 따라 교체 절차를 진행한다. 일반적인 재임을 제외하고 선임자의 잔여기간을 위해 교체된다.

5. 총재이사회는 운영이사회의 급여를 정한다. 총재이사회는 전원일치로 만약의 경우 운영이사와 대리이사가 겸직할 수 없는 활동을 결정할 수 있다.

제12조

1. 각 운영이사는 관리위원회에서 한 표를 행사할 수 있다

2. 동 정관과 배치되는 경우를 제외하고 운영이사회의 결정은 투표권을 가진 위원의 가중다수결로 정한다. 가중다수결은 8표를 필요로 한다. 은행의 의사절차는 운영이사회의 결정이 유효하기 위한 정족수를 정한다.

제13조

1. 관리위원회는 운영이사회의 제안에 따라 총재이사회가 6년의 임기로 임명하는 1인의 위원장과 2인의 부위원장으로 구성된다.

2. 가중다수결로 이루어진 관리위원회의 제안에 따라 총재이사회는 운영이사회 이사의 가중다수결 결정으로 사임시킬 수 있다.

3. 관리위원회는 위원장의 책임과 운영이사회의 감독 하에 은행의 현행업무를 담당한다.

관리위원회는 특히 공채의 모집, 대출 및 보증의 부여에 있어 운영이사회의 결정을 준비한다. 관리위원회는 이러한 결정을 집행한다.

4. 관리위원회는 대출과 보증, 차용계획에 대한 의견을 가중다수결로 표명한다.

5. 총재이사회는 관리위원회 위원의 급여를 정하고 겸직할 수 없는 활동을 결정한다.

6. 위원장은 사법적 또는 사법 외적 문제에 대해 은행을 대표하며, 위원장이 업무를 수행할 수 없을 경우 부위원장 중 한 명이 이 역할을 수행한다.

7. 은행의 직원은 관리위원회 위원장의 책임 하에 둔다. 직원은 위원장에 의해 고용되고 해고된다. 인사에 있어 개인적 자질과 직업적 능력뿐만 아니라 회원국 국적자의 균등한 참여를 고려해야 한다.

8. 관리위원회와 은행의 임직원은 은행에 대해서만 책임이 있으며, 완전히 독립적인 지위에서 직무를 수행한다.

제14조

1. 총재이사회에 의해 임명된 3인으로 구성된 위원회는 매년 은행 활동의 정상 여부와 계좌를 검토한다.

2. 위원회는 대차대조표와 이익 및 손실 계좌가 회계표기에 부합하고, 자산과 부채에 있어 은행의 상황을 정확하게 반영하는지를 확인한다.

제15조

은행은 회원국이 지정하는 국내 당국을 통해 해당 회원국을 상대한다. 은행은 금융업무를 수행하는 데 있어 해당 회원국의 발권은행 또는 해당 회원국이 승인하는 기타 금융기관의 서비스를 활용한다.

제16조

1. 은행은 자신과 유사한 분야에서 활동 중인 모든 국제기구와 협력한다.

2. 은행은 활동의 대상이 되는 국가의 은행 및 금융기관과 협력을 위한 적절한 접촉을 꾀한다.

제17조

회원국, 또는 유럽위원회, 또는 자신의 발의에 따라 총재이사회는 자신이 동 정관의 제9조에 의거하여 제정한 지침 채택 시 적용된 동일한 규정에 따라 해석하고 보완한다.

제18조

1. 본 조약의 제130조에 규정된 임무의 범위에서, 은행은 회원국 또는 사기업 및 공기업에 회원국의 유럽 영토에서 실시되는 투자계획이 합리적인 조건에서 다른 재원을 조달할 수 없을 경우 이에 대한 대출을 제공한다.

운영이사회의 제안에 따라 총재이사회가 전원일치로 결정한 예외조치를 통해, 은행은 회원국의 비유럽 영토에서 전체 또는 부분적으로 실시되는 투자계획에 대해 대출을 제공할 수 있다.

2. 가능한 한 대출은 다른 재원의 조달을 병행한다는 조건으로 제공된다.

3. 회원국이 아닌, 기업 또는 자치단체에 대한 대출일 경우, 은행은 투자계획이 진행되는 영토의 국가가 이를 보증하거나 또는 충분한 다른 보증을 조건으로 제시한다.

4. 은행은 본 조약 제130조에 규정된 활동을 실행하기 위해 공기업 또는 사기업, 자치단체가 체결한 대출에 대해 보증을 제공할 수 있다.

5. 은행이 제공한 대출과 보증의 잔액은 공모자본금의 250%를 초과하지 않는다.

6. 은행은 대출 및 보증 계약에 적절한 조항을 포함시킴으로써 환위험을 방지한다.

제19조

1. 은행이 제공하는 대출의 금리와 보증수수료는 자본시장의 일반적 상황에 맞춰 조절하며, 은행의 의무이행과 비용 충당, 그리고 제24조에 따른 유보금의 조성에 부합하는 방식으로 산정된다.

2. 은행은 금리할인을 제공하지 않는다. 재정지원 대상이 된 계획의 특수한 성격을 감안하여 금리할인이 적용되는 경우, 관련 회원국 또는 제3의 기관은 본 조약의 제92조에 규정된 규정과 양립하는 경우에 한해 이자할인을 제공할 수 있다.

제20조

대출 및 보증을 제공함에 있어 은행은 다음과 같은 원칙을 준수한다.

1. 은행은 자금이 공동체의 이익에 따라 가능한 합리적으로 사용되도록 한다.

은행은 다음의 경우에만 대출 또는 보증을 제공할 수 있다.

a) 생산 분야 기업이 투자한 경우에는 영업이익을 통해서 이자와 감가상각을 지불할 수 있고, 다른 투자의 경우 국가의 참여 또는 다른 수단에 의해 동일한 지불이 가능한 경우

b) 투자계획을 실행함으로써 전반적인 경제의 생산성 증가와 공동시장의 실현에 기여하는 경우

2. 은행은 대출자금을 회수하기 위한 은행의 권리를 보호하는데 필요한 경우를 제외하고는 기업에 대한 어떠한 이익을 추구하지 않으며, 경영상의 책임도 지지 않는다.

3. 은행은 자본시장을 통해 채권을 처리할 수 있으며, 이를 위해 채무자가 채권 또는 다른 유가증권을 발행하도록 요구할 수 있다.

4. 은행이나 회원국은 대출이 이루어진 자금을 특정 회원국 내에서만 사용하는 조건을 부과해서는 아니 된다.

5. 은행은 대출에 있어 국제입찰을 조건으로 제시할 수 있다.

6. 투자계획이 실행될 영토의 회원국이 반대하는 경우 은행은 전체 또는 부분적으로 재정지원을 하지 않는다.

제21조

1. 대출 요청은 유럽위원회 또는 투자계획이 실행될 영토의 회원국을 통해 은행에 요청될 수 있다. 기업은 은행에 직접 대출 또는 보증을 신청할 수 있다.

2. 유럽위원회를 통해 요청이 이루어지는 경우, 투자계획이 실행될 영토의 회원국의 의견을 위해 제출된다. 국가를 통해 요청이 이루어지는 경우에는, 유럽위원회의 의견을 위해 제출한다. 기업이 직접 요청하는 경우, 관련 회원국과 유럽위원회에 모두 제출된다.

관련 회원국과 유럽위원회는 최대 2개월 이내에 의견을 제시해야 한다. 이 기간 중 답변이 이루어지지 않을 경우, 은행은 해당 계획에 대해 반대가 없는 것으로 간주할 수 있다.

3. 운영이사회는 관리위원회가 제출한 대출 또는 보증 요청을 결정한다.

4. 관리위원회는 대출 또는 보증 요청이 동 정관의 규정, 특히 제20조의 규정에 부합하는지 여부를 심사한다. 관리위원회가 대출 및 보증의 제공에 대해 긍정적으로 판단하는 경우, 관리위원회는 계약계획을 운영이사회에 제출한다. 관리위원회는 필수적이라고 판단할 경우, 조건을 부과할 수 있다. 관리위원회가 대출 및 보증의 제공에 부정적으로 판단할 경우, 관리위원회는 운영이사회에 의견을 첨부한 적절한 문서를 제출한다.

5. 관리위원회가 부정적 의견을 제출한 경우, 운영이사회는 전원일치 결정을 통해서만 대출 또는 보증을 제공할 수 있다.

6. 유럽위원회가 부정적인 의견을 전달하는 경우, 운영이사회는 전원일치 결정을 통해서만 대출 또는 보증을 제공할 수 있으며, 유럽위원회에 의해 임명된 운영이사는 표결에서 기권한다.

7. 관리위원회와 유럽위원회가 모두 부정적인 의견을 표출하는 경우, 운영이사회는 문제의 대출 또는 보증을 실시하지 않는다.

제22조

1. 은행은 임무를 수행하기 위해 필요한 기금을 자본시장에서 조달한다.

2. 은행은 회원국 국내 자본시장에 적용되는 규정 또는 규정이 없을 경우 해당 회원국과 은행 간의 협의를 통한 공채 발행에 관한 합의에 따라 회원국의 자본시장에서 자금을 조달할 수 있다.

회원국의 관할 당국이 동의하더라도 회원국의 자본시장에 심각한 혼란이 우려될 경우에는 이를 거부할 수 있다.

제23조

1. 은행은 의무를 이행하기 위해 즉시 필요로 하지 않은 자금을 다음과 같은 방식으로 사용할 수 있다.

a) 은행은 자금시장에 투자할 수 있다.
b) 제20조 제2항을 침해하지 않는 한, 은행은 자체 발행 또는 채무자가 발행한 채권을 매입 또는 매도할 수 있다.
c) 은행은 기관의 목적과 연계된 다른 모든 금융 활동을 실시할 수 있다.

2. 제25조의 규정을 침해하지 않는 범위 내에서 은행은 투자 운영에 있어서의 대출 활동, 또는 채무에 따른 책임, 또는 자신의 보증을 이행하기 위해 직접적으로 필요하지 않은 환차익 거래를 할 수 없다.

3. 은행은 동 조에 관한 분야에서 관할 당국 또는 해당 회원국의 중앙은행과 합의 하에 활동한다.

제24조

1. 공모자본금의 10%까지 점진적으로 예비금을 조성한다. 은행 업무 상황이 허용한다면 운영이사회는 추가 예비금의 조성을 결정할 수 있다. 기간 내에 예비금이 조성되지 않는다면, 다음과 같은 방법으로 충당한다.

a) 제5조에 따라 회원국이 지급해야 하는 금액 중 은행이 제공하는 대출로부터 발생하는 이자
b) a)에 따른 대출의 상환으로 구성된 자금 중 은행이 제공하는 대출로부터 발생하는 이자
  단, 이 수입이 은행의 의무를 이행하거나 비용을 충족하는데 필요하지 않은 경우로 제한한다.

2. 예비금의 재원은 자금의 목적의 이행을 위해 즉시 동원될 수 있는 투자 상태로 유지되어야 한다.

제25조

1. 본 조약 제130조에 부합하고 동 정관의 제23조의 규정을 고려하여 금융 활동을 실현하기 위해 은행은 특정 회원국 통화로 보유 중인 자산을 다른 회원국의 통화로 이전할 수 있다. 은행이 필요로 하는 통화로 사용 및 동원이 가능한 자산을 보유하고 있을 경우, 은행은 가능한 이러한 통화 간 이전을 삼간다.

2. 은행은 회원국의 동의없이 회원국의 통화로 보유 중인 자산을 제3국의 통화로 전환할 수 없다.

3. 은행은 금 또는 태환가능한 통화로 지급된 자본금의 일부와 제3국의 시장에서 차용한 통화를 자유롭게 사용할 수 있다.

4. 회원국은 은행의 채무자가 자신의 영토에서 실시된 투자를 위해 원금을 상환하고 채무이자 및 보증수수료를 지불할 수 있도록 필요한 통화를 제공해야 한다.

제26조

회원국이 동 정관에 따른 회원국의 의무, 특히 공모자본금에 대한 납입 또는 대출에 대한 이자지급을 준수하지 못할 경우, 총재이사회는 회원국 또는 해당 국적인에 대한 대출 및 보증을 가중다수결 결정으로 중단할 수 있다.

이 결정은 국가와 해당 국적인이 은행에 대해 갖고 있는 의무를 면제하지 아니한다.

제27조

1. 총재이사회가 은행 활동의 중단을 결정할 경우, 자산의 실현과 보호, 보존과 채무의 처분을 위해 필요한 활동을 제외하고 모든 활동은 지체없이 중단된다.

2. 청산의 경우 총재이사회는 청산인을 임명하고, 청산을 실시하기 위한 지침을 전달한다.

제28조

1. 은행은 회원국에서 국내법에 따라 법인에게 부여될 수 있는 가장 높은 수준의 법적 위치를 확보한다. 특히 은행은 동산 및 부동산을 확보하고 사용할 수 있으며, 소송의 당사자가 될 수 있다.

은행에 부여된 특권과 면책권은 본 조약 제218조에 규정된 의정서로 정한다.

2. 은행의 자산은 모든 형태의 징발과 압수의 대상이 되지 않는다.

제29조

은행과 대부자 간의 분쟁 시 채무자와 제3자는 사법재판소에 사법권이 이양된 경우를 제외하고는 관할 국내법원에 의해 정한다.

은행은 각 회원국에 주소를 갖는다. 은행은 계약에 따라 특정 주소를 갖거나 조정 절차를 규정할 수 있다.

은행의 재산 및 자산은 법원의 결정에 의해 압류 또는 강제처분의 대상이 될 수 없다.

로마에서, 1957년 3월 25일

폴-앙리 스파크.   장 샤를 스노이 에 도퓌에르.
아데나워.   할슈타인.
피노.   모리스 포르.
안토니오 세니.   가에타노 마르티노.
베슈.   랑베르 샤우스.
조셉 룬스.   요하네스 린토스트 호만.

II 의정서

독일의 국내교역 및 연결문제에 관한 의정서

체약국은,

독일의 분단에 따라 현재의 상황을 고려하면서,

다음과 같은 규정을 본 조약에 부속하기로 합의하였다.

1. 독일연방공화국의 기본법이 적용되는 독일의 영토와 기본법이 적용되지 않는 영토 간의 교역은 독일의 국내교역에 속하며, 본 조약의 발효로 인해 독일의 현행 교역제도가 변경되지는 않는다.

2. 각 회원국은 다른 회원국과 유럽위원회에 독일연방공화국의 기본법이 적용되지 않는 독일 영토와의 교역에 관한 협정을 통보한다. 회원국은 이러한 조치의 실행이 공동시장의 원칙과 상충하는지를 감시하고, 다른 회원국 경제에 미칠 수 있는 피해를 막기 위해 적절한 조치를 취한다.

3. 각 회원국은 독일연방공화국의 기본법이 적용되지 않는 독일 영토

와의 교역으로 인해 발생할 수 있는 곤란을 방지하기 위해 적절한 조치를 취할 수 있다.

로마에서, 1957년 3월 25일

폴-앙리 스파크.	장 샤를 스노이 에 도퓌에르.
아데나워.	할슈타인.
피노.	모리스 포르.
안토니오 세니.	가에타노 마르티노.
베슈.	랑베르 샤우스.
조셉 룬스.	요하네스 린토스트 호만.

II 의정서

프랑스와 관련한 규정에 관한 의정서

체약국은,

조약의 일반 목적에 따라 현존하는 특별한 문제의 해결을 희망하면서,

다음과 같은 규정을 본 조약에 부속하기로 합의하였다.

Ⅰ. 조세와 보조금

유럽위원회와 이사회는 매년 프랑존[1]에서 시행되는 수출보조금과 수입에 대한 특별세 제도를 검토한다.

---

[1] 프랑존(Franc Zone)에는 프랑스와 14개의 사하라 사막 이남 국가들 그리고 코모로 제도(Comoro Archipelago)가 포함된다. 프랑스의 해외 식민지 대부분은 1950년대와 1960년대 초반 독립하였다. 그들은 독립 이후에도 자체 기본 화폐 단위로 프랑(Franc)이라는 이름을 유지하기로 결정하였다. 그들의 통화는 고정환율로 프랑스의 프랑과 연결되어 있었고 자유롭게 태환될 수 있었다. 그러나 1999년 프랑스가 프랑스 프랑을 폐지함에 따라, 그들의 통화는 유로(EURO)와 연동되었다.

검토 시 프랑스 정부는 보조금과 조세의 수준을 축소, 합리화하기 위해 취할 조치를 알린다.

프랑스 정부는 유럽위원회와 이사회에 독립 후에 예상하는 새로운 조세와 1957년 1월 1일로 발효된 세금의 상한선 내에서 적용하는 보조금 및 조세의 조정에 대해 통보한다. 상이한 조치는 기관 내 협의의 대상이 된다.

2. 이사회는 일치성이 결여됨으로 인해 다른 회원국의 특정 산업분야에 피해를 끼친다고 판단할 경우, 유럽위원회의 제안에 대해 전원일치로 프랑스 정부에 원자재, 중간재, 완성재의 3개 범주에 걸쳐 보조금과 조세에 관한 일치화 조치를 요구할 수 있다. 프랑스 정부가 이 조치를 취하지 않을 경우, 이사회는 다른 회원국이 이사회가 정한 조건과 방식에 따라 보호조치를 취하는 것을 가중다수결로 허용한다.

3. 1년 이상 프랑존의 경상수지가 균형을 유지하거나, 외환보유고가 특히 대외무역량을 고려할 때 만족할 수준으로 증가할 경우, 유럽위원회는 이사회의 제안에 의거하여 가중다수결로 프랑스 정부가 조세 및 보조금 제도를 폐지해야 함을 결정할 수 있다.

유럽위원회와 프랑스 정부가 프랑존의 외환보유고의 만족할 수준에 대해 합의하지 못할 경우, 양측은 합의로 중재자 역할을 할 개인 또는 기관에게 의견을 구한다. 의견의 일치를 이루지 못할 경우, 사법재판소 소장이 중재자를 정한다.

위와 같이 결정된 폐지 조치는 국제수지의 균형에 영향을 미치지 않는 조건으로 특히 점진적으로 실시되어야 한다. 이러한 폐지 조치는 본 조약을 전적으로 준수하는 가운데 이루어진다.

"경상수지" 용어는 국제기구 및 국제통화기금에 의해 채택된 의미, 즉 무역수지와 소득 또는 서비스에 대한 보수의 성격을 갖는 무형의 거래를 뜻한다.

Ⅱ. 추가 근무시간에 대한 보수

1. 회원국은 공동시장의 설립으로 인해 제1단계의 종료 시 추가 근무시간에 대한 급여지급이 기준을 상회하고, 추가 근무시간에 대한 산업 내 평균 가산율이 1956년의 평균에 따라 프랑스의 가산율에 해당할 것으로 판단한다.

2. 위의 상황이 발생하지 않을 경우, 제1단계의 종료 시 유럽위원회는 프랑스가 추가 근무시간에 대한 보수지급 방식에 있어 불균등한 영향을 받는 산업에 대해 유럽위원회가 정한 조건과 방식에 따라 보호조치를 취하는 것을 허용한다. 단 이 기간 중 다른 국가의 동 분야 급여의 평균 증가 수준이 1956년의 평균을 기준으로 프랑스의 증가 수준을 특정 퍼센티지로 상회하는 경우에는 제외한다. 이 특정 퍼센티지는 가중다수결 승인에 따라 유럽위원회가 정한다.

로마에서, 1957년 3월 25일

폴-앙리 스파크.   장 샤를 스노이 에 도퀴에르.

아데나워.		할슈타인.
피노.		모리스 포르.
안토니오 세니.	가에타노 마르티노.
베슈.		랑베르 샤우스.
조셉 룬스.		요하네스 린토스트 호만.

II 의정서

이탈리아에 관한 의정서

체약국은,

이탈리아와 관계되는 특별한 문제의 해결을 희망하면서,

다음과 같은 규정을 본 조약에 부속하기로 합의하였다.

공동체의 회원국은 이탈리아 정부가 경제확장 10개년 프로그램[1]을 실행 중임을 확인한다. 이 프로그램은 이탈리아 경제구조의 불균형을 시정하기 위한 것으로 특히 남부와 도서의 저발전지역에 대한 시설 개발과 실업을 없애기 위한 신규 고용의 창출을 도모한다.

공동체의 회원국은 이 프로그램이 이탈리아 정부가 소속된 국제협력

---

[1] 경제확장 10개년 프로그램은 소위 '바노니 계획(Vanoni plan)'으로도 불리는 1955년에서 1964년까지 시행된 이탈리아 정부의 경제발전 계획이다. 동 프로그램은 2백만 개의 일자리를 창출하고 국민 소득을 매년 5% 증가시키고 매년 1조 7천억 리라만큼 발생하는 무역 적자를 해소하는 것뿐만 아니라 이탈리아 북부와 남부의 경제 격차를 좁히기 위해 시행되었다.

기구가 원칙과 목표에 따라 고려하고 승인한 것임을 상기한다.

이탈리아 프로그램의 목적이 달성되어야 한다는 것이 그들의 공통 관심사라는 것을 인정한다.

이탈리아 정부가 위의 임무를 완수할 수 있도록 공동체 회원국은 공동체 기관에게 유럽투자은행과 유럽사회기금 재원을 적절히 사용하여 모든 방법과 본 조약에 의거한 절차를 활용할 것을 권고한다.

공동체의 기관은 본 조약의 실행에 있어 이탈리아 경제가 감당할 노력과 국제수지와 고용수준에 있어 이탈리아 내 조약 이행을 방해하는 긴장 상황의 발생 가능성을 고려한다.

공동체의 회원국은 제108조와 제109조의 실행에 있어 이탈리아 정부에 요구된 조치가 경제확장 프로그램과 삶의 개선 노력을 보호하는데 유의해야 함을 인정한다.

로마에서, 1957년 3월 25일

폴-앙리 스파크.   장 샤를 스노이 에 도퀴에르.
아데나워.   할슈타인.
피노.   모리스 포르.
안토니오 세니.   가에타노 마르티노.
베슈.   랑베르 샤우스.
조셉 룬스.   요하네스 린토스트 호만.

룩셈부르크공국에 관한 의정서

체약국은,

룩셈부르크공국과 관계되는 특별한 문제의 해결을 희망하면서,

다음과 같은 규정을 본 조약에 부속하기로 합의하였다.

제1조

1. 농업의 특수한 상황을 고려하여 룩셈부르크공국은 관세와 무역에 관한 일반협정에 대한 체약국이 1955년 12월 3일 제정한 결정에 부속한 목록에 표기된 상품의 수입에 대해 수량제한을 유지할 수 있다.

벨기에, 룩셈부르크 및 네덜란드는 1921년 7월 25일의 벨기에-룩셈부르크 경제연합 협약의 제6조 제3항에 규정된 체제를 적용한다.

2. 룩셈부르크공국은 자국 농업이 공동시장에 점진적으로 통합될 수

있도록 구조적, 기술적, 경제적 성격의 모든 조치를 취한다. 유럽위원회는 필요한 조치에 대해 권고를 제시할 수 있다.

과도기간의 종료 시, 이사회는 유럽위원회의 제안에 대해 룩셈부르크공국에게 부여된 예외조치가 유지, 변경, 철폐되는 정도를 가중다수결로 결정한다.

관련된 모든 회원국은 본 조약의 제8조 제4항의 규정에 따라 지정된 중재기관에 이 결정에 대한 상소권을 갖는다.

제2조

본 조약의 제48조 제3항에 규정된 노동자의 자유 이동에 관한 규칙을 제정함에 있어 유럽위원회는 룩셈부르크공국에 관한 한 특수한 인구 상황을 고려한다.

로마에서, 1957년 3월 25일

폴-앙리 스파크.	장 샤를 스노이 에 도퓌에르.
아데나워.	할슈타인.
피노.	모리스 포르.
안토니오 세니.	가에타노 마르티노.
베슈.	랑베르 샤우스.
조셉 룬스.	요하네스 린토스트 호만.

II 의정서

특정 국가로부터 수입되고 특별수입제도를 활용하는 상품에 관한 의정서

체약국은,

특정 국가로부터 수입되고 회원국 내로 수입 시 특별제도를 활용하는 상품에 대해 본 조약의 명확한 적용을 희망하면서,

다음과 같은 규정을 본 조약에 부속하기로 합의하였다.

1. 유럽경제공동체 설립조약의 적용은 본 조약의 발효 시 수입에 적용되는 다음 국가의 관세제도에 어떠한 변경도 요구하지 않는다.

a) 수리남 및 네덜란드령 앤틸리스 제도로부터 베네룩스 국가로 수입되는 경우
b) 모로코, 튀니지, 베트남공화국, 캄보디아 및 라오스로부터 프랑스로 수입되는 경우. 상기의 규정은 뉴헤브리디스 제도의 프랑스 회사에도 적용된다.

c) 리비아와 현재 이탈리아의 신탁통치령인 소말리아로부터 이탈리아로 수입되는 경우

　2. 앞서 언급된 제도를 활용하여 회원국에 수입된 상품은 다른 회원국으로 재수출될 경우 본 조약 제10조의 의미로 볼 때 자유로운 이동 상태에 있는 것으로 간주되지 않는다.

　3. 본 조약의 발효 첫 번째 연도의 종료 전에 회원국은 유럽위원회와 다른 회원국에게 동 의정서에 규정된 특별제도에 관한 법규와 활용대상이 되는 상품의 목록을 통보한다.

　회원국은 유럽위원회와 다른 회원국에 이 목록과 제도가 추후 변경될 경우, 이를 통보한다.

　4. 유럽위원회는 이러한 법규의 적용이 다른 회원국에게 피해를 입히지 않도록 감시한다. 유럽위원회는 이를 위해 회원국 간의 관계에 있어 모든 적절한 조치를 강구한다.

　로마에서, 1957년 3월 25일

　폴-앙리 스파크.　　장 샤를 스노이 에 도퓌에르.
　아데나워.　　　　　할슈타인.
　피노.　　　　　　　모리스 포르.
　안토니오 세니.　　　가에타노 마르티노.
　베슈.　　　　　　　랑베르 샤우스.
　조셉 룬스.　　　　　요하네스 린토스트 호만.

II 의정서

알제리와 프랑스공화국의 해외행정도에 대해 유럽석탄철강공동체에 속하는 상품에 적용되는 제도에 관한 의정서

체약국은,

알제리와 프랑스공화국의 해외행정도에 관한 조약의 규정이 유럽석탄철강공동체 설립조약의 대상이 되는 상품에 적용되는 제도에 알제리와 이 행정도에 관해 문제가 될 수 있다는 점을 인식하면서,

양 조약의 원칙과 조화를 이루는 가운데 적절한 해결책을 찾기를 희망하면서,

가능한 짧은 시간 내에, 늦어도 유럽석탄철강공동체 설립조약의 첫 번째 개정 시에 상호협력의 정신으로 이 문제를 해결할 것이다.

로마에서, 1957년 3월 25일

폴-앙리 스파크.		장 샤를 스노이 에 도퓌에르.
아데나워.		할슈타인.
피노.			모리스 포르.
안토니오 세니.		가에타노 마르티노.
베슈.			랑베르 샤우스.
조셉 룬스.		요하네스 린토스트 호만.

II 의정서

광물유와 특정 부산물에 관한 의정서

체약국은,

다음과 같은 규정을 본 조약에 부속하기로 합의하였다.

1. 각 회원국은 다른 회원국과 제3국에 대해 본 조약의 발효 후 6년 동안 관세 및 유사한 효과를 갖는 세금을 브뤼셀 분류법 27.09, 27.10, 27.12 및 ex 27.13 (파라핀 왁스, 미정질 왁스, 슬랙 왁스 그리고 스케일 왁스)에 속하는 상품에 대해 1957년 1월 1일 또는 낮은 경우 본 조약의 발효 시에 유지할 수 있다. 원유에 대한 관세는 원유와 상기의 부산물에 적용되는 1957년 1월 1일 기준관세의 차이를 5% 이상 인상하지 않는다. 이러한 차이가 존재하지 않을 경우, 코드 27.09에 속하는 제품에 대해서는 1957년 1월 1일 기준 적용되는 관세의 5%를 상회하지 않도록 제정할 수 있다. 6년의 기간이 만료되기 전에 코드 27.09에 속하는 제품에 대해 관세 및 유사한 효과를 갖는 세금을 인하할 경우, 다른 상품에 대한 관세 및 세금도 상응하여 인하된다.

이 기간의 만료 후 위의 호에 규정된 조건에 의해 유지되는 관세는 다른 회원국에 대해 완전히 철폐된다. 같은 날 제3국에 대한 공동관세가 적용된다.

2. 브뤼셀 분류법 코드 27.09에 속하는 광물유 생산에 대한 보조금은 원유의 가격을 보험 및 운임을 포함한 세계시장의 가격으로 낮추기 위해 필요한 범위에서 본 조약의 제92조 제3항 c)의 적용대상이 된다. 첫 번째 두 단계 동안 유럽위원회는 전술된 보조금의 남용을 막기 위해 필요한 범위 내에서만 제93조에 규정된 권한을 사용한다.

로마에서, 1957년 3월 25일

폴-앙리 스파크.   장 샤를 스노이 에 도퓌에르.
아데나워.   할슈타인.
피노.   모리스 포르.
안토니오 세니.   가에타노 마르티노.
베슈.   랑베르 샤우스.
조셉 룬스.   요하네스 린토스트 호만.

II 의정서

유럽경제공동체 설립조약의 네덜란드왕국의 비유럽지역 적용에 관한 의정서

체약국은,

유럽경제공동체 설립조약의 서명 시 네덜란드왕국에 대한 본 조약 제227조 규정의 범위를 명확히 하기를 유의하면서,

다음과 같은 규정을 본 조약에 부속하기로 합의하였다.

네덜란드공화국 정부는 1954년 12월 29일의 정관에 따른 왕국의 헌법적 구조로 인해 제227조에 대한 예외조치로서 유럽 내의 왕국과 네덜란드령 뉴기니에 대해서만 본 조약을 비준할 권한을 갖는다.

로마에서, 1957년 3월 25일

폴-앙리 스파크.   장 샤를 스노이 에 도퓌에르.
아데나워.   할슈타인.

피노.	모리스 포르.

안토니오 세니.	가에타노 마르티노.

베슈.	랑베르 샤우스.

조셉 룬스.	요하네스 린토스트 호만.

공동체와 해외 국가 및 영토의 협력에 관한 이행 협약

체약국은,

본 조약 제136조에 규정된 이행 협약을 제정하기를 희망하면서,

다음과 같은 규정을 본 조약에 부속하기로 합의하였다.

제1조

회원국은 아래 규정된 조건에 따라 본 조약 부속서 IV에 열거된 국가와 영토의 사회경제적 발전을 촉진하기 위한 조치에 참여하고 해당 국가 및 영토의 관할 당국이 이룩한 발전에 조력한다.

이를 위해 해외 국가 및 영토를 위한 발전기금을 설립하고 동 협약의 부록 A에 규정된 연간 분담금을 5년에 걸쳐 납입한다.

유럽위원회는 이 기금의 운영을 담당한다.

제2조

해외 국가 및 영토의 관할 당국은 지역 당국 또는 관련 국가와 영토의 주민 대표자와 합의하여 유럽위원회에 공동체의 재정지원이 필요한 사회경제적 프로젝트를 제출한다.

제3조

유럽위원회는 매년 동 협약의 부록 B의 요청에 따라 기금의 지원이 가능한 프로젝트 범주에 할당된 일반 프로그램을 수립한다.

일반 프로그램은 재정지원을 위해 다음과 같은 프로젝트를 포함한다.

a) 특정 기관, 특히 병원, 교육 또는 전문 연구기관, 주민의 직업 활동을 지도·촉진하기 위한 기관
b) 생산적이고 구체적인 발전프로젝트를 포함하는 프로그램의 실행과 직접적으로 관련된 공공이익 성격의 경제투자

제4조

집행 초기에 이사회는 유럽위원회와 협의를 거친 후 다음의 대상에 대해 재정지원을 위한 금액을 가중다수결로 결정한다.

a) 제3조 a)에 언급된 사회적 기관

b) 제3조 b)의 취지에 해당하는 공공이익 성격의 경제투자

이사회의 결정은 유용 금액의 지리적 분배를 고려해야 한다.

제5조

1. 유럽위원회는 사회적 기관의 다양한 재정지원 요구에 대해 제4조 a)에 따라 결정한다.

2. 유럽위원회는 제4조 b)에 따라 담당하는 경제적 투자 프로젝트의 재정지원에 대한 제안서를 작성한다.

유럽위원회는 이를 이사회에 통보한다.

1개월 기간 내에 회원국이 이사회에 요청하지 않을 경우, 제안은 승인된 것으로 간주한다.

이사회가 해당 제안을 심사하였을 때, 이사회는 2개월의 기한 내에 가중다수결로 결정한다.

3. 해당 연도에 배당되지 않은 자금은 다음 연도로 이월된다.

4. 지급된 자금은 직무를 수행하는 관할 당국의 통제 하에 둔다. 유럽위원회는 자금의 사용이 할당에 부합하는지 여부와 최선의 경제적 상황에서 진행되는지 여부를 감시한다.

제6조

이사회는 본 조약의 발효 6개월의 기간 이내에 재정 분담금의 징수와 이전, 예산 편성 그리고 발전기금의 재원 운용에 관한 유럽위원회의 제안에 대해 가중다수결로 결정한다.

제7조

제4조, 제5조 및 제6조에 명시된 가중다수결은 67표이다. 각 회원국은 다음과 같은 표를 갖는다.

벨기에 ········ 11표
독일 ·········· 33표
프랑스 ········ 33표
이탈리아 ······ 11표
룩셈부르크 ···   1표
네덜란드 ······ 11표

제8조

각 국가 또는 영토에 있어 설립권은 해당 국가 또는 영토와 특별한 관계를 갖고 있는 회원국 외에 다른 회원국의 국적인과 기업에 대해 점진적으로 확대된다. 방식은 본 조약의 발효 첫해에 유럽위원회의 제안에 대해 이사회가 가중다수결로 정한다. 과도기간 동안 모든 차별이 점진적으로 철폐될 수 있도록 한다.

제9조

회원국과 해외 국가 및 영토의 상업 교역을 위한 관세 체제는 본 조약의 제133조와 제134조에 의거하여 규정된다.

제10조

회원국은 동 협약의 기간 동안에 해외 국가 및 영토와의 상업 교역에 있어 회원국 간 교역에 대한 수량적 제한 폐지에 관한 본 조약의 장에 명시된, 회원국 간 상호관계에 관한 규정을 적용한다.

제11조

1. 수입 쿼터를 운영하는 해외 국가 또는 영토에 있어 해외 국가 또는 영토와 특별 관계를 갖고 있지 않은 회원국에 허용된 쿼터는 동 협약 발효 1년 후에는 다른 회원국에 차별없이 적용되는 전체 쿼터로 변경한다. 같은 날짜부터 이 쿼터는 매년 본 조약의 제33조 제1항, 제2항, 제4항, 제5항, 제6항 및 제7항을 적용하여 매년 확대된다.

2. 자유화 대상이 되지 않는 상품에 대해서 전체 쿼터는 해당 국가 및 영토에 대한 수입의 7%를 상회하지 않는 경우, 7%에 해당하는 쿼터를 늦어도 동 협약의 발효 1년 후까지 정하고, 이후 제1항에 따라 매년 확대한다.

3. 수입 쿼터가 없는 상품에 대해서 유럽위원회는 개방을 위한 방식과 다른 회원국에게 쿼터를 확대하는 방식을 결정의 형태로 정한다.

제12조

회원국의 수입 쿼터가 한 국가 또는 영토와 특별한 관계를 맺고 있는 회원국으로부터의 수입에 적용되거나, 이 국가 및 영토로부터의 수입에 적용되는 한, 해외 국가 및 영토로부터 수입되는 몫은 수입 통계에 따라 규정된 전체 쿼터의 대상이 된다. 이 쿼터는 동 협약의 발효 첫해 동안에 정하고, 제10조에 명시된 규정에 따라 확대한다.

제13조

제10조의 규정에도 불구하고 공중도덕, 공중질서, 공공안전, 보건, 사람과 동물의 생명, 식물자원 보호, 예술적, 역사적, 인류학적 가치를 갖고 있는 국립문화재의 보호, 산업 및 상업권의 보호를 이유로 수입, 수출, 경유를 제한하거나 금지하는 조치를 금하지 못한다. 다만, 이러한 금지와 제한은 자의적인 차별의 도구 또는 국가 간 무역의 감춰진 제한조치가 되어서는 아니 된다.

제14조

동 협약의 만료 후, 새로운 기간에 대해 예정된 협력 규정의 제정 시까지 해외 국가 및 영토와 회원국에서 해외 국가 및 영토에서 생산된 상품에 대한 수입 쿼터는 5년 차에 고정된 수준을 유지한다. 5년 차 종료 시에 실행 중인 설립권과 관련된 세칙도 유지된다.

제15조

1. 제3국으로부터 이탈리아와 베네룩스 국가에 대한 원두커피 수입과 독일연방공화국에 대한 바나나 수입은 동 협약에 부속된 의정서에 따라 저율관세할당을 활용할 수 있다.

2. 새로운 협정의 체결 전에 동 협약이 만료될 경우, 새로운 협정의 발효 전에 회원국은 바나나, 코코아콩, 원두커피에 대해 2단계 초에 실행되는 저율관세할당을 활용할 수 있다. 이 쿼터는 유효한 통계자료가 있는 마지막 연도에 제3국으로부터의 수입 물량과 같다.

이 쿼터는 필요한 경우 수입국의 소비 증가에 비례하여 조정된다.

3. 제3국으로부터의 원두커피와 바나나 수입에 관한 의정서에 따라 본 조약의 발효 시 적용되는 저율관세할당을 활용하는 회원국은 이 상품에 대해 제2항에서 규정된 체제 대신에 동 협약의 만료 시에 해당하는 저율관세 적용 쿼터를 유지할 수 있다.

이 쿼터는 필요한 경우 제2항에 규정된 조건에 따라 조정된다.

4. 유럽위원회는 관련 회원국의 요구에 따라 전 항에 규정된 저율관세할당의 대상이 되는 물량을 정한다.

제16조

동 협약의 제1조에서 제8조에 명시된 규정은 알제리와 프랑스의 해외 행정도에 적용된다.

제17조

제14조와 제15조의 규정을 침해하지 않는 범위에서 동 협약은 5년의 기간 동안에 체결된다.

로마에서, 1957년 3월 25일

폴-앙리 스파크.   장 샤를 스노이 에 도퓌에르.
아데나워.   할슈타인.
피노.   모리스 포르.
안토니오 세니.   가에타노 마르티노.
베슈.   랑베르 샤우스.
조셉 룬스.   요하네스 린토스트 호만.

협약의 제1조에 규정된 부록 A

	1년 차	2년 차	3년 차	4년 차	5년 차	총계
퍼센티지	10%	12.5%	16.5%	22.5%	38.5%	100%
국가	백만 유럽결제동맹 계산단위					
벨기에	7	8.75	11.55	15.75	26.95	70
독일	20	25	33	45	77	200
프랑스	20	25	33	45	77	200
이탈리아	4	5	6.60	9	15.40	40
룩셈부르크	0.125	0.15625	0.20625	0.28125	0.48125	1.25
네덜란드	7	8.75	11.55	15.75	26.95	70

협약의 제3조에 규정된 부록 B

	1년 차	2년 차	3년 차	4년 차	5년 차	총계
퍼센티지	10%	12.5%	16.5%	22.5%	38.5%	100%
국가	백만 유럽결제동맹 계산단위					
벨기에	3	3.75	4.95	6.75	11.55	30
프랑스	51.125	63.906	84.356	115.031	196.832	511.25
이탈리아	0.5	0.625	0.825	1.125	1.925	5
네덜란드	3.5	4.375	5.775	7.875	13.475	32

바나나 수입을 위한 저율관세할당에 관한 의정서
(브뤼셀 분류법 Ex 08.01)

체약국은,

다음과 같은 규정을 동 협약에 부속하는데 합의하였다.

1. 본 조약의 제23조 제1항 b)에 규정된 관세의 상호접근부터 2단계 종료 시까지 독일연방공화국은 매년 1956년 수입 물량의 90%에 해당하는 면세수입 쿼터를 활용할 수 있다. 이 쿼터에서 본 조약의 제131조에 의거하여 해외 국가 및 영토로부터 수입되는 물량은 제외한다.

2. 2단계 종료 시부터 3단계 만료 시까지 쿼터는 위에서 정한 물량의 80%로 한다.

3. 제1항과 제2항에서 규정된 연간 쿼터는 전년도의 수입과 1956년의 수입 간 차이의 50%로 확대한다.

총수입량이 1956년에 비해 감소할 경우, 쿼터는 제1항에 규정된 기간에는 전년도 수입의 90%를 상회할 수 없으며, 제2항에 규정된 기간에는 전년도 수입의 80%를 상회하지 않는다.

4. 공동관세가 완전히 적용된 후부터 쿼터는 1956년 수입의 75%로 정한다. 이 쿼터는 제3항 제1호에 규정된 조건에 따라 변동이 가능하다.

수입이 1956년에 비해 감소할 경우, 위에 규정된 연간 쿼터는 전년도 수입의 75%를 상회하지 않는다.

이사회는 유럽위원회의 제안으로 쿼터의 폐지 또는 변경을 가중다수결로 결정한다.

5. 본 조약의 제131조에 의거하여 국가 및 영토로부터 수입되는 물량이 적은 1956년의 수입량은 290,000톤이며, 위에 기술된 규정에 따라 산정기초액이 된다.

6. 국가 및 영토가 독일연방공화국의 수요에 대해 완전한 공급을 할 수 없을 경우, 관련 회원국은 독일의 저율관세 쿼터를 확대하는데 동의할 것을 선언한다.

로마에서, 1957년 3월 25일

폴-앙리 스파크.   장 샤를 스노이 에 도퀴에르.
아데나워.   할슈타인.
피노.   모리스 포르.
안토니오 세니.   가에타노 마르티노.

베슈.   랑베르 샤우스.
조셉 룬스.   요하네스 린토스트 호만.

동 의정서의 서명 시 독일연방공화국의 전권대표는 독일 정부의 이름으로 다음과 같은 선언을 하며, 다른 전권대표들은 이를 확인한다. :

독일연방공화국은 협력한 해외 국가 및 영토로부터 수입되는 바나나의 판매를 위해 독일의 사익에 따른 조치를 장려할 것임을 선언한다.

이를 위해 가능한 빨리 경제계와 바나나의 유통과 판매와 관련된 국가들 간에 협의를 시작한다.

원두커피 수입을 위한 저율관세할당에 관한 의정서
(브뤼셀 분류법 Ex 09.01)

체약국은,

다음과 같은 규정을 동 협약에 부속하는데 합의하였다.

A. 이탈리아

해외 국가 및 영토와 공동체 간 협력의 제1단계 동안, 그리고 본 조약 제23조에 따라 관세 변경이 첫 번째로 이루어진 후부터 이탈리아의 영토로 수입되는 제3국산 원두커피에 대해서는 1956년의 수입량과 같은 쿼터의 범위에서 본 조약의 발효 시 실행되는 관세가 적용된다.

본 조약 발효 후 6년 차부터 2단계의 만료 시까지 전 항에 규정된 초기 쿼터는 20% 감축된다.

3단계 초부터, 그리고 3단계 동안에 쿼터는 초기 쿼터의 50%로 정한다.

과도기간의 종료 후 4년 동안 이탈리아에 대한 원두커피 수입은 본 조약의 발효 시 초기 쿼터의 20%까지 이탈리아에 적용되는 관세를 활용할 수 있다.

유럽위원회는 전 항에 규정된 퍼센티지와 기간이 적절한지 여부를 검토한다.

본 조약의 규정은 위에서 정한 쿼터를 초과한 수입 물량에 적용할 수 있다.

B. 베네룩스 국가

2단계 초부터, 그리고 2단계 동안 베네룩스 국가의 영토에 수입되는 제3국산 원두커피는 유효한 통계자료가 있는 마지막 연도의 원두커피 수입량에 대해 무게기준 85%까지 관세면제를 받을 수 있다.

3단계 초부터, 그리고 3단계 동안 전 항에 규정된 관세면제 수입량은 유효한 통계자료가 있는 마지막 연도의 원두커피 수입량에 대해 무게기준 50%로 축소한다.

본 조약의 규정은 위에서 정한 쿼터를 초과한 수입 물량에 적용할 수 있다.

로마에서, 1957년 3월 25일

폴-앙리 스파크.　　장 샤를 스노이 에 도퓌에르.

아데나워.　　할슈타인.

피노.　　모리스 포르.

안토니오 세니.　　가에타노 마르티노.

베슈.　　랑베르 샤우스.

조셉 룬스.　　요하네스 린토스트 호만.

특권과 면책권에 관한 의정서

유럽경제공동체 설립조약의 체약국은,

본 조약의 제218조에 의거하여, 공동체는 별도 의정서에 따라 회원국 영토에서 임무 수행에 필요한 특권과 면책권을 향유하는 것을 고려하면서,

유럽투자은행의 정관에 관한 의정서 제28조에 의거하여, 은행이 상기 항에 명시된 의정서가 정한 특권과 면책권을 향유하는 것을 고려하면서,

동 의정서를 제정하기 위해 다음의 자들을 전권대표로 지명하였다. :

벨기에 국왕 : 장 샤를 스노이 에 도뤼에르 남작, 경제 위임장관, 정부 간회의 벨기에 대표단 의장;

독일연방공화국 대통령 : 칼 프리드리히 오퓔스[1] 교수, 독일연방공화

---

[1] 칼 프리드리히 오퓔스(Carl Friedrich Ophüls)는 독일연방공화국(서독)의 외교관이자 대학교수였다. 그는 독일연방공화국 건국 이후 1949년부터 1952년까지 법무부에서 국제법과 정부간 특별법 및 평화 정착에 관한 법적 문제를 담당하는 제4부서

국 대사, 정부간회의 독일 대표단 의장;

프랑스공화국 대통령 : 로베르 마졸랭,[2] 법학 교수, 정부간회의 프랑스 대표단 부의장;

이탈리아공화국 대통령 : 비토리오 바디니 콘팔로니에르,[3] 외무담당 차관, 정부간회의 이탈리아 대표단 의장;

룩셈부르크 대공 : 랑베르 샤우스, 룩셈부르크공국 대사, 정부간회의 룩셈부르크 대표단 의장;

네덜란드 여왕 : 요하네스 린토스트 호만, 정부간회의 네덜란드 대표단 의장;

전권대표들은 정본 전권위임장을 교환하면서,

의 책임자로 재직하였다. 이후 그는 1955년부터 1958년 벨기에 주재 독일연방공화국 대사를 역임하였으며, 메시나회담으로 설립된 유럽경제공동체와 유럽원자력공동체 설립에 관한 정부간회의 독일대표단의 의장으로 활동하였다.

[2] 로베르 마졸랭(Robert Marjolin)은 1950년대 유럽통합에 이바지한 프랑스 경제학자이자 정치인이었다. 그는 1948년부터 1954년까지 유럽경제협력기구의 초대 사무총장을 역임하면서 유럽 국가의 경제적 통합에 크게 이바지하였다. 이후 그는 유럽경제공동체와 유럽원자력공동체 설립과 관련된 정부간회의에서 프랑스 대표단의 부의장을 맡기도 하였으며, 1958년 초대 유럽위원회인 할슈타인 위원회에서 두 명의 프랑스 유럽위원회 위원 중 한 사람으로 임명되었다. 또한 그는 1962년 제2기 할슈타인 위원회에 재임명되어 1967년까지 유럽위원회 위원으로 활동하였다.

[3] 비토리오 바디니 콘팔로니에리(Vittorio Badini Confalonieri)는 이탈리아의 정치인으로 1959~1961년, 1966~1969년까지 서유럽연합 의회(Assembly of the Western European Union)의 의장을 역임하였다. 또한 그는 이탈리아 외무담당 차관이자 이탈리아 정부간회의 대표단 의장으로 1957년 파리에서 개최된 유럽경제공동체와 유럽원자력공동체 설립에 관한 정부간회의에 참석하였다.

유럽경제공동체 설립조약에 부속되는 다음의 규정에 합의하였다.

제1장 공동체의 재산, 자금, 자산 그리고 운영

제1조

공동체의 부지와 건물은 불가침이다. 부지와 건물은 수색, 징발, 압수 및 수용으로부터 면제된다. 공동체의 재산과 자산은 사법재판소의 승인 없이는 행정적, 사법적 제한조치의 대상이 되지 않는다.

제2조

공동체의 공문서 보관소는 불가침이다.

제3조

공동체와 공동체의 자산, 수입 및 재산은 모든 직접세가 면제된다.

회원국 정부는 공동체가 공적 용도로 실시한 구매의 가격에 간접세가 포함될 때, 부동산 또는 동산의 가격에 포함된 간접세와 판매세를 인하 또는 환급하는데 직절한 규정을 가능한 제정한다. 공동체 내의 경쟁을 왜곡하는 효과를 갖는 경우에는 이 규정을 적용하지 않는다.

공익사업에 대한 요금에 해당하는 세금과 회비에 대해서는 면제가 부여되지 않는다.

제4조

　공동체는 공적 사용을 위한 모든 재화에 있어 관세, 수입 금지 및 제한 조치로부터 면제된다. 이에 따라 수입된 재화는 반입 국가의 영토에서 유상 또는 무료로 양도되지 않는다. 해당 국가의 정부에 의해 승인된 조건 하에서는 예외로 한다.

　공동체는 또한 해당 공표와 관련하여 수출과 수입에 대한 관세와 수입 금지 및 제한조치로부터 면제된다.

제2장 통지와 통행증

제5조

　공적 통지와 문서의 전달을 위해 공동체 기관은 각 회원국의 영토에서 회원국이 외교사절에 부여한 대우를 보장받는다.

　공동체 기관의 공적 서신과 통지는 검열되지 않는다.

제6조

　이사회가 정한 형식에 따라 회원국 당국이 유효한 여행증서로 인정한 통행증은 공동체 기관의 기관장에 의해 구성원 및 직원에게 발급된다. 이 통행증은 본 조약의 제212조에 규정된 공무원복무규칙과 고용조건에서 정한 조건에 따라 공무원과 기타 직원에게 발급된다.

유럽위원회는 이 통행증이 제3국의 영토에서 유효한 여행증서로 인정될 수 있도록 협정을 체결할 수 있다.

제3장 의회의 의원

제7조

의회의 회의 장소를 오가는 의원의 자유 이동에 대해서 어떠한 행정적 또는 다른 성격의 제한조치도 부과될 수 없다.

의회의 의원은 관세와 외환 규제에 관해 다음과 같은 적용을 받는다.

a) 자국 정부에 의해 일시적인 공적 임무로 외국에 방문하는 고위관료에게 제공된 것과 같은 편의 부여
b) 다른 회원국 정부에 의해 일시적인 공적 임무 중인 외국 정부의 대표에게 제공하는 것과 같은 편의 부여

제8조

의원은 자신의 역할을 수행하는데 있어 행사한 의견 또는 표결을 이유

로 조사, 구금 또는 법적 소송의 대상이 되지 않는다.

제9조

의회의 회기 중 의원은 다음과 같은 혜택을 누릴 수 있다.

a) 자국 영토에서 자국 의회의 의원에게 인정된 면책권
b) 다른 회원국의 영토에서 구금 조치와 법적 소송의 면책권

면책권은 의회의 회의 장소를 오가는 의원에게도 마찬가지로 적용된다.

면책권은 의원이 위법행위를 저지른 것으로 판정될 경우 주장될 수 없으며, 의회가 의원의 면책권을 철회하는 것을 막을 수 없다.

제4장 공동체 기관의 업무에 참여하는 회원국의 대표

제10조

공동체 기관의 업무에 참여하는 회원국의 대표와 그들의 보좌관, 전문위원은 임무를 수행하거나 또는 회의 장소를 오가는 동안 특권, 면책권 및 혜택을 향유한다.

동 조는 공동체의 자문기구 구성원에게도 적용된다.

제5장 공동체의 공무원과 기타 직원

제11조

본 조약 212조에 언급된 공동체의 공무원과 기타 직원은 각 회원국 영토에서 그들의 국적을 불문하고 다음을 향유한다.

a) 본 조약의 179조와 제215조의 규정의 한도 내에서 구두 또는 서면을 포함하여 공식자격으로 수행된 행위와 관련하여 사법면책권을 향유한다. 그들은 임기가 만료된 이후에도 면책권을 계속 향유한다.

b) 배우자와 부양가족에 대해 이민 제한에 관한 조치 및 외국인 등록 절차가 적용되지 않는다.

c) 통화 또는 외환 규칙과 관련하여, 국제기구 관료에게 관습적으로 부여된 것과 동일한 편의를 부여받는다.

d) 관련 국가에서 첫 번째 정착 시 마지막 주거지 또는 자국에서 가구 및 물품을 무관세로 반입하는 권리와 임기 종료 시 당해 국가에서 가구 및 물품을 무관세로 재반출할 수 있는 권리를 누린다. 단 제권리가 행사되는 해당 국가의 정부에 의해 필요하다고 인정되는 범위로 제한한다.

e) 마시막 주거지 또는 자국에서 국내 법률에 맞게 취득한 개인 용도의 자동차를 무관세로 반입하는 권리와 무관세로 재반출할 수 있는 권리를 누린다. 단 제권리가 행사되는 해당 국가의 정부에 의해 필요하다고 인정되는 범위로 제한한다.

제12조

본 조약의 발효 후 1년의 기한 내에 유럽위원회가 제출한 제안에 대해 이사회가 정한 조건과 절차에 따라 공동체의 공무원과 기타 직원은 공동체가 지급한 급여, 임금 및 보수에 대해 공동체에 대한 납세의 의무를 갖는다.

공동체가 지급한 급여, 임금 및 보수에 대해 국내 세금은 면제된다.

제13조

수입 및 자산에 대한 세금과 상속법, 회원국과 공동체 간에 체결된 이중과세 방지를 위한 협약을 적용함에 있어 공동체를 위한 역할 수행의 사유에 한 해 공동체 근무 시작 시에 자신이 소유한 회계 상의 거처와는 다른 회원국의 영토에 거주지를 둔 공동체의 공무원과 기타 직원은 양국에서 모두 회계 상의 거처가 있는 국가에 주거를 유지하고 있는 것으로 간주된다. 단 회계 상의 거주 국가가 공동체의 회원국인 경우에 해당한다. 동 규정은 직업 활동이 없는 배우자와 본 조의 규정된 자가 부양하는 자녀에게도 적용된다.

상기 항에 규정된, 거주국의 영토에 위치한 자에게 속한 부동산은 해당 국가에서 상속세가 면제된다. 제3국의 권리와 이중과세에 관한 국제협약의 규정을 적용하는 것을 전제로 세금 결정 시 회계 상 거처의 국가에 거주하는 것으로 간주된다.

다른 국제기구를 위한 역할 수행의 사유로 취득한 거주지는 동 조 규정의 적용대상으로 간주되지 않는다.

제14조

이사회는 유럽위원회가 본 조약의 발효로부터 1년의 기간 내에 작성한 제안에 대해 전원일치로 공동체의 공무원과 기타 직원에게 적용되는 사회보장제도를 정한다.

제15조

유럽위원회의 제안에 다른 관련 기관과 협의를 거쳐 이사회는 제11조, 제12조 제2항 및 제13조의 규정이 전체 또는 부분적으로 적용되는 공동체의 공무원과 기타 직원의 범주를 정한다.

이 범주에 포함되는 공무원과 기타 직원의 성함, 직급 및 주소는 정기적으로 회원국 정부에 통보된다.

제6장 공동체에 파견된 외교공관에 대한 특권과 면책권

제16조

공동체가 소재한 자국의 영토에서 회원국은 공동체에 파견된 제3국의 외교공관에 관례적인 외교 면책권을 부여한다.

제7장 일반 규정

제17조

특권, 면책권 및 편의는 공동체의 이익을 위해서만 공동체 공무원과 기타 직원에게 부여된다.

공동체의 각 기관은 면책권의 철회가 공동체의 이익에 반하지 않는다고 판단하는 경우, 임원 또는 기타 직원에게 부여된 면책권을 철회할 수 있다.

제18조

본 의정서를 실행하기 위해 공동체 기관은 회원국의 관할 당국과 협력한다.

제19조

제11조에서 제14조 그리고 제17조는 유럽위원회 위원에게 적용된다.

제20조

재판관 및 법무관의 사법면책권에 관한 사법재판소 정관에 관한 의정서 제3조 규정을 침해하지 않는 한도에서 제11조에서 제14조 그리고 제17조는 사법재판소의 재판관, 법무관, 사무처장 및 부보고판사[4]에게 적용된다.

제21조

유럽투자은행 정관에 관한 의정서의 규정을 침해하지 않는 한도에서 본 의정서는 유럽투자은행과 부속기구의 구성원, 직원 및 은행의 업무에 참여하는 회원국 대표에게도 적용된다.

유럽투자은행은 자본금 구성 및 확충과 업무를 위해 은행이 본부를 둔 유치국에서 필요한 다양한 서식에 적용되는 모든 종류의 세금 및 유사세금을 면제받는다. 마찬가지로 은행의 해체와 청산은 세금부과의 대상이 되지 않는다. 마지막으로 정관에 따른 은행 및 부속기구의 활동은 매출세 적용 대상이 되지 않는다.

상기한 바에 의거하여 아래 서명한 전권대표들은 본 의정서의 하단에 서명을 첨부한다.

브뤼셀[5]에서, 1957년 4월 17일

장 샤를 스노이 에 도뤼에르

칼 프리드리히 오퓔스

---

4   부보고판사(Assistant Rapporteurs)은 사법재판소의 제안에 따라 이사회에서 전원일치로 지명되며 의사규칙에 명시된 조건에 따라 사법재판소에 계류 중인 사건의 준비 조사에 참여하며 보고판사인 재판관과 협력한다.

5   브뤼셀(Brussels)은 벨기에의 브뤼셀 수도권지역을 지칭하기도 하고, 브뤼셀 수도권지역에 위치한 도시를 의미하기도 한다. 현재 브뤼셀은 유럽연합의 주요 기관들이 모여 있기 때문에 흔히 '유럽연합의 수도'라고 지칭된다. 하지만 유럽연합이 브뤼셀을 공식적으로 유럽연합의 수도라고 지정한 적은 없다.

로베르 마졸랭

비토리오 바디니

랑베르 샤우스

요하네스 린토스트 호만

사법재판소의 정관에 관한 의정서

유럽경제공동체 설립조약의 체약국은,

본 조약의 제188조에 의거하여 재판소의 정관을 제정하는 것을 희망하면서,

이를 위해 다음의 자들을 전권대표로 지명하였다. :

벨기에 국왕 : 장 샤를 스노이 에 도퓌에르 남작, 경제 위임장관, 정부간회의 벨기에 대표단 의장

독일연방공화국 대통령 : 칼 프리드리히 오퓔스, 독일연방공화국 대사, 정부간회의 독일 대표단 의장

프랑스공화국 대통령 : 로베르 마폴랭, 법학 교수, 정부간회의 프랑스 대표단 부의장

이탈리아공화국 대통령 : 비토리오 바디니 콘팔로니에르, 외무담당 차

관, 정부간회의 이탈리아 대표단 의장

룩셈부르크 대공 : 랑베르 샤우스, 룩셈부르크공국 대사, 정부간회의 룩셈부르크 대표단 의장

네덜란드 여왕 : 요하네스 린토스트 호만, 정부간회의 네덜란드 대표단 의장

전권대표들은 정본 전권위임장을 교환하면서,

다음 규정을 유럽경제공동체 설립조약에 부속하는 데 합의하였다.

제1조

본 조약의 제4조에 의해 설립된 사법재판소는 본 조약과 동 정관의 규정에 따라 구성되고 기능한다.

제 I 편 재판관과 법무관의 지위

제2조

모든 재판관은 활동을 시작하기 전에 공개 법정에서 직무를 수행함에 있어 일체의 편파성 없이 양심에 따라 심의의 비밀을 누설하지 않을 것을 선언한다.

제3조

재판관은 사법면책권을 향유한다. 재판관이 사임한 후, 재판관은 구두 또는 서면을 포함하여 공식자격으로 수행된 행위와 관련하여 면책권을 계속 향유한다.

사법재판소는 본회의를 개정하여 면책권을 철회할 수 있다.

면책권이 철회되고, 재판관에 대한 형사절차가 진행될 경우, 이에 대한 재판은 어느 회원국에서든 국가법원의 최고위 구성원을 판결할 수 있는 법원에 의해 이루어져야 한다.

제4조

재판관은 정치적 또는 행정적 직무를 겸직할 수 없다.

재판관은 이사회에 의해 예외적으로 허용된 경우를 제외하고는 보수의 유무를 묻지 않고 다른 직업에 종사해서는 아니 된다.

재판관은 직무의 수행 중 혹은 종료 후에도 직무로부터 발생한 의무를 다하고, 특히 직무의 종료 후 일정한 지위 또는 이익을 받았을 때에는 고결하게 자제할 의무를 다할 것을 취임시 엄숙하게 선서한다.

이에 대해 의심이 제기될 경우, 사법재판소가 판단한다.

제5조

일반적인 교체와 사망을 제외하고 재판관의 의무는 사임을 결정할 때 종료된다.

재판관이 사임 시, 사직서는 사법재판소 소장에게 제출하며, 이사회 의장에게 전달된다. 이러한 통보 후 공석이 발생한다.

아래의 제6조가 적용되는 경우를 제외하고, 재판관은 후임자의 취임 시까지 임무를 수행한다.

제6조

해당 재판관이 요구 조건과 직무로부터 발생한 의무를 충족할 수 없다고 사법재판소의 재판관과 법무관이 전원일치로 판정하는 경우에 한해 탄핵 또는 연금 및 기타 혜택을 박탈할 수 있다. 관련된 자는 심의에 참여하지 않는다.

사무처장은 사법재판소의 결정을 의회와 유럽위원회 위원장에게 알리고, 이사회의 의장에게 통지한다.

재판관을 탄핵하는 경우 이에 대한 통보 후 공석이 발생한다.

제7조

임기 전에 직무를 종료한 재판관에 대해 후임자는 전임자 임기의 잔여기간 동안에만 재직한다.

제8조

제2조~제7조의 규정은 법무관에게도 적용된다.

제II편 기구

제9조

사무처장은 직무를 수행함에 있어 일체의 편파성 없이 양심에 따라 심의의 비밀을 누설하지 않을 것을 사법재판소에 선언한다.

제10조

사법재판소는 사무처장의 참석이 어려운 경우 교체를 준비한다.

제11조

사법재판소의 기능을 위해 공무원과 기타 직원은 사법재판소에 소속되며, 재판소장의 책임 하에 사무처장이 감독한다.

제12조

사법재판소의 제안에 따라 이사회는 전원일치 결정으로 부보고판사를 임명하고, 그 지위를 정할 수 있다. 부보고판사는 의사규칙에 의해 정하게 될 조건에 따라 사법재판소에 제기된 예비 심리에 참여하고, 보고판사 역할을 담당하는 재판관과 협력한다.

부보고판사는 독립성과 필요한 사법적 자격을 갖춘 인물 중 선발되며, 이사회가 임명한다. 부보고판사는 직무를 수행함에 있어 일체의 편파성 없이 양심에 따라 심의의 비밀을 누설하지 않을 것을 사법재판소에 선언한다.

제13조

재판관, 법무관 및 사무처장은 사법재판소가 소재하는 장소에 거주해야 한다.

제14조

사법재판소는 항시적으로 개정한다. 법원의 휴정 기간은 업무의 필요를 충분히 감안하여 사법재판소에 의해 정해진다.

제15조

사법재판소의 판결은 홀수의 구성원이 참여하는 경우에만 유효하다. 전원법정의 판결은 5인의 재판관이 참석한 경우에 유효하다. 소법정의 판결은 3인의 재판관에 의해 내려지는 경우에만 유효하다. 소법정을 구성하는 재판관 중 1인이 참석할 수 없을 경우, 의사규칙에 의해 정하게 될 조건에 따라 다른 소법정 소속의 재판관에게 참석을 요청할 수 있다.

제16조

재판관과 법무관은 한 당사자의 대리인, 조언자 또는 변호사로 본인이 과거 참여하였거나, 재판소 및 조사위원회의 구성원 또는 다른 자격으로 의견을 제시하도록 요청되었던 사건의 판결에는 참여할 수 없다.

특별한 이유로 재판관 또는 법무관이 재판 또는 조사에 참여할 수 없다고 본인이 판단하는 경우, 재판소장에게 이를 알려야 한다. 특별한 이유로 재판관 또는 법무관이 재판을 주재하거나, 결정할 수 없다고 판단하는 경우 재판소장은 이를 당사자에게 알려야 한다.

동 조를 적용하는데 애로가 있을 경우, 사법재판소가 판단한다.

일방 당사자는 사법재판소 또는 소법정에서 재판관의 국적이나 자신의 국적과 같은 재판관이 부재하다는 이유로 사법재판소와 소법정의 구성 변경을 요구할 수 없다.

제III편 절차

제17조

회원국과 공동체 기관은 사법재판소의 사건에 1인의 대리인에 의해 대표된다. 대리인은 조언자 또는 회원국 중 하나의 국가에 등록된 변호사의 보좌를 받을 수 있다.

다른 당사자는 회원국 중 하나의 국가에 등록된 변호사에 의해 대리되어야 한다.

사법재판소에 출두하는 대리인, 조언자 및 변호사는 의사규칙에 의해 정한 조건에 따라 직무의 독립적 수행에 필요한 권리와 면책권을 향유한다.

출두한 조언자 또는 변호사에 대해 사법재판소는 같은 의사규칙에 의해 정한 조건에 따라 법원과 재판소에 대해 일반적으로 인정되는 권한을 갖는다.

회원국의 국내법이 변호권을 인정하는 회원국 국민인 교수는 동 조에 의해 사법재판소에서 변호사에게 인정되는 권한을 갖는다.

제18조

사법재판소에 대한 출두 절차는 두 단계로 구성된다: 서면과 구두

서면 절차는 당사자와 결정에 있어 문제가 제기된 공동체 기관에 대한 통지문과 청원, 진정서, 변론 및 소견서와 경우에 따라서 반론 등 도움이 되는 모든 기록 및 문서와 이에 대한 인증사본을 포함한다.

통지문은 의사절차에 의거하여 정한 기간 내에 순서에 따라 사무처장에 의해 작성된다.

구두 절차는 제출된 보고서에 대한 보고판사 담당 재판관의 독해와 대

리인, 조언자 및 변호사에 대한 사법재판소의 청문, 법무관과 필요한 경우 증인 또는 전문가의 진술을 포함한다.

제19조

사무처장에게 전달된 청원서에 의해 사건은 사법재판소에 회부된다. 청원서에는 청원자의 이름과 주거지, 서명자에 대한 설명, 청원의 대상이 된 당사자, 분쟁의 내용, 법적 사유에 대한 요약이 명시되어야 한다.

청원서에는 무효화의 대상이 되는 조치 또는 본 조약 제175조에 규정된 상황에서 동 조에 규정된 요청 날짜를 증명하는 서류가 첨부되어야 한다. 이 문서가 청원서에 첨부되지 않을 경우, 사무처장은 합리적인 기간 내에 이 문서를 작성하도록 요청한다. 소송 제기를 위한 기한이 만료된 후에 이 문서가 작성되더라도 당사자의 권리가 소멸되어서는 아니 된다.

제20조

본 조약의 제177조에 규정된 경우, 국내 절차를 중단하고, 사법재판소에 회부하는 국내 사법당국의 결정은 국내 사법당국의 청구에 의해 사법재판소에 통지된다. 이 결정은 사법재판소의 사무처장에 의해 문제의 당사자와 회원국 그리고 효력과 해석에 문제가 제기된 법안의 작성에 관여한 유럽위원회와 이사회에 통지된다.

이 통지로부터 2개월 이내에 당사자와 회원국, 유럽위원회와 필요한 경우 이사회는 사법재판소에 의견서 또는 서면 소견서를 제출할 수 있다.

제21조

사법재판소는 바람직하다고 판단할 경우 모든 문서의 작성과 정보 제출을 당사자에게 요구할 수 있다. 거부하는 경우에는 이를 공식적으로 기록한다.

사법재판소는 소송에 필요하다고 판단되는 모든 정보를 이 소송의 당사자가 아닌 회원국과 기관에 마찬가지로 요구할 수 있다.

제22조

사법재판소는 자신의 선택에 따라 모든 개인, 기관, 당국, 위원회 또는 기구에게 전문가 의견을 제출해 주도록 위임할 수 있다.

제23조

의사규칙에 따라 정하게 될 조건에 따라 증인을 청문할 수 있다.

제24조

법정 출두 의무의 불이행 증인에 대해서 사법재판소는 이에 대해 법원 또는 재판소에 일반적으로 인정되는 권한을 가지며, 의사규칙에 의해 정하게 될 조건에 따라 벌금형을 선고할 수 있다.

제25조

증인 및 전문가는 의사규칙 또는 증인 또는 전문가의 국내법이 정한 방식에 따라 선언을 한 후 청문을 받을 수 있다.

제26조

사법재판소는 증인 또는 전문가에 대해 거주지의 사법당국에 의해 청문을 하도록 명령할 수 있다.

이 명령은 의사규칙에 의해 정해진 조건에 따라 적합한 사법당국이 실행할 수 있도록 전달된다. 조사활동에 따라 작성된 문서는 같은 조건으로 사법재판소에 전달된다.

사법재판소는 비용 부과의 권리를 갖고 있으나, 경우에 따라 당사자의 비용을 부담한다.

제27조

각 회원국은 증인 및 전문가의 선서 위반을 민사를 관할하는 국내 법원에 대한 범죄로 간주한다. 사법재판소의 고발에 따라 회원국은 범법행위의 당사자를 국내의 관할 사법당국에 기소한다.

제28조

법원의 심리는 사법재판소의 독자적인 판단 또는 중대한 이유로 당사자가 요청하는 경우를 제외하면 공개된다.

제29조

심리 중에 사법재판소는 전문가, 증인과 당사자를 심문할 수 있다. 반면에 심문 당사자는 대리인을 통해서 사법재판소에 변호한다.

제30조

심리 시에는 재판소장과 사무처장이 서명한 속기록을 작성한다.

제31조

사건 목록은 재판소장이 정한다.

제32조

사법재판소의 심의는 비밀이며, 비밀이 유지되어야 한다.

제33조

판결은 근거 사유를 적시해야 한다. 판결에는 심의에 참여한 재판관의 성함을 명시한다.

제34조

판결은 재판소장과 사무처장이 서명한다. 판결은 공개 법정에서 낭독된다.

제35조

사법재판소는 비용에 대한 판결을 내린다.

제36조

사법재판소 소장은 필요한 경우에 동 정관에 포함된 법규와는 다르지만 의사규칙을 통해 정해질 약식 절차에 따라 본 조약 제185조에 규정된 유예조치의 적용, 또는 제186조에 따른 잠정조치의 집행, 또는 제192조 마지막 항에 따른 강제집행의 중지를 결정할 수 있다.

재판소장이 업무를 수행할 수 없을 때에는 의사규칙에 의해 규정된 조건에 따라 다른 재판관으로 대체된다.

재판소장 또는 대체자의 판결은 임시적인 것이며, 사건의 대강에 대한 사법재판소의 결정에 부정적인 영향을 끼치지 않는다.

제37조

회원국과 공동체의 기관은 사법재판소에 회부된 사건을 중재할 수 있다.

사법재판소에 회부된 사건의 해결에 이해관계를 증명할 수 있는 모든 개인은 같은 권리를 갖는다. 단 회원국 간, 또는 공동체의 기관 간 또는 회원국과 공동체 기관 간에 발생한 사건에서는 제외된다.

중재를 위한 청원은 당사자 중 일방의 진술을 지원하기 위한 목적으로 제한한다.

제38조

피고소자가 소환된 후, 서면 진술서를 제출하지 않을 경우, 자동적으로 피고소자에게 불리한 판결이 내려진다. 판결 통지 후 1개월의 기간 내에 반론을 제기할 수 있다. 사법재판소가 다르게 판결하지 않는 한 반론은 집행을 중단시키는 효력을 갖지 못한다.

제39조

회원국, 공동체의 기관과 모든 자연인 및 법인은 의사규칙이 규정할 사안과 조건에 따라 판결에 대해 이 판결이 불리하게 작용한다면 청문절차 없이 제3자 소송을 제기할 수 있다.

제40조

판결의 의미와 범위가 명확하지 않을 경우, 사법재판소는 당사자 또는 이 문제에 이해관계를 입증하는 공동체 기관의 요청에 따라 판결을 해석한다.

제41조

판결에 대한 재심은 결정적인 영향을 미칠 수 있는 사실이 발견되고, 판결이 공표되기 전에는 사법재판소와 재심 요청 당사자에게 알려지지 않았던 경우로 제한하여 열릴 수 있다.

재심은 새로운 사실의 존재를 명백하게 확인한 후, 그 사실이 재심을 필요로 하는 성격임을 인정하고, 그러한 이유로 신청의 수용을 선언하는 사법재판소의 판결에 따라 개시된다.

판결로부터 10년의 기간이 만료된 후에는 어떠한 재심 요청도 제기될 수 없다.

제42조

거리를 고려한 유예 기간은 의사규칙에 의거하여 정한다.

당사자가 예상치 못한 상황 또는 불가항력임을 입증할 경우 기간이 만료되더라도 당사자의 권리를 저해하지 아니한다.

제43조

비계약적 책임에 따른 공동체에 대한 소송은 해당 사건이 발생한 후 5년으로 시효가 규정된다. 시효는 사법재판소에 제기된 청원 또는 피해자가 공동체 기관에 사전에 제기한 요청에 의해 중단될 수 있다. 이 경우 청원은 제173조에 의거하여 2개월 이내에 제기되어야 한다. 경우에 따라 제175조 제2항의 규정을 적용할 수 있다.

제44조

본 조약의 제188조에 규정된 사법재판소의 의사규칙은 동 정관에 의한 규정 외에 필요한 경우 이 규칙을 적용, 보완하기 위해 필요한 모든 규정을 포함한다.

제45조

본 조약 제165조의 마지막 항에 따른 조치를 이유로 필요하다고 판단되는 경우 이사회는 동 정관의 규정을 전원일치 결정으로 추가적으로 조정할 수 있다.

제46조

이사회 의장은 선서가 이루어진 직후 본 조약의 제167조의 제2항과 제3항에 따라 첫 3년 말에 임기가 만료되는 재판관과 법무관을 추첨으로 선임한다.

상기한 바에 의거하여 아래 서명한 전권대표들은 동 의정서의 하단에 서명을 첨부한다.

브뤼셀에서, 1957년 4월 17일

장 샤를 스노이 에 도퓌에르

칼 프리드리히 오퓔스

로베르 마졸랭

비토리오 바디니

랑베르 샤우스

요하네스 린토스트 호만

III 협약

유럽공동체들에 공통되는 특정 기관에 대한 협약

벨기에 국왕, 독일연방공화국 대통령, 프랑스공화국 대통령, 이탈리아 공화국 대통령, 룩셈부르크 대공, 네덜란드 여왕은,

그들이 구성한 유럽공동체들에서 유사한 임무를 수행할 책임이 있는 기관의 수를 제한하는 것을 유의하면서,

공동체들을 위해 단일 기관을 창설하기로 결정하고, 이를 위해 다음의 자들을 전권대표로 지명하였다. :

벨기에 국왕 : 폴-앙리 스파크, 외무부 장관,
     장 샤를 스노이 에 도뤼에르 남작, 경제 위임장관, 정부 간회의 벨기에 대표단 의장

독일연방공화국 대통령 : 콘라트 아데나워, 연방 총리,
     발터 할슈타인, 외무부 장관

프랑스공화국 대통령 : 크리스티앙 피노, 외무부 장관,

모리스 포르, 외무 위임장관

이탈리아공화국 대통령 : 안토니오 세니, 각료이사회 의장,
　　　　　　　　　　가에타노 마르티노, 외무부 장관

룩셈부르크 대공 : 조제프 베슈, 정부 의장, 외무부 장관,
　　　　　　　　랑베르 샤우스, 대사, 정부간회의 룩셈부르크 대표
　　　　　　　　단 의장

네덜란드 여왕 : 조셉 룬스, 외무부 장관,
　　　　　　　요하네스 린토스트 호만, 정부간회의 네덜란드 대표
　　　　　　　단 의장

전권대표들은 정본 전권위임장을 교환한 후 다음에 합의하였다.

제 I 절 의회

제1조

유럽경제공동체 설립조약과 유럽원자력공동체 설립조약이 의회에 부여하는 권한과 관할권은 유럽경제공동체 설립조약 제138조와 유럽원자력공동체 설립조약 제108조에 의거하여 구성되고 지명된 단일 의회에 양 조약에 의해 각각 규정된 조건에 따라 행사된다.

제2조

1. 직무 착수 시 제1조에서 규정된 의회는 유럽석탄철강공동체 설립조약 제21조에 의해 규정된 유럽석탄철강공동체의 공동의회를 대체한다. 의회는 본 조약에 의거하여 규정에 따라 유럽석탄철강공동체의 공동의회에 부여된 권한을 행사한다.

2. 이에 대해 제1조에서 규정된 단일 의회가 운영을 시작하는 시점에 유럽석탄철강공동체 설립조약 제21조는 폐지되고, 다음의 규정으로 대체된다. :

《 제21조

1. 의회는 각 회원국의 절차에 따라 의회가 자국 의원 중에 임명한 대표들로 구성된다.

2. 대표의 수는 다음과 같이 정해진다.

  독일 ………… 36
  벨기에 ……… 14
  프랑스 ……… 36
  이탈리아 …… 36
  룩셈부르크 … 6
  네덜란드 …… 14

3. 의회는 모든 회원국에서 통일적인 절차에 따라 직접보통선거로 선출하는 제안을 작성한다.

이사회는 회원국이 헌법상 요청에 따라 채택할 규정을 전원일치로 정한다.》

제Ⅱ절 사법재판소

제3조

유럽경제공동체 설립조약과 유럽원자력공동체 설립조약이 사법재판소에 부여하는 관할권은 유럽경제공동체 설립조약 제165조에서 제167조와 유럽원자력공동체 설립조약 제137조에서 139조에 의거하여 구성되고 지명된 단일 사법재판소에 양 조약에 의해 각각 규정된 조건에 따라 행사된다.

제4조

1. 직무 착수 시 제3조에서 규정된 사법재판소는 유럽석탄철강공동체 설립조약 제32조에 의해 규정된 유럽석탄철강공동체의 사법재판소를 대체한다. 사법재판소는 본 조약에 의거하여 규정에 따라 유럽석탄철강공동체의 재판소에 부여된 권한을 행사한다.

제3조에 규정된 단일 사법재판소의 소장은 유럽석탄철강공동체 설립조약에 의거하여 유럽석탄철강공동체의 사법재판소 소장에게 부여된 권한을 행사한다.

2. 이에 관해 제3조에 규정된 단일 사법재판소가 업무를 개시하는 때에:

a) 유럽석탄철강공동체 설립조약의 제32조는 폐지되고 다음의 규정으로 대체된다.

《 제32조

사법재판소는 7인의 재판관으로 구성된다.

사법재판소는 본회의로 개정(開廷)한다. 그러나 사법재판소는 목적에 따른 절차에 따라 예비조사 또는 특정한 종류의 사건을 판결하기 위해 3명 또는 5명의 재판관으로 구성된 소법정을 구성할 수 있다.

사법재판소는 회원국 또는 공동체 기관이 제기한 사건을 심문하거나 제41조에 의거하여 제출된 질의에 대한 선결적 판단을 내려야 할 때마다 본회의로 개정(開廷)한다.

사법재판소가 요청할 경우 이사회는 전원일치로 재판관을 증원하고 동 조의 제2항과 제3항 그리고 제32조 제2항에 따라 필요한 조정을 실시한다. 》

《 제32조 a

사법재판소는 2명의 법무관의 보좌를 받는다.

법무관은 제31조가 규정한 사법재판소의 직무 수행을 지원하기 위해 사법재판소에 회부된 사건에 대해 공개 법정에서 이유를 붙인 최종 변론을 일체의 편파성 없이 독립적으로 개진하는 역할을 갖는다.

사법재판소가 요청할 경우 이사회는 전원일치로 법무관을 증원하고, 제32조 b의 제3항에 따라 필요한 조정을 실시한다. 》

《 제32조 b

사법재판소의 재판관 및 법무관은 그 독립성에 의심의 여지가 없으며, 당해 국가에서 최고의 재판관직에 필요한 전제조건을 충족하고 있는 인물, 또는 탁월한 능력을 가진다고 인정되고 있는 법률가가 선임되어야 한다. 사법재판소의 재판관 및 법무관은 회원국 정부의 상호 합의에 의거하여 6년의 임기로 임명된다.

3년마다 재판관의 일부는 교체된다. 3인 또는 4인의 재판관이 교대로 교체된다. 3년의 첫 번째 기간 후 교체 대상인 재판관 3인은 추첨을 통해 정한다.

3년마다 법무관의 일부는 교체된다. 3년의 첫 번째 기간 후 교체 대상인 법무관은 추첨을 통해 정한다.

퇴임한 재판관 및 법무관은 재임될 수 있다.

재판관은 호선에 의해 3년의 임기로 사법재판소 소장을 선임한다. 소장은 재임될 수 있다. 》

《 제32조 c

사법재판소는 사무처장을 임명하고, 그 지위를 정한다. 》

b) 유럽석탄철강공동체 설립조약에 부속된 사법재판소의 정관에 관한 의정서 규정은 본 조약의 제32조에서 32조 c와 상충되는 한 폐지된다.

제Ⅲ절 경제사회위원회

제5조

1. 유럽경제공동체 설립조약과 유럽원자력공동체 설립조약이 경제사회위원회에 부여하는 기능은 유럽경제공동체 설립조약 제194조와 유럽원자력공동체 설립조약 제166조에 의거하여 구성되고 지명된 단일 경제사회위원회에 양 조약에 의해 각각 규정된 조건에 따라 행사된다.

2. 제1항에서 규정된 경제사회위원회는 특별 분과를 갖춰야 하며, 유럽원자력공동체 설립조약의 분야 또는 관련된 문제에 대한 해당 소분과를 둘 수 있다.

3. 유럽경제공동체 설립조약의 제193조와 제197조의 규정은 제1항에 규정된 경제사회위원회에 적용된다.

제Ⅳ절 기관의 재원 조달

제6조

단일 의회, 사법재판소 그리고 경제사회위원회의 운영을 위한 지출은 관련된 공동체에 균등하게 할당된다.

동 조의 적용 방법은 각 공동체의 해당 기관의 공동 합의로 정한다.

최종 규정

제7조

동 협약은 헌법 상 요청에 따라 체약국에 의해 비준된다. 비준서는 이탈리아공화국 정부에 기탁한다.

동 협약은 유럽경제공동체 설립조약과 유럽원자력공동체 설립조약이 발효되는 날짜에 맞춰 발효된다.

제8조

본 조약은 독일어, 프랑스어, 이탈리아어 및 네덜란드어에 의해 원본이 기초되고, 4개의 모든 언어 원본이 동일한 정본이다. 본 조약은 이탈리아공화국 정부 공문서 보관소에 기탁된다. 동 정부는 다른 각 서명국 정부에게 인증사본을 교부한다.

상기한 바에 의거하여 아래 서명한 전권대표들은 본 의정서의 하단에 서명을 첨부한다.

로마에서, 1957년 3월 25일

폴-앙리 스파크.　　장 샤를 스노이 에 도퀴에르.
아데나워.　　　　　할슈타인.

피노. 모리스 포르.
안토니오 세니. 가에타노 마르티노.
베슈. 랑베르 샤우스.
조셉 룬스. 요하네스 린토스트 호만.

공동시장과 유럽원자력공동체를 위한 정부간회의 최종의정서

최종의정서(final act)

벨기에왕국, 독일연방공화국, 프랑스공화국, 이탈리아공화국, 룩셈부르크공국 및 네덜란드공화국의 외무 장관에 의해 1956년 3월 29일 베니스에서 개최된 공동시장과 유럽원자력공동체를 위한 정부 간 회의는 브뤼셀에서 협의를 계속하였으며, 1957년 3월 25일에 로마에서의 협의에 따라 다음과 같은 원문을 제정하였다. :

I

1. 유럽경제공동체 설립조약과 그 부속서
2. 유럽투자은행의 정관에 관한 의정서
3. 독일의 국내교역 및 연결문제에 관한 의정서
4. 프랑스와 관련한 규정에 관한 의정서
5. 이탈리아에 관한 의정서
6. 룩셈부르크공국에 관한 의정서
7. 특정 국가로부터 수입되고 특별수입제도를 활용하는 상품에 관한

의정서

8. 알제리와 프랑스공화국의 해외행정도에 대해 유럽석탄철강공동체에 속하는 상품에 적용되는 제도에 관한 의정서
9. 광물유와 특정 부산물에 관한 의정서
10. 유럽경제공동체 설립조약의 네덜란드왕국의 비유럽지역 적용에 관한 의정서
11. 공동체와 해외 국가 및 영토의 협력에 관한 이행 협약
12. 바나나 수입을 위한 저율관세할당에 관한 의정서
13. 원두커피 수입을 위한 저율관세할당에 관한 의정서

II

1. 유럽원자력공동체 설립조약과 그 부속서
2. 유럽원자력공동체 설립조약의 네덜란드왕국의 비유럽지역 적용에 관한 의정서

III

유럽공동체들에 공통되는 특정 기관에 대한 협약

이러한 원문에 서명할 때 정부 간 회의는 동 의정서에 부속된 다음에 열거된 선언을 채택하였다.

1. 국제기구의 회원국과 협력에 관한 공통 선언
2. 베를린에 관한 공통 선언

3. 프랑존 소속의 독립국가와 유럽경제공동체 간의 협력을 위한 의사표시 선언
4. 리비아왕국과 유럽경제공동체 간의 협력을 위한 의사표시 선언
5. 이탈리아의 신탁통치령인 소말리아에 관한 의사표시 선언
6. 수리남 및 네덜란드령 앤틸리스 제도와 유럽경제공동체 간의 협력에 관한 의사표시 선언

정부 간 회의는 동 의정서에 부속된 다음에 열거된 선언을 법적으로 인정하였다.

1. 독일 재외국민의 정의에 관한 독일연방공화국 정부의 선언
2. 베를린에 대한 조약의 적용에 관한 독일연방공화국 정부의 선언
3. 국방의 사유로 기밀로 취급된 특허 출연에 관한 프랑스공화국 정부의 선언

마지막으로 정부 간 회의는 추후에 다음의 사항을 제정할 것을 결정하였다.

1. 유럽경제공동체의 사법재판소 정관에 관한 의정서
2. 유럽경제공동체의 특권과 면책권에 관한 의정서
3. 유럽원자력공동체의 사법재판소 정관에 관한 의정서
4. 유럽원자력공동체의 특권과 면책권에 관한 의정서

의정서 1과 의정서 2는 유럽경제공동체 설립조약에 부속된다. 의정서 3과 의정서 4는 유럽원자력공동체 설립조약에 부속된다.

상기한 바에 의거하여 아래 서명한 전권대표들은 본 의정서의 하단에 서명을 첨부하였다.

로마에서, 1957년 3월 25일

폴-앙리 스파크.   장 샤를 스노이 에 도퓌에르.
아데나워.   할슈타인.
피노.   모리스 포르.
안토니오 세니.   가에타노 마르티노.
베슈.   랑베르 샤우스.
조셉 룬스.   요하네스 린토스트 호만.

공동시장과 유럽원자력공동체를 위한 정부간회의 최종의정서

국제기구의 회원국과 협력에 관한
공통 선언

벨기에왕국, 독일연방공화국, 프랑스공화국, 이탈리아공화국, 룩셈부르크공국 및 네덜란드공화국은,

유럽경제공동체 설립조약과 유럽원자력공동체 설립조약에 서명하면서,

시장의 통합과 경제의 상호접근, 해당 영역의 원칙과 공동정책에 대한 방식을 정의하면서 유럽의 미래를 위한 책임을 인식하면서,

관세동맹과 경제발전의 효과적 수단으로서 원자력의 평화로운 발전을 위한 긴밀한 협력이 체약국은 물론, 그 외 다른 국가들의 번영에 기여해야 함을 인정하면서,

다른 국가와 협력의 확대 가능성을 유의하면서,

이러한 제조약의 발효 직후 다른 국가들, 특히 국제기구의 범위에서 공동이익의 목표에 부합하고 전체 교역의 조화로운 발전을 보장하는 협정을 체결할 의향이 있음을 선언한다.

공동시장과 유럽원자력공동체를 위한 정부간회의 최종의정서

베를린에 관한 공통 선언

벨기에왕국, 독일연방공화국, 프랑스공화국, 이탈리아공화국, 룩셈부르크공국 및 네덜란드공화국은,

베를린의 특별한 지위와 베를린에 자유세계의 지원을 제공할 필요를 고려하면서,

체약국과 베를린 주민과의 연대를 견고하게 하는 것을 유의하면서,

베를린의 경제적·사회적 상황을 지원하고, 베를린의 발전을 촉진하고 경제적 안정을 보장하기 위해 필요한 모든 조치가 취해질 수 있도록 중재 역할을 할 것이다.

공동시장과 유럽원자력공동체를 위한 정부간회의 최종의정서

프랑존 소속의 독립국가와 유럽경제공동체 간의 협력을 위한 의사표시 선언

벨기에왕국, 독일연방공화국, 프랑스공화국, 이탈리아공화국, 룩셈부르크공국 및 네덜란드공화국은,

프랑스와 프랑존 소속 독립국가들 사이에 체결된 경제금융통화 성격의 협정과 협약을 고려하면서,

유럽경제공동체 회원국과 상기의 독립국가들 간에 이루어지는 전통적 교역을 유지·강화하고 이 국가들의 경제적·사회적 발전에 기여하는 것을 유의하면서,

본 조약의 발효 직후 공동체와 경제협력을 위한 협약의 체결을 위해 이 국가들에 협상을 제안할 준비가 되었음을 선언한다.

> 공동시장과 유럽원자력공동체를 위한 정부간회의 최종의정서

리비아왕국과 유럽경제공동체 간의 협력을 위한 의사표시 선언

벨기에왕국, 독일연방공화국, 프랑스공화국, 이탈리아공화국, 룩셈부르크공국 및 네덜란드공화국은,

이탈리아와 리비아왕국 간에 존재하는 경제적 관계를 고려하면서,

유럽경제공동체 회원국과 리비아왕국 간에 이루어지는 전통적 교역을 유지·강화하고 이 국가들의 경제적·사회적 발전에 기여하는 것을 유의하면서,

본 조약의 발효 직후 공동체와 경제협력을 위한 협약의 체결을 위해 리비아왕국에 협상을 제안할 준비가 되었음을 선언한다.

이탈리아의 신탁통치령인 소말리아에 관한 의사표시 선언

벨기에왕국, 독일연방공화국, 프랑스공화국, 이탈리아공화국, 룩셈부르크공국 및 네덜란드공화국은,

소말리아 영토에 대한 신탁통치 협정의 제24조에 따라 이탈리아의 통치가 1960년 12월 2일에 종료되는 것을 감안하여, 유럽경제공동체 설립 조약의 서명시 본 조약의 제131조와 제227조의 범위를 명확하게 규정하는 것을 유의하면서,

해당 날짜 이후 소말리아의 대외관계에 대한 책임을 갖게 될 관련 당국이 해당 영토와 공동체 간의 협력관계를 확증하는 권한을 갖게 됨에 합의하고, 필요한 경우 공동체와 경제적 협력을 위한 협약 체결을 위한 협상을 이 당국에게 제안할 준비가 되었음을 선언한다.

공동시장과 유럽원자력공동체를 위한 정부간회의 최종의정서

수리남 및 네덜란드령 앤틸리스 제도와 유럽경제공동체 간의 협력에 관한 의사표시 선언

벨기에왕국, 독일연방공화국, 프랑스공화국, 이탈리아공화국, 룩셈부르크공국 및 네덜란드공화국은,

네덜란드왕국의 구성영토를 연합하는 긴밀한 관계를 고려하면서,

유럽경제공동체 회원국과 수리남 및 네덜란드령 앤틸리스 제도 간에 이루어지는 전통적 교역을 유지·강화하고 이 국가들의 경제적·사회적 발전에 기여하는 것을 유의하면서,

본 조약의 발효 직후 네덜란드왕국의 요청에 따라 공동체와 수리남 및 네덜란드령 앤틸리스 제도 간의 경제적 협력을 위한 협약의 체결을 위해 협상을 개시할 준비가 되었음을 선언한다.

공동시장과 유럽원자력공동체를 위한 정부간회의 최종의정서

독일 재외국민의 정의에 관한
독일연방공화국 정부의 선언

유럽경제공동체 설립조약과 유럽원자력공동체 설립조약의 서명 시에 독일연방공화국은 다음과 같이 선언한다. :

≪기본법에 정의된 모든 독일인은 독일연방공화국의 국적인으로 간주한다.≫

베를린에 대한 조약의 적용에 관한 독일연방공화국 정부의 선언

독일연방공화국은 비준을 위한 법안의 제출 시 유럽경제공동체 설립조약과 유럽원자력공동체 설립조약이 베를린 주(Land)에도 적용되는 것을 선언할 권리를 갖는다.

공동시장과 유럽원자력공동체를 위한 정부간회의 최종의정서

국방의 사유로 기밀로 취급된 특허 출원에 관한 프랑스공화국 정부의 선언

프랑스공화국 정부는,

유럽원자력공동체 설립조약의 제17조와 제25조 제2항의 규정을 고려하면서,

본 조약의 발효 즉시 기밀로 취급된 특허 출원이 정상적인 절차에 따라 잠정적 공표금지 조치 하에 이루어질 수 있도록 행정조치를 취하고, 프랑스 의회에 필요한 법적 조치를 제안할 것을 선언한다.

유럽원자력공동체 설립조약

- Euratom -

| 해제

유럽원자력공동체 설립조약의 구조와 의미*

박상준

　유럽원자력공동체(European Atomic Energy Community, Euratom)는 1957년 유럽통합을 더욱 강화하고 원자력을 평화롭게 이용하여 에너지 부족 문제들을 해결하기 위해 설립되었다. 현재 유럽연합(European Union, EU)과 동일한 회원국을 가지고 있으며 유럽위원회, 이사회 그리고 유럽연합사법재판소의 지배를 받는다. 다시 말해 유럽원자력공동체는 유럽원자력공동체 설립조약 제184조에 따라 유럽연합과 별개의 법인격(separate legal personality)을 가지고 있지만, 유럽연합의 기관(유럽위원회, 이사회, 유럽연합사법재판소 등)의 관할 아래 있다. 유럽원자력공동체는 유럽연합에서 거의 30%의 에너지를 생산하는 유럽의 민간 원자력 산업을 규제한다. 또한 유럽원자력공동체는 핵물질과 원자력 기술을 보호하고, 투

---

*　본 글은 "유럽원자력공동체(EURATOM)의 창설과 서독의 입장", 『통합유럽연구』 Vol. 11, No. 1, 통권 20호(2020), 153-186쪽의 내용을 일부 인용하였음.

자·연구·개발을 촉진하며, 핵물질에 대한 동등한 접근을 보장하며, 핵폐기물의 올바른 처리와 운영의 안전성을 담보한다. 특히 원자력 안전 문제는 1990년대 유럽연합이 중동부유럽 국가로 확대될 때 강조되었다. 왜냐하면 원자력이 중동부유럽 국가에 중요한 에너지 자원임에도 불구하고 원자력 발전소의 안전기준과 노동자 및 일반 대중의 보호 수준이 충분하지 않았기 때문이다. 현재 유럽원자력공동체는 미래의 풍부한 지속가능 에너지를 생산할 수 있는 핵융합 기술 개발에 관여하고 있다.

유럽원자력공동체 설립조약은 유럽연합의 3대 창설 조약 중 하나이다. 나머지 두 조약은 1951년 유럽석탄철강공동체 설립조약과 1957년 유럽경제공동체 설립조약이다. 세 공동체는 모두 사법재판소와 의회를 공유하였다. 유럽원자력공동체는 자체 유럽위원회와 이사회가 있었다. 유럽 거버넌스의 효율화를 위해, 3개 조약 모두 1965년 브뤼셀조약(Brussels Treaty)(일명 '합병조약')에 따라 하나의 유럽위원회와 이사회를 만들었다. 그리고 다른 두 조약은 만료되었거나 실질적으로 개정되었지만, 유럽원자력공동체 설립조약은 개정에도 불구하고 현재까지도 그 틀은 변함이 없다(Marcin Szczepański 2017, 2-3).

한편 유럽원자력공동체는 조약 제208조에 따라 무제한 기간으로 존속한다. 현재 유럽원자력공동체는 핵분열 및 핵융합 연구나 원자력의 평화적 이용과 관련하여 제3국(아르헨티나, 오스트레일리아, 브라질, 캐나다, 인도, 일본, 카자흐스탄, 러시아, 남아프리카, 한국, 우크라이나, 미국, 우즈베키스탄 등)과 다양한 쌍무 협정을 맺고 있다.

I. 유럽원자력공동체 설립조약의 역사적 배경과 창설 과정

전후 유럽에는 엄청난 에너지 수요가 있었다. 이러한 수요가 1951년 서독, 벨기에, 프랑스, 이탈리아, 룩셈부르크 그리고 네덜란드 정부가 유럽석탄철강공동체를 왜 설립하였는지를 잘 보여준다. 전쟁으로 폐허가 된 유럽이 하루빨리 재건되기 위해서는 막대한 에너지 수급이 절실하였다. 사용 가능한 에너지 자원을 최대한 빨리 확보해 경제를 재건하는 것이 전후 유럽의 최대 과제 중 하나였다. 그 결과로 설립된 것이 유럽석탄철강공동체(European Coal and Steel Community, ECSC)이다. 왜냐하면, 당시 유럽의 에너지 비축 상황이 광범위한 범위에서의 공동에너지정책을 수립해야 할 필요성을 제기하였기 때문이다(Gaudet 1959, 145).

유럽원자력공동체 프로젝트는 유럽석탄철강공동체 회원국들이 유럽방위공동체(European Defence Community, EDC)의 좌절 이후 유럽통합을 다시 시작하기 위한 토대를 제공하였으며, 더불어 전후 경제발전에 필요한 새로운 에너지 자원으로서 '원자력'에 부합하는 기획이었다. 하지만 원자력 연구 수행과 원자로 건설 비용은 회원국들이 개별적으로 부담하기에 너무 컸다. 회원국들은 공동으로 비용을 부담하고 노력의 중복도 피해야 한다는 점을 깨달았다. 따라서 회원국들은 경제적인 이유로 유럽원자력공동체가 공동시장의 성공에 필수적이라고 믿었다(Södersten 2018, 16-17). 물론 정치적 이유도 매우 중요하였다. 유럽은 역내 에너지 공급 부족으로 인해 해외 자원에 의존하고 있었다. 하지만 수입 에너지의 활용 가능성은 불확실하였으며, 이는 유럽의 경제성장뿐만 아니라 정치적 안보 또한 위협하였다. 게다가 유럽원자력공동체의 설립은 기술이 곧 권력이기에 유럽을 경제적으로나 군사적으로 미국과는 독자적인 제3의 권력으로 만들어 줄 것으로 기대되었다(Södersten 2018, 17).

당시 유럽원자력공동체 프로젝트를 가능하게 만든 국제적 상황은 미국 핵 정책의 방향 전환이었다. 제2차 세계대전 이후 미국은 다른 국가에서 핵무기가 개발되는 것을 막기 위해 핵 기술 및 정보의 유출을 철저하게 막는 '핵 불용 정책(policy of nuclear denial)'을 고수하였다. 하지만 미국은 1949년 소련이 핵실험에 성공하여 자국의 핵 우위 및 독점권을 상실하게 되자 핵 기술 및 정보를 공유하는 정책으로 방향을 전환하였다. 마침내 1953년 12월 아이젠하워(Dwight D. Eisenhower)는 '평화를 위한 원자력 이용'을 제안하였다. 이 제안의 가장 중요한 첫 번째 목적은 군사적인 목적을 가진 핵분열성물질을 평화적으로 이용한다는 명제를 통해 국제사회로부터의 지지를 얻고 동시에 소련과의 핵 군비 경쟁을 늦추고자 하는 데 있었다. 또한, 원자력 시장과 관련하여 큰 잠재성을 나타내고 있는 서유럽 국가들을 사전에 확보함으로써 미국의 원자력 산업을 효과적으로 발전시키고자 하는 목적도 가지고 있었다. 결과적으로 미국은 1954년 원자력법(US Atomic Energy Act)을 개정하여 동맹국들에 핵 정보를 제공하는 것으로 정책의 방향을 바꾸었다. 미국의 정책 전환은 어디까지나 원자력의 평화적인 이용을 허용하고 군사적 목적을 위한 거래를 금지한다는 내용이 핵심이었으며, 핵 협력을 미끼로 미국의 핵 규범을 적극적으로 동맹국에 전파하려는 목적이 있었다(김유정 2013, 84). 이러한 방향 전환에 따라 미국기업은 민간 양도, 해외 마케팅 그리고 핵 기술 수출에서 더 큰 자율권을 부여받았다. 미국의 핵 원료 및 기술의 공급은 세계적 수요에 개방되었다(Deubner 1979, 215).

1953년 유럽경제협력기구(Organization for European Economic Co-operation, OEEC)는 「유럽 에너지 미래에 대한 각서」(A Memorandum on Europe's energy future)를 발간하였다. 동 각서는 에너지 비용 상승이 경제발전에 역효과를 가져올 것이라는 점을 강조하였다. 이후 유럽원자력공동체 초대 위원장이 된 루이 아르망(Louis Armand)은 에너지의 필요성뿐만 아니라 원자력의 막대한 잠재력을 강조하는 유럽경제협력기구 보고서를 준비하였다(Armand 1955). 그는 원자력, 특히 원자력 시설에 대한 정보교환과 공동 자금 조달과 관련하여 다른 어떤 에너지 형태보다도 훨씬 더 높은 수준의 국제협력이 요구된다는 점을 강조하였다(Gaudet 1959, 13).

한편 1954년 말부터 1955년 초까지 경제 영역에서의 통합이 어떠한 방식과 어떠한 틀 속에서 전개되어야 할 것인가에 관한 다양한 구상들이 제안되었다. 이러한 구상들은 크게 서로 상이한 통합방식으로 모습을 드러냈다. 첫 번째 구상은 장 모네(Jean Monnet)의 것으로서 유럽석탄철강공동체의 권한을 운송 및 에너지 부문, 특히 원자력 분야까지 확대하려는 구상이었다.[1] 두 번째 구상은 네덜란드 외무장관 베이언(Johan Willen Beyen)의 것으로서 장 모네의 부문별 통합방식에 회의적이었다. 그는 부문별 통합이 초국가적인 공동시장 설립에 장애가 된다고 생각하였다(신종훈 2009, 122-124). 1955년 5월 서로 대립하는 이 두 가지 통합방식은 벨기에 외무장관 스파크(Paul H. Spaak)의 중재를 거쳐 공동각서, 즉 '베네룩스 각서(Benelux Memorandum)'로 통합되어 나머지 유럽석탄철강공동체 회원국들에 전달되었다. 동 각서는 사회적 쟁점의 조화, 공동

---

[1] 장 모네의 유럽원자력공동체 구상은 다음과 같다. 첫째, 원자력공동체는 현실적인 권한, 즉 원자력 발전소를 엄격하게 관리하고 통제할 수 있는 실질적인 권한을 가져야 한다. 둘째, 원자력공동체는 어디까지나 원자력의 평화적 사용을 목적으로 해야 한다. 따라서 독자적인 핵무기 개발 노력은 지양되어야 한다. 셋째, 미국이나 영국의 강력한 지지와 지원이 필요하다(김유정 2016, 82).

시장의 설립, 운송 및 에너지 협력, 특히 원자력 분야의 협력 등에 대한 유럽석탄철강공동체의 권한 확대를 주장하였다.[2]

같은 해 가을 프랑스 정부는 1) 우라늄을 독점하고 모든 소비자에게 동등한 가격으로 공급할 뿐만 아니라 서유럽 시장에서 필요한 물량을 구매하고, 세계시장과의 격차를 해소하고, 공동체 요구를 충족하기 위한 유럽공동농축시설을 건설하기 위한 공동기구의 설립, 2) 개별 국가의 원자로와 공동체 원자로 연구의 조정 및 재원 조달, 3) 유럽 원자력 산업을 위한 재처리시설의 공동 건설, 4) 특허 교환, 5) 원자력 산업 생산품을 위한 공동시장의 창출 등을 내용으로 하는 유럽원자력공동체 프로젝트를 제안하였다(Deubner 1979, 215).

한편 당시 미국도 유럽원자력공동체 설립을 적극적으로 지지하고 있었다. 1950년대 초반 핵 분야를 주도하였던 미국은 유럽원자력공동체 설립에 중요한 역할을 담당하였다. 미국의 행정 관료들은 핵물질의 확산 문제에 매우 민감하였는데, 유럽원자력공동체가 유럽 국가들의 독자적인 핵 또는 핵무기 개발을 막을 수 있을 것으로 보았다. 미국은 유럽원자력공동체가 초국가적 형태를 통해 스스로 견제할 수 있는 것으로 여겼고, 그런 이유로 유럽원자력공동체를 지지하였다. 달리 말하면 미국의 지지는 유럽에서의 독자적인 핵 개발을 억제·견제하기 위한 핵 정책 가운데 하나였다(김유정 2013, 262-263; Howlett 1990, 45). 미국은 공동시장보다는 유럽원자력공동체의 실현(realization)에 더 관심이 많았다(Södersten 2018, 19).

---

[2] "The Benelux Memorandum," https://www.cvce.eu/en/recherche/unit-content/-/unit/02bb76df-d066-4c08-a58a-d4686a3e68ff/4f12131a-6cef-4db5-b877-dae21adc9ae8 (검색일: 2020. 3. 10일).

마침내 1955년 메시나 회담에서 유럽석탄철강공동체 6개 회원국은 '평화로운 목적을 위한 원자력 개발이 지난 백 년의 산업혁명과의 비교를 뛰어넘는 새로운 산업혁명의 전망을 조만간 열어줄 수 있을 것'[3]이라는 내용을 강조한 결의안을 채택하였다. 또한, 메시나 결의안은 '공동기구'의 설립에 관한 연구를 권고하였다(Södersten 2018, 13-14). 하지만 메시나 회담은 유럽통합 방식과 그 방향과 관련한 상이한 견해들로 인해 어떠한 구체적인 결정도 내릴 수 없었다. 이에 유럽석탄철강공동체 6개국 외무장관들은 후속 조치로 향후 통합방식의 방향을 제안할 수 있는 위원회를 결성하기로 하였다. 동 결정에 따라 정부간위원회(Intergovernmental Committee)는 '유럽의 재도약' 가능성을 검토하고 메시나 결의안을 적용하는 과제를 부여받았다. 정부간위원회, 즉 스파크 위원회(Spaak Committee)는 유럽원자력공동체 설립과 공동시장, 즉 유럽경제공동체(European Economic Community, EEC) 설립에 관한 상세한 보고서, 일명 '스파크 보고서(Spaak Report)'를 제출하였다. 이후 1956년 두 개의 전문가 실무그룹이 구성되었다. 그 가운데 하나는 유럽원자력공동체를 위한 것이고, 다른 하나는 공동시장을 위한 것이었다. 그들의 임무는 새로운 조약 초안을 준비하는 것이었다. 스파크 위원회는 유럽의 경제성장이 에너지 수요의 충족에 달려 있다고 판단하였고, 원자력이 유럽의 에너지 문제를 해결할 수 있다고 보았다(Södersten 2018, 14).

스파크 보고서의 핵심은 유럽통합과 관련된 상이한 두 가지 통합방식, 즉 에너지 부문에서의 통합 확대(유럽원자력공동체)와 수평적 통합(공동시장)을 동시적으로 진행해야 한다는 것이었다. 다시 말해 스파크는

---

[3] Resolution adopted by the Foreign Ministers of the ECSC Member States, Messina (June 1955).

전문가 그룹의 조언을 받아 어느 한쪽을 선택하는 것이 아니라 '공동시장과 유럽원자력공동체의 연계(Junktim)'라는 일괄타결안을 제안하였다. 6개국 외무장관들은 1956년 5월 베니스 회담에서 스파크 보고서를 수용하였고, 결국 유럽원자력공동체와 공동시장 설립을 위한 정부 간 협상이 그해 가을 브뤼셀에서 개최되었다. 하지만 6개국들 사이의 호불호가 분명하였다. 프랑스는 유럽원자력공동체 설립에 관심이 높았으며, 특히 서독의 핵물질 사용을 관리하기 위해서라도 원자력 산업의 통합문제를 다룰 필요가 있다고 강력히 주장하였다. 그 대신 산업경쟁력이 약하였던 프랑스는 공동시장 설립에는 매우 회의적이었다. 반면 서독은 공동시장의 설립을 통하여 경제공동체를 강화하는 방식을 선호하였고 유럽원자력공동체 설립에는 부정적이었다. 심지어 서독은 유럽원자력공동체가 설립되면 프랑스가 공동시장 설립계획을 백지화시킬 수도 있다는 우려까지 가지고 있었다. 하지만 서독 정부는 자국 내 산업계의 강한 저항에도 불구하고 지정학적 이유로 유럽원자력공동체 프로젝트를 적극적으로 지지하겠다고 선언하였다(김유정 2016, 90; Södersten 2018, 15).

한편 스파크 보고서에 담긴 유럽원자력공동체 프로젝트는 회원국의 모든 핵분열 물질에 대한 공동 소유권을 가지는 공급청(Supply Agency)을 포함하는 등 프랑스 제안에 대체로 기반을 두고 있었다. 동 보고서에는 유럽 원자력 산업을 위한 재처리시설의 건설, 국가 및 공동체 연구의 조정과 자금 조달, 특허 교환 그리고 원자력 공동시장의 창출 등이 포함되어 있었다. 그런데 프랑스의 아이디어 가운데 일부는 마땅치 않았는데, 특히 유럽공동농축시설과 공급청에 관한 제안이 그랬다. 이 제안은 농축 우라늄에 대한 미국 독점을 깨기 위한 프랑스 전략의 일부분이었다. 공급청은 유럽공동농축시설에서 처리한 프랑스산 천연 우라늄을 구매하게 될 것이며, 이에 따라 미국의 농축 우라늄을 구매할 필요가 없어진다. 하지만 서독 산업계는 프랑스 우라늄 가격이 너무 높다는 것을 우려하였고, 오히려 미국과 양자 협정을 체결하는 것이 더 좋다고 생각하였다. 결국, 유럽공동농축시설에 대한 프랑스 아이디어는 보류되고 말았다(Södersten 2018, 14).

또 다른 중요한 쟁점은 핵무기 개발의 금지 여부였다. 프랑스는 미국과 소련으로부터 독자적인 블록을 형성하려는 노력이 위협받을 수 있다는 이유 등으로 핵무기 개발 금지에 대해 강력히 반대하였다. 이에 따라 핵무기 개발 금지는 협상 과정에서 유럽원자력공동체 조약에 도입되지 않았다. 마지막 쟁점은 어떤 형태의 협력이 원자력 통합에 가장 적합한지였다. 한 그룹은 전통적인 정부간주의적 유럽협력을 원하였으며 유럽경제협력기구(Organization for European Economy Cooperation, OEEC)를 가장 적합한 틀로 제시하였다. 또 다른 그룹은 회원국 간의 통합을 유도하는 초국가적 기구를 원하였다. 후자의 입장이 가장 적합한 제도적 해결책으로 최종 선택되었다(Södersten 2018, 15).

위에서 언급한 것처럼 유럽원자력공동체와 관련하여 두 가지 문제가 해결되지 않았다. 첫 번째는 유럽원자력공동체 설립에도 불구하고 회원국들이 원자력을 군사적으로 이용할 가능성이고, 두 번째는 유럽원자력공동체가 핵물질 및 연료의 공급을 독점할 뿐만 아니라 소유권을 가져야 한다는 것이었다. 이는 사실상 프랑스의 독점권을 보장하는 것이었다. 프랑스는 첫 번째 문제와 관련하여 군사적 옵션을 배제할 생각이 없었고, 서독은 두 번째 문제와 관련하여 반대하는 입장이었다. 어느 경우든 협상이 성공하려면 가장 높은 정치적 수준에서 결정이 내려져야 하였다(Gaudet 1959, 149).

이에 장 모네가 결성한 유럽합중국 행동위원회(Action Committee for a United States of Europe)[4]는 6명의 외무장관에게 원자력공동체 설립 가능성을 검토하기 위한 '3인의 현자'를 임명할 것을 권고하였다. 3인의 현자가 1957년 5월 발표한 '유럽원자력공동체의 목표(A Target for Euratom)'라는 보고서(Louis Armand, Franz Etzel and Francesco Giordani 1957)는 유럽의 경제성장이 에너지 수급 문제로 위험에 처해 있다고 경고하였다. 동 보고서는 유럽이 석탄과 석유의 불확실한 수입에 너무 의존하고 있다고 진단하면서 그 해결책으로 원자력을 제시하고 있다. 그들은 보고서를 작성할 때 미국과 긴밀하게 협력하였다(Anna Södersten 2018, 16). 왜냐하면, 3인의 현자는 유럽원자력공동체의 성공 여부가 미국의 전폭적인 지지에 달려 있다고 판단하였기 때문이다. 3인의 현자는 미국 방문 이후 동 보고서를 발간하였다.[5]

---

[4] 1956년 1월 유럽합중국 행동위원회는 유럽석탄철강공동체를 통해 핵분열성물질의 구매, 소유, 배포할 권리를 초국가적 위원회에 부여함으로써 개별 국가 차원에서의 핵무기 개발을 포기하도록 하였다. 이는 프랑스가 핵무기 제조권을 포기하도록 압력을 가한 것이었다. 더 나아가 이미 핵무기 제조를 포기하였던 서독이 차별받지 않도록 하기 위한 것이었다(O' Driscoll and Lake 2002, 14).

[5] 당시 아이젠하워, 덜레스(John F. Dulles) 그리고 미국의 대다수 고위 관료들은 국가와 같은 속성을 가진 응집력 있는 핵 조직을 만들겠다고 약속한 '6개국 접근'이 유럽경제협력기구라는 느슨한 조직보다 더 바람직하다고 생각하였다. 유럽원자력공동체는 프랑스-독일의 화해를 촉진하고 서독을 서유럽에 묶어두고, 유럽합중국을 촉진하며, 그리고 미국 원자력위원회(US Atomic Energy Commission, USAEC)가 여섯 개로 분리된 국가가 아닌 하나의 단일한 조직을 상대하도록 허용하였다. 유럽원자력공동체에 대한 미국의 약속을 강조하기 위해, 1956년 2월 22일 아이젠하워는 미국이 2만kg의 농축 우라늄을 제공할 것이라고 발표하였다. 동 제안은 서독과 같은 개별 국가보다는 유럽원자력공동체에 더 큰 특권을 약속한 것이었다. 이러한 미국의 정책 노선은 1956년 내내 유지되었다. 예컨대 1955년 미국-벨기에 핵 협정은 벨기에가 1960년까지 유럽원자력공동체에 콩고의 우라늄을 사용할 수 있게 하려고 1956년 7월에 개정되었다. 이는 1960년 이후 벨기에령 콩고에서 생산된 모든 우라늄을 유럽원자력공동체가 구매할 가능성을 제안한 것이었다. 우라늄 공급이

그런데 여기서 주목해야 할 것은 유럽원자력공동체를 둘러싼 프랑스와 미국의 대립이었다. 유럽원자력공동체 프로젝트는 미국과 프랑스가 구상한 원자력 시장에 대한 다양한 전략들을 반영하였다. 미국은 자국이 지배하는 원자력 시장에 6개국을 결합할 수 있게 하고 최소한의 노력으로 미국의 통제를 보장할 수 있는 공급청, 소유권 그리고 공동시장의 아이디어를 지지하였다. 그 대신 프랑스는 미국 독점을 무너뜨릴 수 있는 유럽공동농축시설을 건설하고, 이를 통해 서유럽 시장에서 프랑스 우라늄을 구매할 수 있는 공급청의 필요성을 강조하였다. 마지막으로 프랑스는 유럽 내부에서 자체적인 발전을 확보할 수 있는 공동 연구작업을 지지하였다. 하지만 프랑스의 전략은 특히 우라늄 농축과 관련하여 미국에 의해 효과적으로 저지되었다. 농축 우라늄을 생산하기 위한 유럽공동농축시설을 건설해야 한다는 의견이 제기되었을 때, 핵확산을 우려한 미국은 건설 지원을 거부하였다. 또한, 미국은 유럽원자력공동체, 특히 프랑스가 원자력을 군사적 목적에 이용할지도 모른다고 우려하고 있었다. 이러한 미국과 프랑스의 대립은 유럽원자력공동체 프로젝트에 각인되었고 재생산되었다(Deubner 1979, 208-210).

6개국 외무장관들은 1957년 5월 25일 로마에서 유럽경제공동체 설립조약과 유럽원자력공동체 설립조약을 체결하였다. 유럽원자력공동체 설립조약 전문에는 '평화'와 '번영'이라는 핵심 키워드가 포함되어 있었고, 유럽경제공동체 설립조약에는 '평화'가 언급되었지만, '번영'은 간접적으로 거론되었다(Dinan 2014, 80). 로마조약은 유럽경제공동체와 유럽원

부족하다는 사실에 비추어 본다면, 콩고산 원광석에 대한 청구권 철회는 미국이 강력한 유럽원자력공동체를 선호하고 있다는 것을 보여주는 것이다(O' Driscoll and Lake 2002, 15-16).

자력공동체라는 즉, 몸체는 하나이나 얼굴이 둘인 '샴쌍둥이'를 잉태하였다. 유럽경제공동체 설립조약은 역내 관세 철폐와 역외국에 대한 공동관세 적용 그리고 회원국 간의 상품, 서비스, 노동력 및 자본의 자유로운 이동을 허용하는 내용 등을 담고 있다. 반면 유럽원자력공동체 설립조약은 원자력의 평화적 사용을 위한 공동개발 및 연구를 통해 공동에너지 시장의 창설, 원자력의 안전, 그리고 핵연료의 균형 공급보장이 그 목적이었다. 특히 유럽원자력공동체는 원자력의 효율적인 공동관리 및 안전조치의 필요성과 독자적인 핵 개발의 억제를 강조하였다. 무엇보다도 유럽원자력공동체 조약은 원자력의 효율적인 관리를 통해 유럽의 평화를 구축해야 한다는 내용을 골자로 담고 있었다(김유정 2016, 91). 마침내 1958년 두 조약은 발효되었다.

II. 유럽원자력공동체 설립조약의 구조 및 주요 규정

1. 유럽원자력공동체 설립조약의 구조

〈표 1〉 유럽원자력공동체 설립조약의 구조

유럽원자력공동체 설립조약		
구조	전문	
	제1편 공동체의 직무	
	제2편 원자력 분야의 발전을 장려하기 위한 규정	제Ⅰ장 연구의 장려 제Ⅱ장 정보의 보급 제Ⅲ장 보건과 안전 제Ⅳ장 투자

		제Ⅴ장 합작기업
		제Ⅵ장 공급
		제Ⅶ장 안전조치
		제Ⅷ장 재산권
		제Ⅸ장 원자력 공동시장
		제Ⅹ장 대외관계
	제3편 기관 운영에 관한 규정	제Ⅰ장 공동체 기관
		제Ⅱ장 여러 기관의 공통 규정
		제Ⅲ장 경제사회위원회
	제4편 재정 규정	
	제5편 일반 규정	
	제6편 초기 시기에 관한 규정	
	최종 규정	
	부속서	부속서 Ⅰ 본 조약 제4조에 언급된 원자력에 관한 연구 분야
		부속서 Ⅱ 본 조약 제41조에 언급된 산업활동
		부속서 Ⅲ 본 조약 제48조에 따라 합작기업에 부여된 특혜
		부속서 Ⅳ 원자력 공동시장에 관한 제Ⅸ장 규정에 따른 상품과 생산품 목록
		부속서 Ⅴ 본 조약 제215조에 언급된 초기 연구훈련프로그램
	의정서	네덜란드 왕국의 비유럽 지역에 관한 유럽원자력공동체 설립조약의 적용에 대한 의정서
		특권과 면책에 대한 의정서
		사법재판소 정관에 대한 의정서

출처: 유럽원자력공동체 설립조약

유럽원자력공동체 설립조약은 전문과 최종 규정을 제외하고 6개의 제목 아래 223개(최종 규정까지 포함하면 225개)의 조항으로 구성된다. 여기에 부속서 5개와 의정서 3개가 추가된다.

2. 유럽원자력공동체 설립조약의 주요 규정

1) 유럽원자력공동체 설립조약의 기관 관련 규정

유럽원자력공동체 기관은 의회, 이사회, 유럽위원회, 사법재판소 그리고 경제사회위원회 등이다. 먼저 의회는 공동체에 결합한 국가들의 인민 대표로 구성되며 자문 및 감독 권한을 행사한다. 의회의 의원은 회원국 각국 의회에 의해 지명된 대표들로 구성되며 총 142명(이탈리아 36, 벨기에 14, 독일 36, 프랑스 36, 룩셈부르크 6, 네덜란드 14)이다. 이사회는 회원국의 대표로 구성되며 결정 권한을 행사한다. 의장직은 알파벳 순서에 따라 이사회의 개별 위원이 6개월 동안 수행한다. 가중다수결의 경우 가중치는 벨기에 2, 독일 4, 프랑스 4, 이탈리아 4, 룩셈부르크 1, 네덜란드 2이다. 유럽위원회는 공동체의 전반적인 이익을 대표하며 입법 제안 권한과 시행 권한을 갖는다. 유럽위원회의 위원은 상이한 국적을 가진 5명의 위원으로 구성된다. 위원들은 회원국 정부나 유럽원자력공동체의 다른 기관의 지시를 구하거나 받아서는 안 된다. 그들의 임기는 4년이다. 사법재판소는 조약의 해석과 적용에서 법이 준수되는지를 보장한다. 사법재판소는 7명의 재판관으로 구성되며, 이들은 2명의 법무관의 지원을 받는다. 그들은 회원국 정부와의 공동 합의를 통해 6년 임기로 임명된다. 경제사회위원회는 자문위원회로서 4년 임기의 총 101명(벨기에 12, 독일 24, 프랑스 24, 이탈리아 24, 룩셈부르크 5, 네덜란드 12)으로 구성된다. 경제사회위원회는 다양한 범주의 경제 및 사회 부문을 적절히 대표할 필요성을 고려하여 구성된다.

한편 유럽원자력공동체는 유럽위원회 주도 아래 특별기구로 공급청, 과학기술위원회 그리고 공동원자력연구센터를 둔다. 먼저 유럽원자력공동체는 광석, 선원 물질 그리고 특수핵분열성 물질의 공급을 위해 공급청을 설립해야 한다. 유럽원자력공동체 공급청은 회원국 영토 내에서 생산된 광석, 선원 물질 그리고 특수핵분열성물질에 대한 선택권과 공동체 역내로부터 또는 역외로부터 생산된 광석, 선원 물질 그리고 특수핵분열성물질에 관련된 계약을 체결할 배타적 권리를 갖는다. 공급청은 유럽위원회 감독 아래 있어야 하며, 유럽위원회는 공급청에 관한 지침을 공표하고 공급청의 결정에 대한 거부권을 가지며 청장과 부청장을 임명한다. 하지만 특이하게도 공급청은 조약에 의거하여 독자적인 법인격과 재정적 자율성을 가진다. 즉 공급청은 조약 그 자체에 의해 설립되고, 공급청의 기능 또한 조약에 상세하게 규정되어 있다. 이는 공급청의 정치적 독립성을 보장하기 위한 것이다.

또한 유럽위원회는 공급청뿐만 아니라 자문위원회인 과학기술위원회를 둘 수 있다. 과학기술위원회는 유럽위원회와 협의한 후 이사회에 의해 임명된 5년 임기의 24명의 위원으로 구성된다. 과학기술위원회 위원은 회원국의 과학기술 전문가 중에서 임명되며 보건과 안전에 관한 '기본표준'에 대한 의견을 제시한다. 그리고 유럽위원회는 과학기술위원회와 협의한 후 공동원자력연구센터(Joint Nuclear Research Centre, JNRC)를 설립해야 한다. 공동원자력연구센터는 단일한 원자력 용어 및 표준 측정체계가 확립되는 것을 보장한다. 유럽위원회는 공동원자력연구센터 체계 내에서 전문가 훈련을 위한 학교 및 보건안전기록연구부서를 설립해야 한다. 이를 통해 공동원자력연구센터는 핵 안전, 방사선 방호에 관한 정책 등에 대한 기술적 및 과학적 지원을 제공한다. 해당 센터에 종사하는 과학자들은 선진 원자력 시스템의 안전한 운영뿐만 아니라 원자로와 연료의 안전에 관한 연구도 수행한다.

민간 원자력이 미래의 핵심 에너지 기술이라고 믿는 유럽공동체 설립자들은 유럽원자력공동체 설립조약을 통해 회원국 간 기술 발전에 대한 협력을 의무화하면 정치 통합의 가능성이 더 커질 것이라는 기능주의적 신념을 공유하고 있었다. 특히 동 조약은 유럽위원회에 상당한 중앙집권적인 권한을 부여하였다. 유럽위원회는 공급청을 통해 공동체 내 모든 핵분열성물질의 공급을 소유하고 통제하며, 공동원자력연구센터에 의해 개발된 일련의 원자로 설계와 원료 순환 기술에 대한 특허권과 생산 라이선스(production Licence)의 배분을 통제할 권한을 가진다. 하지만 이러한 유럽위원회의 권한은 조약이 발효된 이후 제대로 발휘되지 못하였다.

2) 유럽원자력공동체 설립조약의 핵심 규정

(1) 공동체의 직무

유럽원자력공동체의 기본 취지는 제1조에서 다루고 있다. "본 조약에 따라 체약국은 유럽원자력공동체를 설립한다. 공동체의 직무는 원자력 산업의 신속한 형성과 성장을 위해 필요한 여건을 창출함으로써 회원국의 생활 수준 향상과 다른 국가와의 관계 발전에 이바지하는 것이다." 이를 바탕으로 제2조는 유럽원자력공동체가 수행할 직무를 규정하고 있다.

(a) 연구를 장려하고 기술 정보의 보급을 보장한다.

(b) 노동자와 일반 대중의 건강을 보호하기 위해 단일한 안전기준을 확립하고 그 적용을 보장한다.
(c) 투자를 촉진하고, 특히 기업의 혁신을 장려함으로써 공동체에서 원자력 발전에 필요한 기본 설비의 구축을 보장한다.
(d) 공동체의 모든 사용자에게 광석과 핵연료를 정기적이고 공평하게 공급받도록 보장한다.
(e) 적절한 감독을 통해 핵물질이 의도된 것 이외의 목적으로 전용되지 않도록 보장한다.
(f) 특수핵분열성물질에 대한 소유권을 행사한다.
(g) 특수물질 및 장비에서의 공동시장 창출, 원자력 분야의 투자를 위한 자본의 자유로운 이동, 그리고 공동체 내 전문가를 위한 고용의 자유를 통해 광범위한 상업적 판로와 최고의 기술 시설에 대한 접근을 보장한다.
(h) 원자력의 평화적 사용에서의 진전을 촉진할 관계를 다른 국가 및 국제기구와 수립한다.

(2) 연구의 장려

1957년 유럽경제공동체 로마조약에는 공동체 연구에 관한 조항이 포함되어 있지 않았다. 사실 중요한 연구 범위는 유럽원자력공동체 설립조약에 의해 제공되었다. 이와 가장 관련이 깊은 규정은 제2편 원자력 분야의 발전을 장려하기 위한 규정 중 제Ⅰ장 연구의 장려 제4조와 제7조에 제시되어 있다.

제4조는 "유럽위원회는 회원국에서 원자력 연구를 장려·촉진하고, 공동체 연구훈련프로그램을 실행함으로써 이를 보완할 책임이 있다"라고

명시하고 있다. 제7조에서는 "공동체 연구훈련프로그램은 과학기술위원회와 협의한 유럽위원회의 제안을 이사회가 전원일치로 결정한다. 이 프로그램은 5년 미만 기한으로 작성된다. 이 프로그램을 실행하기 위해 요구된 자금은 매년 공동체 연구투자예산에 포함된다. 유럽위원회는 이 프로그램이 실행되도록 보장하고 이사회에 이에 관한 연례보고서를 제출한다. 유럽위원회는 경제사회위원회에 공동체 연구훈련프로그램에 대한 전반적인 개요를 지속적으로 통보한다"라고 공동체 연구훈련프로그램에 대해 상세하게 규정하고 있다.

이처럼 유럽원자력공동체 설립조약은 제8조에 따라 유럽위원회가 설립한 공동원자력연구센터가 수행하는 초기 5년간의 연구훈련프로그램에 관해 구체적으로 명시하고 있다. 연구훈련프로그램에서 다루어질 주제들은 부속서 I에 상세히 설명되어 있다. 선원 물질, 원자력에 적용된 물리학, 원자로의 물리화학, 방사성 물질의 가공, 방사성 동원 원소의 응용, 살아있는 유기체에 대한 방사선의 유해한 영향에 관한 연구, 장비 그리고 에너지 생산의 경제적 측면 등이 그것이다. 한편 부속서 V는 초기 연구훈련프로그램에서 다루어야 할 주제와 공동원자력연구센터의 업무에 대해 상세히 규정하고 있다.

현재까지도 소위 '유럽원자력공동체 기본체계 프로그램(Euratom Framework Programmes)'은 유럽원자력공동체 설립조약 제7조에 기반하고 있다. 유럽원자력공동체 연구훈련프로그램은 핵융합 및 핵분열 연구, 원자력 안전 및 방사선 방호 개선, 안전 및 저탄소 에너지 시스템 개발에 주목하고 의료 및 산업 분야에서 전리 방사선(ionizing radiations)의 유익한 사용을 촉진하는 것을 목표로 한다. 특히 유럽원자력공동체는 핵융합 에너지 연구를 장려하고 있다. 예를 들어 2014년 유럽연합 회원국과 스위스의 핵융합 연구기관은 유럽 차원의 협력을 강화하기 위한 협정을 체결하여 유로퓨전(EUROfusion)을 출범시켰다. 유로퓨전은 유럽원자력공동체를 대신하여 핵융합 연구 활동을 지원하고 자금을 지원한다. 회원국은 유럽연합 25개 회원국(룩셈부르크와 몰타는 빠짐)과 영국, 스위스, 우크라이나 등이다. 유로퓨전의 목표는 국제열핵융합실험로(ITER)를 대체하기 위해 계획된 핵융합발전로인 데모(DEMO)의 개발이다.

(3) 보건과 안전

유럽원자력공동체 설립조약 제2조 (b)는 공동체가 "노동자와 일반 대중의 건강을 보호하기 위해 단일한 안전기준을 확립하고 그 적용을 보장한다"라고 규정하고 있다. 동 조약의 제2편 제Ⅲ장 '보건과 안전'은 이를 어떻게 수행해야 하는지를 구체적으로 명시하고 있다. 제30조는 "기본 표준이 전리 방사선에서 발생한 위험으로부터 노동자와 일반 대중의 건강을 보호하기 위해 공동체 내에 규정되어야 한다. 기본 표준이라는 표현은 다음을 의미한다. (a) 적절한 안전과 양립 가능한 최대 허용 선량, (b) 노출과 오염의 최대 허용 수준, (c) 노동자의 건강 감독을 규율하는 근본 원칙"을 규정하고 있다. 그리고 제31조는 "기본 표준은 회원국의 과학 전문가, 특히 공중보건 전문가 중에서 과학기술위원회가 임명한 사람들의 의견을 청취한 후 유럽위원회가 작성한다. 유럽위원회는 해당 기본 표준에 대해 경제사회위원회의 의견을 구한다. 의회와 협의한 후, 이사회는 유럽위원회의 제안에 의거하여 경제사회위원회로부터 얻은 의견을 유럽위원회에 제출하고 기본 표준을 제정한다. 이사회는 가중다수결로 결정한다"라고 규정하고 있다.

그런데 제30조가 의미하고 포함하는 것과 그렇지 않은 것에 대해 인식하는 것이 중요하다. 제2편 제Ⅲ장은 방사선에 의한 자연환경 손상 가능성과 관련하여 유럽원자력공동체에 어떠한 권한도 부여하지 않았으며, 더욱 놀랍게도 원자로의 안전과 관련하여 유럽원자력공동체의 권한 또한 부여하지 않았다. 이와 관련된 권한은 회원국의 배타적인 권한이다. 예를 들어 제34조는 "특히 자국 영토에서 위험한 실험을 하는 회원국은 추가적인 보건 및 안전조치를 취해야 하며, 해당 조치에 대해 유럽위원회의 의견을 먼저 구한다. 해당 실험의 결과가 다른 회원국의 영토에 영향을 미칠 가능성이 있는 경우 유럽위원회의 동의가 필요하다"라고 규정하고 있다. 그런데 유럽위원회의 의견은 본 조약 제161조에 따라 회원국을 구속할 법적 강제력이 없다.

따라서 공동체 내 원자로의 설계, 건설 그리고 운영에 대한 기본 안전 표준을 확립하는 유럽원자력공동체 지침(Euratom Directive)은 없다. 이에 각 회원국은 자체 원자로 안전 규정 등을 국제원자력기구(Nuclear Energy Development and Nuclear Application, IAEA)와 협의하여 정해야 한다. 유럽원자력공동체 설립조약의 취지를 고려하면 원자로 안전을 위한 조화(harmonisation) 규정의 누락은 상당히 놀라운 것이다. 회원국들은 원자로의 설계, 건설 그리고 운영에 대한 기본적인 안전기준의 확립 등을 포함하는 원자력 시설 안전에 대한 유럽원자력공동체 지침을 고려하는 것조차 두려워하는 것처럼 보인다. 왜 그런가? 아마도 이는 다른 회원국 출신의 관리들로 구성된 팀이 민감한 국가 원자력 시설을 사찰하도록 허용하는 유럽원자력시설안전사찰국(European Nuclear Installations Safety Inspectorate)의 창설을 초래할 것이라고 예상하였기 때문이다. 따라서 유럽원자력공동체 입법이 부재한 상황에서, 원자로 안전에 대한 '유산

(acquis)'은 기본적으로 정부 간 협상 과정에서 정교화되었다(O' Driscoll and Lake 2002, xi-xii).

(4) 공급과 재산권

유럽원자력공동체 설립조약 제2조 (d)는 제1조에서 규정한 중대한 목표, 즉 "원자력 산업의 신속한 형성과 성장을 위해 필요한 여건을 창출"하는 데 이바지하기 위해 "공동체의 모든 사용자가 광석과 핵연료를 정기적이고 공평하게 공급받도록 보장한다"라고 규정하고 있다. 이는 제2편 제Ⅵ장 제52조에 상세히 명시되어 있다.

제52조

1. 광석, 선원 물질 그리고 특수핵분열성물질의 공급은 동 장의 규정에 따라 공급원(sources of supply)에 대한 균등 접근의 원칙에 관한 공동공급정책을 통해 보장된다.

2. 해당 목적을 위해 그리고 동 장에서 규정한 조건에 따라

   (a) 특정 사용자의 특권적 지위를 확보하기 위해 고안된 모든 관행은 금지된다.
   (b) 이에 공급청을 설립한다. 공급청은 회원국 영토에서 생산된 광석, 선원 물질 그리고 특수핵분열성물질에 대한 선택권과 공동체 역내에서 또는 역외에서 생산된 광석, 선원 물질 그리고 특수핵분열성물질에 관련된 계약을 체결할 독점권을 갖는다.

공급청은 해당 사용이 불법이거나 또는 공동체 역외의 공급자가 해당 배송물에 부과한 조건을 위배한 것으로 판명되지 않는 한, 요청된 공급을 사용하려는 의도를 근거로 사용자를 어떤 식으로든 차별할 수 없다.

출처: 유럽원자력공동체 설립조약

제2편 제Ⅵ장은 공동체 내 광석, 선원 물질 그리고 특수핵분열성물질의 민간 시장을 통제하기 위해 고안된 것이다. 이를 위해 유럽원자력공동체는 독자적인 법인격과 재정적 자율성을 가진 공급청을 설립하였다. 공급청은 모든 핵분열성물질의 구매를 취사선택할 수 있는 권한을 가지고 있을 뿐만 아니라 핵분열성물질의 공급과 관련된 계약을 체결할 수 있는 독점권을 보유하고 있다. 하지만 불행하게도 제2편 제Ⅵ장은 제대로 적용되거나 시행되지 않았다(O'Driscoll and Lake 2002, xiii). 이는 제2편 제Ⅵ장 제76조 제2항의 규정 때문이었다. "본 조약의 발효 7년 후, 이사회는 해당 규정들을 전부 승인할 수 있다. 승인이 실패할 경우, 동 장의 주제와 관련된 새로운 규정은 전 항에 규정된 절차에 따라 채택된다." 1964년 12월 31일은 유럽원자력공동체 설립조약이 발효한 지 7년의 기간이 만료된 날이었다. 유럽위원회가 개정안을 제출하였지만, 이사회가 입법 채택에 실패하였으며, 그 결과 '새로운 규정'은 채택되지 않았다. 이에 따라 제2편 제Ⅵ장 규정에 대한 타당성 문제가 제기되었다. 프랑스는 사법재판소가 제2편 제Ⅵ장의 규정이 여전히 유효하다는 의견을 제시하였음에도 불구하고 더는 시행되지 않는다고 주장하면서 독자적인 공급정책을 추구하였다(O'Driscoll and Lake 2002, 88-89).

한편 재산권을 규정한 제2편 제Ⅷ장의 핵심 규정들도 제대로 시행되지 않았다. 특히 제86조는 "특수핵분열성물질은 공동체의 재산이다. 공동체의 소유권은 회원국, 개인 또는 기업이 생산하거나 수입한 모든 특수핵분열성물질로 확대되며 제Ⅶ장에서 규정한 안전조치의 적용을 받는다"라고 명시하였음에도 불구하고 말이다. 공급청은 존재하였지만, 원래 의도하였던 것의 단순한 그림자에 불과하였다. 과거에 프랑스는 자국이 제2편 제Ⅵ장의 규정 대부분을 면제받는다는 점을 고려하여 공급청의 존재를 거의 무시한 것으로 보인다.

(5) 안전조치

제2편 제Ⅶ장에 규정된 안전조치(Safeguards)는 핵분열성물질의 유용을 방지하기 위해 고안되었다. 제77조 a)는 "광석, 선원 물질 그리고 특수핵분열성물질은 사용자가 선언한 대로 의도한 용도에서 벗어나지 않아야 한다"라고 규정하고 있다. 이 독특한 문구는 일반적으로 '핵무기 개발'을 염두에 두고 명시된 것이다. 이처럼 유럽원자력공동체 설립조약은 핵물질이 사용자에 의해 선언된 용도로부터 이탈되지 않도록 의무화하고 있다. 안전조치는 (우라늄, 플루토늄, 토륨과 같은) 특수핵분열성물질의 사용자들이 기록을 보관하고 그들이 보유하고 있는 물질을 유럽위원회에 신고하는 것을 의무화하고 있다. 유럽위원회는 핵물질이 평화적인 목적으로만 사용되는지 확인하기 위해 해당 신고 내용을 검증한다(Marcin Szczepański 2017, 6). 이를 위해 유럽위원회는 제81조에 따라 사찰관을 회원국에 파견할 수 있다(Marcin Szczepański 2017, 2-3). 따라서 제2편 제Ⅶ장은 유럽핵확산금지조약의 원형(a prototype of European Non-Proliferation Treaty)에 해당된다. 동 조약의 실질적인 목표는 아마도 a) 미국산 핵분열성물질이 '선언된' (즉 민간) 용도로만 사용되도록 항상 추적될 것이라는 보증을 미국에 제공하는 것, b) 서독이 비밀리에 핵무기 프로그램을 개발하는 것을 방지하는 것 등이다.

유엔 핵확산금지조약은 국제원자력기구 내에 창설된 사찰국에 안전조치 역할을 부여한다. 하지만 결정적으로 해당 사찰관은 공식적으로 핵무기를 보유한 5개국에서 의미 있는 수준의 사찰을 수행하지 못하며, 특히 핵분열성물질 대부분을 생산한다고 하더라도 이들 국가의 재처리시설에 대한 세부적인 사찰을 수행할 수 없다. 그러나 유럽원자력공동체 안전조치는 이 논리를 받아들이지 않았다. 왜냐하면 공동체는 핵분열성물질의 주요 재처리시설이 있는 두 곳, 즉 영국의 셀라필드(Sellafield)와 프랑스의 라하그(La Hague)를 사찰하는 데 자신들의 자원 70% 이상을 집중하고 있었기 때문이다. 두 국가 모두 핵보유국이자 군사 생산시설을 보유하고 Pu 239와 U 235를 비축하고 있었다.

그런데 이는 전적으로 유럽원자력공동체의 권한을 벗어난 것이다(O' Driscoll and Lake 2002, xiii-xiv). 왜냐하면 제84조에서 "안전조치는 방위 목적을 위해 특별하게 가공되는 중이거나 또는 그렇게 가공된 후 작전 계획에 따라 군사 시설에 배치되거나 보관되는 방위 요건을 충족한 물질에는 확대되지 않는다"라고 규정하고 있다. 유럽원자력공동체는 제2편 제VII장에 근거하여 유럽위원회 감독 아래 사찰을 시행할 수 있지만, 방위 목적을 위한 용도는 처음부터 안전조치 대상에서 배제되어 있었다.

(6) 국제협정

국제협정과 관련된 규정은 제2편 제X장 대외관계에 명시되어 있다. 제101조는 "공동체는 자신의 권한 및 관할권의 범위 내에서 제3국, 국제기구 또는 제3국의 국민과의 협정 또는 계약을 체결함으로써 의무를 개시할 수 있다. 해당 협정 또는 계약은 이사회의 지침에 따라 유럽위원회가 협상한다. 협정 또는 계약은 가중다수결로 결정하는 이사회의 승인을 받아 유럽위원회가 체결한다. 그러나 이사회의 행위를 요구하지 않고 해당 예산의 범위 내에서 실행할 수 있는 협정 또는 계약은 유럽위원회가 단독으로 협상하고 체결한다. 유럽위원회는 이사회에 계속 통보한다"라고 규정하고 있다. 그런데 해당 규정에서 주목해야 할 것은 의회와 경제사회위원회의 역할이 언급되지 않았다는 것이다. 따라서 이는 비밀 협상이 가능하다는 것을 보여준다(O' Driscoll and Lake 2002, xiv). 이는 리스본조약 발효 이후 유럽연합기능조약에 따라 국제협정을 체결할 때 유럽의회의 동의를 얻어야 한다는 것과 상당히 비교된다.

III. 유럽원자력공동체 설립조약의 역사적 지위와 현재적 의미

1. 역사적 지위

유럽원자력공동체 설립에 관한 전통적인 설명에서는, 예컨대 스파크 보고서의 경우뿐만 아니라 프랑스를 제외한 대부분의 유럽 국가들도, 유럽원자력공동체보다는 유럽경제공동체를 선호하였다고 서술한다. 모랍칙(Andrew Moravcsik)에 의하면, 유럽원자력공동체는 관세동맹을 위한 '부문적 사이드쇼[부차적인 문제](sectoral sideshow)'이자 '연막(smokescreen)'이었다(Moravcsik 1998, 148). 그런데 전통적인 설명과는 달리 초기에 통합의 주요 수단으로 간주된 것은 유럽경제공동체가 아니라 유럽원자력공동체이었다. 장 모네는 자신이 구상한 것이 아닌 유럽경제공동체에 대해 냉담하였는데, 그 이유는 '다소 모호한' 계획이라고 보았기 때문이다(Anderson 2009, 15). 다시 말해 1950년대 그는 유럽원자력공동체를 원하였으며 공동시장을 골치 아픈 것으로 생각하였다(Anderson 2009, 25).

두브너(Christian Deubner)는 다음과 같이 주장한다.

"원자력공동체는 공동시장 협상의 그림자에서 부적절한 주변적인 일도 아니었고, 단지 유럽경제공동체 실현을 위한 수단도 아니었다.

… 반대로 유럽원자력공동체는 공동시장 발전에 없어서는 안 될 디딤돌이었다. 유럽원자력공동체 협상은 두 가지 점에서 중요하였다. 첫째, 협상은 공동시장에 대한 전망이 어두웠을 때 유럽통합에 명백하게 현실적인 중단기 목표를 제공하였다. 둘째, 협상은 프랑스를 통합회담에 머물게 하였고 그렇게 함으로써 1956년 말경 프랑스가 공동시장에 최종 합의하도록 만들었다(Deubner 1979, 206-207)."

당시 유럽경제공동체 프로젝트가 오히려 더 불확실하였으며, 원자력 분야의 통합이 더 유망한 영역으로 간주되었다. 게다가 유럽원자력공동체는 통합과정에서 그 추진력을 상실하지 않기 위한 필수적인 수단이었다(Södersten 2018, 18). 메시나 회담 이전에 프랑스 정부는 공동시장을 지지할 의사가 전혀 없는 것처럼 보였다. 프랑스는 원하지 않았던 공동시장에 대한 대안으로서 무기, 항공기 또는 핵 개발 등과 같은 분야에서의 부문별 협력 사업만을 제안하였다. 1954년 유럽방위공동체 좌절 이후 서독 정부는 프랑스를 묶어둘 기회를 놓치기보다는 이러한 종류의 해결책을 매우 적극적으로 활용할 준비가 되어있었다. 이러한 맥락에서 유럽원자력공동체는 공동시장의 성공적인 완성 없이도 시행될 수 있었던 가능성이 있었다(Deubner 1979, 207). 그리고 유럽통합주의자들은 유럽원자력공동체를 가동시킴으로써 통합을 향한 중요한 추진력을 확보할 수 있다고 생각하였다(Urwin 1994, 114). 따라서 유럽원자력공동체 프로젝트는 통합 협상 초기(1955~1956년)에 공동시장을 위한 수단이 아니라 '가장 현실적이고 핵심적인 통합 프로젝트'이었다(Deubner 1979, 225).

그런데 1956년 말까지 유럽원자력공동체가 가장 현실적이고 핵심적인 프로젝트였음에도 조약이 발효되고 얼마 지나지 않아 원래의 열정은 사라지는 것처럼 보였다. 유럽원자력공동체가 실패한 것은 점차 분명해졌다. 협상에서 가장 핵심적인 것으로 간주되었던 조약 규정들은 실제적인 타당성이 거의 없는 것으로 판명되었다. 특히 '초국가적' 규정들(예를 들어, 공급청에 관한 규정)은 원래 의도하였던 방식으로 기능하지 못하였다(O' Driscoll and Lake 2002, xiii). 유럽원자력공동체는 초국가적 기구보다 정부 간 기구로서 더 많이 운영되었고 최소한의 역할만을 수행하였다. 예컨대 유럽원자력공동체는 공식적으로 독점적인 공급청을 포함하고 있었지만, 유럽의 소비자들은 공급청의 공식 허가를 받아 세계시장에서 우라늄을 독자적으로 그리고 가장 저렴한 가격으로 구매할 수 있었다. 그래서 그들은 미국으로 방향 전환을 할 수 있었고 또 그렇게 하였다. 또한, 6개국은 유럽공동농축시설을 건설할 의무가 없었다. 미국은 농축 우라늄을 저렴한 가격에 제공하였으며, 이에 프랑스는 독자적으로 우라늄 농축시설을 건설하였다. 공동연구를 위한 매우 제한적인 합의만이 이루어졌고, 재처리시설은 승인되지 않았다. 특히 교환 의무 또한 대폭 축소되었다(Deubner 1979, 223).

이러한 실패를 어떻게 설명할 수 있는가? 먼저 이는 경제적 현실이 변화하였기 때문이다. 석탄 매장지에 대한 새로운 발견으로, 서유럽에서 석탄의 과잉생산이 발생하였다. 게다가 석유 가격이 중동에서의 안정된 상황으로 인해 하락하였다. 전통적인 에너지 가격이 내려감에 따라, 원자력은 덜 매력적인 것이 되었다. 더욱이 전반적인 에너지 수요는 예상하였던 것보다 높지 않았다(Södersten 2018, 21-22).

둘째, 국가 간 갈등이 유럽원자력공동체 실패의 중요한 요인이었다. 프랑스는 협상 기간 유럽원자력공동체의 가장 열렬한 지지자였다. 하지만 핵무기 제조 권리를 유지하려는 수그러들 줄 모르는 프랑스의 국내 주장(예를 들어 드골주의자의 반대)으로 인해, 몰레(Guy Molle)는 프랑스의 핵무기 개발 포기를 철회할 수밖에 없었다.[6] 이는 유럽원자력공동체를 통해 서유럽의 원자력을 비무장화하려는 장 모네의 최우선 목표를 훼손한 것이었다. 게다가 서독이 핵무기 분야에서의 주권적 권리를 대서양 동맹 가입의 대가로 포기하였기 때문에, 몰레의 입장 변경은 유럽원자력공동체가 단지 서독의 자원을 약탈하고 서독이 핵무기를 획득하는 것을 막기 위한 프랑스의 수단에 불과하다는 의심을 강화시켰다(O' Driscoll and Lake 2002, 36-37).

1958년 드골(Charles de Gaulle)이 프랑스 대통령으로 당선된 이후 프랑스 단독으로 핵무기를 개발하는 쪽으로 선회하였다. 드골 집권 이후 프랑스는 제한적 범위 내에서 유럽원자력공동체 연구 활동에 참여하였고 국가 차원의 핵 프로그램에 우선순위를 두기로 하였다. 이미 1957년 프랑스는 기존의 원자력위원회 아래 핵무기 제조를 위한 발두크(Valduc) 연구소를 설립하였다. 1959년 드골은 핵무기 실험을 승인하였으며, 첫 번째 핵실험은 알제리 내전이 한창이던 1960년 2월 13일 알제리 남부 사하라 사막에서 이루어졌다(안준호 2018, 144). 이처럼 프랑스는 협상 기간 내내 유럽원자력공동체의 가장 열렬한 지지자였지만 재빠르게 적대적인 입장으로 전환하였다.

프랑스만이 문제가 아니었다. 프랑스에서는 원자력 산업이 국가 소유

---

[6] 1956년 2월 초 몰레가 프랑스 총리가 되었을 때, 그는 프랑스의 핵무기 개발 포기를 선언하였다. 하지만 몰레는 자기 입장을 번복할 수밖에 없었다. 드골주의자들뿐만 아니라 외무장관 피노(Pineau)와 국방장관 부르제-모누리(Bourgès-Maunoury)도 프랑스의 핵무기 개발 포기를 지지하지 않았다. 결국, 몰레는 핵무기 프로그램을 추구할 수 있는 프랑스의 자유를 침해하지 않는다는 조건 아래 통합 협상을 진행해야 하였다. 이러한 맥락에서 프랑스 의회는 332대 181로 유럽원자력공동체 협상을 추진하는 것을 승인하였다(O' Driscoll and Lake 2002, 18).

였지만, 서독에서는 민간 행위자들이 원자력 산업을 지배하였다. 서독 내 다수의 산업그룹은 유럽원자력공동체의 초국가적인 산업적 국가 통제경제정책(Euratom's supranational industrial dirigisme)에 대해 매우 우려하였다(Deubner 1979, 224; Södersten, 2018, 22). 게다가 서독 산업계는 원자력에 대한 부분별로 상이한 견해를 가지고 있었기 때문에 서독 정부 또한 단일하고 일관된 국가정책을 수립할 수 없었다. 이러한 과정을 거쳐 동위원소 분리시설과 우라늄 공급에 대한 프랑스의 독점은 서독 산업계에 의해 거부되었다. 중앙집권적인 공급청이 설립되었지만, 사실상의 독점은 거부되었다. 프랑스는 독자적으로 동위원소 분리 프로그램을 진행하였다. 그 결과 유럽원자력공동체 조약은 '소실' 또는 '불임' 상태가 되고 말았다(Moravcsik 1998, 120; Scheinman 1967, 51-53).

2. 현재적 의미

1) 유럽원자력공동체 설립조약과 리스본조약의 상호 관계

원자력 분야에서 유럽원자력공동체 설립조약은 1차 입법으로 유럽연합의 모든 회원국을 구속한다. 그러나 현재의 유럽연합은 리스본조약의 유럽연합조약 및 유럽연합기능을 1차 입법으로 하여 작동된다. 얼핏 보면 유럽원자력공동체 설립조약과 리스본조약은 완전히 자율적이고 상이한 영역을 규제하는 것처럼 보일 수 있지만, 현실은 이와 다르다. 따라서 양 조약 간의 상호 관계를 이해할 필요성이 있다.

2007년 12월 '유럽원자력공동체 설립조약 개정에 대한 의정서 2(Protocol No 2 amending the Treaty establishing the European Atomic Energy Community)'에 따라 조항 수가 177개로 줄었다. 리스본조약에 첨부된

의정서 2는 유럽연합조약과 유럽연합기능조약, 특히 제도적 및 재정적 분야에서 명시된 새로운 규칙이 유럽원자력공동체 설립조약에 적용되어야 한다고 규정한다. 특히 주목해야 할 부분은 개정된 유럽원자력공동체 설립조약에 첨가된 제106a조다.

제106a조는 유럽연합과 유럽원자력공동체 간의 유일한 공식적인 연결고리다. 따라서 유럽원자력공동체는 더는 홀로 존재할 수 없다. 만약 유럽연합 조약들이 폐지되면, 유럽원자력공동체는 어떠한 제도적 규정도 가질 수 없다. 하지만 유럽연합과 유럽원자력공동체의 제도적 틀은 동일하지 않다. 예를 들어 리스본조약 체결 이후 유럽연합과 유럽원자력공동체에서 유럽의회의 역할은 상이하다. 유럽원자력공동체는 입법 과정에서 유럽의회를 배제한다. 유럽연합이 보통입법절차(Ordinary Legislative Procedure)를 통해 유럽의회의 입법 권한을 강화한 반면, 유럽원자력공동체는 여전히 유럽의회의 역할을 자문으로만 한정하고 있다(Anna Södersten 2018, 41).

그리고 유럽원자력공동체 설립조약에 따라 규제되는 영역에서는 여전히 유럽원자력공동체 설립조약이 리스본조약, 특히 유럽연합기능조약보다 우위에 있다. 원자력 분야에서 유럽연합기능조약의 적용은 유럽원자력공동체 설립조약의 목적과 주요 원칙을 위배하지 않는 경우에만 가능하다. 일반적으로 규제는 유럽원자력공동체 설립조약에 의해 명시적으로 규제되는 영역(예를 들어 연구의 장려, 정보의 보급 장려, 보건과 안전, 투자 장려, 공급, 안전조치, 핵 공동시장 등)과 유럽원자력공동체가 권한을 가지고 있지만 유럽원자력공동체 설립조약에 명시되지 않는 영역(예를 들어 사용후핵연료와 방사성 폐기물 관리 등)으로 구분할 수 있다. 리스본조약 이후, 유럽원자력공동체 설립조약과 유럽연합기능조약 간의 상호 관계는 다음 표와 같다.

〈표 2〉 유럽원자력공동체 설립조약과 유럽연합기능조약 간의 상호 관계

No.	영역	조약 간의 상호 관계
1.	환경적 핵 책임	핵사고의 경우 환경피해 보상 및 복원은 해당 조약들에 의해 규제되지 않는다. 만약 향후 해당 사고가 발생하면, 유럽원자력공동체 설립조약이 법적 근거가 되어야 하며 유럽연합기능조약은 적용될 수 없다.
2.	방사성 물질의 운송	유럽원자력공동체 설립조약과 그 2차 입법은 대부분 물리적 운송을 위한 기반을 구축하고 유럽에서 방사성 물질의 이동을 통제하는 허가, 통지 그리고 다른 유사한 과정을 규제한다. 반면 유럽연합기능조약과 그 2차 입법은 방사성 물질을 A 장소에서 B 장소로 실제 운송하는 것에 초점을 맞추고 있다.
3.	방사성 상품의 자유로운 이동	핵 공동시장과 '핵' 상품은 유럽원자력공동체 설립조약의 배타적 권한이며 유럽연합기능조약의 규정은 적용되지 않는다. 유럽원자력공동체 설립조약에 따른 '비핵' 방사성 상품의 이동에 대한 유럽연합기능조약 규정의 적용 가능성은 후자 상품의 사용 목적에 달려 있다. '비핵' 방사성 상품을 포함하는 활동의 객관적 목적이 시장과 관련이 있다면, 유럽연합기능조약의 규정을 적용해야 한다. 그러나 상품이 시장과 관련이 없는 기타 활동에 사용된다면 유럽연합기능조약과 그 2차 입법을 적용할 수 없다.
4.	경쟁법	경쟁법 영역에서 유럽원자력공동체 설립조약의 규정이 유럽연합기능조약의 유사한 규정보다 우세하다. 유럽연합기능조약은 유럽원자력공동체 설립조약의 규제 영역이 아니고 유럽원자력공동체 설립조약의 목표에 위배되지 않았을 때 적용할 수 있다.

5. 원자력 분야의 국가 보조	원자력 분야에서의 연구 및 투자에는 유럽연합기능조약에서의 국가 보조에 대한 일반 규칙과 '연구개발혁신 국가 보조에 관한 공동체 기본체계(Community Framework for State Aid for R&D&I)'가 적용되지 않는다. 유럽원자력공동체 설립조약에 의해 규제되지 않는 원자력 분야의 기타 영역은 일반적인 유럽연합의 국가 보조 규칙을 따른다.
6. 공동에너지정책	원자력은 유럽연합의 공동에너지정책에 속한다. 이는 유럽연합이 정한 목표를 따르고 의무를 준수해야 한다는 것을 의미한다.

출처: Rasa Ptasekaite, 2011, 100-101

2) 브렉시트(BREXIT)와 영국의 유럽원자력공동체 탈퇴

테리사 메이(Theresa May) 영국 총리는 2017년 3월 29일 2016년 국민투표 결과에 따라 영국이 유럽연합에서 탈퇴할 의사를 유럽이사회에 공식 통지하였다. 통지문에는 영국의 유럽원자력공동체 탈퇴 의도도 명시되어 있었다. 전문가들은 영국이 유럽연합을 탈퇴한다고 해서 자동으로 유럽원자력공동체를 탈퇴하는 것이 아니라는 일부 견해에도 불구하고 유럽연합 탈퇴 통보에 유럽원자력공동체 탈퇴도 포함된다고 생각하였다. 왜냐하면 유럽원자력공동체는 유럽연합 기관들의 지배를 받기 때문에, 유럽연합 회원국이 아닌 정회원은 사실상 작동 불가능한 것이기 때문이다.

유럽위원회는 2017년 7월 영국의 탈퇴 협상에 관한 입장문을 통해 탈퇴일로부터 영국에서의 유럽원자력공동체 설립조약의 적용을 중단한다고 명시하고 있다. 유럽위원회는 입장문을 통해 영국 영토에 존재하는 광석, 선원 물질 그리고 특수핵분열성 물질이 사용자가 선언한 대로 의도한 용도로부터 이탈하지 않도록 영국이 현재 유럽원자력공동체에 의해 관리되고 있는 의무를 이행할 필요가 있음을 강조하고 있다. 또한 유럽원자력공동체는 영국에 안전조치를 제공하는 데 사용되는 장비의 소유권을 양도할 것이며, 영국은 이 양도에 대해 공동체에 보상해야 한다. 탈퇴일로부터 영국 영토에 존재하는 특수핵분열성물질(현재는 유럽원자력공동체의 자산)에 대한 소유권은 후자 또는 공동 합의에 따라 지정된 독립체(entity)에 양도되어야 한다. 유럽연합은 유럽원자력공동체가 사용권과 소비권을 가지고 있는 영국 영토의 핵분열성물질을 유럽원자력공동체 공급청 또는 유럽위원회가 감독할 수 있는 또 다른 저장소에 보관할 수 있도록 요구할 수 있다. 유럽연합-27(EU-27) 영토(영국에서 설립된 자연인 또는 법인이 사용권과 소비권을 갖는 경우)의 핵분열성물질은 영국 또는 공동 합의에 따라 지정된 어떤 독립체에 양도되어야 한다. 영국에서 생산된 사용후핵연료와 방사성 폐기물, 그리고 탈퇴일로부터 유럽연합-27 영토에 존재하는 것은 영국이 책임져야 한다(Marcin Szczepański 2017, 6-7).

한편 영국의 입장문은 탈퇴 이후에도 핵 연구 및 개발에 관한 협력, 숙련 노동력의 이동성 보장 그리고 영국, 유럽원자력공동체 및 제3국의 민간 핵 무역장벽의 최소화에 관심을 표명하고 있으며, 새로운 안전조치 체제로의 순조로운 전환을 보장하기 위해 유럽위원회와 긴밀히 협력할 것을 천명하고 있다. 영국은 2020년 1월 31일 유럽원자력공동체를 탈퇴하였지만, 유럽원자력공동체 관련 규정들은 이행 기간인 2020년 12월 31일까지 계속 적용되었다. 현재 영국은 더는 유럽원자력공동체 관련 규정들을 준수하지 않아도 된다. 하지만 영국은 탈퇴로 인해 세 가지 부정적인 영향을 받을 것으로 예상되고 있다. 첫째는 장기적으로 핵연료 공급 확보가 더욱 어려워질 것이다. 둘째는 의료용 동위원소 확보 부족 가능성이 증대될 것이다. 셋째는 유럽원자력공동체 활동의 핵심 영역은 원자력 연구, 특히 핵융합 연구인데 영국이 탈퇴하면 더는 최첨단 수준의 연구에 참여할 기회가 감소할 것이다.[7]

　이러한 문제들을 해결하기 위해 영국은 유럽원자력공동체와 2020년 12월 24일에 2021년 1월 1일부터 적용되는 원자력협력협정(Nuclear Co-operation Agreement, NCA)을 체결하였다. 동 협정은 상호이익과 호혜를 기반으로 원자력의 평화로운 사용에 있어 영국과 유럽원자력공동체 간 협력을 위한 기본 틀을 제공하고 있다. 동 협정은 30년 동안 유효하며, 그 이후에는 기간이 만료되기 최소 6개월 전에 한 당사자가 다른 당사자에게 해지 의사를 통보하지 않는 한 추가 10년 기간 동안 자동으로 갱신된다.

7　"Euratom," https://www.instituteforgovernment.org.uk/explainers/euratom(검색일: 2020. 11. 29).

참고문헌

1. 국문

김유정. 2013. "대서양 관계를 통해서 본 유럽통합: 유라톰(EURATOM)의 기원을 중심으로, 1954-1957." 『중앙사론』 28: 237-269.

김유정. 2016. "1957년 유라톰(EURATOM: 유럽 원자력 에너지 공동 개발정책)의 역사적 배경 및 전개 과정." 『유럽연구』 34(3): 75-95.

신종훈. 2009. "유럽경제공동체(EEC) 형성을 둘러싼 서독의 유럽정책과 의회 토론: 밀워드(Alan S, Milward)의 '유럽적 구제'에 대한 비판적 검토." 『독일연구』 18: 115-144.

안준호. 2018. 『핵무기와 국제정치』. 열린책들.

Derek W. Urwin 지음. 노명환 옮김. 1994. 『유럽통합사』. 대한교과서.

2. 영문

Anderson, Perry. 2009. *The New Old World*. Verso.

Armand, Louis, 1955. "Some Aspects of the European Energy Problem: Suggestions for Collective Action." *Report prepared for the OEEC* (June).

Armand, Louis, Franz Etzel, and Francesco Giordani. 1957. "A Target for Euratom," *Report submitted at the request of the governments of Belgium, France, German Federal Republic, Italy, Luxembourg and the Netherlands* (May).

Deubner, Christian. 1979. "The Expansion of West German Capital and the Founding of Euratom." *International Organization* 33(2): 203-228.

Dinan, Desmond. 2014. *Europe Recast: A History of European Union*. 2nd ed. Palgrave Macmillan.

Gaudet, Michel. 1959. *EURATOM*. Pergamon Press.

Howlett, Darryl A. 1990. *EURATOM and Nuclear Safeguards*. Palgrave Macmillan.

Moravcsik, Andrew. 1998. *The Choice for Europe: Social Purpose and State Power from Messina to Maastricht*. Cornell University Press.

O' Driscoll, Mervyn and Gordon Lake. 2002. *The European Parliament and the Euratom Treaty: past, present and future*. EUROPEAN PARLIAMENT.

Resolution adopted by the Foreign Ministers of the ECSC Member States. Messina (June 1955).

Scheinman, Lawrence. 1967. "Euratom: Nuclear Integration in Europe." *International Conciliation 563* (May).

Södersten, Anna. 2018. *Euratom at the Crossroads*. Edward Elgar Pub.

Szczepański, Marcin. 2017. "European Atomic Energy Community(Euratom)-Structures and tools." *Briefing September 2017 EPRS*. European Parliamentary Research Service.

Ptasekaite, Rasa. 2011. *The Euratom Treaty v. Treaties of the European Union: limits of competence and interaction*. Strålsäkerhetsmyndigheten Swedish Radiation Safety Authority.

Treaty Establishing the European Atomic Energy Community. 1958.

Treaty of Lisbon amending the Treaty on European Union and the Treaty establishing the European Community, signed at Lisbon, 13 December 2007-PROTOCOLS-B. Protocols to be annexed to the Treaty of Lisbon-Protocol No 2 amending the Treaty establishing the European Atomic Energy Community.

[인터넷 자료]

"Euratom," https://www.instituteforgovernment.org.uk/explainers/euratom(검색일: 2020. 11. 29).

"The Benelux Memorandum," https://www.cvce.eu/en/recherche/unit-content/-/unit/02bb76df-d066-4c08-a58a-d4686a3e68ff/4f12131a-6cef-4db5-b877-dae21adc9ae8(검색일: 2020. 3. 10).

조약 번역문

┃ 조약 ┃
유럽원자력공동체(Euratom) 설립조약

┃ 부속서 ┃
부속서 Ⅰ 본 조약 제4조에 언급된 원자력에 관한 연구 분야
부속서 Ⅱ 본 조약 제41조에 언급된 산업 활동
부속서 Ⅲ 본 조약 제48조에 따라 합작기업에 부여된 특혜
부속서 Ⅳ 원자력 공동시장에 관한 제Ⅸ장 규정에 따른 상품과 생산품 목록
부속서 Ⅴ 본 조약 제215조에 언급된 초기 연구훈련프로그램

┃ 의정서 ┃
네덜란드왕국의 비유럽 지역에 관한 유럽원자력공동체 설립조약의 적용에 대한 의정서
특권과 면책권에 대한 의정서
사법재판소 정관에 대한 의정서

• 일러두기 •

1. 본 조약은 유럽연합 공식사이트(An official website of the European Union)에 공개된 「유럽원자력공동체 설립조약」(원제: *Treaty establishing the European Atomic Energy Community*, 1957)을 번역한 것이다.
2. 본 조약의 번역은 유럽원자력공동체 설립조약의 영어본을 기본으로 번역하였으나 필요에 따라 독일어본도 참조하였다.
3. 참조한 독일어본은 아래와 같다.
   Vertrag zur Gründung der Europäischen Atomgemeinschaft, 1957.
4. 본서에서 언급된 공동체의 핵심 운영기구로써 유럽위원회는 원문에는 대문자로 시작되는 '위원회(Commission)'로 표기가 되어 있으나, 다른 위원회와 용어 사용의 혼란을 피하기 위해 '유럽위원회'로 표기하였다.

조약

유럽원자력공동체(Euratom) 설립조약

전문

　벨기에 국왕, 독일연방공화국 대통령, 프랑스공화국 대통령, 이탈리아 공화국 대통령, 룩셈부르크 대공, 네덜란드 여왕은

　원자력이 산업의 발전과 활성화를 위한 필수 자원을 의미하며 평화라는 대의를 발전시킬 수 있다는 것을 인정하면서,

　지체없이 착수된 공동의 노력만이 자국의 창조적 능력에 상응하는 성과를 실현할 전망을 제공할 수 있다는 것을 확신하면서,

　광범위한 에너지 자원을 제공하고, 기술적 공정의 현대화를 초래하며, 수많은 적용을 통해 인민(people)의 번영에 이바지하는 강력한 원자력산업의 발전에 필요한 조건을 창출할 것을 결의하면서,

대중의 생명과 건강에 대한 위험을 제거하는 데 필요한 안전 조건을 창출할 것을 열망하면서,

다른 국가들을 자신들의 과업에 참여시키고 원자력의 평화로운 개발과 관련된 국제기구들과의 협력을 희망하면서,

유럽원자력공동체를 창설할 것을 결정하였고 이를 위해 전권대표로 아래의 자를 임명하였다.

벨기에 국왕 : 폴-앙리 스파크,[1] 외무부 장관,

장 샤를 스노이 에 도퓌에르 남작,[2] 경제 위임장관, 정부

---

[1] 폴-앙리 스파크(Paul-Henri Spaak)는 1950년대 유럽통합 발전에 크게 이바지한 벨기에 정치인이다. 특히 그는 1954년부터 1958년까지 벨기에 외무장관을 역임하면서 유럽경제공동체(European Economic Community, EEC)와 유럽원자력공동체(European Atomic Energy Community, Euratom) 설립에 중요한 역할을 하였던 유럽연합 선구자(EU Pioneers) 중 한 사람이다. 그는 1949년 유럽평의회(Council of Europe)의 자문위원회(Consultative Committee) 초대 위원장을 맡으면서 유럽통합의 정치무대에 본격적으로 등장하였다. 이후 그는 1954년 8월 유럽방위공동체(European Defence Community, EDC)와 유럽정치공동체(European Political Community, EPC)의 설립이 좌절된 후 장 모네(Jean Monnet)와 함께 유럽통합의 다음 단계를 모색하였다. 그 과정에서 베네룩스 각서(Benelux Memorandum)가 작성되었고, 이를 토대로 그는 1955년 4월 유럽석탄철강공동체(European Coal and Steel Community, ECSC) 6개국 외무부 장관회의를 제안하였다. 회의 이후 장관회의 의장을 맡았던 스파크의 이름을 따서 스파크위원회(Spaak Committee)가 결성되었고, 동 위원회는 1955년 4월 21일 유럽석탄철강공동체 이사회에 공동시장과 유럽원자력공동체의 연계를 주장한 '스파크 보고서(Spaak Report)'로 알려진 최종보고서를 제출하였다. 이처럼 그는 유럽경제공동체와 유럽원자력공동체 설립을 위한 정부간회의를 주도하면서 1957년 3월 로마조약 체결에 결정적인 역할을 하였다.

[2] 장 샤를 스노이 에 도퓌에르 남작(Baron J. Ch. Snoy et d'OPPUERS)은 벨기에 외교관이자 정치인으로 1956년 벨기에 정부간회의 대표단 의장을 맡으면서 유럽경제공동체와 유럽원자력공동체에 대한 협상에 참여하였고 1957년 로마조약에 서명하였다. 그는 1957년부터 1959년까지 유럽경제공동체와 유럽원자력공동체 임시위원회의 의장을 역임하였고, 1958년에는 유럽경제공동체의 첫 번째 벨기에 상임대표(Permanent

간회의 벨기에 대표단 의장;

독일연방공화국 대통령 : 콘라트 아데나워,[3] 연방 총리,
발터 할슈타인,[4] 외무부 장관;

프랑스공화국 대통령 : 크리스티앙 피노,[5] 외무부 장관
모리스 포르,[6] 외무 위임장관;

Delegate)가 되었다. 한편 그는 1968년부터 1972년까지 벨기에 정부의 재무부 장관을 역임하였으며, 1981년부터 1985년까지 유럽경제협력연맹(European League for Economic Cooperation)의 의장으로 활동하였다.

[3] 콘라트 아데나워(Konrad Adenauer)는 1949년부터 1963년까지 독일연방공화국(서독)의 초대 총리를 역임하였으며, 전후 독일을 서구의 자유민주주의 국가 공동체로 결속시켰고, 전후 유럽통합의 발전에 그 어떤 개인보다 결정적인 역할을 담당하였다. 아데나워 외교 정책의 초석은 프랑스와의 화해였다. 그는 샤를 드골 프랑스 대통령과 함께 역사적인 전환점을 마련하였는데, 두 정상에 의해 한때 서로에게 있어 최대의 적이었던 독일과 프랑스는 1963년 유럽통합을 향한 이정표 중 하나가 된 우애 조약(소위 엘리제 조약)을 체결하였다.

[4] 발터 할슈타인(Walter Hallstein)은 1951년부터 1958년까지 독일연방공화국(서독)의 외무부 장관을 역임하면서 서독 외교정책과 유럽통합에 크게 이바지한 정치인이다. 연방 유럽의 열렬한 옹호자인 그는 1948년 헤이그에서 개최된 유럽회의(Congress of Europe)에서 장차 서독의 초대 총리가 될 아데나워를 만나면서 정치에 입문하게 된다. 이후 1950년 6월 슈망플랜 협상을 위한 서독대표단의 의장으로 임명되면서 유럽석탄철강공동체 설립에 깊게 관여하였다. 이후 그는 서독의 외무부 장관으로서 1955년 메시나회담(Messina Conference)에 서독대표단의 일행으로 유럽경제공동체와 유럽원자력공동체 설립에 관한 정부간회의에 참석하였고, 1957년에는 로마조약에 서명하였다. 이후 그는 1958년 1월 유럽경제공동체 유럽위원회 초대 위원장으로 선출된 후 1967년 사임할 때까지 위원장직을 역임하였다. 이처럼 그는 유럽통합에 이바지한 공로를 인정받아 유럽연합 선구자 중 한 사람으로 불린다.

[5] 크리스티앙 피노(Christian Pineau)는 프랑스의 유명한 레지스탕스 지도자로 전후 프랑스 정부에서 공공사업부 장관과 외무부 장관 등을 역임하였다. 특히 그는 1956년부터 1958년까지 프랑스 정부의 외무부 장관을 역임하면서 1956년 수에즈 위기 해결에 관여하였고 1957년 로마조약에 서명하였다.

[6] 모리스 포르(Maurice Faure)는 프랑스의 정치인으로 1957년 로마조약에 서명하였다. 이후 그는 유럽의회에서 프랑스 대표(1959~1967, 1973)를 역임하였으며, 1979

이탈리아공화국 대통령 : 안토니오 세니,[7] 각료이사회 의장,[8]

가에타노 마르티노,[9] 외무부 장관;

룩셈부르크 대공 : 조제프 베슈,[10] 정부 의장,[11] 외무부 장관,

랑베르 샤우스,[12] 대사, 정부간회의 룩셈부르크 대표

년 직접보통선거로 치러진 첫 번째 유럽의회 선거에서 당선되어 1979년부터 1981년까지 유럽의회 의원으로 활동하였다.

7   안토니오 세니(Antonio Segni, 1891~1972)는 이탈리아의 정치인으로 1955년부터 1957년까지 그리고 1959년부터 1960년까지 총리를 역임하였고, 1962년부터 1964년까지 제4대 이탈리아 대통령을 역임하였다. 그가 첫 번째 총리를 역임하는 동안, 이탈리아는 1955년 국제연합(United Nations) 회원국이 되었다. 또한 그는 같은 시기에 이탈리아 총리로서 1957년 로마조약에 서명하였다. 그는 유럽통합의 강력한 지지자였으며, 서독과의 관계 개선에 이바지하였고 콘라트 아데나워와 가까운 관계를 유지하였다.

8   이탈리아 각료이사회 의장은 총리에 해당한다.

9   가에타노 마르티노(Gaetano Martino)는 의학을 전공한 대학교수로서 1954년부터 1957년까지 이탈리아 정부의 외무부 장관을 역임하였다. 그는 외무부 장관으로서 1955년 메시나회담에 참여하여 유럽통합에 크게 이바지하였고 1957년 로마조약에 서명하였다. 또한 그는 1962년부터 1964년까지 유럽의회 의장으로 활동하였다.

10 조제프 베슈(Joseph Bech)는 룩셈부르크의 정치인으로서 1950년대 초반 유럽석탄철강공동체 창설에 이바지하였다. 그리고 1950년대 후반에는 유럽통합을 막후에서 주도한 유럽연합 선구자 중 한 사람이었다. 그는 룩셈부르크 총리로서 1955년 6월 메시나회담의 의장을 역임하면서 1957년 로마조약의 성공에 지대한 공헌을 하였다. 강대국에 둘러싸인 소국, 룩셈부르크에서 정치활동을 한 베슈는 특히 유럽의 안정과 번영을 위해 국가 간 협력이 매우 중요하다고 인식하였다. 그는 벨기에, 네덜란드와 함께 베네룩스연합의 창설에 참여하였고, 이러한 경험을 바탕으로 유럽공동체 창설에 적극적으로 참여하였다.

11 룩셈부르크 정부의장은 총리에 해당한다.

12 랑베르 샤우스(Lambert Schaus)는 룩셈부르크의 외교관이자 정치인으로서 1950년대 유럽통합에 크게 이바지하였다. 그는 1955년부터 브뤼셀 주재 벨기에 대사를 역임하면서 유럽경제공동체와 유럽원자력공동체 설립에 관한 정부간회의에서 룩셈부르크 대표단을 이끌었다. 이후 그는 1958년 초대 유럽위원회(Commission)인 할슈타인 위원회(Hallstein Commission)의 룩셈부르크 대표로 유럽위원회 위원으로 임명되었고, 제2기 할슈타인 위원회(1962-1967)에서도 재임명되었다.

단 의장;

네덜란드 여왕 : 조셉 룬스,[13] 외무부 장관,

요하네스 린토스트 호만,[14] 정부간회의 네덜란드 대표
단 의장

전권대표들은 정본 전권위임장을 교환한 후 아래와 같이 합의하였다.

제1편 공동체의 직무

제1조

본 조약에 따라 체약국은 유럽원자력공동체를 설립한다.

---

[13] 조셉 룬스(Joseph Luns)는 네덜란드의 외교관이자 정치인으로서 1950년대 유럽통합에 크게 이바지하였다. 그는 1952년부터 1971년까지 네덜란드 정부의 외무부 장관을 역임하였으며, 그 이후 1971년부터 1984년까지 북대서양조약기구(North Atlantic Treaty Organization, NATO) 사무총장을 지냈다. 특히 그는 네덜란드 정부의 외무부 장관으로서 1957년 로마조약에 서명하였다.

[14] 요하네스 린토스트 호만(J. Linthorst Homan)은 네덜란드의 정치인이자 외교관이었다. 그는 1952년 대외경제국의 통합국장으로 임명된 후 네덜란드의 대유럽정책 수립에서 핵심적인 역할을 맡았다. 특히 그는 공동시장형성을 위한 바이언 계획(Beyen plan)의 공식화에 이바지하였다. 또한 그는 네덜란드 정부간회의 대표단을 이끌면서 1955년 메시나회담에 참석하여 스파크 보고서의 준비에도 깊이 관여하였고 1957년 로마조약에 서명하였다. 이후 그는 1958년 유럽경제공동체와 유럽석탄철강공동체의 첫 번째 상임대표로 임명되었고, 1962년부터 1967년까지 유럽석탄철강공동체 고등관청(high authority)의 위원을 역임하였으며, 1968년부터 1971년까지 런던에서 유럽경제공동체의 대표로서 활동하면서 영국과 유럽대륙의 협력을 촉진하는 데 이바지하였다.

공동체의 직무는 원자력 산업의 신속한 형성과 성장을 위해 필요한 여건을 창출함으로써 회원국의 생활 수준 향상과 다른 국가와의 관계 발전에 이바지하는 것이다.

제2조

공동체는 직무를 수행하기 위해 본 조약에 규정된 바에 따라 다음을 한다.

(a) 연구를 장려하고 기술 정보의 보급을 보장한다.

(b) 노동자와 일반 대중의 건강을 보호하기 위해 단일한 안전기준을 확립하고 그 적용을 보장한다.

(c) 투자를 촉진하고, 특히 기업의 혁신을 장려함으로써 공동체에서 원자력 발전에 필요한 기본 설비의 구축을 보장한다.

(d) 공동체의 모든 사용자에게 광석과 핵연료를 정기적이고 공평하게 공급받도록 보장한다.

(e) 적절한 감독을 통해 핵물질이 의도된 것 이외의 목적으로 전용되지 않도록 보장한다.

(f) 특수핵분열성물질에 대한 소유권을 행사한다.

(g) 특수물질 및 장비에서의 공동시장 창출, 원자력 분야의 투자를 위한 자본의 자유로운 이동 그리고 공동체 내 전문가를 위한 고용의 자유를 통해 광범위한 상업적 판로와 최고의 기술 시설에 대한 접근을 보장한다.

(h) 원자력의 평화적 사용에서의 발전을 촉진할 수 있는 관계를 다른 국가 및 국제기구와 수립한다.

제3조

1. 공동체에 위임된 직무는 다음 기관[15]에서 수행한다.

> 의회
> 이사회
> 유럽위원회
> 사법재판소

각 기관은 본 조약이 부여한 권한의 범위 내에서 행동한다.

2. 이사회와 유럽위원회는 자문 지위의 역할을 하는 경제사회위원회가 보조한다.

---

[15] 유럽원자력공동체, 유럽경제공동체 그리고 유럽석탄철강공동체는 1957년 체결된 '유럽공동체들에 공통되는 특정 기관에 대한 협약'을 통해 유사한 임무를 수행하는 기관의 수를 제한하고 단일 기관을 창설하기로 결정하였다. 그 결과 세 공동체는 의회(Assembly), 사법재판소(Court of Justice) 그리고 경제사회위원회(Economic and Social Committee)를 단일 기관으로 창설하였다. 이후 세 공동체는 1965년 체결된 브뤼셀조약(Brussels Treaty)으로도 알려진 합병조약(Merger Treaty)을 통해 이사회(Council)와 유럽위원회(Commission) 또한 단일 기관으로 창설하였다.

제2편 원자력 분야의 발전을 장려하기 위한 규정

제 I 장 연구의 장려

제4조

1. 유럽위원회는 회원국에서 원자력 연구를 장려·촉진하고, 공동체 연구훈련프로그램[16]을 실행함으로써 이를 보완할 책임이 있다.

2. 이와 관련하여 유럽위원회의 활동은 본 조약 부속서 I 의 목록에 열거된 분야 내에서 수행된다.

해당 목록은 이사회가 유럽위원회의 제안을 가중다수결[17]로 의결하여

---

[16] 유럽위원회는 공동체 연구훈련프로그램(Community research and training programme)을 통해 전문가를 양성하고 원자력 연구에 대한 재정적·행정적 지원을 할 수 있다. 이를 위해 유럽위원회는 공동원자력연구센터(Joint Nuclear Research Centre)를 설립한다. 공동원자력연구센터는 단일한 원자력 용어와 표준측정제도의 확립을 보장해야 한다. 또한 유럽원자력공동체 설립조약은 공동원자력연구센터가 수행해야 할 초기 5년간의 연구훈련프로그램을 상세히 규정하고 있다. 이에 본 조약 부속서 I 에는 연구훈련프로그램에서 다루어질 주제들을 명시하고 있으며, 부속서 V에는 초기 연구훈련프로그램에서 다루어야 할 주제와 공동원자력연구센터의 업무를 구체적으로 명시하고 있다. 현재까지도 '유럽원자력공동체 기본체계 프로그램(Euratom Framework Programmes)'은 유럽원자력공동체 설립조약 제7조에 기반하고 있다.

[17] 가중다수결(qualified majority)은 이사회에서 가장 일반적이며 폭넓게 적용되는 의사결정 제도이다. 가중다수결은 회원국의 인구 규모에 차등을 두어 표결에 가중치를 부여한 것이다. 독일, 프랑스, 이탈리아와 같이 인구가 많은 국가는 각각 4표, 그리고 상대적으로 인구가 적은 벨기에, 네덜란드는 2표 그리고 제일 인구가 적은 룩셈부르크 1표를 행사한다. 그러나 의결 정족수는 4개국 이상 동의에 12표 이상이

개정할 수 있다. 유럽위원회는 제134조에 따라 설립된 과학기술위원회[18]와 협의한다.

제5조

회원국에서 수행된 연구를 조정하고 보완하기 위해, 유럽위원회는 특정 수령인에게 시달되고 해당 정부에게 전달된 특별 요청 또는 일반적으로 공표된 요청에 따라 요청에 명시된 연구와 관련된 자신들의 프로그램을 회원국, 개인 또는 기업에 통지한다.

당사자에게 의견을 진술할 충분한 기회를 준 후, 유럽위원회는 자신에게 통지된 각 프로그램에 대해 적절한 의견을 제시할 수 있다. 유럽위원회는 프로그램을 통지한 국가, 개인 또는 기업이 요청하면 해당 의견을 제시한다.

해당 의견에 따라 유럽위원회는 불필요한 중복을 막고 불충분하게 조사된 부문에 관한 연구를 지시한다. 유럽위원회는 프로그램을 통지한 국가, 개인 또는 기업의 동의 없이 이 프로그램을 공표할 수 없다.

유럽위원회는 불충분하게 조사된 것으로 간주된 원자력 연구 부문들의 목록을 정기적으로 공표한다.

필요하므로 인구가 많은 국가와 인구가 적은 국가들의 이해관계와 입장을 절충한 표결 방법이다.

[18] 과학기술위원회(Scientific and Technical Committee)는 본 조약 제4조, 제7조 그리고 제8조에 근거하여 연구, 훈련 그리고 공동원자력연구센터 등과 관련하여 자문을 제공하는 기관이다. 과학기술위원회의 위원은 임기 5년의 20명으로 구성되며 이사회가 임명한다. 과학기술위원회는 유럽원자력공동체에만 존재한다.

유럽위원회는 상호 협의와 정보 교류를 위해 공공 및 민간 연구센터의 대표자뿐만 아니라 동일 분야 또는 관련 분야의 연구에 종사하는 전문가를 소집할 수 있다.

제6조

유럽위원회는 통지된 연구프로그램의 실행을 장려하기 위해 다음을 할 수 있다.

(a) 보조금 제공 없이 연구기본계약 내에서 재정지원을 제공한다.
(b) 이 프로그램을 실행하기 위해 사용 가능한 선원 물질 또는 특수핵분열성물질을 무상 또는 유상으로 공급한다.
(c) 설비, 장비 또는 전문가의 지원을 회원국, 개인 또는 기업을 위해 무상 또는 유상으로 제공한다.
(d) 해당 회원국, 개인 또는 기업의 공동 자금 조달을 장려한다.

제7조

공동체 연구훈련프로그램은 과학기술위원회와 협의한 유럽위원회의 제안에 의거하여 이사회에 의해 전원일치로 결정된다.

이 프로그램은 5년 미만 기한으로 작성된다.

이 프로그램을 실행하기 위해 요구된 자금은 매년 공동체 연구투자예산에 포함된다.

유럽위원회는 이 프로그램이 실행되도록 보장하고 이사회에 이에 관한 연례보고서를 제출한다.

유럽위원회는 경제사회위원회에 공동체 연구훈련프로그램에 대한 전반적인 개요를 지속적으로 통보한다.

제8조

1. 과학기술위원회와 협의한 후, 유럽위원회는 공동원자력연구센터를 설립한다.

동 센터는 연구프로그램과 유럽위원회가 할당한 기타 직무의 수행을 보장한다.

동 센터는 또한 단일한 원자력 용어와 표준측정제도의 확립을 보장한다.

동 센터는 중앙핵측정국[19]을 설립한다.

2. 센터의 활동은 지리적 또는 기능적 이유로 별도의 기관에서 수행될 수 있다.

---

19 중앙핵측정국(Central Bureau for Nuclear Measurements)은 유럽원자력공동체 설립조약 제8조에 의거하여 1960년에 설립되었다. 유럽위원회가 설립한 공동원자력연구센터는 단일한 원자력 용어와 표준측정제도의 확립을 위해 중앙핵측정국을 설립한다. 중앙핵측정국은 주로 핵 측정 과학의 진흥에 관여한다. 이는 기본 표준을 마련하는 것을 의미한다. 이를 위해서는 계측기기와 계측방법 그리고 핵 데이터의 고정밀 측정을 개선하기 위한 지속적인 노력이 요구된다.

제9조

1. 경제사회위원회의 의견을 얻은 후, 유럽위원회는 공동원자력연구센터의 체계 내에서 특히 광물 탐사, 고순도 핵물질 생산, 조사핵원료 가공, 원자력 공학, 보건과 안전 그리고 방사성 동원 원소의 생산 및 사용 분야에서 전문가 훈련을 위한 학교를 설립할 수 있다.

유럽위원회는 해당 훈련의 세부 사항을 결정한다.

2. 유럽위원회는 대학 지위를 가진 기관을 설립한다. 그 운영 방법은 이사회가 유럽위원회의 제안에 의거하여 가중다수결로 정한다.

제10조

유럽위원회는 계약에 따라 회원국, 개인이나 기업 또는 제3국, 국제기구나 제3국의 국민에게 공동체 연구프로그램의 특정 부분의 실행을 위임할 수 있다.

제11조

유럽위원회는 제7조, 제8조 그리고 제10조에서 언급된 연구프로그램과 그 실행에 관한 경과 보고서를 정기적으로 공표한다.

제II장 정보의 보급

제I절 공동체가 재량권을 가진 정보

제12조

회원국, 개인 또는 기업은 유럽위원회에 신청할 때 공동체가 소유한 특허, 잠정적으로 보호된 특허권, 실용신안 또는 특허 출원에 대한 비독점적 라이선스[20]를 취득할 권리를 가지며, 여기에 포함된 발명을 효과적으로 사용할 수 있다.

동일한 조건에서, 유럽위원회는 공동체가 그렇게 할 권한을 부여한 계약 라이선스를 보유하고 있는 경우 특허, 잠정적으로 보호된 특허권, 실용신안 또는 특허 출원에 대한 2차 라이선스[21]를 부여한다.

유럽위원회는 라이선스 사용자(licensees)와 합의한 조건에 따라 라이선스 또는 2차 라이선스를 부여하고 그 사용에 필요한 모든 정보를 제공한다. 이러한 조건은 특히 적당한 보수 그리고, 적절한 경우, 제3자에게 2차 라이선스를 부여할 수 있는 라이선스 사용자의 권리와 해당 정보를

---

[20] 비독점적 라이선스는 라이선스 사용자에게 특허, 실용신안 등을 사용할 수 있는 권한을 부여하지만, 라이선스 소유자(licensor)뿐만 아니라 또 다른 라이선스 사용자도 동일한 권한을 사용할 수 있도록 허용한다. 반면 독점적 라이선스는 지정된 라이선스 사용자 이외의 회원국, 개인 그리고 기업에 특허, 실용신안 등을 사용할 수 있는 권한을 부여하지 않는다. 여기에는 라이선스 소유자도 포함된다.

[21] 2차 라이선스(sub-licences)는 라이선스 사용을 허락받은 라이선스 사용자가 부여받은 권한의 범위 내에서 제3자에게 라이선스 사용을 허용하는 것을 의미한다.

업무 비밀로 취급할 의무와 관련된다.

제3항에서 언급한 조건에 대한 합의가 실패한 경우, 라이선스 사용자는 적절한 조건을 정하기 위해 사법재판소에 회부할 수 있다.

제13조

유럽위원회는 제12조 규정이 적용되지 않는 공동체가 취득한 정보를, 해당 정보가 자체 연구프로그램에서 유래되었는지 또는 정보를 자유롭게 사용할 수 있는 권한이 있는 유럽위원회에 통지되었는지와 상관없이, 회원국, 개인 그리고 기업에 통지한다.

하지만 유럽위원회는 기밀로 취급하고 제3자에게 전달하지 않는다는 조건으로 해당 정보를 공개할 수 있다.

유럽위원회는 기밀 정보로 알려진 정보와 같이 사용 또는 보급에 제한을 조건으로 취득한 정보를 이러한 제한을 준수하지 않은 한 공개할 수 없다.

제Ⅱ절 기타 정보

(a) 원만한 합의에 따른 보급

제14조

유럽위원회는 원만한 합의에 따라 공동체의 목표 달성에 유용한 정보의 통지와 해당 정보와 관련된 특허, 잠정적으로 보호된 특허권, 실용신안 또는 특허 출원에 따른 라이선스 부여를 모두 확보하기 위해 노력한다.

제15조

유럽위원회가 수주한 연구 계약에 따라 공동체가 이러한 결과를 획득하지 못한 경우, 유럽위원회는 회원국, 개인 또는 기업이 연구의 잠정 또는 최종 결과를 교환할 수 있는 매개로 활용할 수 있는 절차를 확립한다.

이 절차는 교환의 기밀성을 보장한다. 하지만 통지된 결과는 유럽위원회가 기록 목적으로 공동원자력연구센터에 전달할 수 있다. 이는 통지 당사자가 동의하지 않은 어떠한 사용 권한도 수반하지 않는다.

(b) 유럽위원회에 의무 통지

제16조

1. 특별히 원자력 사안과 관련된 특허 또는 실용신안에 대한 출원이 회원국에 제출되자마자, 해당 국가는 출원자에게 출원 내용을 유럽위원회에 즉시 통지하는 데 동의하도록 요청한다.

만약 출원자가 동의한 경우, 이 통지는 출원일로부터 3개월 이내에 이루어진다. 만약 출원자가 동의하지 않은 경우, 회원국은 동일 기간 내에 유럽위원회에 출원의 존재를 통보한다.

유럽위원회는 회원국이 그 존재를 통보받은 출원 내용의 통지를 요청할 수 있다.

유럽위원회는 통보일로부터 2개월 이내에 요청한다. 이 기간의 연장은 동 항의 제6호에서 언급된 기간에 상응하는 연장을 수반한다.

유럽위원회로부터의 해당 요청을 받으면, 회원국은 출원자에게 출원 내용의 통지에 동의하는지를 다시 문의한다. 출원자가 동의한 경우, 통지는 즉시 이루어진다.

출원자가 동의하지 않는 경우, 그럼에도 불구하고 회원국은 출원일로부터 18개월 이내에 유럽위원회에 통지한다.

2. 회원국은 출원일로부터 18개월 이내에 언뜻 보기에 명확하게 핵은 아니지만 공동체의 원자력 발전에 직접 연관되고 필수적인 사안을 다루는 아직 공표되지 않은 특허 또는 실용신안 출원의 존재를 유럽위원회에 통지한다.

유럽위원회가 요청한 경우, 출원 내용은 2개월 이내에 유럽위원회에 통지된다.

3. 공표가 가능한 한 빨리 이루어질 수 있도록, 회원국은 유럽위원회가 요청한 제1항과 제2항에서 언급된 사안과 관련된 특허 또는 실용신안 출원을 처리하는 데 걸리는 시간을 최소한으로 줄인다.

4. 유럽위원회는 위에서 언급한 통지를 기밀로 취급한다. 통지는 오직 기록 목적으로만 작성될 수 있다. 하지만 유럽위원회는 출원자의 동의 또

는 제17조~제23조에 따라 유럽위원회에 통지된 발명을 사용할 수 있다.

5. 동 조의 규정은 제3국 또는 국제기구와 체결된 협정이 통지를 방해하는 경우 적용되지 않는다.

(c) 중재 또는 강제력에 따른 라이선스 부여

제17조

1. 원만한 합의에 실패한 경우, 비독점적 라이선스는 제18조~제23조에 따라 중재 또는 강제력에 따라 부여될 수 있다.

(a) 해당 라이선스의 부여가 자체 연구의 지속을 위해 필요하거나 설비 운영에 필수 불가결한 경우, 원자력 연구와 직접적으로 연관된 발명과 관련된 특허, 잠정적으로 보호된 특허권 또는 실용신안에 대한 이 권리를 제48조에 따라 공동체 또는 합작기업에 부여한다. 만약 유럽위원회가 요청한 경우, 해당 라이선스에는 제3자가 공동체 또는 합작기업을 위해 일하거나 발주한 주문을 수행하는 경우 발명의 사용을 승인하는 권리가 포함된다.

(b) 다음의 모든 조건이 충족되는 경우, 공동체의 원자력 발전에 직접 연관되고 필수적인 발명과 관련된 특허, 잠정적으로 보호받는 특허권 또는 실용 신안에 대해 유럽위원회에 신청한 개인 또는 기업에 부여된다.

  (ⅰ) 명확하게 핵 사안과 관련된 발명의 경우를 제외하고, 특허 출

원 후 최소 4년이 경과한 경우

(ii) 발명이 보호되고 있는 회원국 영토에서, 원자력의 발전으로부터 유래한 요건을 유럽위원회의 해당 발전 개념에서 해당 발명과 관련하여 충족되지 못한 경우

(iii) 소유권자가 본인 또는 라이선스 사용자를 통해 해당 요건을 충족하도록 요청받았지만, 그 요청을 준수하지 못한 경우

(iv) 라이선스를 신청한 개인 또는 기업이 발명의 사용을 통해 해당 요건을 효과적으로 충족할 수 있는 위치에 있는 경우

회원국은 해당 요건을 충족하기 위해 유럽위원회의 사전 요청이 있는 경우를 제외하고 발명에 부여된 보호를 제한하는 자국 법률에 규정된 강제조치를 취할 수 없다.

2. 비독점적 라이선스는 소유권자가 정당한 이유의 존재를 입증할 수 있는 경우, 특히 마음대로 할 수 있는 충분한 시간이 없다는 이유로 제1항의 규정에 따라 부여될 수 없다.

3. 제1항에 따른 라이선스의 부여는 완전한 보상에 대한 권리를 부여하며, 그 금액은 특허, 잠정적으로 보호된 특허권 또는 실용신안의 소유권자와 라이선스 사용자 간에 합의되어야 한다.

4. 동 조의 규정은 산업소유권보호를 위한 파리협약[22]의 규정에 영향을 미치지 않는다.

---

[22] 산업소유권보호를 위한 파리협약(Paris Convention for the Protection of Industrial Property)은 1883년 채택되었으며, 특허, 실용신안, 디자인, 상표 및 상호, 원산지 표시 등 지식재산권의 보호를 목적으로 하며 불공정한 경쟁의 억제를 추구한다.

제18조

중재위원회는 동 절에서 규정된 목적을 위해 설립된다. 이사회는 사법재판소의 제안에 따라 위원을 임명하고 중재위원회의 의사규칙을 정한다.

당사자는 통보일로부터 1개월 이내에 중재위원회의 결정에 대해 중지효과가 있는 상소를 사법재판소에 회부할 수 있다. 사법재판소는 그 심사를 결정의 공식적인 유효성과 중재위원회에 의한 본 조약의 규정 해석에 국한한다.

중재위원회의 최종 결정은 관련 당사자 간의 기결사건의 효력[23]을 가진다. 최종 결정은 제164조의 규정에 따라 강제 집행될 수 있다.

제19조

유럽위원회가 원만한 합의에 실패하여 제17조에서 규정한 사례 중 하나에 라이선스 부여를 보장하려는 경우, 유럽위원회는 특허, 잠정적으로 보호된 특허권, 실용신안 또는 특허 출원의 소유권자에게 그 의도를 통보하고, 해당 통보에는 라이선스 출원자의 이름과 라이선스 범위를 명시한다.

제20조

소유권자는 제19조에 언급된 통보 수링 1개월 이내에 유럽위원회 그리고, 적절한 경우, 출원자에게 중재위원회에 해당 사안을 회부하기 위

---

[23] 기결사건(res judicata)의 효력은 확정판결을 받은 사안은 후에 동일 사안이 문제가 되는 경우 이전 판결과 모순되는 판결을 할 수 없도록 구속하는 효력을 의미한다.

한 특별 합의를 체결할 것을 제안할 수 있다.

유럽위원회 또는 출원자가 해당 합의의 체결을 거부하는 경우, 유럽위원회는 회원국 또는 관할 당국에 라이선스를 부여하거나 부여하도록 요구해서는 안 된다.

해당 사안이 특별 합의에 따라 회부된 경우, 중재위원회가 유럽위원회의 요청이 제17조의 규정을 준수한다고 판단하는 경우, 중재위원회는 당사자가 이러한 점에 대해 합의하지 못하면 출원자에게 라이선스를 부여하고 라이선스 조건과 그에 대한 보상을 규정한 합리적 결정(reasoned decision)을 내린다.

제21조

소유권자가 중재위원회에 해당 사안의 회부를 제안하지 않는 경우, 유럽위원회는 관련 회원국 또는 그 관할 당국에 라이선스를 부여하거나 부여하도록 요청할 수 있다.

회원국 또는 관할 당국은 소유권자의 사건을 심리한 후 제17조의 조항을 준수하지 않았다고 판단한 경우 라이선스를 부여하거나 부여하도록 요청하는 것을 거부한다고 유럽위원회에 통보한다.

라이선스를 부여하거나 부여하도록 요청한 것을 거부한 경우, 또는 요청일로부터 4개월 이내에 라이선스 부여와 관련된 어떠한 정보도 나오지 않은 경우, 유럽위원회는 2개월 이내에 해당 사안을 사법재판소에 회부한다.

소유권자는 사법재판소의 소송에서 심리를 받는다.

사법재판소의 판결이 제17조의 조건을 준수하였음을 입증한 경우, 관련 회원국 또는 그 관할 당국은 해당 판결의 집행에 필요한 조치를 취한다.

제22조

1. 특허, 잠정적으로 보호된 특허권 또는 실용신안의 소유권자와 라이선스 사용자가 보상금액 합의에 실패한 경우, 관련 당사자들은 해당 사안을 중재위원회에 회부하기 위한 특별 합의를 체결할 수 있다.

그렇게 함으로써 당사자는 제18조에 규정된 것 이외의 소송을 제기할 권리를 포기한다.

2. 라이선스 사용자가 특별 합의의 체결을 거부한 경우, 그가 부여받은 라이선스는 무효로 간주한다.

소유권자가 특별 합의의 체결을 거부한 경우, 동 조에서 언급된 보상은 관할 회원국 당국이 결정한다.

제23조

1년이 경과한 후 중재위원회 또는 관할 회원국 당국의 결정은 새로운 사실이 이를 정당화한 경우, 라이선스 조건과 관련하여 개정될 수 있다.

해당 개정은 결정을 내린 기관의 책임이다.

제Ⅲ절 보안 규정

제24조

공동체가 연구프로그램을 수행한 결과로 취득되고, 하나 이상의 회원국의 방위 이익에 해를 끼칠 수 있는 정보의 공개는 다음 규정에 따라 보안 체계의 적용을 받는다.

1. 이사회는 유럽위원회의 제안에 의거하여 동 조의 규정을 고려하여 적용될 다양한 보안 등급 및 각 등급에 적합한 보안 조치를 규정한 보안 규칙을 채택한다.

2. 유럽위원회가 특정 정보의 공개가 하나 이상의 회원국의 방위 이익에 해를 끼칠 수 있다고 판단한 경우, 유럽위원회는 해당 경우에 보안 규칙이 요구하는 보안 등급을 해당 정보에 잠정적으로 적용한다.

유럽위원회는 해당 정보를 즉시 회원국에 통보하며, 회원국은 동일한 방식으로 해당 정보의 보안을 잠정적으로 보장한다.

회원국은 잠정적으로 적용된 등급을 유지할 것인지, 다른 등급으로 대체할 것인지 또는 정보를 기밀 해제할 것인지 여부를 3개월 이내에 유럽위원회에 통보한다.

이 기간이 만료되면, 요청된 등급 가운데 가장 높은 등급이 적용된다. 유럽위원회는 그 취지를 회원국에 통지한다.

유럽위원회 또는 회원국의 요청에 따라, 이사회는 전원일치로 언제든지 다른 등급을 적용하거나 정보를 기밀 해제할 수 있다. 이사회는 회원국의 요청에 대한 조치를 취하기 전에 유럽위원회의 의견을 구한다.

3. 보안 등급을 받는 정보에 대해서는 제12조와 제13조의 규정이 적용되지 않는다.

그럼에도 불구하고 적절한 보안 조치를 준수하는 경우는 다음과 같다.

(a) 제12조와 제13조에 언급된 정보는 유럽위원회가 통지할 수 있다.
   (i) 합작기업에
   (ii) 개인 또는 기업이 활동하는 지역의 회원국을 통해, 합작기업 이외의 개인 또는 기업에
(b) 제13조에 언급된 정보는 유럽위원회가 이 통지를 통보한 경우 회원국이 해당 국가의 영토에서 활동하는 합작기업 이외의 개인 또는 기업에 통지할 수 있다.
(c) 하지만 각 회원국은 해당 국가 또는 해당 국가의 영토에서 활동하는 개인과 기업의 요구를 충족시키기 위해 제12조에 따른 라이선스 부여를 유럽위원회에 요구할 권리가 있다.

제25조

1. 제16조 제1항 또는 제2항에 명시된 사안과 관련된 특허 또는 실용신안에 대한 출원의 존재를 통보하거나 그 내용을 통지하는 회원국은 적절한 경우 방위상의 이유로 소정의 보안 등급을 적용할 필요성에 주의를 기울이는 동시에 해당 등급의 가능한 지속 기간을 명시한다.

유럽위원회는 이전 호의 규정에 따라 접수된 모든 통지를 다른 회원국에 전달한다. 유럽위원회와 회원국은 보안 규칙에 따라 원산지 국가(State of origin)가 요구하는 등급에 부합하는 조치를 취한다.

2. 유럽위원회는 또한 이러한 통지를 합작기업 또는 회원국을 통해 해당 국가의 영토 내에서 활동하는 합작기업 이외의 개인 또는 기업에 전달할 수 있다.

제1항에 언급된 출원 대상인 발명은 오직 출원자의 동의 또는 제17조~제23조에 따라서만 사용할 수 있다.

동 항에 언급된 통지 및 적절한 경우에 그 사용은 보안 규칙에 따라 원산지 국가가 요구하는 보안 등급에 부합하는 조치를 받는다.

통지는 모든 경우에 원산지 국가의 동의를 받는다. 통지와 사용에 대한 동의는 방위상의 이유로만 보류될 수 있다.

3. 유럽위원회 또는 회원국의 요청이 있는 경우, 이사회는 전원일치로 언제든지 다른 등급을 적용하거나 정보를 기밀 해제할 수 있다. 이사회는 회원국의 요청에 대한 조치를 취하기 전에 유럽위원회의 의견을 얻어야 한다.

제26조

1. 특허, 특허 출원, 잠정적으로 보호된 특허권, 실용신안 또는 실용신안의 출원이 포함된 정보가 제24조와 제25조에 따라 기밀 취급될 경우,

해당 기밀 취급을 요청한 국가는 다른 회원국에 해당 출원을 허용하는 것을 거부할 수 없다.

각 회원국은 자국의 법률과 규칙에 명시된 절차에 따라 해당 권리와 출원의 보안을 유지하기 위해 필요한 조치를 취한다.

2. 제24조에 따라 기밀 취급된 정보와 관련된 어떠한 출원도 회원국의 전원일치 동의 없이는 회원국 외부에 제출될 수 없다. 회원국들이 자신의 견해를 알리지 못할 경우, 회원국들의 동의는 유럽위원회가 해당 정보를 회원국에 통지한 날로부터 6개월 기간이 지난 시점에서 획득된 것으로 간주된다.

제27조

방위상의 이유로 기밀 취급된 결과로 인해 출원자가 입은 손해에 대한 보상은 회원국의 국내법 규정에 따라 규율되며, 해당 기밀 취급을 요청하거나, 기밀 취급의 상향조정 또는 확장을 시행하거나, 공동체 외부에 출원 제출을 금지하는 것은 해당 국가의 책임이다.

여러 회원국이 기밀 취급의 상향조정 또는 확장을 시행하거나 공동체 외부의 출원 제출을 금지한 경우, 회원국들은 자신들의 조치로 인해 발생한 모든 손해를 보상할 공동 책임이 있다.

공동체는 동 조에 따라 어떠한 보상도 청구할 수 없다.

제Ⅳ절 특별 규정

제28조

유럽위원회에 통지한 결과로 특허 또는 실용신안의 미공표된 출원, 또는 방위상의 이유로 기밀 취급된 특허 또는 실용신안이 부적절하게 사용되거나 비승인자가 알게 된 경우, 공동체는 관련 당사자가 입은 손해를 보상한다.

손해에 책임이 있는 개인에 대한 권리를 침해하지 않는 범위 내에서, 공동체는 해당 손해를 보상하는 범위에서 관련 당사자들이 제3자에 대해 향유하는 소송 권리를 획득한다. 이는 시행 중인 일반 규정에 따라 손해에 책임이 있는 개인에 대해 조치를 취하는 공동체의 권한에 영향을 미치지 않는다.

제29조

한편으로는 회원국, 개인 또는 기업 간 그리고 다른 한편으로는 제3국, 국제기구 또는 제3국의 국민 간 원자력 분야에서의 과학적 또는 산업적 정보의 교환을 위한 협정이나 계약이 어느 한 부분에서 주권적 자격(sovereign capacity)으로 활동하는 국가의 서명이 요구되는 경우, 유럽위원회가 이를 체결한다.

하지만 유럽위원회는 제103조와 제104조의 규정에 의거하여, 적절하다고 판단되는 조건에서 회원국, 개인 또는 기업이 해당 협정을 체결하도록 위임할 수 있다.

제Ⅲ장 보건과 안전

제30조

기본 표준이 전리 방사선에서 발생한 위험으로부터 노동자와 일반 대중의 건강을 보호하기 위해 공동체 내에 규정되어야 한다.

"기본 표준"이라는 표현은 다음을 의미한다.

(a) 적절한 안전과 양립 가능한 최대 허용 선량
(b) 노출과 오염의 최대 허용 수준
(c) 노동자의 건강 감독을 규율하는 근본 원칙

제31조

기본 표준은 회원국의 과학 전문가, 특히 공중보건 전문가 중에서 과학기술위원회가 임명한 사람들의 의견을 청취한 후 유럽위원회가 작성한다. 유럽위원회는 해당 기본 표준에 대해 경제사회위원회의 의견을 구한다.

의회와 협의한 후, 이사회는 유럽위원회의 제안에 의거하여 경제사회위원회로부터 얻은 의견을 유럽위원회에 제출하고 기본 표준을 제정한다. 이사회는 가중다수결로 결정한다.

제32조

유럽위원회 또는 회원국의 요청에 따라, 기본 표준은 제31조에 규정된 절차에 따라 개정되거나 보완될 수 있다.

유럽위원회는 회원국이 작성한 요청을 심사한다.

제33조

각 회원국은 제정된 기본 표준의 준수를 보장하기 위해 입법, 규칙 또는 행정 행위를 통해 적절한 규정을 제정하고 교수, 교육, 그리고 직업훈련(teaching, education and vocational training)과 관련하여 필요한 조치를 취한다.

유럽위원회는 회원국에서 이 분야에 적용 가능한 규정을 조화시키기 위해 적절한 권고를 한다.

이를 위해, 회원국은 본 조약의 발효일에 적용 가능한 규정과 동일한 종류의 후속 초안 규정을 유럽위원회에 통지한다.

유럽위원회가 해당 초안 규정과 관련하여 제정하기를 원하는 모든 권고는 해당 초안 규정이 통지된 날로부터 3개월 이내에 이루어진다.

제34조

특히 자국 영토에서 위험한 실험을 하는 회원국은 추가적인 보건 및 안전조치를 취해야 하며, 해당 조치에 대해 유럽위원회의 의견[24]을 먼저 구한다.

해당 실험의 결과가 다른 회원국의 영토에 영향을 미칠 가능성이 있는 경우 유럽위원회의 동의가 필요하다.

제35조

각 회원국은 대기, 물 그리고 토양의 방사능 수준에 대해 지속적으로 감시하고 기본 표준의 준수를 보장하는 데 필요한 시설을 구축한다.

유럽위원회는 해당 시설에 대한 접근권을 가진다. 유럽위원회는 시설의 운영과 효율성을 검증할 수 있다.

제36조

관할 당국은 대중이 노출된 방사능 수준을 알 수 있도록 제35조와 관련된 검사에 대한 정보를 유럽위원회에 정기적으로 통지한다.

제37조

각 회원국은 어떠한 형태로든 방사능 폐기물의 처리 계획과 관련된 전반적인 자료를 유럽위원회에 제공하여, 유럽위원회가 해당 계획의 시행이 다른 회원국의 물, 토양 또는 영공의 방사능 오염을 초래할 수 있는지 여부를 정할 수 있도록 한다.

---

24 하지만 유럽위원회의 의견(opinion)은 본 조약 제161조에 따라 회원국을 구속할 법적 강력력이 없다.

유럽위원회는 제31조에 언급된 전문가 집단과 협의한 후 6개월 이내에 의견을 제출한다.

제38조

유럽위원회는 대기, 물 그리고 토양의 방사능 수준과 관련하여 회원국에 권고한다.

긴급한 경우, 유럽위원회는 관련 회원국이 유럽위원회가 정한 기간 내에 기본 표준의 위반을 방지하고 규칙 준수를 보장하기 위해 필요한 모든 조치를 취할 것을 요구하는 지침[25]을 제정한다.

문제가 있는 국가가 규정된 기간 내에 유럽위원회 지침을 준수하지 않는 경우, 유럽위원회 또는 관련 회원국은 제141조와 142조와 달리 즉시 해당 사안을 사법재판소에 회부할 수 있다.

제39조

유럽위원회는 공동원자력연구센터가 설립되는 즉시 공동원자력연구센터의 체계 내에 보건안전기록연구부서를 설립한다.

---

[25] 지침(directive)은 2차 입법 중 하나로 모든 회원국에 대한 구속력을 가지지만 그 방법과 절차는 회원국에 위임한다. 이 경우 회원국에서의 입법은 지침의 목적과 내용을 벗어날 수 없다. 하지만 이는 각 회원국의 법질서에 맞게 별도의 국내 입법의 여지를 남겨둔 것이다. 본 조약 제161조에 "지침은 달성해야 할 결과에 관하여 시달 대상인 해당 회원국을 구속하지만, 그 형태와 방식은 해당 회원국의 국내 당국이 선택한다"라고 규정하고 있다.

동 부서는 특히 제33조, 제36조 그리고 제37조에 언급된 기록과 정보를 수집하고 동 장에 의해 위임된 업무를 수행하는 데 있어 유럽위원회를 지원하는 직무를 가진다.

제Ⅳ장 투자

제40조

개인과 기업의 활동을 고무하고 원자력 분야에 대한 투자의 조정된 발전을 촉진하기 위해, 유럽위원회는 특정 원자력 생산 목표와 그 달성에 필요한 모든 유형의 투자를 명시한 예시 프로그램(illustrative programmes)을 정기적으로 공표한다.

유럽위원회는 공표하기 전에 해당 프로그램에 대해 경제사회위원회의 의견을 구한다.

제41조

본 조약 부속서 Ⅱ에 열거된 산업 활동에 종사하는 개인과 기업은 유럽위원회의 제안에 의거하여 이사회가 정한 종류와 규모의 기준을 충족하는 신규 설비뿐만 아니라 교체 또는 전환과 관련된 투자 프로젝트를 유럽위원회에 통지한다.

위에서 언급한 산업 활동의 목록은 이사회가 유럽위원회의 제안을 가중다수결로 변경할 수 있으며, 유럽위원회는 먼저 경제사회위원회의 의견을 구한다.

제42조

제41조에 언급된 프로젝트는 공급자와 최초 계약이 체결되기 3개월 전까지 또는 자체 재원으로 기업이 업무를 수행하는 경우 업무 개시 3개월 전까지 유럽위원회와 정보제공의 목적을 위해 관련 회원국에 통지된다.

이사회는 유럽위원회의 제안에 의거하여 이 시한을 변경할 수 있다.

제43조

유럽위원회는 본 조약의 목표와 관련된 투자 프로젝트의 모든 측면을 개인 또는 기업과 협의한다.

유럽위원회는 관련 회원국에 자신의 견해를 통지한다.

제44조

유럽위원회는 관련 회원국, 개인 그리고 기업의 동의를 얻어 유럽위원회에 통지된 투자 프로젝트를 공표할 수 있다.

제V장 합작기업

제45조

공동체에서 원자력 산업 발전에 근본적으로 중요한 기업은 다음 조들에 따라 본 조약의 의미 범위 내에 속하는 합작기업으로 설립될 수 있다.

제46조

1. 유럽위원회, 회원국 또는 다른 어떤 부분(any other quarter)에서 유래한 합작기업의 설립을 위한 모든 프로젝트는 유럽위원회의 조사 대상이 된다.

이러한 목적을 위해, 유럽위원회는 회원국과 자신의 의견을 유럽위원회에 유용하게 자문할 수 있는 공공 또는 민간 기관의 견해를 구한다.

2. 유럽위원회는 합작기업을 설립하기 위한 프로젝트를 적절한 의견과 함께 이사회에 제출한다.

유럽위원회가 제안된 합작기업의 필요성에 대해 긍정적인 의견을 제시한 경우, 유럽위원회는 다음과 관련한 제안을 이사회에 제출한다:

(a) 장소
(b) 정관
(c) 자금 조달 규모 및 일정표
(d) 합작기업의 자금 조달에 있어서 공동체의 참여 가능성

(e) 합작기업의 자금 조달 또는 운영에 있어서 제3국, 국제기구 또는 제3국의 국민의 참여 가능성

(f) 본 조약 부속서 III에 열거된 특혜의 일부 또는 전부 부여

유럽위원회는 전체 프로젝트에 대한 상세 보고서를 첨부한다.

제47조

유럽위원회가 이사회에 해당 사안을 제출한 경우, 이사회는 유럽위원회에 추가 정보를 제공하도록 요청하거나 이사회가 필요하다고 판단한 추가 조사를 착수하도록 요청할 수 있다.

이사회가 가중다수결로 유럽위원회가 부정적인 의견을 제출한 프로젝트가 그럼에도 불구하고 실행되어야 한다고 판단한 경우, 유럽위원회는 제46조에 언급된 제안과 상세 보고서를 이사회에 제출한다.

유럽위원회의 의견이 긍정적인 경우 또는 전 항에서 언급된 경우, 이사회는 유럽위원회의 각 제안을 가중다수결로 결정한다.

하지만 이사회는 다음 사항에 대해 전원일치로 결정한다.

(a) 합작기업의 자금 조달에 있어서 공동체의 참여

(b) 합작기업의 자금 조달 또는 운영에 있어서 제3국, 국제기구 또는 제3국의 국민의 참여

제48조

이사회는 유럽위원회의 제안을 전원일치로 의결하여 본 조약 부속서 III에 열거된 특혜의 일부 또는 전부를 각 합작기업에 적용할 수 있다. 각 회원국은 해당 특혜의 부여를 보장한다.

이사회는 동일한 절차에 따라 해당 특혜의 부여를 규율하는 조건을 규정할 수 있다.

제49조

합작기업은 이사회 결정으로 설립된다.

각 합작기업은 법인격을 가진다.

각 회원국에서, 합작기업은 각국의 국내법에 따라 법인에 부여한 가장 광범위한 법적 능력을 향유한다. 특히 합작기업은 동산 또는 부동산을 획득하거나 처분할 수 있으며 법적 소송의 당사자가 될 수 있다.

본 조약 또는 자체 정관에 달리 규정된 경우를 제외하고, 각 합작기업은 산업적 또는 상업적 기업에 적용되는 규칙에 규율된다. 합작기업의 정관은 회원국의 국내법을 보조적으로 참조할 수 있다.

본 조약에 따라 사법재판소에 관할권이 부여되는 경우를 제외하고, 합작기업과 관련된 분쟁은 관할 회원국 국내법원 또는 재판소가 재정(裁定)한다.

제50조

합작기업의 정관은 이러한 목적을 위해 포함된 특별 규정에 따라 필요한 경우 개정된다.

하지만 해당 개정은 이사회가 유럽위원회의 제안을 제47조에 규정된 절차에 따라 승인할 때까지 발효되지 않는다.

제51조

유럽위원회는 합작기업의 운영을 담당하는 기관이 설립될 때까지 합작기업의 설립과 관련된 이사회의 모든 결정을 수행할 책임이 있다.

제VI장 공급

제52조

1. 광석, 선원 물질 그리고 특수핵분열성물질의 공급은 동 장의 규정에 따라 공급원(sources of supply)에 대한 균등 접근의 원칙에 관한 공동공급정책을 통해 보장된다.

2. 해당 목적을 위해 그리고 동 장에서 규정한 조건에 따라

 (a) 특정 사용자의 특권적 지위를 확보하기 위해 고안된 모든 관행은 금지된다.

(b) 이에 공급청을 설립한다. 공급청은 회원국 영토에서 생산된 광석, 선원 물질 그리고 특수핵분열성물질에 대한 선택권과 공동체 역내에서 또는 역외에서 생산된 광석, 선원 물질 그리고 특수핵분열성물질에 관련된 계약을 체결할 독점권을 갖는다.

공급청은 해당 사용이 불법이거나 또는 공동체 역외의 공급자가 문제의 배송물에 부과한 조건을 위배한 것으로 판명되지 않는 한 요청된 공급을 사용하려는 의도를 근거로 사용자를 어떤 식으로든 차별할 수 없다.

제 I 절 공급청

제53조

공급청은 공급청에 관한 지침을 제정하고 공급청의 결정에 대한 거부권을 가지고 있으며 공급청의 청장과 부청장을 임명하는 유럽위원회의 감독 아래 있다.

선택권 또는 공급 계약을 체결할 독점권의 행사에서 공급청이 수행한 묵시적 또는 명시적 행위는 관련 당사자가 유럽위원회에 회부할 수 있으며, 유럽위원회는 1개월 이내에 이에 관해 결정을 내린다.

제54조

공급청은 법인격과 재정적 자율권을 가진다.

이사회는 유럽위원회의 제안에 의거하여 가중다수결로 공급청의 정관을 정한다.

정관은 동일한 절차에 따라 개정될 수 있다.

정관은 공급청의 자본금과 가입 조건을 결정한다. 자본금 대부분은 항상 공동체와 회원국에 속한다. 자본 분담금은 회원국의 공동 합의로 정한다.

공급청 활동의 상업적 관리 법규는 정관에 규정된다. 정관은 공급청의 운영비를 부담하기 위해 거래세를 규정할 수 있다.

제55조

회원국은 선택권과 공급 계약 체결을 위한 독점권을 행사하는 데 필요한 모든 정보를 공급청에 통지하거나 통지하도록 한다.

제56조

회원국은 공급청이 자국 영토에서 자유롭게 운영할 수 있도록 보장할 책임이 있다.

회원국은 공급청과 관련하여 자국 권할권 아래 있는 비유럽 영토에서 생산자와 사용자를 대표할 권한이 있는 하나 이상의 기관들을 설립할 수 있다.

제Ⅱ절 공동체 역내에서 생산된 광석, 선원 물질 그리고 특수핵분열성물질

제57조

1. 공급청의 선택권은 다음을 포함한다.

(a) 제Ⅷ장의 규정에 따라 공동체가 소유한 물질을 사용하고 소비할 권리의 취득
(b) 기타 모든 경우에 소유권의 획득

2. 공급청은 광석, 선원 물질 그리고 특수핵분열성물질의 생산자와의 계약 체결에서 선택권을 행사한다.

제58조, 제62조 그리고 제63조에 의거하여, 모든 생산자는 사용, 이전 또는 비축하기 전에 회원국 영토에서 자신이 생산한 광석, 선원 물질 또는 특수핵분열성물질을 공급청에 제공한다.

제58조

생산자가 광석 채굴에서부터 금속 생산을 포함한 여러 생산 단계를 수행하는 경우, 생산자는 자신이 선택한 생산 단계에서 공급청에 생산물을 제공할 수 있다.

제43조와 제44조에 규정된 절차에 따라 연관성이 유럽위원회에 정식으로 통지되고 논의된 경우, 두 개 이상의 관련 기업에도 동일하게 적용된다.

제59조

공급청이 생산자의 생산량의 전체 또는 일부에 대한 선택권을 행사하지 않는 경우, 생산자는

(a) 자신의 자원을 사용하거나 또는 계약에 따라, 생산자가 해당 가공된 생산물을 공급청에 제공하는 경우에만 광석, 선원 물질 또는 특수핵분열성물질을 가공하거나 가공하도록 할 수 있다.
(b) 생산자가 제안한 조건이 이전에 공급청에 제안한 조건보다 더 유리하지 않은 경우에만, 유럽위원회의 결정에 의거하여 사용 가능한 생산물을 공동체 역외에서 매각할 수 있는 권한을 부여받는다. 하지만 특수핵분열성물질은 공급청을 통해서만 그리고 제62조의 규정에 따라서만 수출될 수 있다.

유럽위원회는 공급의 수령인이 공동체의 전반적인 이익 보호를 충족시키지 못하거나 또는 해당 계약 조건이 본 조약의 목표에 반하는 경우 해당 권한 부여를 승인할 수 없다.

제60조

잠재적 사용자는 체결하고자 하는 공급 계약의 조건을 구성하는 수량, 물리적 및 화학적 특성, 원산지, 용도 그리고 납품일 및 가격 조건을 명시하여 필요한 공급을 정기적으로 공급청에 통보한다.

마찬가지로 생산자는 생산 프로그램 수립에 필요한 모든 사양, 특히 계약 기간을 명시하여 그들이 할 수 있는 청약(offers)을 공급청에 통보

한다. 해당 계약은 유럽위원회의 동의가 있는 경우를 제외하고 10년을 초과할 수 없다.

공급청은 수령된 청약과 신청량을 모든 잠재적 사용자에게 통보하고 지정된 시한 내에 주문하도록 요청한다.

공급청이 모든 주문을 수령하면, 공급청은 해당 주문을 충족시킬 수 있는 조건을 공표한다.

공급청이 수령한 모든 주문을 전부 충족할 수 없는 경우, 제68조와 제69조의 규정에 따라 각 제안에 관련된 주문에 비례하여 공급을 배분한다.

유럽위원회의 승인이 필요한 공급청의 법규는 수요와 공급의 균형을 맞추는 방법을 정한다.

제61조

공급청은 법적 또는 물리적 장애로 방해받지 않은 한 모든 주문을 충족한다.

계약을 체결하는 경우, 공급청은 제52조의 규정을 준수하면서 사용자에게 보증금으로 적절한 선시급금을 요구하거나 또는 주문을 수행하는 데 필수적인 생산자에 대한 공급청 자체의 장기 의무(commitments)를 충족하는 데 도움을 줄 것을 요구할 수 있다.

제62조

1. 공급청은 회원국 영토에서 생산된 특수핵분열성물질에 대한 선택권을 다음과 같은 순서대로 행사한다.

(a) 제60조에 따라 공동체 역내 사용자의 수요를 충족시키는 것. 또는

(b) 해당 물질 그 자체를 비축하는 것. 또는

(c) 제59조 (b)의 제2호를 준수하는 유럽위원회의 승인을 받아 해당 물질을 수출하는 것.

2. 그럼에도 불구하고, 제Ⅶ장의 규정을 계속 따르는 동안 해당 물질과 핵폐기물은 생산자가 소유하게 되므로, 그는 다음을 할 수 있다.

(a) 공급청의 승인을 받아 그것들을 비축하는 것. 또는

(b) 자신의 요건 범위 내에서 그것들을 사용하는 것. 또는

(c) 유럽위원회에 적절한 절차에 따라 통지된 프로그램을 수행하기 위해 자신의 요건 범위 내에서 공동체에서 기업이 그것들을 사용할 수 있도록 한다. 해당 기업은 생산, 기술개발 또는 투자를 제한하거나 공동체에서 사용자 간의 불평등을 부적절하게 초래하는 목적이나 의도가 없는 생산자와 직접적인 관련성이 있어야 한다.

3. 제89조 제1항 (a)의 규정은 회원국 영토 내에서 생산되고 공급청이 선택권을 행사하지 않은 특수핵분열성물질에 적용한다.

제63조

합작기업이 생산한 광석, 선원 물질 그리고 특수핵분열성물질은 해당 기업의 정관 또는 협정에 규정된 규칙에 따라 사용자에게 할당된다.

제Ⅲ절 공동체 역외에서 생산된 광석, 선원 물질 그리고 특수핵분열성물질

제64조

공동체와 제3국 또는 국제기구 간에 체결된 협정의 범위 내에서 적절하게 행동하는 공급청은 본 조약에 규정된 예외에 따라 공동체 역외에서 생산된 광석, 선원 물질 또는 특수핵분열성물질의 공급을 주된 목적으로 하는 협정 또는 계약을 체결할 독점권을 가진다.

제65조

제60조는 공동체 역외에서 생산된 광석, 선원 물질 또는 특수핵분열성물질의 공급과 관련된 사용자의 신청 및 사용자와 공급청 사이의 계약에 적용된다.

그러나 공급청은 적어도 주문에 명시된 조건만큼 유리한 조건이 사용자에게 보장된다면 공급품의 원산지를 결정할 수 있다.

제66조

유럽위원회가, 관련 사용자의 신청에 따라, 공급청이 주문된 공급의 전부 또는 일부를 합리적인 기간 내에 납품할 수 있는 처지가 아니거나, 또는 지나치게 높은 가격으로만 그렇게 할 수 있다고 판단한 경우, 사용자는 해당 계약이 자신의 주문에 명시된 요건을 본질적으로 충족한다면 공동체 역외에서 생산된 공급과 관련하여 직접적으로 계약을 체결할 권리가 있다.

동 권리는 1년 동안 부여된다. 만약 부여를 정당화하는 상황이 지속되면 연장될 수 있다.

동 조에 규정된 권리를 활용하는 사용자는 자신이 체결하기로 제안한 직접 계약을 유럽위원회에 통지한다. 유럽위원회는 해당 계약이 본 조약의 목적에 반하는 경우 1개월 이내에 계약 체결에 이의를 제기할 수 있다.

제Ⅳ절 가격

제67조

본 조약에서 예외로 규정된 경우를 제외하고, 가격은 제60조의 규정에 따라 수요와 공급의 균형을 맞춘 결과로 결정된다. 회원국의 국내 규칙은 해당 규정을 위반해서는 안 된다.

제68조

동 장의 규정에 명시된 균등 접근의 원칙에 반하여 일부 사용자의 특권적 지위를 확보하기 위해 고안된 가격 책정 관행은 금지된다.

공급청이 해당 관행이 채택되고 있다고 판단하면 이를 유럽위원회에 보고한다.

유럽위원회가 조사 결과를 수용하는 경우 문제가 되는 청약을 균등 접근의 원칙과 양립할 수 있는 수준에서 책정할 수 있다.

제69조

이사회는 유럽위원회의 제안에 따라 전원일치로 가격을 결정할 수 있다.

제60조에 따라 주문을 충족할 수 있는 조건이 규정된 경우, 공급청은 주문을 한 사용자에게 가격 균등을 제안할 수 있다.

제Ⅴ절 공급정책과 관련된 규정

제70조

공동체 예산에 의해 정해진 범위 내에서, 유럽위원회는 결정한 조건에 따라 회원국 영토에서 탐사 프로그램에 재정지원을 할 수 있다.

유럽위원회는 광물 매장지에 대한 탐사와 채굴 개발과 관련하여 회원국에 권고할 수 있다.

회원국은 탐사 및 생산의 개발, 추정 매장량 그리고 자국 영토에서 이루어졌거나 또는 계획된 채광 투자에 대한 보고서를 유럽위원회에 매년 제출한다. 보고서는 유럽위원회의 의견과 함께 이사회에 제출되며, 특히 유럽위원회의 의견에는 회원국이 전 항에 따른 권고에 대해 어떤 조치를 취하였는지를 명시한다.

유럽위원회가 해당 사안을 제출하면, 이사회가 가중다수결에 따라 채굴 전망이 장기적인 측면에서 경제적으로 타당한 것처럼 보이지만 탐사 활동과 채광 작업의 확장이 현저하게 부적절하다고 판단한 경우, 이 상황을 개선하지 않은 한 해당 회원국이 공동체 내 다른 공급원에 대한 균등 접근의 권리를 자국과 자국민 모두에게 포기한 것으로 간주된다.

제71조

유럽위원회는 수익 또는 채광 규칙과 관련하여 회원국에 모든 적절한 권고를 한다.

제72조

공급청은 공동체 역내 또는 역외에서 활용할 수 있는 물질로부터 공동체에 의한 공급 또는 정상적인 납품을 촉진하는 데 필요한 상업적 재고를 구축할 수 있다.

유럽위원회는 필요한 경우 비상 재고의 구축을 결정할 수 있다. 해당 재고의 자금 조달 방법은 유럽위원회 제안을 이사회가 가중다수결로 승인한다.

제Ⅵ절 특별 규정

제73조

한편으로 회원국, 개인 또는 기업과 다른 한편으로 제3국, 국제기구 또는 제3국의 국민 간의 협정 또는 계약이 특히 공급청의 관할범위 안에 있는 생산물의 납품을 규정하는 경우, 관련 생산물의 납품에 관한 한 해당 협정 또는 계약의 체결이나 갱신에는 유럽위원회의 사전 동의가 필요하다.

제74조

유럽위원회는 통상적으로 연구에 사용되는 소량의 광석, 선원 물질 또는 특수핵분열성물질의 이전, 수입 또는 수출을 동 장의 규정에서 제외할 수 있다.

공급청은 동 규정에 따라 영향을 받는 모든 이전, 수입 또는 수출 작업에 대해 통고받는다.

제75조

동 장의 규정은 광석, 선원 물질 또는 특수핵분열성물질의 가공, 전환 또는 형상(shaping)과 관련된 의무에는 적용되지 않으며 다음 사항을 다룬다.

(a) 여러 개인 또는 기업이 물질을 가공, 전환 또는 형상한 이후에 원래 개인 또는 기업에 반환한경우; 또는

(b) 개인 또는 기업과 국제기구 또는 제3국의 국민이 물질을 공동체 역외에서 가공, 전환 또는 형상하고, 그 이후에 원래 개인 또는 기업에 반환한 경우; 또는

(c) 개인 또는 기업과 국제기구 또는 제3국의 국민이 물질을 공동체 역내에서 가공, 전환 또는 형상하고, 그 이후에 원래 기구나 국민에게 또는 해당 기구 또는 국민이 지정한 공동체 역외의 기타 수취인에게 반환한 경우.

그러나 관련 개인과 기업은 해당 의무의 존재와 계약이 체결되자마자 이동에 관련된 물질의 양을 공급청에 통고한다. 유럽위원회는 전환 또는 형상이 효율적이고 안전하게 그리고 공동체에 해를 끼치는 물리적 손실 없이 수행될 수 없다고 판단한 경우 (b)호에 언급된 의무를 방지할 수 있다.

해당 의무와 관련된 물질은 회원국 영토 내에서 제Ⅶ장에 규정된 안전조치의 적용을 받는다. 그러나 제Ⅷ장의 규정은 (c)호에서 언급된 의무에 포함된 특수핵분열성물질에는 적용될 수 없다.

제76조

회원국 또는 유럽위원회의 발의에 의거하여, 특히 예기치 않은 상황으

로 전반적인 부족 상황이 발생한 경우, 이사회는 유럽위원회의 제안을 전원일치로 결정하고 의회와 협의한 후 본 장의 규정을 개정할 수 있다. 유럽위원회는 회원국의 요청을 조사한다.

본 조약의 발효 7년 후, 이사회는 이 규정들을 전부 승인할 수 있다. 승인이 실패할 경우, 동 장의 사안과 관련된 새로운 규정은 전 항에 규정된 절차에 따라 채택된다.[26]

제VII장 안전조치

제77조

동 장의 규정에 따라, 유럽위원회는 회원국 영토에서 다음을 충족시켜야 한다.

(a) 광석, 선원 물질 그리고 특수핵분열성물질은 사용자가 선언한 대

---

[26] 1964년 12월 31일이 경과하면 유럽원자력공동체 설립조약의 발효일로부터 7년의 기간이 만료된다. 하지만 이사회는 1964년 11월 유럽위원회가 제안한 새로운 규정을 채택하는 데 실패하고 말았다. 프랑스 정부는 본 조약 제2편 제VI장에 의거하여 공급청이 향유하고 있었던 공급과 관련된 독점권이 더는 유효하지 않다고 주장하였다. 왜냐하면 프랑스 정부는 제VI장의 유효기간이 7년으로 제한되어 있다고 판단하였기 때문이다. 이에 프랑스는 1964년 이후 농축 우라늄 및 플루토늄 수입 계약 및 농축 우라늄 공급과 관련된 계약을 공급청의 승인 없이 체결하였을 뿐만 아니라 탐사 및 생산의 개발, 추정 매장량 그리고 자국 영토에서 이루어졌거나 또는 계획된 채광 투자에 대한 연례보고서를 유럽위원회에 제출하지도 않았다. 유럽위원회는 해당 사안을 1971년 사법재판소에 회부하였고, 이에 사법재판소는 프랑스가 본 조약의 규정을 위반하였다고 판결하였다.

로 의도한 용도에서 벗어나지 않아야 한다.[27]

(b) 제3국 또는 국제기구와 체결한 협정에 따라 공동체가 맡은 공급과 특정 안전조치 의무에 관한 규정을 준수한다.

제78조

선원 물질 또는 특수핵분열성물질의 생산, 분리 또는 기타 사용을 위해, 또는 조사핵원료의 가공을 위해 설비를 설립하거나 운영하는 자는 제77조에 명시된 목표 달성을 위해 이러한 특성에 대한 지식이 필요한 범위 내에서 설비의 기본적인 기술적 특성을 유럽위원회에 신고한다.

유럽위원회는 제77조에 명시된 목적을 달성하는 데 필요한 범위 내에서 조사물질의 화학적 가공에 사용되는 기술을 승인한다.

제79조

유럽위원회는 사용되거나 생산된 광석, 선원 물질 그리고 특수핵분열성물질에 대한 회계 처리를 허용하기 위해 운영기록을 보관하고 작성하도록 요구한다. 선원 물질과 특수핵분열성물질의 운송에도 동일한 요건을 적용한다.

해당 요건의 대상자는 제78조와 동 조 제1항에 따라 유럽위원회에 보낸 모든 통지를 관련 회원국 당국에 통고한다.

---

27 이는 핵무기 개발 금지를 규정한 것이다.

동 조 제1항에 언급된 요건의 성격과 범위는 유럽위원회가 제정하고 이사회가 승인한 규칙에 따라 정해진다.

제80조

유럽위원회는 부산물로 회수 또는 획득되었지만 실제로 사용되지 않거나 사용할 준비가 되어 있지 않은 여분의 특수핵분열성물질을 공급청 또는 유럽위원회가 감독하거나 감독 가능한 기타 저장소에 보관할 것을 요구할 수 있다.

해당 방식으로 보관된 특수핵분열성물질은 요청이 있을 경우 관련 당사자에게 즉시 반환한다.

제81조

유럽위원회는 사찰관을 회원국 영토에 파견할 수 있다. 유럽위원회는 회원국 영토에서 첫 번째 임무를 수행하기 위해 사찰관을 파견하기 전에 해당 국가와 협의한다. 해당 협의는 해당 사찰관의 향후 모든 임무를 포함하기에 충분해야 한다.

자신의 권한을 입증하는 서류를 제시하면, 사찰관은 광석, 선원 물질 그리고 특수핵분열성물질에 대한 안전조치를 적용하고 제77조 규정의 준수를 보장하기 위해 필요한 범위 내에서 모든 장소와 자료 그리고 직업상의 이유로 동 장에서 규정한 안전조치 대상이 되는 물질, 장비 또는 설비를 다루는 모든 개인에게 항상 접근할 수 있다. 해당 국가가 요청하는 경우, 유럽위원회가 임명한 사찰관은 해당 국가의 당국 대표자를 대동한다. 그러나 사찰관은 그로 인해 자신의 직무수행이 지연되거나 방해받지 않는다.

사찰 수행이 반대에 직면한 경우, 유럽위원회는 사법재판소 소장에게 사찰의 강제적 수행 보장을 위한 명령(order)을 신청한다. 사법재판소 소장은 3일 이내에 결정을 내린다.

지연의 위험이 있는 경우, 유럽위원회는 자체적으로 결정의 형태로 사찰을 진행할 수 있는 서면 명령을 공표할 수 있다. 해당 명령은 차후 승인을 위해 사법재판소 소장에게 지체없이 제출된다.

명령 또는 결정이 공표된 이후, 관련 국가 당국은 사찰관이 명령 또는 결정에 명시된 장소에 접근할 수 있도록 보장한다.

제82조

사찰관은 유럽위원회가 채용한다.

사찰관은 제79조에 언급된 기록을 획득하고 입증할 책임이 있다. 사찰관은 어떠한 위반도 유럽위원회에 보고해야 한다.

유럽위원회는 관련 회원국에 유럽위원회가 정한 시한 내에 해당 위반을 종식하기 위해 필요한 모든 조치를 취하도록 요구하는 지침을 공표할 수 있다. 유럽위원회는 이사회에 이를 통보한다.

회원국이 정해진 시한까지 유럽위원회의 지침을 준수하지 않는 경우, 유럽위원회 또는 관련 회원국은 제141조, 제142조와 달리 해당 사안을 직접 사법재판소에 회부할 수 있다.

제83조

1. 동 장이 자신들에게 부과된 의무를 개인 또는 기업 측이 위반하는 경우, 유럽위원회는 해당 개인 또는 기업에 제재를 부과할 수 있다.

해당 제재는 심각성에 따라 다음과 같이 이루어진다.:

(a) 경고;
(b) 재정적 또는 기술적 지원과 같은 특별 혜택의 철회;
(c) 유럽위원회와 기업에 대한 관할권을 가진 국가와의 공동 합의로 임명된 개인 또는 위원회(board)의 관리 아래 4개월을 초과하지 않는 기간 동안 해당 기업의 배속;
(d) 선원 물질 또는 특수핵분열성물질의 전부 또는 일부 철수.

2. 제1항을 실행하고 물질의 양도를 요구하는 유럽위원회의 결정은 집행될 수 있다. 유럽위원회의 결정은 제164조에 따라 회원국 영토에서 집행될 수 있다.

제157조와 달리, 제1항에서 규정된 제재를 부과하는 유럽위원회의 결정에 대하여 사법재판소에 회부된 상소는 중지 효과를 가진다. 그러나 사법재판소는 유럽위원회 또는 관련 회원국의 신청에 따라 결정을 즉시 집행하도록 명령할 수 있다.

침해된 이익의 보호를 보장하기 위한 적절한 법적 절차가 있어야 한다.

3. 유럽위원회는 동 장에 따라 발생한 의무를 자국 영토에서의 준수를 보장하기 위해 고안된 법 또는 규칙에 관하여 회원국에 권고할 수 있다.

4. 회원국은 제재가 집행되도록 보장하고, 필요한 경우 위반을 한 당사자가 이를 시정하도록 보장한다.

제84조

안전조치를 적용할 경우, 광석, 선원 물질 그리고 특수핵분열성물질을 사용하고자 하는 용도를 이유로 어떠한 차별도 하지 않는다.

안전조치의 범위와 절차 그리고 해당 적용을 책임지는 기관의 권한은 동 장에 명시된 목표 달성에 국한된다.

안전조치는 방위 목적을 위해 특별하게 가공되는 중이거나 또는 그렇게 가공된 후 작전 계획에 따라 군사 시설에 배치되거나 보관되는 방위 요건을 충족한 물질에는 확대되지 않는다.

제85조

새로운 상황이 요구되는 경우, 동 장에 규정된 안전조치를 적용하기 위한 절차는 회원국 또는 유럽위원회의 요청에 따라 이사회가 유럽위원회의 제안을 전원일치로 결정하고 의회와 협의한 후 개정될 수 있다. 유럽위원회는 회원국이 제기한 해당 요청을 심사한다.

제VIII장 재산권

제86조

특수핵분열성물질은 공동체의 재산이다.

공동체의 소유권은 회원국, 개인 또는 기업이 생산하거나 수입한 모든 특수핵분열성물질로 확대되며 제7장에서 규정한 안전조치의 적용을 받는다.

제87조

회원국, 개인 또는 기업은 특히 안전조치, 공급청에 부여된 선택권 그리고 보건 안전과 관련하여 본 조약이 그들에게 부과한 의무에 의거하여 정당하게 보유한 특수핵분열성물질의 무제한적인 사용권과 소비권을 가진다.

제88조

공급청은 공동체 명의로 '특수핵분열성물질 재정계정'이라고 불리는 특별계정을 보유한다.

제89조

1. 특수핵분열성물질 재정계정에서:

(a) 회원국, 개인 또는 기업이 소유하거나 처분할 수 있는 특수핵분열성물질의 가치는 공동체에 대변 기입되고 해당 회원국, 개인 또는 기업에 차변 기입된다.

(b) 회원국, 개인 또는 기업이 생산하거나 수입한 공동체의 재산이 된 특수핵분열성물질의 가치는 공동체에 차변 기입되고 해당 회원국, 개인 또는 기업에 대변 기입된다. 회원국, 개인 또는 기업이 이전에 해당 국가, 개인 또는 기업이 소유하거나 처분할 수 있는 특수핵분열성물질을 공동체에 반환할 때 동일한 부기가 작성된다.

2. 특수핵분열성물질의 수량에 영향을 미치는 가치의 변동은 공동체에 어떠한 손실이나 이득을 발생시키지 않는 방식으로 회계 목적으로 명시된다. 모든 손실이나 이득은 보유자가 부담하거나 또는 보유자에게 누적된다.

3. 위에서 언급한 거래로 인한 잔액은 채권자의 요청에 따라 즉시 지급된다.

4. 공급청이 자체 계정으로 거래를 수행하는 경우, 공급청은 동 장의 목적상 기업으로 간주된다.

제90조

새로운 상황이 요구되는 경우, 공동체의 소유권과 관련된 동 장의 규정은 회원국 또는 유럽위원회의 요청에 따라 이사회가 유럽위원회의 제안을 전원일치로 결정하고 의회와 협의한 이후 조정될 수 있다. 유럽위원회는 회원국이 제기한 해당 요청을 심사한다.

제91조

동 장에 따라 공동체에 귀속되지 않은 모든 물건, 물질 그리고 자산에 적용되는 소유권 제도는 개별 회원국의 법에 따라 결정된다.

제IX장 원자력 공동시장

제92조

동 장의 규정은 본 조약 부속서 IV를 구성하는 목록에 명시된 상품과 생산품에 적용된다.

해당 목록은 유럽위원회 또는 회원국의 요청에 따라 이사회가 유럽위원회의 제안에 의거하여 개정할 수 있다.

제93조

회원국은 다음과 관련하여 수입과 수출에 대한 모든 관세 또는 동등한 효력을 갖는 과징금 그리고 수입과 수출에 관한 모든 수량제한을 회원국 사이에서 금지한다.

(a) 목록 A^1과 A^2의 생산품;

(b) 공동관세율이 적용되고 원자력 목적으로 사용하도록 의도하였다는 것이 명시된 유럽위원회가 발부한 인증서가 동봉된 목록 B의 생산품.

그러나 회원국의 관할권 아래 있는 비유럽 영토는 오로지 재정적 성격을 가질 경우에만 수출입 관세 또는 동등한 효과를 가진 과징금을 계속 부과할 수 있다. 해당 관세 및 과징금의 비율과 이를 규율하는 제도는 해당 국가와 다른 회원국 사이에 어떠한 차별도 초래하지 않는다.

제94조

회원국은 다음의 규정에 따라 공동관세율을 정한다.

(a) 목록 A'에 명시된 생산품과 관련하여, 공동관세율은 1957년 1월 1일 회원국에서 시행 중에 있는 최저 관세 수준으로 책정된다.
(b) 목록 A^2에 명시된 생산품과 관련하여, 유럽위원회는 회원국 간의 협상이 본 조약의 발효로부터 3개월 이내에 개시될 수 있도록 보장하는 모든 적절한 조치를 취해야 한다. 해당 생산품 중 일부에 대해 본 조약의 발효로부터 1년 이내에 어떠한 협정도 이루어지지 않는다면, 이사회는 유럽위원회의 제안을 가중다수결로 의결하여 공동관세율에서 적당한 관세(applicable duties)를 결정한다.
(c) 목록 A'과 A^2에 명시된 생산품에 대한 공동관세율은 본 조약의 발효 이후 첫해 말부터 적용된다.

제95조

이사회는 유럽위원회의 제안을 전원일치로 의결하여 목록 B의 생산품에 대해, 해당 조치가 공동체에서 원자력 발전에 이바지하는 경우 공동 관세율에서 관세의 조기 적용을 결정할 수 있다.

제96조

회원국은 공공 정책, 공공 안전 또는 공중 보건의 기본 요건에서 기인한 제한을 이유로 원자력 분야에서 숙련 고용에 대한 회원국 국민의 권리에 영향을 미치는 국적에 기반한 모든 제한을 폐지한다.

의회와 협의한 후, 이사회는 경제사회위원회의 의견을 먼저 요청해야 하는 유럽위원회의 제안을 가중다수결로 결정하여 본 조약의 적용을 위한 지침을 공표할 수 있다.

제97조

회원국 관할권 아래 있는 공공이든 민간이든 자연인 또는 법인이 공동체에서 과학적 또는 산업적 성격의 원자력 설비 건설에 참여하기를 원하는 경우 국적을 기반으로 한 어떠한 제한도 적용될 수 없다.

제98조

회원국은 원자력 위험을 다루는 보험계약의 체결을 촉진하기 위해 필요한 모든 조치를 취한다.

이사회는 우선 경제사회위원회의 의견을 요청해야 하는 유럽위원회의 제안을 가중다수결로 결정하고, 의회와 협의한 후 본 조약의 적용에 대한 지침을 공표한다.

제99조

유럽위원회는 본 조약 부속서 II에 열거된 산업 활동에 자금을 조달하고자 하는 자본 이동을 촉진하기 위한 어떠한 권고도 할 수 있다.

제100조

각 회원국은 본 조약에 따라 회원국 간의 상품, 서비스, 자본 그리고 사람의 이동이 자유화되는 범위 내에서 채권자 또는 수령인이 체류하는 회원국의 통화로 상품, 서비스 또는 자본의 이동과 연관된 지불 및 자본과 소득의 이전을 승인할 의무가 있다.

제X장 대외관계

제101조

공동체는 자신의 권한 및 관할권의 범위 내에서 제3국, 국제기구 또는 제3국의 국민과의 협정 또는 계약을 체결함으로써 의무를 개시할 수 있다.

해당 협정 또는 계약은 이사회의 지침에 따라 유럽위원회가 협상한다.; 협정 또는 계약은 가중다수결로 결정하는 이사회의 승인을 받아 유럽위원회가 체결한다.

그러나 이사회의 행위를 요구하지 않고 해당 예산의 범위 내에서 실행할 수 있는 협정 또는 계약은 유럽위원회가 단독으로 협상하고 체결한다.; 유럽위원회는 이사회에 계속 통보한다.

제102조

공동체 이외에 하나 이상의 회원국이 당사자인 제3국, 국제기구 또는 제3국의 국민과 체결한 협정 또는 계약은 해당 협정 또는 계약이 각 회원국 국내법의 규정에 따라 적용될 수 있다는 것을 유럽위원회가 모든 회원국으로부터 통지받을 때까지 발효되지 않는다.

제103조

회원국은 제3국, 국제기구 또는 제3국의 국민과의 협정 또는 계약 초안을 해당 협정 또는 계약이 본 조약의 목적 내 사안과 관련되는 범위 내에서 유럽위원회에 통지한다.

초안 협정 또는 계약이 본 조약의 적용을 방해하는 조항(clauses)을 포함하는 경우, 유럽위원회는 해당 통지를 받은 후 1개월 이내에 관련 국가에 의견(comments)을 통지한다.

국가는 본 조약의 규정과 제안된 조항의 양립 가능성에 관해 유럽위원회의 이의를 충족하거나 국가의 신청을 긴급하게 판결한 사법재판소의 결정을 준수할 때까지 제안된 협정 또는 계약을 체결하지 않는다. 국가는 유럽위원회의 의견을 받은 후 언제든지 사법재판소에 신청할 수 있다.

제104조

본 조약이 발효된 이후 제3국, 국제기구 또는 제3국의 국민과의 협정 또는 계약을 체결하거나 갱신하는 어떠한 개인 또는 기업은 본 조약이 부과한 의무를 회피하기 위해 해당 협정 또는 계약을 원용할 수 없다.

각 회원국은 유럽위원회의 요청에 따라 본 조약의 목적 내에서 제3국, 국제기구 또는 제3국의 국민과 개인 또는 기업이 본 조약의 발효 이후 체결한 협정 또는 계약과 관련된 모든 정보를 유럽위원회에 통지하기 위해 필요하다고 판단한 조치를 취한다. 유럽위원회는 해당 협정 또는 계약이 본 조약의 실행을 방해하는 조항을 포함하고 있지 않다는 것을 입증할 목적으로만 해당 통지를 요구할 수 있다.

유럽위원회의 신청에 따라, 사법재판소는 본 조약의 규정과 해당 협정 또는 계약과의 양립 가능성에 관한 판결을 내린다.

제105조

본 조약의 규정은 해당 협정 또는 계약이 본 조약의 발효 이후 30일 이내에 유럽위원회에 통지된 경우 회원국, 개인 또는 기업과 제3국, 국제기구 또는 제3국의 국민이 본 조약이 발효되기 전에 체결한 협정 또는 계약의 실행을 방해하기 위해 원용되지 않는다.

그러나 개인 또는 기업이 제3국, 국제기구 또는 제3국의 국민과의 서명과 본 조약의 발효 사이에 체결한 협정 또는 계약[28]은 사법재판소가 유럽위원회의 신청에 대한 판결에서 협정 또는 계약을 체결하는 당사자 일방의 결정적인 이유 중 하나가 본 조약의 규정을 회피하려는 의도가 있는 경우 본 조약을 실행 실패 의견의 근거로 원용되지 않는다.

제106조

본 조약의 발효 이전에, 원자력 분야에서 협력을 규정한 제3국과 협정을 체결한 회원국은 해당 협정에서 발생한 권리와 의무가 가능한 한 공동체가 보장할 수 있도록 유럽위원회와 공동으로 제3국과 필요한 협상을 개시할 필요가 있다.

해당 협상의 결과로 생긴 새로운 협정은 위에서 언급된 협정의 회원국 또는 서명국의 동의와 가중다수결로 결정한 이사회의 승인을 요구한다.

---

[28] 1957년 3월 25일부터 1958년 1월 1일 사이에 체결된 협정 또는 계약이 이에 해당된다.

제3편 기관 운영에 관한 규정

제 I 장 공동체 기관

제 I 절 의회

제107조

의회는 공동체에 결속한 국가들의 인민 대표로 구성되며 본 조약이 부여한 자문 및 감독 권한을 행사한다.

제108조

1. 의회는 각 회원국이 규정한 절차에 따라 의원 중에서 각국 의회가 지명한 대표들(delegates)로 구성된다.

2. 해당 대표들의 수는 다음과 같다.

　　벨기에 ········ 14
　　독일 ··········· 36
　　프랑스 ········ 36
　　이탈리아 ······ 36
　　룩셈부르크 ··· 6

네덜란드 …… 14

3. 의회는 모든 회원국에서 통일적인 절차에 따라 직접보통선거로 선출하는 제안을 작성한다.

이사회는 전원일치로 적절한 규정을 정하고 각 국의 헌법상의 요청에 따라 회원국에 채택을 권고한다.

제109조

의회는 연례 정기회기를 개최한다. 의회는 별도의 소집 절차 없이 10월 세 번째 화요일에 개회한다.

의회는 의원 과반수 요청이나 이사회 또는 유럽위원회의 요청에 따라 임시회기를 개최할 수 있다.

제110조

의회는 의장과 임원을 의원 중에서 임명한다.

유럽위원회 위원은 모든 회의에 참석할 수 있고, 자신이 신청하여 유럽위원회를 대표하여 청문을 받는다.

유럽위원회는 의회 또는 그 의원이 제기한 질문에 구두 또는 서면으로 답변한다.

이사회는 이사회의 의사규칙에 규정된 조건에 따라 의회로부터 청문을 받는다.

제111조

본 조약에 달리 규정된 것을 제외하고, 의회는 투표수의 과반수로 결정한다.

정족수는 의사규칙에서 정한다.

제112조

의회는 의원 과반수의 찬성으로 의결하여 의사규칙을 채택한다.

의회 회의록은 의사규칙에서 규정한 방식으로 공표한다.

제113조

의회는 유럽위원회가 제출한 연례종합보고서를 공개 회의에서 토론한다.

제114조

유럽위원회 활동에 대한 불신임 동의가 상정된 경우, 의회는 동의안이 상정된 후 최소 3일 이상의 기간이 경과되기 전에는 투표할 수 없으며 공개투표를 통해서만 결정한다.

불신임 동의가 의회 투표수의 3분의 2의 다수와 재적의원의 과반수로서 가결될 때, 유럽위원회 위원은 일괄 사퇴한다. 유럽위원회 위원은 제127조에 따라 교체될 때까지 계속하여 당면한 사무를 처리한다.

제Ⅱ절 이사회

제115조

이사회는 본 조약의 규정에 따라 자신의 직무를 수행하며 결정 권한을 행사한다.

이사회는 회원국과 공동체의 행동을 조정하기 위해 자신의 권한 내에서 모든 조치를 취한다.

제116조

이사회는 회원국의 대표로 구성된다. 각 회원국 정부는 정부 각료 중 한 명에게 대표를 위임한다.

의장직은 회원국의 알파벳 순서에 따라 이사회의 개별 위원이 차례로 6개월 임기로 수행한다.

제117조

이사회는 이사회 의장 자신의 발의로 또는 개별 위원 혹은 유럽위원회의 요청에 의거하여 소집된다.

제118조

1. 본 조약에 달리 규정된 것을 제외하고, 이사회는 위원 과반수로 결정한다.

2. 이사회가 가중다수결 의결을 요구받는 경우, 위원들의 투표는 다음과 같이 가중치를 둔다.:

　　벨기에 ········ 2
　　독일 ············ 4
　　프랑스 ········ 4
　　이탈리아 ······ 4
　　룩셈부르크 ··· 1
　　네덜란드 ······ 2

채택을 위해, 이사회의 의결은 최소한 다음을 요구한다.:

- 본 조약은 유럽위원회의 제안이 채택되기 위해 찬성 12표를 요구한다.
- 그 외의 경우, 적어도 4인 이상의 위원이 투표한 찬성 12표를 요구한다.

3. 출석 중인 위원 본인 또는 대리인의 기권은 전원일치를 필요로 하는 이사회의 채택을 방해하지 않는다.

제119조

본 조약에 따라 이사회가 유럽위원회의 제안을 의결하는 경우, 해당 제안의 개정을 초래하는 결정은 전원일치가 요구된다.

이사회가 의결하지 않는 한, 유럽위원회는 특히 해당 제안에 대해 의회와 협의한 경우에 본래 제안을 변경할 수 있다.

제120조

투표 시, 이사회의 위원은 한 명에 한하여 다른 위원을 대리하여 투표할 수 있다.

제121조

이사회는 의사규칙을 채택한다.

해당 의사규칙은 회원국의 대표로 구성된 위원회(committee)의 설립을 규정할 수 있다. 이사회는 해당 위원회의 직무와 권한을 결정한다.

제122조

이사회는 공동의 목표 달성에 바람직한 것으로 판단하는 연구를 수행하여 적절한 제안을 이사회에 제출하도록 유럽위원회에 요청할 수 있다.

제123조

이사회는 가중다수결로 의결하여 유럽위원회 위원장과 위원, 그리고 사법재판소의 소장, 재판관, 법무관[29]과 사무처장[30]의 급여, 수당 그리고

---

29 법무관(Advocate-General)은 사법재판소를 지원하는 역할을 하며, 총 2명의 법무

연금을 정한다. 또한 이사회는 보수 대신에 지급해야 할 모든 수당을 정한다.

제Ⅲ절 유럽위원회

제124조

공동체 내 원자력 발전을 보장하기 위해, 유럽위원회는 다음을 수행한다.

- 본 조약의 규정과 그에 따라 기관이 취한 조치가 적용되도록 보장한다.;
- 본 조약이 명시적으로 규정하였거나 유럽위원회가 필요하다고 판단한 경우, 본 조약이 적용되는 분야에 대해 권고를 공식화하거나 의견을 제출한다.;
- 본 조약에 규정된 방식으로 이사회와 의회가 취한 조치의 형성에 독자적인 결정 권한을 가지고 참여한다.;
- 이사회가 규정한 법규의 실행을 위해 이사회가 부여한 권한을 행사한다.

관이 있다. 법무관은 공정성과 독립성을 보장받아야 하며, 사법재판소에 회부된 사건에 대한 최종변론서를 제출하는 역할을 한다.
30 사법재판소는 사무처장(Registrar)을 임명하고 그의 복무에 관한 규칙을 정해야 한다. 사무처장은 공정하고 양심적으로 직무를 수행하고 업무상 취득하게 된 비밀에 대해서 엄수할 것을 재판소에서 선서해야 한다.

제125조

유럽위원회는 매년 늦어도 의회 회기 개시 1개월 전에 공동체 활동에 대한 전체 보고서를 공표한다.

제126조

1. 유럽위원회는 각기 다른 국적을 가진 5명의 위원으로 구성되며, 본 조약의 특별한 목적을 고려한 종합적인 능력을 근거로 선임되며, 그들의 독립성은 의심의 여지가 없다.

유럽위원회 위원의 수는 이사회가 전원일치로 변경할 수 있다.

오직 회원국의 국민만이 유럽위원회 위원이 될 수 있다.

2. 유럽위원회 위원은 공동체의 일반적 이익을 위해 전적으로 독립하여 직무를 수행한다.

직무를 수행할 때, 위원은 정부나 다른 기구의 지시를 구하거나 받을 수 없다. 위원은 직무수행에 위배되는 어떤 조치도 자제한다. 각 회원국은 해당 원칙을 존중하여 유럽위원회 위원이 직무를 수행하는 데 있어 영향력을 행사하지 않아야 할 책임이 있다.

유럽위원회 위원은 임기 중 유급 여부를 불문하고 다른 직업에 종사할 수 없다. 직무수행을 개시하면서, 위원들은 임기 중이나 임기 후에 직무로부터 발생한 의무를 다하고, 특히 임기를 다한 후 특정 직위나 이익을 수락하는 것과 관련하여 청렴하고 사려 깊게 행동할 의무를 존중하겠다는 엄숙한 서약을 한다. 해당 의무를 위반할 경우, 사법재판소는 이사회 또는 유럽위원회의 신청에 의거하여 관련 위원을 사정에 따라 제129조 규정에 의거하여 강제 해임하거나, 또는 그 대신에 연금청구권 혹은 기타 수당에 대한 권리를 박탈하는 판결을 할 수 있다.

제127조

유럽위원회 위원은 회원국 정부의 공동 합의에 의거하여 임명된다.

그들의 임기는 4년으로 연임할 수 있다.

제128조

정상적인 교체 또는 사망 이외에도, 유럽위원회 위원의 직무는 사직하거나 강제적으로 해임되었을 경우 종료된다.

결원이 발생한 경우, 후임자는 전임자 임기의 잔여기간 동안에만 재직한다. 이사회는 전원일치로 해당 결원을 채울 필요가 없다고 결정할 수 있다.

제129조 규정에 따른 강제 해임의 경우를 제외하면, 유럽위원회 위원은 교체될 때까지 직무를 계속 수행한다.

제129조

유럽위원회 위원이 더는 직무수행에 필요한 조건을 충족시키지 못하거나 중대한 위법행위로 유죄를 받은 경우, 사법재판소는 이사회 또는 유럽위원회의 신청에 따라 그를 강제적으로 해임할 수 있다.

이 경우 이사회는 전원일치로 의결하여 임시 조치로 위원을 직무 정지시키고 사법재판소의 판결이 있을 때까지 그의 교체를 위한 규정을 마련할 수 있다.

사법재판소는 이사회 또는 유럽위원회의 신청에 따라 잠정적으로 위원을 직무 정지시킬 수 있다.

제130조

유럽위원회 위원장과 부위원장은 유럽위원회 위원의 임명을 규정한 절차와 동일한 절차에 따라 위원 중에서 2년 임기로 임명된다. 그들은 연임될 수 있다.

유럽위원회 전체가 교체되는 경우를 제외하고, 해당 임명은 유럽위원회와 협의한 후 이루어진다.

위원장과 부위원장의 사임 또는 사망의 경우, 그 잔여 임기는 제1항의 규정에 따라 후임이 임명된다.

제131조

이사회와 유럽위원회는 상호 협의하고 공동 합의로 협력 방식을 정한다.

유럽위원회는 본 조약의 규정에 따라 유럽위원회 및 그 부(部)와 국(局)의 운영을 보장하기 위하여 의사규칙을 채택한다. 유럽위원회는 이 의사규칙의 공표를 보장한다.

제132조

유럽위원회는 제126조에 규정된 위원 과반수로 의결한다.

유럽위원회의 회의는 의사규칙에서 규정한 위원의 수가 참석한 경우에만 유효하다.

제133조

이사회는 전원일치로 회원국 정부가 유럽위원회에 상시적인 연락 직무를 수행할 수 있는 적합한 대표를 파견하는 것에 동의할 수 있다.

제134조

1. 이에 과학기술위원회가 설립된다.; 과학기술위원회는 유럽위원회에 소속되며 자문 지위를 갖는다.

과학기술위원회는 본 조약이 규정하는 경우 협의에 응한다. 과학기술위원회는 유럽위원회가 적절하다고 판단하는 모든 경우 협의에 응한다.

2. 과학기술위원회는 이사회가 유럽위원회와 협의 후 임명한 20명의 위원으로 구성된다.

과학기술위원회의 위원은 개인 자격으로 5년 임기로 임명된다. 그들은 연임될 수 있다. 그들은 어떠한 강제적인 지시에 구속되지 않는다.

과학기술위원회는 매년 과학기술위원회 위원 중에서 회장과 임원을 선출한다.

제135조

유럽위원회는 직무수행에 필요한 협의를 수행하고 연구 그룹을 설립할 수 있다.

제Ⅳ절 사법재판소

제136조

사법재판소는 본 조약의 해석과 적용에서 법이 준수되는지를 보장한다.

제137조

사법재판소는 7명의 재판관으로 구성된다.

사법재판소는 본회의(plenary session)를 개정한다. 그러나 사법재판소는 해당 목적을 위해 규정된 규칙에 따라 특정 범주의 사건을 심리하거나 판결하기 위해 각각 3명 또는 5명의 재판관으로 구성된 소법정

(chamber)을 구성할 수 있다.

사법재판소는 회원국 또는 공동체 기관 중 하나가 회부한 사건을 심문하거나 제150조에 따라 제출된 문제에 대해 선결적 판단[31]을 내릴 때 본회의를 개정한다.

사법재판소가 요청하는 경우, 이사회는 전원일치로 의결하여 재판관의 수를 증원하고 동 조 제2항과 제3항 및 제139조 제2항에 대해 필요한 조정을 할 수 있다.

제138조

사법재판소는 2인의 법무관의 보좌를 받는다.

법무관의 직무는 제136조가 법무관에 위임한 직무수행에서 사법재판소를 지원하기 위해 완벽한 공정성과 독립성을 가지고 사법재판소에 회부된 사건에 대해 공개 법정에서 이유를 붙인 최종 변론을 하는 것이다.

사법재판소가 요청하는 경우, 이사회는 전원일치로 의결하여 법무관의 수를 증원하고 제139조 제3항에 대해 필요한 조정을 할 수 있다.

---

[31] 선결적 판단(preliminary rulings)은 본 조약과 회원국 국내법 간에 충돌이 있거나 그럴 가능성이 있을 때, 회원국의 국내법원이 사법재판소에 사전적으로 법 해석을 요청하는 것이다. 이를 통해 문제의 해결과 더불어 국내법원과의 사법 질서를 조화시키며 본 조약을 보다 합리적으로 원활하게 이행하기 위한 데 그 목적이 있다. 일반적으로 선결적 판단에 대한 의뢰는 국내법원이 재판을 앞두고 이루어지는 경우보다는 재판 진행 중에 행해지는 경우가 많다. 현재까지도 선결적 판단은 유럽연합의 사법적 통합에 중요한 역할을 담당하고 있다.

제139조

재판관과 법무관은 그 독립성이 의심의 여지가 없으며, 당해 국가에서 최고의 재판관직 임명에 필요한 자격을 보유한 인물 또는 공인된 능력을 가진다고 인정된 법학자에서 선임된다. 재판관과 법무관은 회원국 정부의 공동 합의에 의거하여 6년의 임기로 임명된다.

3년마다 재판관의 일부는 교체된다. 3~4인의 재판관이 번갈아 교체된다. 첫 3년의 말에 임기가 만료되는 3인의 재판관은 추첨으로 선임된다.

3년마다 법무관의 일부는 교체된다. 첫 3년의 말에 임기가 만료되는 3인의 법무관은 추첨으로 선임된다.

퇴임한 재판관과 법무관은 재임명될 수 있다.

재판관은 호선에 의해 3년 임기의 사법재판소 소장을 선임한다. 소장은 재선임될 수 있다.

제140조

사법재판소는 사무처장을 임명하고 그 지위에 관한 규칙을 정한다.

제141조

유럽위원회가 회원국이 본 조약에 따른 의무를 실행하지 않았다고 판단한 경우, 유럽위원회는 관련 회원국에 의견을 제출할 기회를 준 후 해당 사안에 관한 적절한 의견을 제시한다.

관련 회원국이 유럽위원회가 정한 기간 내 유럽위원회의 의견을 준수하지 않을 경우, 유럽위원회는 해당 사안을 사법재판소에 회부할 수 있다.

제142조

다른 회원국이 본 조약에 따른 의무를 실행하지 않았다고 판단한 회원국은 해당 사안을 사법재판소에 회부할 수 있다.

회원국이 다른 회원국을 상대로 본 조약에 따른 의무를 위반한 혐의로 소송을 제기하기 전에, 회원국은 해당 사안을 유럽위원회에 회부한다.

유럽위원회는 각 관련 회원국에게 상대방 회원국의 주장에 대한 자신의 주장 및 의견을 구두 및 서면으로 제출할 기회를 준 후 적절한 의견을 제시한다.

유럽위원회가 해당 사안이 회부된 날로부터 3개월 이내 의견을 제시하지 않는다면, 해당 의견의 부재는 사법재판소에 해당 사안이 회부되는 것을 막을 수 없다.

제143조

사법재판소가 회원국이 본 조약에 따른 의무를 실행하지 않았다고 판단한 경우, 회원국은 사법재판소의 판결을 준수하는 데 필요한 조치를 취하도록 요구받는다.

제144조

사법재판소는 다음과 관련하여 무제한적인 관할권을 가진다.

(a) 유럽위원회가 라이선스 또는 2차 라이선스의 부여에 대한 적절한 조건을 정하기 위해 제12조에 따라 제기한 소송.;
(b) 제83조에 따라 유럽위원회가 부과한 제재에 대한 개인 또는 기업이 제기한 소송.

제145조

유럽위원회가 제83조의 규정이 적용되지 않는 본 조약의 위반을 개인 또는 기업이 저지른 것으로 판단한 경우, 유럽위원회는 해당 개인 또는 기업에 대한 관할권을 가진 회원국에 해당 국가의 법에 따라 위반과 관련하여 제재를 부과하도록 요청한다.

관련 회원국이 유럽위원회가 정한 기간 이내에 해당 요청을 준수하지 않는 경우, 유럽위원회는 기소된 개인 또는 기업의 위반을 입증하기 위해 사법재판소에 소송을 제기할 수 있다.

제146조

사법재판소는 권고 또는 의견을 제외한 이사회 및 유럽위원회 입법행위의 적법성을 심사한다. 사법재판소는 해당 목적을 위해 회원국, 이사회 또는 유럽위원회가 권한의 결여, 중요한 절차 규정의 위반, 동 조약이나 적용되어야 할 법규범의 위반 또는 권한의 남용을 이유로 하여 제기되는 소송을 관할한다.

자연인 또는 법인은 누구나 동일한 조건에서 해당 개인에게 시달된 결정, 또는 비록 다른 개인에게 시달된 규칙이나 결정의 형태이기는 하지만 해당 개인에게 직접적이고 개별적으로 관계하는 결정에 대해 소송을 제기할 수 있다.

동 조에 규정된 소송은 조치가 공표된 날, 행위가 원고에게 통지된 날 또는 통지가 없는 경우에는 원고가 행위를 알게 된 날부터 2개월 이내에 사정에 따라 제기된다.

제147조

정당한 근거에 따라 소송이 제기된 경우, 사법재판소는 해당 조치가 무효라고 선고한다.

그러나 규칙의 경우, 사법재판소는 필요하다고 판단한 경우 무효라고 선언된 규칙의 효과 중 어떤 것이 최종적인 것으로 간주되는지를 명시한다.

제148조

이사회 또는 유럽위원회가 본 조약을 위반하여 행위의 제정을 태만히 한 경우, 회원국과 기타 공동체 기관은 위반 사실을 입증하기 위한 소송을 사법재판소에 제기할 수 있다.

소송 제기는 먼저 해당 기관에 행위를 제정할 것을 요구한 경우에만 인정된다. 해당 기관이 행위 제정에 관한 요구를 받은 때로부터 2개월 이내 자신의 입장을 밝히지 않는 경우, 소송은 추가 2개월 이내 제기될 수 있다.

자연인 또는 법인은 누구나 전 항에서 규정한 조건에 따라 공동체의 기관이 권고 또는 의견 이외의 행위를 자신에게 시달하지 않았다는 내용의 이의를 사법재판소에 제기할 수 있다.

제149조

해당 행위가 무효이거나 또는 해당 행위의 제정을 태만히 한 것이 본 조약에 위반된다고 선고를 받은 기관은 사법재판소의 판결을 준수하는데 필요한 조치를 취하도록 요구받는다.

이 의무는 제188조 제2항을 적용함으로써 발생할 수 있는 의무에 영향을 미치지 않는다.

제150조

사법재판소는 아래 사항에 관하여 선결적 판단을 내릴 관할권을 가진다.

(a) 본 조약의 해석;
(b) 공동체 기관이 제정한 행위의 유효성 및 해석;
(c) 해당 정관이 달리 규정한 것을 제외하고, 이사회의 행위에 의해 제정된 기구의 정관에 대한 해석.

상기의 문제가 회원국의 법원 또는 재판소에 제기된 경우, 상기 회원국 법원 또는 재판소는 판결을 내리기 위하여 상기 문제를 결정할 필요가 있다고 판단한 경우 이를 결정해 줄 것을 사법재판소에 요청할 수 있다.

회원국의 법원 또는 재판소에 계류 중인 사건에서 상기의 문제가 제기되고 상기 법원 또는 재판소의 결정에 대하여 해당 회원국의 국내법상 아무런 사법적 구제 수단이 존재하지 않는 경우, 상기 회원국 법원 또는 재판소는 이 문제를 사법재판소에 회부한다.

제151조

사법재판소는 제188조 제2항에 규정된 손해배상과 관련된 분쟁에 대해 관할권을 가진다.

제152조

사법재판소는 공동체와 공동체 직원 상호 간에 발생한 분쟁에 대하여 공무원복무규칙 또는 고용조건에 명시된 범위 내에서 그리고 조건에 따라 관할권을 행사한다.

제153조

사법재판소는 계약에 대한 적용법규가 공법 또는 사법인가의 여부를 묻지 않고, 공동체가 직간접적으로 체결한 계약에 명시된 중재 조항에 의거하여 판결을 내릴 수 있는 관할권을 가진다.

제154조

사법재판소는 본 조약의 주제에 관련되고 분쟁이 당사국 간 특별한 합의에 따라 제기된 경우 회원국 상호 간 분쟁에 대한 관할권을 가진다.

제155조

공동체가 일방 당사자인 분쟁은 본 조약에서 사법재판소에 관할권을 부여한 경우를 제외하고는 이를 이유로 회원국 법원 또는 재판소의 관할권에서 제외되지 않는다.

제156조

제146조 제3항에 규정된 기간의 경과에도 불구하고, 이사회 또는 유럽위원회의 규칙이 문제가 되는 소송에서 각 당사자는 사법재판소에 제146조 제1항에서 명시된 이유를 들어 해당 행위가 적용될 수 없다고 주장할 수 있다.

제157조

본 조약에 달리 규정된 경우를 제외하고, 사법재판소에 소송을 제기하더라도 중지 효과가 발생하지 않는다. 그러나 사법재판소는 상황에 따라 필요하다고 판단한 경우 계쟁 행위(contested act)의 적용을 중지할 것을 명령할 수 있다.

제158조

사법재판소는 사법재판소에 제기된 어떤 사건에서도 필요한 잠정조치[32]를 명령할 수 있다.

제159조

사법재판소의 판결은 제164조에 규정된 조건에 따라 집행된다.

제160조

사법재판소의 정관은 별도의 의정서에서 정한다.

사법재판소는 자신의 의사규칙을 채택한다. 의사규칙은 이사회의 전원일치 승인을 요구한다.

제II장 여러 기관의 공통 규정

제161조

이사회와 유럽위원회는 직무를 수행하기 위해 본 조약의 규정에 의거하여 규칙을 만들고, 지침을 공표하고, 결정을 내리고, 권고를 만들고 또

---

[32] 잠정조치(interim measures)는 사건이 사법재판소에 회부된 후 최종적인 판결이 내려지기 전까지 당사자의 권리 보호를 위하여 긴급한 필요에 의하여 임시적으로 취해지는 조치이다.

는 의견을 제시한다.

규칙(regulation)은 일반적 적용성이 있다. 규칙은 완전한 구속력이 있으며, 모든 회원국에 직접 적용된다.

지침(directive)은 달성해야 할 결과에 관하여 시달 대상인 해당 회원국을 구속하지만, 그 형태와 방식은 해당 회원국의 국내 당국이 선택한다.

결정(decision)은 오직 시달 대상에 대해 완전한 구속력이 있다.

권고(recommendation)와 의견(opinion)은 구속력이 없다.

제162조

이사회와 유럽위원회의 규칙, 지침 그리고 결정은 그 근거가 되는 이유를 설명하고 본 조약에 따라 획득하도록 요구된 제안 또는 의견을 언급한다.

제163조

규칙은 공동체 관보(Official Journal of Community)에 게재된다. 규칙은 관보에 명시된 날짜에 효력을 발생하며, 날짜가 명시되어 있지 않은 경우에는 관보에 게재한 날 이후 20일째 되는 날에 효력을 발생한다.

지침과 결정은 시달 대상에게 통지되고, 통지한 때로부터 효력을 발생한다.

제164조

집행은 결정이 집행되는 회원국 영토에서 시행되고 있는 민사절차규칙이 적용된다. 각 회원국 정부가 이 목적을 위해 지정하고 유럽위원회, 사법재판소 그리고 제18조에 따라 설립된 중재위원회에 통지한 회원국 국가기관은 단지 행위의 진정성을 확인하는 절차만 경유하여 집행명령을 결정에 첨부한다.

해당 당사자의 신청에 따라 이들 절차가 종료되었을 때, 해당 당사자는 사안을 관할 당국에 직접 의뢰함으로써 국내법에 따른 집행을 추진할 수 있다.

집행은 사법재판소의 결정으로만 중지시킬 수 있다. 그러나 해당 국가의 재판소는 집행이 비정상적인 방식으로 수행되고 있다는 요청에 대해 심사할 관할권을 가진다.

제III장 경제사회위원회

제165조

이에 경제사회위원회가 설립된다. 경제사회위원회는 자문 지위를 갖는다.

경제사회위원회는 다양한 부문의 경제적 및 사회적 활동의 대표로 구성된다.

제166조

경제사회위원회의 위원 수는 다음과 같다.

 벨기에 ········ 12
 독일 ··········· 24
 프랑스 ········ 24
 이탈리아 ····· 24
 룩셈부르크 ··· 5
 네덜란드 ····· 12

경제사회위원회의 위원은 이사회가 전원일치로 의결하여 4년 임기로 임명된다. 경제사회위원회의 위원은 연임할 수 있다.

경제사회위원회의 위원은 개인적 능력으로 임명되며 어떠한 강제적 지시에도 구속되지 않는다.

제167조

1. 경제사회위원회의 위원 임명에 대하여, 각 회원국은 자국에 할당된 의석수의 두 배에 해당하는 후보자를 포함한 명부를 이사회에 제공한다.

경제사회위원회의 구성은 다양한 부문의 경제적 및 사회적 활동의 적절한 대표를 보장할 필요성을 고려한다.

2. 이사회는 유럽위원회와 협의한다. 이사회는 공동체 활동에 관련된 다양한 경제적 및 사회적 부문을 대표하는 유럽적 단체의 의견을 청취할 수 있다.

제168조

경제사회위원회는 위원 중에서 2년 임기의 위원장과 임원을 선출한다.

경제사회위원회는 의사규칙을 채택하고 전원일치로 승인을 받기 위해 이를 이사회에 제출한다.

경제사회위원회는 이사회 또는 유럽위원회의 요청에 따라 경제사회위원회 위원장이 소집한다.

제169조

경제사회위원회는 전문부서로 나눌 수 있다.

이러한 전문부서는 경제사회위원회의 일반적인 위임 사항 내에서 운영된다. 전문부서는 경제사회위원회와 독립적으로 협의할 수 없다.

또한 분과위원회가 특정 문제나 분야에 대해 경제사회위원회에 제출할 의견 초안의 준비를 고려하여 경제사회위원회 내 설립될 수 있다.

의사규칙은 전문부서와 분과위원회의 구성 방법 및 위임 사항을 규정한다.

제170조

경제사회위원회는 본 조약이 규정한 경우 이사회 또는 유럽위원회의 협의 요청에 응한다. 경제사회위원회는 이 기관들이 적절하다고 판단하는 모든 경우 이 기관들의 협의 요청에 응한다.

이사회 또는 유럽위원회는 필요하다고 판단한 경우, 경제사회위원회 위원장이 통지를 받은 날로부터 10일 이내의 기간으로 경제사회위원회의 의견 제출 시한을 설정할 수 있다. 설정한 시한이 만료할 때까지 의견을 제출하지 못하더라도 추가 조치에는 영향을 미치지 않는다.

경제사회위원회와 전문부서의 의견은 절차 기록과 함께 이사회와 유럽위원회에 제출된다.

제4편 재정 규정

제171조

1. 공급청과 합작기업의 수입과 지출을 제외한 공동체의 모든 수입과 지출에 대한 개산서(概算書)는 각 회계연도마다 작성되며, 해당 수입과 지출은 운영 예산 또는 연구와 투자 예산에 명기된다.

각 예산의 수입과 지출은 균형을 이루어야 한다.

2. 공급청의 수입과 지출은 상업적 원칙에 따라 운영되며 특별 회계 예산으로 책정된다.

해당 수입과 지출의 개산서, 집행 그리고 감사 방식은 공급청의 정관을 충분히 고려하여 제183조에 따라 제정된 재정 규칙에서 정한다.

3. 수입과 지출의 개산서는 각 회계연도마다 합작기업의 운영 계정 및 대차대조표와 함께 해당 기업의 정관에 의거하여 유럽위원회, 이사회 그리고 의회에 제출된다.

제172조

1. 운영 예산 수입은 기타 경상수입과 상관없이 다음 규모의 회원국의 재정 분담금을 포함한다.

    벨기에 ········ 7.9
    독일 ··········· 28
    프랑스 ········· 28
    이탈리아 ······ 28
    룩셈부르크 ··· 0.2
    네덜란드 ······ 7.9

2. 연구와 투자 예산 수입은 다른 재원과 상관없이 다음 규모의 회원국의 재정 분담금을 포함한다.

    벨기에 ········ 9.9

독일 ·········· 30

프랑스 ········ 30

이탈리아 ······ 23

룩셈부르크 ··· 0.2

네덜란드 ······ 6.9

3. 이 규모는 이사회가 전원일치로 의결하여 수정할 수 있다.

4. 연구 또는 투자의 자금 조달을 위한 대출금은 제177조 제5항에서 규정된 방식으로 이사회가 정한 조건으로 조달된다.

공동체는 역내 사안에 적용되는 법적 규정에 따라 또는 회원국에 해당 규정이 없는 경우 관련 회원국과 유럽위원회가 함께 협의하여 제안한 대출금에 대해 합의에 도달한 이후 회원국의 자본 시장에서 대여할 수 있다.

관련 회원국의 관할 당국은 해당 국가의 자본 시장에 심각한 혼란을 우려할 이유가 있는 경우에만 승인을 거부할 수 있다.

제173조

제172조에 규정된 회원국의 재정 분담금은 공동체가 회원국에서 수금한 징수금으로 전부 또는 일부를 대체할 수 있다.

이를 위해 유럽위원회는 해당 징수금의 평가, 세율 결정 방식 그리고 징수 절차와 관련된 제안을 이사회에 제출한다.

이사회는 이 제안에 대해 의회와 협의한 후 전원일치로 의결하여 적절한 규정을 정할 수 있으며, 회원국에 각 국의 헌법상의 요청에 의거하여 채택을 권고한다.

제174조

1. 특히 운영 예산에 명기된 지출은 다음을 포함한다.:

(a) 행정 지출;

(b) 안전조치 및 보건 안전과 관련된 지출.

2. 특히 연구와 투자 예산에 명기된 지출은 다음을 포함한다:

(a) 공동체 연구프로그램의 실행과 관련된 지출;

(b) 공급청의 자본금 및 투자 지출에 대한 참여;

(c) 훈련 시설의 장비와 관련된 지출;

(d) 합작기업 또는 특정 공동 운영에 대한 참여.

제175조

운영 예산에 명기된 지출은 제183조에 따라 제정된 규칙이 달리 규정하지 않는 한 1년 회계연도에 한하여 승인된다.

제183조에 의해 규정된 조건에 따라, 인건비 이외의 지출에 할당된 배당액(appropriation)은 예산 집행 기간의 종료까지 사용되지 않았을 때는 다음 회계연도에 한해 이월될 수 있다.

지출을 포함한 배당액은 지출항목을 종류 또는 목적에 따라 상이한 장으로 묶어 분류되고, 필요한 경우 제183조에 의해 제정된 규칙에 따라 세분화된다.

의회, 이사회, 유럽위원회 그리고 사법재판소의 지출은 특정 공동 지출항목을 위한 특별 규정을 침해하지 않는 범위 내에서 별도의 예산 부분에 기재된다.

제176조

1. 본 조약에 따라 이사회의 전원일치 승인을 요구하는 지출과 관련된 프로그램 또는 결정에서 발생한 한도에 따라, 연구 및 투자 지출에 대한 할당액에는 다음이 포함된다.

(a) 별도의 단위를 구성하고 일관된 전체를 형성하는 일련의 항목을 포함하는 약정 배당액;
(b) (a)호에 따라 체결된 약정과 관련하여 매년 지불할 수 있는 최대 금액에 해당하는 지급 배당액.

2. 약정과 지급 만기일 일정은 유럽위원회가 제안한 당해 예산안에 부속된다.

3. 연구 및 투자를 위한 배당액은 지출항목을 종류 또는 목적에 따라 상이한 장으로 묶어 분류되고, 필요한 경우 제183조에 의해 제정된 규칙에 따라 세분화된다.

4. 미사용된 지급액 승인은 이사회가 달리 결정하지 않은 한 유럽위원회의 결정으로 다음 회계연도로 이월된다.

제177조

1. 회계연도는 1월 1일부터 12월 31일까지로 한다.

2. 공동체의 각 기관은 자신의 행정 지출의 개산서를 작성한다. 유럽위원회는 이 개산서를 예비 운영예산안에 통합한다. 유럽위원회는 예비 운영예산안에 상이한 개산서를 포함할 수 있는 의견을 첨부한다. 또한 유럽위원회는 연구 및 투자 예비예산안을 준비한다.

유럽위원회는 예산 집행 전년도 9월 30일까지 이사회에 예비예산안을 제출한다.

이사회는 예비예산안을 바꾸고자 하는 경우 유럽위원회 및 적절한 경우 기타 관련 기관들과 협의한다.

3. 이사회는 가중다수결로 의결하여 예산안을 수립하고 이를 의회에 제출한다.

예산안은 예산 집행 전년도 10월 31일까지 의회에 제출한다.

의회는 예산안의 변경을 이사회에 제안할 권리가 있다.

4. 예산안이 의회에 상정된 지 1개월 이내에 의회가 승인하거나 이사회에 의견을 제출하지 않을 경우, 예산안은 최종적으로 채택된 것으로

간주된다.

이 기간 내에 의회가 수정을 제안한 경우, 수정된 예산안은 이사회에 제출된다. 이사회는 유럽위원회 및 적절한 경우 기타 관련 기관들과 수정된 예산안에 대해 협의한 다음 본 조약에 의거하여 이사회의 전원일치 승인을 요구하는 지출을 포함한 프로그램 또는 결정에서 발생한 한도에 따라, 가중다수결로 의결하여 예산을 최종적으로 채택한다.

5. 연구 및 투자 예산의 채택을 위해 이사회 위원의 투표는 다음과 같이 가중치를 둔다.

    벨기에 ········· 9
    독일 ············ 30
    프랑스 ········· 30
    이탈리아 ······ 23
    룩셈부르크 ··· 1
    네덜란드 ······ 7

채택을 위해, 이사회의 의결은 최소한 찬성 67표를 요구한다.

제178조

회계연도의 개시시 아직 운영 예산이 의결되지 않은 경우, 제183조에 의한 규칙의 규정에 따라 예산의 항목 또는 기타 하위 항목에 대해 전년 회계연도 예산 배당액의 12분의 1 이하에 해당하는 금액을 매월 지출할 수 있다. 그러나 이 세칙은 준비 과정에서 예산안에 규정된 것의 12분 1

을 초과하는 유럽위원회의 배당액을 배치하는 효과를 가지지 않는다.

회계연도의 개시시 아직 연구 및 투자 예산이 의결되지 않은 경우, 제183조에 의한 규칙의 규정에 따라 예산의 항목 또는 기타 하위 항목에 대해 이미 승인된 약정 배당액과 관련된 지급 만기일 일정에 명기된 연간 개산서에 상응하는 배당액의 12분의 1 이하에 해당하는 금액을 매월 지출할 수 있다.

이사회는 제1항과 제2항에서 규정된 기타 조건이 준수된다면 가중다수결로 의결하여 본 조약에 의거하여 이사회의 전원일치 승인을 요구하는 지출을 포함한 프로그램 또는 결정에서 발생한 한도에 따라 12분의 1을 초과하는 지출을 승인할 수 있다.

회원국은 잠정적으로 그리고 전년도 회계연도에 규정된 규모에 따라 동 조의 적용을 보장하는 데 필요한 금액을 매월 지출한다.

제179조

유럽위원회는 제183조에 의해 제정된 규칙의 규정에 따라 독자적인 책임으로 배당액의 한도 내에서 예산을 집행한다.

규칙은 각 기관이 그 지출의 집행에 참여할 때의 세칙을 정한다.

예산 내에서 유럽위원회는 제183조에 의한 규칙에 규정된 한도 및 조건에 따라 배당액을 한 항목에서 다른 항목으로 또는 한 하위 항목에서 다른 하위 항목으로 이전할 수 있다.

제180조

각 예산에 명기된 모든 수입과 지출에 대한 회계장부는 독립성에 의심의 여지가 없는 감사로 구성된 회계감사원[33]에서 심사한다. 감사 중 1인이 감사원장이 된다. 이사회는 전원일치로 의결하여 감사의 수를 결정한다. 감사와 감사원장은 5년 임기로 이사회가 전원일치로 임명한다. 감사와 감사원장의 보수는 가중다수결로 이사회가 결정한다.

기록에 기반하여 수행되며 필요한 경우 현장에서 수행되는 감사의 목적은 모든 세출입이 합법적이고 정상적인 방식으로 수행되었는지와 재무관리가 건전하였는지를 규명하는 것이다. 각 회계연도가 종료한 후, 회계감사원은 보고서를 작성하고 이를 위원 과반수로 채택한다.

유럽위원회는 각 예산의 집행과 관련된 전년 회계연도의 회계장부를 회계감사원의 보고서와 함께 매년 이사회와 의회에 제출한다. 또한 유럽위원회는 공동체의 자산과 부채를 명기한 재무제표를 이사회와 의회에 제출한다.

이사회는 가중다수결로 의결하여 각 예산의 집행과 관련하여 유럽위원회의 예산 집행 책임을 면제한다. 이사회는 의회에 해당 결정을 통지한다.

---

[33] 회계감사원(Audit Board)은 유럽원자력공동체의 예산이 직질하게 집행되었는지를 심사하는 기관이다. 이후 유럽석탄철강공동체와 유럽원자력공동체/유럽경제공동체의 예산을 각각 심사하던 기존의 두 회계감사원은 1975년 예산조약(Budgetary Treaty)에 따라 유럽회계감사원(European Court of Auditors)으로 대체되었다. 유럽회계감사원은 마스트리히트조약을 통해 유럽연합의 5번째 법적 기관의 지위를 획득하였다.

제181조

제171조 제1항과 제2항에 규정된 예산과 회계장부는 제183조에 따라 채택된 재정 규칙의 규정에 따라 결정된 계산단위(unit of account)로 작성된다.

제172조에 규정된 재정 분담금은 회원국이 각자의 자국 통화로 공동체에 납부한다.

이러한 분담금의 활용 가능한 잔액은 회원국의 재무부 또는 그들이 지정한 기구에 예치된다. 예치되어있는 동안, 해당 기금은 제1항에서 언급한 계산단위와 관련하여 예치 기간 등가(parity)에 상응하는 가치를 유지한다.

잔액은 유럽위원회와 해당 회원국 간에 합의한 조건에 따라 투자될 수 있다.

제182조

1. 유럽위원회는 해당 회원국의 관할 당국에 통지하는 것을 조건으로 보유하고 있는 특정 회원국의 통화를 본 조약의 범위에 속하는 목적에 사용하는 데 필요한 한도 내에서 다른 회원국의 통화로 이전할 수 있다. 유럽위원회는 필요로 하는 통화로 현금 또는 유동성 자산을 보유하고 있는 경우에는 상기 이전 행위를 가능한 한 피한다.

2. 유럽위원회는 해당 회원국이 지정한 당국을 통해 각 회원국을 상대

한다. 유럽위원회는 금융업무를 수행하는 데 있어 해당 회원국의 발권은행 또는 해당 회원국이 승인하는 기타 금융기관의 서비스를 활용한다.

3. 공동체가 제3국의 통화로 비용이 발생한 지출과 관련하여, 유럽위원회는 예산이 최종적으로 채택되기 전에 다른 통화로 예상된 수입과 지출을 명시한 프로그램을 이사회에 제출한다.

동 프로그램은 가중다수결로 이사회가 승인한다. 동 프로그램은 동일한 절차에 따라 회계연도 중에 수정될 수 있다.

4. 회원국은 제172조에 규정한 규모에 따라 제3항에서 정한 프로그램에 명시된 지출에 필요한 제3국의 통화를 유럽위원회에 제공한다. 유럽위원회가 제3국의 통화로 징수한 금액은 동일한 규모에 따라 회원국으로 이전된다.

5. 유럽위원회는 해당 국가에서 조달한 대출에서 유래한 제3국 통화의 금액을 자유롭게 사용할 수 있다.

6. 이사회는 유럽위원회의 제안을 전원일치로 의결하여 전 항에 규정된 교환 세칙을 전체로든 부분으로든 공급청과 합작기업에 적용할 수 있으며, 적절한 경우 해당 세칙을 공급청과 합작기업의 운영 요건에 적용할 수 있다.

제183조

이사회는 유럽위원회의 제안을 전원일치로 의결하여 다음을 수행한다.:

(a) 공급청의 예산을 포함하여 예산의 수립과 집행 및 회계장부의 제출과 감사를 위해 채택된 절차를 상세히 명기한 재정 규칙을 제정한다.

(b) 유럽위원회가 회원국의 분담금을 활용할 수 있는 방법과 절차를 결정한다.

(c) 승인담당 임원과 회계담당 임원의 책임 및 사찰을 위한 적절한 세칙에 관한 법규를 정한다.

제5편 일반 규정

제184조

공동체는 법인격을 갖는다.

제185조

공동체는 각 회원국 내에서 회원국이 국내법에 따라 법인에 부여한 가장 광범위한 법적 능력을 향유한다. 특히 공동체는 동산 또는 부동산을 취득 또는 처분할 수 있으며 법적 소송의 당사자가 될 수 있다. 이를 위해, 유럽위원회가 공동체를 대표한다.

제186조

이사회는 유럽위원회와 협력하여 전원일치로 의결하고 다른 해당 기관과 협의한 후 공무원복무규칙 또는 공동체의 기타 직원의 고용조건을 규정한다.

본 조약이 발효되고 4년이 경과한 이후, 공무원복무규칙과 고용조건은 이사회가 유럽위원회의 제안을 가중다수결로 의결하고 기타 해당 기관과 협의한 후 개정할 수 있다.

제187조

유럽위원회는 본 조약의 규정에 따라 이사회가 정한 범위 및 조건 아래 유럽위원회에 위임된 직무를 수행하는 데 필요한 정보를 수집하고 통제행위를 수행할 수 있다.

제188조

공동체가 부담하는 계약상의 책임은 해당 계약에 적용되는 법에 따라 규율된다.

비계약상 책임의 경우, 공동체는 소속 기관 또는 그 직원이 직무수행 중에 초래한 손해를 모든 회원국의 법질서에 공통하는 법의 일반 원칙에 따라 배상한다.

공동체 직원이 공동체에 부담하는 개인 책임은 그에게 적용되는 공무원복무규칙 또는 공동체의 기타 직원의 고용조건에서 정한 규정에 따라 규율된다.

제189조

공동체 기관의 소재지는 회원국 정부가 공동 합의로 정한다.

제190조

공동체 기관의 언어를 규율하는 법규는 사법재판소의 의사규칙에 포함된 규정을 침해하지 않고 이사회가 전원일치로 제정한다.

제191조

공동체는 별도의 의정서에 규정된 조건에 따라 회원국 영토에서 그 직무수행에 필요한 특권과 면책권을 향유한다.

제192조

회원국은 본 조약에서 발생하였거나 공동체 기관이 취한 행동에서 초래된 의무의 이행을 보장하기 위해 일반적인 것이든 특수한 것이든 모든 적절한 조치를 취한다. 회원국은 공동체의 직무 달성을 촉진한다.

회원국은 본 조약의 목적 달성을 위태롭게 할 수 있는 어떤 조치도 자제한다.

제193조

회원국은 본 조약의 해석 또는 적용과 관련된 분쟁을 조약에 규정된 것 이외의 분쟁해결수단에 제기하지 않아야 할 책임을 진다.

제194조

1. 기관 또는 공동체 시설 또는 합작기업과 자신의 직무나 공적 또는 사적 관계를 이유로 회원국이나 공동체 기관이 정한 규정에 따라 보안제도의 적용을 받는 사실, 정보, 지식, 문서 또는 대상에 대한 인지를 획득 또는 취득한 공동체 기관의 구성원, 제반 위원회의 위원, 공동체의 공무원과 기타 직원 그리고 기타 모든 사람은 심지어 해당 직무 또는 관계가 종료된 이후에도 비승인자와 일반 대중에게 비밀을 누설하지 않아야 할 의무를 진다.

각 회원국은 이 의무 위반을 국가 안보에 저촉되는 행위 또는 직업상의 비밀 폭로와 관련한 자국 법의 범위 내에서 실체법과 관할권 모두에서 비밀 엄수에 관한 규칙에 저촉되는 행위이자 침해로 간주한다. 해당 회원국은 관련 회원국 또는 유럽위원회의 요청에 따라 해당 위반을 저지른 관할권 내의 모든 사람을 기소한다.

2. 각 회원국은 본 조약에 포함된 정보, 지식, 문서 또는 대상의 분류와 비밀 엄수를 자국 영토 내에서 정한 모든 규칙을 유럽위원회에 통지한다.

유럽위원회는 해당 규정이 다른 회원국에 통지되도록 보장한다.

각 회원국은 가능한 한 단일하고 포괄적인 보안제도의 점진적인 확립을 촉진하기 위해 모든 적절한 조치를 취한다. 유럽위원회는 해당 회원국과 협의한 후 해당 목적을 위해 권고할 수 있다.

3. 또한 공동체의 기관, 공동체 시설 그리고 합작기업은 각자가 위치한 영토에서 시행되고 있는 보안제도의 규칙을 적용받는다.

4. 본 조약에 포함된 분야 내에서 활동을 수행하는 사람에게 보안제도에 따라 본 조약에 포함된 사실, 정보, 문서 또는 대상에 대해 접근할 수 있도록 공동체의 기관 또는 회원국이 부여한 권한은 다른 모든 기관과 다른 모든 회원국이 인정한다.

5. 동 조의 규정은 회원국과 제3국 또는 국제기구 간에 체결된 협정으로 발생한 특별 규정의 적용을 방해하지 않는다.

제195조

공동체의 기관, 공급청 그리고 합작기업은 본 조약을 적용할 때 공공정책 또는 공중 보건의 이유로 제정된 회원국 규례(in national rules and regulations)에서 정한 광석, 선원 물질 그리고 특수핵분열성물질에 대한 접근 조건을 준수한다.

제196조

본 조약의 목적을 위해, 달리 규정하는 것을 제외하고는 다음과 같다.

(a) '개인'은 본 조약의 관련 장에 명시된 분야 내에서 회원국 영토에서 활동의 전부 또는 일부를 종사하는 자연인을 의미한다.

(b) '기업'은 공적 또는 사적 법적 지위와 상관없이 본 조약의 관련 장에 명시된 분야 내에서 회원국 영토에서 활동의 전부 또는 일부를 수행하는 기업 또는 기관을 의미한다.

제197조

본 조약의 목적을 위해:

1. '특수핵분열성물질'은 플루토늄 239, 우라늄 233, 우라늄 235 또는 우라늄 233으로 농축된 우라늄, 그리고 이사회가 유럽위원회의 제안을 가중다수결로 의결하여 명시한 앞서 말한 동위원소와 기타 핵분열성물질을 하나 이상 함유한 물질을 의미한다. 그러나 '특수핵분열성물질'은 선원 물질을 포함하지 않는다.

2. '우라늄 235 또는 우라늄 233으로 농축된 우라늄'은 동위원소 238에 대한 해당 동위원소의 합계의 존재비가 자연에서 발생하는 동위원소 238에 대한 동위원소 235의 비율보다 큰 양으로 우라늄 235 또는 우라늄 233 또는 둘 모두를 함유하는 우라늄을 의미한다.

3. '선원 물질'은 자연에서 생긴 동위원소의 혼합물을 함유한 우라늄을

의미한다. 우라늄 235의 함량이 정상보다 감손된 우라늄; 토륨; 앞에서 언급한 금속, 합금, 화합물 또는 응축물 형태로 된 모든 물질; 이사회가 유럽위원회의 제안을 가중다수결로 의결하여 명시한 해당 농도를 가지고 있는 앞에서 언급한 하나 이상을 함유한 기타 물질.

4. '광석'은 이사회가 유럽위원회의 제안을 가중다수결로 의결하여 명시한 평균 농도로 위에서 정의한 선원 물질을 적절한 화학적 또는 물리적 가공으로 획득할 수 있는 물질을 함유한 모든 광석을 의미한다.

제198조

달리 규정된 경우를 제외하고, 본 조약은 회원국의 유럽 영토와 그들 관할권에 속한 비유럽 영토에 적용된다.

또한 본 조약은 회원국이 대외관계를 책임지고 있는 유럽 영토에도 적용된다.

제199조

유럽위원회는 국제연합의 기관(organs)과 그 특별기관 그리고 관세와 무역에 관한 일반협정[34]과 모든 적절한 관계의 유지를 보장한다.

---

[34] 관세와 무역에 관한 일반협정(General Agreement on Tariffs and Trade, GATT)은 1947년 23개국에 의한 체결로 시작되었다. 이 협정은 국가의 일방적인 조치를 제거하고 점진적으로 관세 장벽을 축소하여 전후 세계에서 자유무역 질서를 수립하는 것을 목적으로 하였다. 이 협정은 차별금지원칙을 기반으로 하여 무역의 이점을 모

또한 유럽위원회는 모든 국제기구와 적절한 관계를 유지한다.

제200조

공동체는 유럽평의회[35]와 모든 적절한 협력 형태를 확립한다.

든 국가로 확대하고자 하였다. 하지만 차별금지원칙에는 다수의 예외가 있기도 하였다. 로마조약은 유럽공동체(European Communities, EC)가 대외문제와 협상에서 회원국과 그들의 이해를 대표한다고 명시해 놓았고, 그에 따라 유럽위원회가 1960년대 케네디 라운드 이후의 모든 GATT 협상 라운드에서 회원국을 대표하였다. GATT는 대체로 성공적이었지만, 최종 협상은 상당한 논쟁을 야기하였다. 왜냐하면 의제가 제조업 제품에서 농업, 저작권 및 서비스 등으로 확대되었기 때문이다. 1986-94년의 우루과이 라운드 협상은 유럽공동체와 미국 간의 논쟁으로 점철되었는데, 특히 공동농업정책(Common Agricultural Policy, CAP)과 관련하여 다양한 영역에서 미국은 유럽공동체의 조치를 보호주의로 간주하여 매우 비판적이었던 것이다. 자국 농부에 대한 보호 수준을 낮추는 것에 프랑스는 강한 반발을 보였고, 미국 정부는 공동농업정책이 해결되지 않는 한 전체 라운드에서 퇴각할 것이라고 위협하였다. 이런 미국의 입장은 영국을 포함한 일부 유럽공동체 회원국들로부터 공감을 얻었다. 1992년 11월 유럽공동체와 미국 간의 블레어하우스협정은 유럽공동체 농부에 대한 재정지원을 크게 제한하였고, 프랑스에 반기를 들었다. 이에 맞서 프랑스 정부는 1992년 12월 유럽공동체 특별정상회담에서 프랑스가 양보를 얻을 때까지 논의를 보이콧하겠다고 위협하였다. 이런 난관에도 불구하고 GATT를 계승하기 위한 협상이 1993년 완료되었고, 1995년 1월 1일 세계무역기구(World Trade Organization, WTO)가 설립되어 현재에 이르고 있다.

[35] 유럽평의회(Council of Europe)는 스트라스부르에 본부를 둔 유럽 차원의 국제기구로서 1949년에 10개 회원국(벨기에, 덴마크, 프랑스, 아일랜드, 이탈리아, 룩셈부르크, 네덜란드, 노르웨이, 스웨덴, 영국)으로 출범하였다. 2021년 현재 47개 회원국을 두고 있으며, 이 중 27개국은 유럽연합회원국이기도 하다. 유럽평의회는 유럽연합과 달리 초국가적인 구속력을 가진 결정이나 법률을 만들 수는 없다. 그렇지만 유럽의 인권, 민주주의, 법치주의 수호를 목적으로 다양한 분야에서 유럽의 단합과 경제 및 사회적 진보를 촉진하는 데 관심을 두고 있다. 그 외에도 유럽평의회는 유럽의 인권, 교육 및 문화사업, 스포츠, 공중보건, 환경보호 등에도 관심을 두고 있다. 유럽평의회의 주요 기관으로는 회원국의 외무장관 또는 스트라스부르의 상임대표로 구성된 각료위원회, 그리고 각 회원국의 의원들로 구성된 의회가 있다. 또한 유럽인권협약(European Convention on Human Rights)을 집행하는 유럽인권재판소(European Court of Human Rights) 역시 유럽평의회에 의해 창설되었다.

제201조

공동체는 유럽경제협력기구[36]와 긴밀한 협력을 확립하며, 그 세부 사항은 공동 합의로 결정된다.

제202조

벨기에와 룩셈부르크 간의 지역연합 또는 벨기에, 룩셈부르크 그리고 네덜란드 간의 지역연합[37]에 대하여 본 조약을 적용하더라도 이들 연합

---

36 유럽경제협력기구(Organisation for European Economic Cooperation, OEEC)는 마셜 플랜의 실행을 위해 1947년 6월 파리회의에 참가한 유럽 16개 국가를 주축으로 1948년 4월 결성된 정부 간 협력기구이다. 이 기구는 1961년 출범한 경제협력개발기구(Organization for Economic Co-operation and Development, OECD)의 전신으로 유럽에 제공되는 원조 방식을 결정 및 관리하는 것뿐 아니라 상품의 자유이동과 관세 축소 등을 통해 회원국 간 무역 확대와 유럽 경제의 부흥 또한 목표로 하였다. 특히 이 기구에 의해 유럽지불동맹(European Payment Union, EPU)이 결성되었고, 그 결과 통화태환성이 완전히 복구되어 1950년대 말에 회원국 간 무역이 두 배나 증가하는 효과를 거두기도 하였다. 이 유럽지불동맹은 오늘날의 유로(Euro)가 탄생하는 토대가 되었다.

37 벨기에-룩셈부르크 경제연합(Belgo-Luxembourg Economic Union)은 약어로 BLEU로 표기하기도 하고 UEBL로 표기되기도 한다. 벨기에-룩셈부르크 경제연합은 베네룩스 경제연합의 두 국가인 벨기에와 룩셈부르크 간 경제통화연합을 의미한다. 벨기에-룩셈부르크 경제연합은 1921년 7월 25일 조약에 의해 체결이 되었으며 1922년 12월 22일 룩셈부르크 의회 비준에 의해 효력을 발휘하게 되었다. 벨기에-룩셈부르크의 초기 조약은 약 50년 동안 지속되어 1972년에 만료되었으나 1982년에 10년간 연장되었고 1992년에 재차 10년 연장이 되었다. 벨기에-룩셈부르크 경제연합은 1944년 9월 5일 네덜란드-벨기에-룩셈부르크 관세협약(Netherlands-Belgium-Luxembourg Customs Convention)인 런던관세협약(London Customs Convention)에 의해 네덜란드를 포함하여 '베네룩스(Benelux)'로 지칭되는 기원이 되었다. '베네룩스'는 벨기에, 네덜란드, 룩셈부르크 세 국가의 알파벳 첫 머리글자들을 조합하여 조어한 것이다. 런던관세협약으로 창설된 베네룩스 관세연합(Benelux Customs Union, BCU)은 1958년 9월 16일 베네룩스경제연합 설립조약(Treaty establishing the Benelux Economic Union)을 체결함으로써 베네룩스 경제연합(Benelux Economic Union, BEU)으로 대체되었다. 조약 체결 50년 만인 2008년에 조약이 만료됨에 따라 이를

의 목표를 달성할 수 없는 범위 내에서 본 조약의 규정은 이들 연합의 존속 또는 완성에 영향을 미치지 않는다.

제203조

공동체의 목표 중 하나를 달성하기 위해 공동체의 행동이 필요하지만 본 조약에는 이에 대한 필요한 권한이 규정되지 않는 경우, 이사회는 유럽위원회의 제안을 전원일치로 의결하고 의회와 협의한 후 적절한 조치를 취한다.

제204조

회원국 정부 또는 유럽위원회는 본 조약의 개정을 위한 제안을 이사회에 제출할 수 있다.

이사회가 의회와 협의한 후, 그리고 적절한 경우 유럽위원회가 회원국 정부대표자회의(conference)의 소집에 찬성하는 의견을 제출하면, 회의는 본 조약의 개정을 공동 합의로 결정할 목적으로 이사회 의장이 소집한다.

개정안은 모든 회원국이 각 국의 헌법상의 요청에 따라 비준된 후 발효된다.

갱신하는 한편 조약 개정을 단행하였다. 이에 따라 2012년 1월 1일부로 베네룩스 연합(Benelux Union)으로 탈바꿈하였고 순수 경제동맹에서 정치·경제동맹으로 그 성격이 바뀌었다.

제205조

모든 유럽 국가는 공동체의 회원이 되기 위해 신청할 수 있다. 유럽 국가는 이사회에 신청서를 제출하며, 이사회는 유럽위원회의 의견을 구한 후 전원일치로 의결한다.

이에 따라 가입 조건과 본 조약의 수정은 회원국과 신청국 간 협정의 대상이 된다. 동 협정은 모든 체약국이 각 국의 헌법상의 요청에 따라 비준을 위해 제출된다.

제206조

공동체는 상호 간의 권리와 의무, 공동 행동 그리고 특별절차와 관련된 협력을 위한 협정을 제3국, 국가들의 동맹 또는 국제기구와 체결할 수 있다.

이 협정은 의회와 협의한 후 전원일치로 이사회가 체결한다.

해당 협정이 본 조약의 개정을 요구하는 경우, 이 개정안은 제204조에서 규정한 절차에 따라 우선 채택된다.

제207조

회원국의 공동 합의로 본 조약에 부속된 의정서는 본 조약의 필요불가결한 구성 부분이다.

제208조

본 조약은 존속기간의 제한 없이 체결된다.

제6편 초기 시기에 관한 규정

제Ⅰ절 기관의 설립

제209조

이사회는 본 조약의 발효로부터 1개월 이내에 개최한다.

제210조

이사회는 자신의 첫 번째 회의 3개월 이내에 경제사회위원회를 구성하기 위한 모든 적절한 조치를 취한다.

제211조

의회는 자신들의 임원을 선임하고 의사규칙을 제정하기 위해 이사회 의장이 소집한 이사회의 첫 번째 회의 2개월 이내에 개최한다. 임원이 선임될 때까지, 최고령 의원이 의장을 맡는다.

제212조

사법재판소는 자신의 구성원이 임명되자마자 임무를 수행한다. 사법재판소 첫 번째 소장은 자신의 구성원과 동일한 방식으로 3년 임기로 임명된다.

사법재판소는 임무 수행 3개월 이내에 의사규칙을 채택한다.

의사규칙이 공표될 때까지는 어떤 소송도 사법재판소에 제기될 수 없다. 소송이 제기되어야 하는 기간은 오직 해당 공표일로부터만 유효하다.

사법재판소 소장은 임명되면 본 조약이 그에게 부여한 권한을 행사한다.

제213조

유럽위원회는 자신의 위원이 임명되자마자 임무를 수행하고 본 조약이 부여한 책임을 진다.

유럽위원회는 자신의 임무를 수행함에 있어 연구를 수행하고 공동체 내 원자력 산업의 상황에 대한 전반적인 조사에 필요한 회원국, 기업, 노동자 그리고 소비자와의 접촉을 주선한다. 유럽위원회는 6개월 이내에 해당 주제에 대한 보고서를 의회에 제출한다.

제214조

1. 첫 번째 회계연도는 본 조약의 발효일부터 다음 12월 31일까지로 한다. 그러나 본 조약이 하반기 동안 발효되는 경우, 첫 번째 회계연도는

다음 해 12월 31일까지로 한다.

2. 첫 번째 회계연도의 예산이 수립될 때까지, 회원국은 해당 예산의 집행과 관련된 자국의 재정 분담금에서 공제되는 무이자 선금을 공동체에 지급한다.

3. 제186조에 규정된 공무원복무규칙과 공동체의 기타 직원에 대한 고용조건이 정해질 때까지, 각 기관은 필요한 직원을 채용하고 이를 위해 기간제 계약을 체결한다.

각 기관은 직책의 수, 보수 그리고 배분과 관련한 문제를 이사회와 함께 심사한다.

제Ⅱ절 본 조약의 초기 적용을 위한 규정

제215조

1. 본 조약 부속서 V에 명시된 초기 연구훈련프로그램과 그 비용은 이사회가 전원일치로 달리 결정하지 않는 한 2억 1,500만 EPU 계산단위를 초과하지 않는 한 본 조약의 발효 5년 이내에 수행된다.

2. 동 프로그램의 실행에 필요한 지출 명세는 부속서 V의 주요 하위 항목에 따라 예시를 통해 제시된다.

이사회는 유럽위원회의 제안을 가중다수결로 의결하여 동 프로그램을 개정할 수 있다.

제216조

제9조에서 언급된 대학 지위의 기관이 운영되는 방식에 대한 유럽위원회의 제안은 본 조약의 발효 1년 이내에 이사회에 제출된다.

제217조

정보 보급에 적용되는 보안 등급과 관련하여 제24조에 규정된 보안 규칙은 본 조약의 발효 6개월 이내에 이사회가 채택한다.

제218조

기본 표준은 본 조약의 발효 1년 이내에 제31조의 규정에 따라 결정된다.

제219조

전리 방사선으로 인한 위험으로부터 회원국 영토에서 일반 대중과 노동자의 건강을 보호하기 위해 법률, 규칙 또는 행정 행위가 정한 규정은 제33조에 따라 본 조약의 발효 3개월 이내에 해당 국가가 유럽위원회에 통지한다.

제220조

제54조에 규정된 공급청의 정관과 관련한 유럽위원회의 제안은 본 조약의 발효 3개월 이내에 이사회에 제출된다.

제Ⅲ절 경과 규정

제221조

제14조~제23조와 제25조~제28조의 규정은 다음 조건에 따라 특허, 잠정적으로 보호된 특허권과 실용신안, 그리고 또한 본 조약의 발효 이전에 존재한 특허와 실용신안 출원에 적용된다.

1. 제17조 제2항에 언급된 기간을 평가할 때, 본 조약의 발효로 발생한 새로운 상황에 대해 소유자에게 유리하게 수당을 지급한다.

2. 기밀이 아닌 발명의 통지와 관련하여, 제16조에 언급된 3개월과 18개월 기간 중 어느 하나 또는 둘 다가 본 조약의 발효일에 만료되면 해당 날짜로부터 6개월의 추가 기간이 제공된다.

해당 기간 중 하나 또는 둘 다 해당 날짜에 만료되지 않는다면 정상 만료일로부터 6개월이 연장된다.

3. 동일한 규정이 제16조와 제25조 제1항에 따라 기밀 발명의 통지에 적용된다. 그러나 해당 경우, 제24조에서 언급된 보안 규칙의 발효일은 새로운 기간의 개시일 또는 현행 기간의 연장 개시일로 한다.

제222조

본 조약의 발효일과 공급청이 자신의 임무를 수행하는 유럽위원회가 정한 날 사이의 기간 동안, 광석, 선원 물질 또는 특수핵분열성물질의 공급에 대한 협정과 계약은 오직 유럽위원회의 사전 승인이 있어야만 체결되거나 갱신된다.

유럽위원회는 본 조약의 실행을 침해할 것으로 판단되는 협정과 계약의 체결 또는 갱신을 승인하는 것을 거부한다. 특히 유럽위원회는 공급청이 협정과 계약을 수행하는 데 참여할 수 있도록 허용하는 조항의 포함 여부에 따라 승인을 할 수 있다.

제223조

제60조 규정과는 달리, 본 조약의 발효일로부터 7년의 기간이 만료되기 전에 임계에 이른 회원국 영토에 설치된 원자로는 해당 발효일로부터 10년 이내의 기간 동안 이미 개시된 작업과 연구를 고려하기 위해 해당 국가의 영토에서 생산된 광석 또는 선원 물질의 공급과 더불어 본 조약의 발효 전에 체결되고 제105조에 따라 유럽위원회에 통지된 양자 협정의 대상인 선원 물질 또는 특수핵분열성물질의 공급 둘 다에 대해 행사할 수 있는 우선권이 부여된다.

동일한 우선권이 본 조약의 발효일로부터 7년의 기간이 만료되기 전에 회원국의 영토에서 운영되고 있는 합작기업의 설립 여부와 상관없이 동위원소 분리 공장의 공급과 관련하여 10년의 동일한 기간 동안 부여된다.

공급청은 유럽위원회가 우선권의 행사 조건이 충족하였음을 확인한 후 적절한 계약을 체결한다.

최종 규정

제224조

본 조약은 체약국이 각 국의 헌법상의 요청에 따라 비준된다. 비준서는 이탈리아공화국 정부에 기탁된다.

본 조약은 이 조치를 취하기 위해 마지막 서명국이 비준서를 기탁한 후 다음 달의 첫 번째 날에 발효된다. 그러나 다음 달이 개시되기 전 15일 이내에 기탁된 경우, 본 조약은 해당 기탁일 이후 두 번째 달의 첫 번째 날까지 발효되지 않는다.

제225조

네덜란드어, 프랑스어, 독일어 그리고 이탈리아어로 된 단일 원본으로 작성된 본 조약은 4개의 원문 모두 동일한 정본으로 이탈리아공화국 정부의 공문서 보관소에 기탁된다. 동 정부는 다른 각 서명국 정부에게 인증사본을 교부한다.

위의 증거로서, 아래 서명한 전권대표들이 본 조약에 서명하였다.

로마에서 1957년 3월 25일에 작성되었다.

폴-앙리 스파크.   장 샤를 스노이 에 도퓌에르.
아데나워.   할슈타인.

피노.   모리스 포르.

안토니오 세니.   가에타노 마르티노.

베슈.   랑베르 샤우스.

조셉 룬스.   요하네스 린토스트 호만.

| 부속서 I

본 조약 제4조에 언급된 원자력에 관한 연구 분야

I. 선원 물질

1. 기본 물질(우라늄, 토륨 그리고 원자력 분야에서 특히 중요한 기타 생산품)의 탐사와 채광 방법.

2. 이 물질을 선광하여 기술적으로 순수한 화합물로의 전환 방법.

3. 이러한 기술적으로 순수한 화합물을 핵 등급 화합물과 금속으로의 전환 방법.

4. 플루토늄, 우라늄 235 또는 우라늄 233뿐만 아니라 이러한 화합물과 금속을 순수한 것이든 또는 결합된 것이든 화학공업, 요업 또는 금속공학 산업에 의해 연료 요소로의 전환과 가공 방법.

5. 외부 작용제에 의한 부식 또는 침식으로부터 해당 연료 요소의 보호 방법.

6. 특히 원자력 분야에서 사용되는 기타 특수물질의 생산, 정련, 가공

그리고 유지 방법:

(a) 중수, 핵 등급 흑연, 베릴륨과 산화베릴륨과 같은 감속재;

(b) (하프늄이 없는) 지르코늄, 니오븀, 란타늄, 티타늄, 베릴륨과 그 산화물, 탄화물 그리고 원자력 분야에서 사용될 수 있는 기타 화합물과 같은 구조재;

(c) 헬륨, 유기 액체, 나트륨, 나트륨 칼륨 합금, 비스무트, 납 비스무트 합금과 같은 냉각제

7. 동위원소 분리 방법:

(a) 우라늄;

(b) 리튬 6, 리튬 7, 질소 15 그리고 붕소 10과 같은 원자력 생산에 사용될 수 있는 상당한 양의 물질;

(c) 연구를 위해 소량으로 사용된 동위원소.

Ⅱ. 원자력에 적용된 물리학

1. 응용 이론 물리학;

(a) 저에너지 핵반응, 특히 중성자 유도 반응;

(b) 핵분열;

(c) 전리 방사선 및 광자와 물질과의 상호 작용;

(d) 고체 이론;

(e) 특히 전자기력의 작용 아래에서의 전리 플라스마의 반응과 초고온

열역학과 관련된 핵융합 연구.

2. 응용 실험 물리학:

(a) 위의 1에서 명시한 것과 동일한 대상;
(b) 원자력 분야에서 중요한 초우라늄원소의 특성에 관한 연구.

3. 원자로 계산:

(a) 이론 거시 중성자 물리학;
(b) 실험 중성자 측정; 지수 및 임계 실험;
(c) 열역학적 계산 및 물질의 강도 계산;
(d) 이에 상응하는 실험 측정;
(e) 원자로 동역학, 원자로 제어 문제 그리고 관련 실험;
(f) 방사선 방호 계산과 관련 실험.

III. 원자로의 물리화학

1. 물리적·화학적 구조의 변화 및 다음에 의해 초래된 원자로 내 다양한 물질의 기술적 특성 변동에 관한 연구:

(a) 열;
(b) 물질이 접촉한 삭용제의 성질;
(c) 기계적 요인.

2. 조사에 따라 생성된 감손과 기타 현상에 관한 연구:

(a) 연료 요소;

(b) 구조재와 냉각제;

(c) 감속재.

3. 원자로의 구성 요소에 대한 분석 화학과 분석 물리화학의 응용.

4. 균질원자로의 물리화학: 방사 화학, 부식.

Ⅳ. 방사성 물질의 가공

1. 조사핵연료로부터 플루토늄과 우라늄 233을 추출하는 방법과 우라늄 또는 토륨의 복구 가능성

2. 플루토늄의 화학과 금속공학

3. 기타 초우라늄원소의 추출 방법 및 화학.

4. 유익한 방사성 동위원소의 추출 방법 및 화학:

(a) 핵분열 생성물;

(b) 조사에 의해 획득된 방사성 동위원소.

5. 쓸모없는 방사성 폐기물의 농축과 저장.

Ⅴ. 방사성 동위원소의 응용

활성 원소 또는 추적자로서의 방사성 동위원소의 응용

(a) 산업과 과학;

(b) 의학과 생물학;

(c) 농업.

VI. 살아있는 유기체에 대한 방사선의 유해한 영향에 관한 연구

1. 유해 방사선의 검출과 측정에 관한 연구.

2. 적절한 예방 및 보호 조치와 적절한 안전기준에 관한 연구.

3. 방사선 효과의 치료에 관한 연구.

VII. 장비

원자로뿐만 아니라 위에 열거된 연구 활동에 필요한 산업 및 연구 설비를 위해 특별히 설계된 장비의 구축과 개선에 관한 연구. 예를 들면 다음과 같다:

1. 다음 유형의 기계 장비:

(a) 특수 유체용 펌프;

(b) 열교환기;

(c) 중성자 속도선별기와 같은 핵물리학 연구를 위한 장치;

(d) 원격 조작 장비.

2. 다음 유형의 전기 장비:

(a) 특히 다음 용도로 사용되는 방사선 검출 및 측정을 위한 기기:

- 광물 탐사,

- 과학적·기술적 연구,

- 원자로 제어,

- 보건과 안전,

(b) 원자로 제어 장비;

(c) 저에너지 입자 가속기(최대 10MeV).

VIII. 에너지 생산의 경제적 측면

1. 다양한 원자로 유형에 대한 이론적·실험적 비교연구.

2. 연료 주기의 기술적·경제적 연구.

부속서 II

본 조약 제41조에 언급된 산업 활동

1. 우라늄과 토륨 광석의 채광.

2. 해당 광석의 선광.

3. 우라늄과 토륨 농축물의 화학적 가공과 정련.

4. 어떤 형태로든 핵연료의 준비.

5. 핵연료 원소의 제조.

6. 우라늄 헥사플루오라이드의 생산.

7. 농축 우라늄의 생산.

8. 그 안에 포함된 원소의 일부 또는 전부를 분리하기 위한 목적으로 조사핵원료의 가공

9. 원자로 감속재의 생산.

10. 하프늄이 없는 지르코늄 또는 그 화합물의 생산.

11. 모든 유형의 핵 원자로와 모든 목적을 위한 핵 원자로.

12. 동 목록에 명시된 하나 이상의 시설과 함께 설립된 방사성 폐기물의 산업적 가공을 위한 시설.

13. 활동 3~10과 관련된 공장 건설을 위한 방법을 준비하기 위해 설계된 반(半)산업 설비.

본 조약 제48조에 따라 합작기업에 부여된 특혜

1. (a) 국내법에 따른 공익적 지위가 합작기업의 설립에 필요한 부동산 취득에 적용됨을 인정.
   (b) 원만한 합의가 이루어지지 아니한 경우 해당 취득이 이루어질 수 있도록, 공익을 이유로 강제 취득을 위한 국내 절차의 적용.

2. 제17조~제23조에 규정된 바와 같이 중재를 통해 또는 강제적 권한에 따라 라이선스를 부여받을 권리.

3. 합작기업의 설립 시 모든 세금과 과징금 및 기부 자산에 대한 모든 세금의 면제.

4. 부동산 취득 시 부과되는 모든 세금과 과징금 및 모든 등기료와 기록열람료의 면제.

5. 합작기업, 그 재산, 자산 그리고 그 외에 달리 책임져야 할 수익에 대한 모든 직접세의 면제.

6. 다음과 관련하여 경제적 또는 재정적 유형과 관계없이 동등한 효과

를 가진 모든 관세와 과징금 및 수입 또는 수출에 대한 모든 금지와 제한의 면제:

(a) 행정적 용도의 건축 자재와 장비를 제외한 과학적·기술적 장비;
(b) 합작기업에서 가공되었거나 가공되어야 하는 물질(substances).

7. 제182조 제6항에 규정된 교환 세칙.

8. 합작기업이 고용한 회원국 국민, 그 배우자 그리고 그 부양가족에 대한 입국과 거주 제한의 면제.

원자력 공동시장에 관한 제Ⅸ장 규정에 따른 상품과 생산품 목록

목록 A[1]

천연 우라늄 중량으로 5% 이상 함유한 우라늄 광석.

천연 우라늄의 중량으로 5% 이상 함유한 역청 우라늄석.

산화우라늄.

산화우라늄과 우라늄 헥사플루오라이드 이외의 천연 우라늄의 무기 화합물.

천연 우라늄의 유기 화합물.

미정제된 또는 가공된 천연 우라늄.

플루토늄을 함유한 합금.

유기 또는 무기 화합물 또는 우라늄 235가 농축된 우라늄의 유기 또는 무기 화합물.

유기 화합물이나 무기 화합물 또는 우라늄 233.

우라늄 233이 농축된 토륨.

플루토늄의 유기 또는 무기 화합물.

플루토늄이 농축된 우라늄.

우라늄 235가 농축된 우라늄.

우라늄 235 또는 우라늄 233이 농축된 우라늄을 함유한 합금.

플루토늄.

우라늄 233.

우라늄 헥사플루오라이드.

모나자이트.

토륨 중량으로 20% 이상 함유한 토륨 광석.

토륨 20% 이상 함유한 우라노-토리아나이트.

미정제된 또는 가공된 토륨.

산화토륨.

산화토륨 이외의 토륨의 무기 화합물.

토륨의 유기 화합물.

목록 A[2]

중수소 원자 수와 표준 수소 원자 수의 비율이 1:5,000을 초과하는 중수소와 그 화합물(중수 포함).

중수소 원자 수와 표준 수소 원자 수의 비율이 1:5,000을 초과하는 중등유.

중수소 원자와 표준 수소 원자 수의 비율이 1:5,000을 초과하는 혼합물과 용액.

핵 원자로.

기체 확산 또는 기타 방법으로 우라늄 동위원소의 분리를 위한 장비.

중수소, 그 화합물(중수 포함) 및 유도체, 그리고 중수소 원자 수와 표준 수소 원자 수의 비율이 1:5,000을 초과하는 중수소를 함유한 혼합물 또는 용액 생산을 위한 장비:
 - 물의 전기 분해로 작동하는 장비,
 - 물, 액체 수소 등의 증류로 작동하는 장비,
 - 온도 변화에 의한 황화수소와 물 간의 동위원소 교환으로 작동하는 장비,

- 기타 기술로 작동하는 장비.

방사성 물질의 화학적 가공을 위해 특별히 설계된 장비:
- 조사핵연료의 분리를 위한 장비;
    - 화학적 공정(용제, 침전, 이온 교환 등),
    - 물리적 공정(분별 증류 등),
- 폐기물 가공 장비,
- 연료 재활용 장비.

고방사능 물질의 운송을 위해 특별히 설계된 차량:
- 철도 및 전차 선로 화차, 화차 그리고 궤간 선로용 트럭,
- 화물 자동차,
- 화물 취급을 위한 동력 작업 트럭,
- 트레일러 및 세미 트레일러 그리고 기타 무동력 차량.

방사성 물질의 운송 또는 저장을 위한 납 방사선 차폐 컨테이너.

인공 방사성 동위원소와 그 무기 또는 유기 화합물.

고방사능 물질의 취급을 위해 특별히 설계된 원격제어 기계 조정기:
- 고정식 또는 이동식이지만 수동으로 작동할 수 없는 기계 조작 장치

목록 B

핵 원자로용 부속품과 부품.

리튬 광석과 농축물.

핵 등급 금속:

- 미정제된 베릴륨;

- 미정제된 비스무트,

- 미정제된 니오븀(컬럼븀),

- (하프늄 없는) 미정제된 지르코늄,

- 미정제된 리튬,

- 미정제된 알루미늄,

- 미정제된 칼슘,

- 미정제된 마그네슘.

삼플루오르화붕소.

무수불화수소산.

삼플루오르화염소.

삼플루오르화브롬.

수산화리튬.

플루오르화리튬.

염화리튬.

수소화리튬.

탄산라튬.

핵 등급 산화베릴륨.

핵 등급 산화베릴륨의 내화벽돌.

핵 등급 산화베릴륨의 기타 내화 생성물.

붕소 함량이 100만분의 1 이하이고 총 미시 열중성자 흡수 단면적이 5 밀리반 이하인 블록 또는 막대 형태의 인공 흑연.

인공적으로 분리된 안정적인 동위 원소.

질량분석기와 질량분석계를 포함한 전자기 이온 선별기.

원자로 시뮬레이터(특수 아날로그 컴퓨터).

원격제어 기계 조정기:
- 수동제어(즉, 도구처럼 수동으로 작동됨)

액체-금속 펌프.

고진공 펌프.

원자력 발전소를 위해 특별히 설계된 열교환기.

알파 및 베타 입자, 감마선, 중성자 그리고 양자와 같은 핵방사선 측정의 검출을 위해 특별히 고안되거나 개조 가능한 다음 유형 중 하나의 방사선 검출 기기(그리고 예비 부품):
- 가이거계수관과 비례계수관,

- 가이거-뮐러 계수관 또는 비례계수관을 포함한 검출 기기 또는 측정 기기
- 전리상자(電離箱子)
- 전리상자를 포함한 기기,
- 광물 탐사와 원자로, 공기, 물 및 토양 모니터링을 위한 방사선 검출 장비 또는 측정 장비,
- 붕소, 삼플루오르화붕소, 수소 또는 핵분열 원소를 사용한 중성자 검출관,
- 붕소, 삼플루오르화붕소, 수소 또는 핵분열 원소를 사용한 중성자 검출관을 포함한 검출 기기 또는 측정 기기,
- 고정하거나 금속으로 포장된 섬광 결정체(고체 신틸레이터),
- 액체, 고체 또는 기체 신틸레이터를 포함한 검출 기기 또는 측정 기기,
- 선형 증폭기, 전치 증폭기, 분산 증폭기 그리고 파고분석기를 포함한 핵 측정을 위해 특별히 설계된 증폭기,
- 방사선 검출기에 사용하기 위한 동시 계수 장치,
- 선량계를 포함한 검전기와 전위계(단, 교육 용도로 설계된 기기, 단순 금속박검전기, 의료 X-레이 장비와 정전기 측정 기기 사용을 위해 특별히 설계된 선량계 제외),
- 1 피코 암페어 이하의 전류를 측정할 수 있는 기기,
- 루멘당 최소 10 마이크로암페어 이상의 전류를 공급하고 평균 증폭이 10^5보다 큰 광음극이 있는 광전자 배증관 및 양이온에 의해 활성화된 기타 유형의 전자 배증관.
- 방사선 검출을 위한 계수기와 전자 통합 계량기.

사이클로트론, 밴 더 그래프(Van de Graff) 또는 콕크로프트 월턴(Cockcroft-Walton) 정전 발전기 또는 선형 가속기 그리고 핵입자에 1MeV 이상의 에너지를 전달할 수 있는 기타 기계.

위에서 언급한 기계와 장비(사이클로트론 등)를 위해 특별히 고안되고 제작된 자석.

질량분석계와 질량분석기에 사용되는 유형의 가속관과 초점관

입자 가속기, 질량분석계 그리고 유사한 장치에 사용하기 위해 설계된 강력한 양이온의 전자 소스.

방사선 방지 판유리:
- 표면을 연마하거나 광택을 내지만 추가 가공하지 않은 정사각형 또는 직사각형의 주조 판유리 또는 로울 판유리(철망유리 또는 플래시드 글라스 포함)
- 정사각형 또는 직사각형, 또는 곡선 또는 달리 가공된(예를 들어, 사선 또는 새김) 것 이외의 형태로 (연마 또는 광택 여부와 상관없이) 절단된 주조 판유리 또는 로울 판유리
- 형태 유무와 상관없이, 강화유리 또는 접합유리로 구성된 안전유리.

방사선 또는 방사능 오염으로부터 보호할 수 있는 밀폐된 의류:
- 플라스틱으로 제작,
- 고무로 제작,
- 수지함침포 또는 합성피혁으로 제작:
    - 남자용,

- 여자용.

디페닐(특히 방향족탄화수소(芳香族炭化水素) $C_6H_5C_6H_5$일 경우).

테르페닐.

부속서 V

본 조약 제215조에 언급된 초기 연구훈련프로그램

I. 공동 센터의 프로그램

1. 실험실, 장비 그리고 기반 시설

공동 센터는 다음을 포함한다:

(a) 화학, 물리학, 전자 공학 그리고 금속공학을 위한 일반 실험실;

(b) 다음의 주제를 위한 특수 실험실:

- 핵융합;
- 우라늄 235 이외 동위원소의 분리(동 실험실은 고해상도 전자기 선별기를 완비한다);
- 탐사 기기의 원형;
- 광물학;
- 방사선 생물학;

(c) 자체 실험용 원자로를 완비한 동원 원소 분석과 방사선 및 중성자

흡수의 절대 측정을 위한 핵 측정에 전문화된 표준국

2. 기록, 정보 그리고 훈련

공동 센터는 특히 다음 분야에서 대규모 정보 교환을 준비한다.

- 선원 물질: 탐사, 채광, 선광, 전환, 가공 등의 방법;
- 원자력에 응용된 물리학;
- 원자로의 물리화학;
- 방사성 물질의 가공;
- 방사성 동위원소의 응용.

공동 센터는 특히 탐사자의 훈련과 방사성 동위원소의 응용과 관련된 특별 과정을 편성한다.

제39조에 언급된 보건안전기록연구부서는 필요한 기록과 정보를 모은다.

3. 원자로 원형

전문가 집단은 본 조약이 발효되는 즉시 설립된다. 회원국의 프로그램과 비교한 후, 전문가 집단은 가능한 한 빨리 이 분야에서의 선택과 그 실행 방법 및 수단에 대한 적절한 권고를 유럽위원회에 제출한다.

전문가 집단은 3개 또는 4개의 저출력 원자로 원형을 건설하고 3개의 발전용 원자로에 참여할 - 예를 들어 연료와 감속재의 제공 - 계획을 세운다.

4. 고선속 원자로

공동 센터는 조사 중인 물질의 실험을 위해 가능한 최단기간 내에 고중성자속 원자로를 자유롭게 사용한다.

예비 연구는 본 조약이 발효되는 즉시 동 목적을 위해 수행된다.

고선속 원자로는 광범위한 실험 구역과 사용자를 위한 적합한 실험실을 제공한다.

Ⅱ. 공동 센터 외부 계약에 따라 수행된 연구

연구 작업의 상당 부분은 제10조에 따른 공동 센터 외부 계약에 따라 수행된다. 해당 연구 계약은 다음의 형태를 취할 수 있다.:

1. 공동 센터의 연구 계약을 보완하는 연구는 핵융합, 우라늄 235 이외의 동위원소의 분리, 화학, 물리학, 전자 공학, 금속공학 그리고 방사선 생물학 분야에서 수행된다.

2. 제안된 물질-실험용 원자로가 가동하기 전까지, 공동 센터는 회원국의 고선속 원자로에서 실험을 위한 공간을 임대할 수 있다.

3. 공동 센터는 일반적인 과학적 유형의 특정 연구를 계약에 따라 합작기업에 위임함으로써 제Ⅴ장에 따라 설립된 합작기업의 전문 설비를 사용할 수 있다.

연구훈련 프로그램 수행에 필요한 지출의 주요 항목별 명세서				
				(백만 EPU 계산단위)
	장비	운영 (1)	장비 그리고/또는 운영	총합
Ⅰ. 공동 센터 1. 실험실, 장비 그리고 기반 시설: (a) 화학, 물리학, 전자 공학 그리고 금속공학을 위한 일반 실험실 …………………	12			
(b) 특수 실험실: 핵융합 …………………	3.5	1년차 1.3		
우라늄 235 이외 동위원소의 분리(우라늄 235 제외) ……	2	2년차 4.3		
탐사와 광물학 ………………	1	3년차 4.3		
(c) 중앙핵측정국 ………………	3	4년차 4.3		
(d) 공동 센터와 그 시설을 위한 기타 장비 …………………	8	5년차 4.3		
(e) 기반 시설 …………………	8.5			
	38	28		66
2. 기록, 정보 그리고 훈련 ………	1	1년차 1.3 2년차 4.3 3년차 4.3 4년차 4.3 5년차 4.3		
	1	7		8
3. 원자로 원형: 원형 선택을 위한 전문가 집단 … 프로그램 …………………		1년차 0.7	59.3 (2)	
				60
4. 고선속 원자로: 원자로 …………………	15			
실험실 …………………	6	4년차 5.2		
장비 교체 …………………	3	5년차 5.2		
	24	10.4		34.4

II. 공동 센터 외부 계약에 따라 수행된 연구
 1. 공동 센터의 외부 계약 연구를 보완하는 작업 :
  (a) 화학, 물리학, 전자 공학, 금속공학 ·····················
  (b) 핵융합 ····························
  (c) 동위원소의 분리
    (우라늄 235 제외) ·············
  (d) 방사성 생물학 ················
 2. 회원국의 고선속 원자로의 공간 임대 ··························
 3. 합작기업에서 수행된 연구 ······
			25
			
			7.5
			
			1
			3.1
			
			6
			4
			46.6
				46.6

총합 ···				215
(1) 약 1,000명의 직원을 기준으로 한 개산서 (2) 동 금액의 일부는 공동 센터 외부 계약 아래 수행된 작업에 할당될 수 있다.				

> 의정서

네덜란드왕국의 비유럽 지역에 관한 유럽원자력공동체 설립조약의 적용에 대한 의정서

체약국,

유럽원자력공동체 설립조약의 서명 당시 네덜란드왕국에 대한 본 조약 제198조의 규정의 범위를 정하는 데 유의하면서,

본 조약에 부속되는 다음의 규정에 합의하였다:

네덜란드왕국 정부는 1954년 12월 29일의 정관으로 인한 왕국의 헌법적 구조에 의거하여 제198조와 달리 네덜란드왕국 전체를 대표하거나 유럽과 네덜란드령 뉴기니에서 왕국을 대표하여 본 조약을 비준할 권리가 있다. 비준이 유럽과 네덜란드령 뉴기니에서 왕국에만 국한되는 경우, 네덜란드왕국 정부는 또한 언제든지 이탈리아공화국 정부에 비준서의 수탁자로서 통지됨으로써 수리남 또는 네덜란드령 앤틸리스 제도, 또

는 수리남과 네덜란드령 앤틸리스 제도 둘 다에 본 조약이 적용될 수 있다고 선언할 수 있다.

로마에서 1957년 3월 25일에 작성되었다.

폴-앙리 스파크.   장 샤를 스노이 에 도퀴에르.
아데나워.   할슈타인.
피노.   모리스 포르.
안토니오 세니.   가에타노 마르티노.
베슈.   랑베르 샤우스.
조셉 룬스.   요하네스 린토스트 호만.

| 의정서

특권과 면책권에 대한 의정서

유럽원자력공동체 설립조약 체약국,

본 조약 제191조에 따라, 공동체는 별도의 의정서에 규정된 조건에 따라 회원국의 영토에서 직무수행에 필요한 특권과 면책권을 향유한다는 것을 보장하면서,

동 의정서를 작성하기 위한 전권대표로 아래의 자를 지명하였다.

벨기에 국왕 : 장 샤를 스노이 에 도퓌에르 남작, 경제 위임장관, 정부 간회의 벨기에 대표단 의장;

독일연방공화국 대통령 : 칼 프리드리히 오퓔스[1] 교수, 독일연방공화

---

1   칼 프리드리히 오퓔스(Carl Friedrich Ophüls)는 독일연방공화국(서독)의 외교관이자 대학교수였다. 그는 독일연방공화국 건국 이후 1949년부터 1952년까지 법무부에서 국제법과 정부간 특별법 및 평화 정착에 관한 법적 문제를 담당하는 제4부서의 책임자로 재직하였다. 이후 그는 1955년부터 1958년 벨기에 주재 독일연방공화국 대사를 역임하였으며, 메시나회담으로 설립된 유럽경제공동체와 유럽원자력공동체 설립에 관한 정부간회의 독일대표단의 의장으로 활동하였다.

국 대사, 정부간회의 독일 대표단 의장;

프랑스공화국 대통령 : 로베르 마졸랭,[2] 법학 교수, 정부간회의 프랑스 대표단 부의장;

이탈리아공화국 대통령 : 비토리오 바디니 콘팔로니에르,[3] 외무담당 차관, 정부간회의 이탈리아 대표단 의장;

룩셈부르크 대공 : 랑베르 샤우스, 룩셈부르크공국 대사, 정부간회의 룩셈부르크 대표단 의장;

네덜란드 여왕 : 요하네스 린토스트 호만, 정부간회의 네덜란드 대표단 의장;

전권대표들은 정본 전권위임장을 교환하면서,

유럽원자력공동체 설립조약에 부속되는 다음의 규정에 합의하였다.

---

2   로베르 마졸랭(Robert Marjolin)은 1950년대 유럽통합에 이바지한 프랑스 경제학자이자 정치인이었다. 그는 1948년부터 1954년까지 유럽경제협력기구의 초대 사무총장을 역임하면서 유럽 국가의 경제적 통합에 크게 이바지하였다. 이후 그는 유럽경제공동체와 유럽원자력공동체 설립과 관련된 정부간회의에서 프랑스 대표단의 부의장을 맡기도 하였으며, 1958년 초대 유럽위원회인 할슈타인 위원회에서 두 명의 프랑스 유럽위원회 위원 중 한 사람으로 임명되었다. 또한 그는 1962년 제2기 할슈타인 위원회에 재임명되어 1967년까지 유럽위원회 위원으로 활동하였다.

3   비토리오 바디니 콘팔로니에리(Vittorio Badini Confalonieri)는 이탈리아의 정치인으로 1959~1961년, 1966~1969년까지 서유럽연합 의회(Assembly of the Western European Union)의 의장을 역임하였다. 또한 그는 이탈리아 외무담당 차관이자 이탈리아 정부간회의 대표단 의장으로 1957년 파리에서 개최된 유럽경제공동체와 유럽원자력공동체 설립에 관한 정부간회의에 참석하였다.

제1장 공동체의 재산, 기금, 자산 그리고 운영

제1조

공동체의 부지와 건물은 불가침이다. 부지와 건물은 수색, 징발, 압수 또는 몰수로부터 면제된다. 공동체의 재산과 자산은 사법재판소의 승인 없이 어떠한 행정적·법적 제약 조치의 대상이 되어서는 안 된다.

제2조

공동체의 공문서 보관소는 불가침이다.

제3조

공동체, 공동체의 자산, 수입 그리고 기타 재산은 모든 직접세로부터 면제된다.

회원국 정부는 공동체가 공용으로 간접세 또는 판매세 종류의 세금이 포함된 가격을 실질적으로 구매하는 경우 가능한 한 동산 또는 부동산의 가격에 포함된 간접세 또는 판매세의 금액을 감면하거나 환급하기 위한 적절한 조치를 취한다. 그러나 이러한 규정은 공동체 내 경쟁을 왜곡하는 효과를 갖기 위해서 적용되지 않는다.

공공서비스에 해당하는 세금과 부과금과 관련한 과징금에 대한 어떠한 면제도 인정되지 않는다.

제4조

공동체는 공용을 목적으로 하는 물품과 관련하여 수입과 수출에 대한 모든 관세, 금지 그리고 제한으로부터 면제된다. 그렇게 수입된 물품은 해당 국가의 정부가 승인한 조건을 제외하고 수입한 국가의 영토에서 지급 반환 여부와 상관없이 처분되지 않는다.

공동체는 또한 해당 공표와 관련하여 수출과 수입에 대한 관세와 금지 및 제한으로부터 면제된다.

제2장 통지와 통행증

제5조

공동체의 기관은 공식 통지와 모든 문서의 전달을 위해 각 회원국의 영토에서 해당 국가가 외교공관에 부여한 대우를 향유한다.

공동체 기관의 공식 서신과 기타 공식 통지는 검열의 대상이 되지 않는다.

제6조

이사회가 규정한 형태의 통행증은 회원국 당국이 유효한 여행증서로 인정하며 해당 기관의 장이 공동체 기관의 구성원과 직원에게 발급할 수 있다. 이러한 통행증은 본 조약 제186조에 규정된 공무원복무규칙과 고용조건에서 정한 조건에 따라 공무원과 기타 직원에게 발급된다.

유럽위원회는 이러한 통행증이 제3국의 영토에서 유효한 여행증서로 인정받을 수 있도록 협정을 체결할 수 있다.

제3장 의회의 의원

제7조

의회의 회의 장소를 오가는 의회 의원의 자유로운 이동에는 어떠한 행정적 또는 기타 제한이 부과되지 않는다.

의회의 의원은 관세와 외환 관리와 관련하여 다음 사항이 부여된다.

(a) 자국 정부가 임시 공무로 해외로 이동하는 고위 관료에 부여한 것과 동일한 편의;
(b) 기타 회원국 정부가 임시 공무에 대해 외국 정부 대표에 부여한 것과 동일한 편의.

제8조

의회의 의원은 자신의 직무수행에 있어 그가 표명된 의견이나 표결과 관련하여 어떠한 형태의 조사, 구금 또는 법적 소송의 대상이 되지 않는다.

제9조

의회의 회기 동안, 의회의 의원은 다음을 향유한다.

(a) 자국의 영토에서, 자국 의회의 의원에게 부여된 면책권;
(b) 기타 회원국의 영토에서, 구금 조치와 법적 소송의 면책권.

면책권은 의회의 회의 장소를 오가는 의원에게도 마찬가지로 적용된다.

의원이 범죄행위로 발견되는 경우 면책권을 주장할 수 없으며, 의회가 해당 의원 중 한 명의 면책권을 포기할 권리를 행사하는 것을 방해하지 못한다.

제4장 공동체 기관의 업무에 참여하는 회원국 대표

제10조

공동체 기관의 업무에 참여하는 회원국 대표, 그들의 보좌관 그리고 전문위원은 임무를 수행하고 회의 장소를 오가는 동안 관례적 특권, 면책권 그리고 편의를 향유한다.

동 조는 또한 공동체 자문기구의 구성원에게도 적용된다.

제5장 공동체의 공무원과 기타 직원

제11조

본 조약 제186조에서 언급된 공동체의 공무원과 기타 직원은 각 회원국 영토에서 그들의 국적이 무엇이든 간에 다음을 향유한다.

(a) 본 조약의 제152조와 제188조의 규정에 따라, 구두 또는 서면을 포함하여 공식자격으로 수행된 행위와 관련하여 법적 소송으로부터 면제된다. 그들은 임기가 만료된 이후에도 면책권을 계속 향유한다.

(b) 그들의 배우자와 부양가족과 함께, 이민 제한 또는 외국인 등록 절차의 대상이 되지 않는다.

(c) 통화 또는 외환 규칙과 관련하여, 국제기구 관료에게 관습적으로 부여된 것과 동일한 편의를 부여받는다.

(d) 관련 국가에서 처음 직책을 맡을 때 그들의 최종 거주 국가 또는 국적 국가로부터 자신의 가재를 무관세로 수입할 권리와 해당 국가에서 자신의 임무가 종료된 경우에도 자신의 가재를 무관세로 재수출할 권리를 향유하며, 어느 경우든 이 권리가 행사되는 국가의 정부가 필요하다고 판단한 조건의 적용을 받는다.

(e) 그들의 최종 기주 국가 또는 국적 국가에서 취득한 개인 용도의 자동차를 해당 국가의 국내 시장에서 결정한 조건에 따라 무관세로 수입하고 이를 다시 무관세로 재수출할 권리를 가지며, 어느 경우든 해당 국가의 정부가 필요하다고 판단한 조건의 적용을 받는다.

제12조

공동체의 공무원과 기타 직원은 본 조약의 발효 후 1년 이내에 유럽위원회가 제출한 제안을 의결한 이사회가 규정한 조건과 절차에 따라 공동체가 그들에게 지급한 급여, 임금 그리고 보수에 대해 공동체의 이익을 위해 세금을 납부할 책임이 있다.

그들은 공동체가 지급한 급여, 임금 그리고 보수에 대한 국내 세금을 면제받는다.

제13조

소득세, 부유세 그리고 상속세의 적용과 공동체 회원국 간에 체결된 이중과세 방지에 대한 협약의 적용에 있어서, 공동체의 공무원과 기타 직원은 공동체 업무에서 오직 자신의 임무를 수행한다는 이유로 공동체 업무를 시작하는 시점에서 과세를 목적으로 한 거주지 국가 이외의 회원국 영토에 그들의 거주지를 정하고, 그들의 실제 거주지 국가 및 과세 목적으로 거주하는 국가 모두에서 공동체 회원국인 후자의 국가에서 거주지를 유지하는 것으로 간주된다. 동 규정은 또한 배우자가 별도로 유급 직업에 종사하지 않은 한 배우자와 동 조에 언급된 사람의 부양과 돌봄에 의존하는 자녀에게도 적용된다.

전 항에서 언급된 체류하고 있는 국가의 영토에 있는 사람에게 속한 부동산은 해당 국가의 상속세로부터 면제된다. 해당 재산은 제3국의 권리와 이중과세에 대한 국제협약 규정의 적용 가능성에 따라 해당 세금의 평가를 위해 과세 목적으로 거주하는 국가에 속한 것으로 간주된다.

기타 국제기구의 업무에서 오직 임무 수행의 이유로 취득한 거주지는 동 조 규정의 적용을 고려하지 않는다.

제14조

이사회는 유럽위원회가 본 조약의 발효 이후 1년 이내에 작성한 제안을 전원일치로 의결하여 공동체의 공무원과 기타 직원에 대한 사회보장 연금제도를 정한다.

제15조

이사회는 유럽위원회의 제안을 기타 해당 기관과 협의한 후 제11조, 제12조 제2항, 제13조의 규정이 전부 또는 일부 적용되는 공동체 공무원과 기타 직원의 범주를 정한다.

해당 범주에 포함된 공무원과 기타 직원의 이름, 직책 그리고 주소는 정기적으로 회원국 정부에 통지된다.

제6장 공동체에 파견된 외교공관의 특권과 면책권

제16조

공동체가 소재한 자국의 영토에서 회원국은 공동체에 파견된 제3국의 외교공관에 관례적인 외교 면책권을 부여한다.

제7장 일반 규정

제17조

특권, 면책권 그리고 편의는 오직 공동체의 이익을 위해 공동체의 공무원과 기타 직원에게 부여된다.

공동체의 각 기관은 해당 기관이 해당 면책권의 포기가 공동체의 이익에 반하지 않는다고 판단하는 경우 공무원 또는 기타 직원에게 부여된 면책권을 포기한다.

제18조

공동체의 기관은 동 의정서를 적용할 목적으로 해당 회원국의 관할 당국과 협력한다.

제19조

제11조~제14조 그리고 제17조는 유럽위원회 위원에게 적용된다.

제20조

재판관과 법무관의 법적 소송 면책에 관한 사법재판소 정관에 대한 의정서 제3조의 규정을 침해하지 않은 범위 내에서, 제11조~제14조 그리고 제17조는 사법재판소의 재판관, 법무관, 사무처장 그리고 부보고판사[4]에게 적용된다.

이상의 증거로, 아래 서명한 전권대표들이 동 의정서에 서명하였다.

브뤼셀[5]에서 1957년 4월 17일에 작성되었다.

장 샤를 스노이 에 도퓌에르
칼 프리드리히 오필스
로베르 마졸랭
비토리오 바디니
랑베르 샤우스
요하네스 린토스트 호만

---

[4] 부보고판사(Assistant Rapporteurs)은 사법재판소의 제안에 따라 이사회에서 전원일치로 지명되며 의사규칙에 명시된 조건에 따라 사법재판소에 계류 중인 사건의 준비 조사에 참여하며 보고판사인 재판관과 협력한다.

[5] 브뤼셀(Brussels)은 벨기에의 브뤼셀 수도권지역을 지칭하기도 하고, 브뤼셀 수도권지역에 위치한 도시를 의미하기도 한다. 현재 브뤼셀은 유럽연합의 주요 기관들이 모여 있기 때문에 흔히 '유럽연합의 수도'라고 지칭된다. 하지만 유럽연합이 브뤼셀을 공식적으로 유럽연합의 수도라고 지정한 적은 없다.

의정서

사법재판소 정관에 대한 의정서

유럽원자력공동체 설립조약 체약국,

본 조약 제160조에 규정된 사법재판소의 정관을 정할 것을 희망하면서,

이 목적을 위해 전권대표를 아래의 자로 임명하였다.

벨기에 국왕 : 장 샤를 스노이 에 도퀴에르 남작, 경제 위임장관, 정부간회의 벨기에 대표단 의장;

독일연방공화국 대통령 : 칼 프리드리히 오퓔스 교수, 독일연방공화국 대사, 정부간회의 독일 대표단 의장;

프랑스공화국 대통령 : 로베르 마졸랭, 법학 교수, 정부간회의 프랑스 대표단 부의장;

이탈리아공화국 대통령 : 비토리오 바디니 콘파로니에리, 외무담당 차

관, 정부간회의 이탈리아 대표단 의장;

룩셈부르크 대공 : 랑베르 샤우스, 대사, 룩셈부르크공국 대사, 정부간회의 룩셈부르크 대표단 의장;

네덜란드 여왕 : 요하네스 린토스트 호만, 정부간회의 네덜란드 대표단 의장;

전권대표들은 정본 전권위임장을 교환하면서,

유럽원자력공동체 설립조약에 부속되는 다음의 규정에 합의하였다.

제1조

본 조약 제3조에 의해 설립된 사법재판소는 본 조약과 동 정관의 규정에 따라 구성되고 기능한다.

제Ⅰ편 재판관과 법무관

제2조

각 재판관은 임무를 수행하기 전에 공개 법정에서 자신의 임무를 공정하고 양심적으로 수행하고 사법재판소 심의의 비밀을 지키기 위해 선서한다.

제3조

재판관은 법적 소송으로부터 면제된다. 재판관이 사임한 후, 재판관은 구두 또는 서면을 포함하여 공식자격으로 수행된 행위와 관련하여 면책권을 계속 향유한다.

사법재판소는 본회의를 개정하여 면책권을 포기할 수 있다.

면책권이 철회되고 재판관에 대한 형사소송이 제기되는 경우, 재판관은 회원국 중 어느 국가에서든 최고 사법부의 구성원을 판결할 권한이 있는 재판소에 의해서만 재판을 받는다.

제4조

재판관은 정치적 또는 행정적 직무를 맡을 수 없다.

재판관은 이사회가 단순 다수결로 의결하여 예외적으로 면제를 인정하지 않은 한 어떠한 직업에도 종사할 수 없다.

임무수행을 개시하면서, 재판관은 임기 중이나 임기 후에 임무로부터 발생한 의무를 다하고, 특히 임기를 다한 후 특정 직위나 이익을 수락하는 것과 관련하여 청렴하고 사려 깊게 행동할 의무를 존중하겠다는 엄숙한 서약을 한다.

이 점에 대한 의심은 사법재판소의 결정으로 해결한다.

제5조

정상적인 교체 또는 사망은 제외하고, 재판관의 임무는 그가 사임할 때 종료된다.

재판관이 사임한 경우, 그의 사임서는 이사회 의장에게 전달하기 위해 사법재판소 소장에게 제출된다. 해당 통보에 따라, 사법재판소에 결원이 발생한다.

제6조가 적용되는 것을 제외하고, 재판관은 후임자가 임무를 수행할 때까지 계속 직무를 수행한다.

제6조

사법재판소의 재판관과 법무관의 전원일치 의견으로, 재판관이 더는 필요한 조건을 실행하지 못하거나 자신의 직책으로부터 발생하는 의무를 충족하지 못하는 경우에만, 재판관은 대신에 그의 직책이나 연금 또는 기타 혜택에 대한 권리를 박탈당할 수 있다. 관련 재판관은 해당 심의에 참여할 수 없다.

사법재판소의 사무처장은 사법재판소의 결정을 의회 의장과 유럽위원회 위원장에게 통지하며 이를 이사회 의장에게 통보한다.

재판관직을 박탈하는 결정의 경우, 결원이 이 후자의 통보에 따라 발생한다.

제7조

임기가 만료되지 않은 사법재판소의 구성원을 대체하는 재판관은 전임자 임기의 잔여기간 동안에만 임명된다.

제8조

제2조~제7조까지의 규정은 법무관에게도 적용된다.

제II편 기구

제9조

사무처장은 공정하고 양심적으로 자신의 임무를 수행하고 사법재판소 심의의 비밀을 지키기 위해 사법재판소에서 선서한다.

제10조

사법재판소는 사무처장이 사법재판소에 참석할 수 없는 경우 사무처장의 교체를 준비한다.

제11조

공무원과 기타 직원은 사법재판소가 기능할 수 있도록 사법재판소에 배속된다. 그들은 재판소장의 권한에 따라 사무처장이 책임진다.

제12조

사법재판소의 제안에 따라, 이사회는 전원일치로 의결하여 부보고판사의 임명을 규정하고 그들의 업무를 규율하는 규칙을 정할 수 있다. 부보고판사는 의사규칙에 규정된 조건에 따라 사법재판소에 계류 중인 사건의 예비 심리에 참여하고 보고판사의 역할을 하는 재판관과 협력할 수 있다.

부보고판사는 독립성에 의심의 여지가 없고 필요한 법적 자격을 갖추고 있는 사람 중에서 선정된다. 부보고판사는 이사회가 임명한다. 부보고판사는 공정하고 양심적으로 자신의 임무를 수행하고 사법재판소 심의의 비밀을 지키기 위해 사법재판소에서 선서한다.

제13조

재판관, 법무관 그리고 사무처장은 사법재판소가 소재하는 장소에 거주한다.

제14조

사법재판소는 영구히 개정 중이다. 사법재판소 휴정 기간은 사법재판소 업무의 필요를 충분히 고려하여 사법재판소가 결정한다.

제15조

사법재판소의 판결은 홀수의 재판관이 심의에 배석한 경우에만 유효하다. 전원법정(full Court)의 판결은 5인의 재판관이 배석한 경우에만 유효하다. 소법정의 판결은 3인의 재판관이 배석한 경우에만 유효하다.; 소법정의 재판관 중 1인이 참석하지 못한 경우, 다른 소법정의 재판관이 의사규칙에 규정된 조건에 따라 배석을 요청받을 수 있다.

제16조

재판관 또는 법무관은 그가 이전에 대리인이나 고문으로 참여하였거나 당사자 중 한 명을 위해 일하였던 사건 또는 그가 법원 또는 재판소의 구성원, 조사위원회의 구성원 또는 기타 자격으로 선고를 요청받았던 사건의 처리에 참여할 수 없다.

재판관 또는 법무관이 특별한 사유로 특정 사건의 판결 또는 조사에 참여해서는 안 된다고 판단한 경우, 그는 이를 재판소장에게 통보한다. 재판소장이 특별한 사유로 재판관 또는 법무관이 특정 사건에 배석하거나 최종 변론하는 것이 안 된다고 판단한 경우, 재판소장은 그 취지를 그에게 통보한다.

동 조의 적용에 관련하여 발생하는 어려움은 사법재판소의 결정으로 해결한다.

당사자는 재판관의 국적 또는 해당 당사자의 국적을 가진 재판관이 있는 사법재판소 또는 소법정의 부재를 이유로 사법재판소 또는 그 소법정 중 한 명의 구성 변경을 신청할 수 없다.

제Ⅲ편 절차

제17조

회원국과 공동체 기관은 각 사건을 위해 임명된 대리인이 사법재판소에서 대리한다. 대리인은 회원국의 법원에서 일할 자격이 있는 고문 또는 변호사의 도움을 받을 수 있다.

기타 당사자는 회원국의 법원에서 일할 자격이 있는 변호사가 대리한다.

해당 대리인, 고문 그리고 변호사는 사법재판소에 출석할 때 의사규칙에 규정된 조건에 따라 독립적인 임무 수행에 필요한 권리와 면책권을 향유한다.

사법재판소에 출석하는 해당 고문과 변호사와 관련하여, 사법재판소는 의사규칙에 규정된 조건에 따라 법원에 일반적으로 부여된 권한을 가진다.

회원국의 법이 변론권을 부여한 회원국 국민인 대학 교원은 회원국의 재판소에서 일할 자격이 있는 변호사에게 동 조가 부여한 것과 동일한 권리를 사법재판소에서 가진다.

제18조

사법재판소의 절차는 서면과 구두의 두 부분으로 구성된다.

서면 절차는 신청서, 사건 진술서, 서면 변론서와 의견서 그리고 만약 있다면 반론에 관한 결정이 분쟁 중인 당사자와 공동체 기관에 대한 통지문과 이를 뒷받침하는 모든 서류와 문서 또는 해당 서류와 문서의 인증사본으로 구성된다.

통지문은 의사규칙에 규정된 순서와 시간 내에 사무처장이 작성한다.

구두 절차는 보고판사의 역할을 하는 재판관이 제출한 보고서의 독해, 회원국의 법원에서 일할 자격이 있는 대리인, 고문 그리고 변호사에 의한 심리 그리고 법무관의 최종 변론뿐만 아니라, 만약 있다면 증인과 전문가의 심리로 구성된다.

제19조

사건은 사무처장에게 제출된 신청서로 사법재판소에 회부된다. 신청서에는 신청인의 이름과 본적, 서명인에 대한 설명, 당사자의 이름 또는 신청을 받은 당사자의 이름, 분쟁의 주제, 중재 의뢰 그리고 신청의 근거가 되는 법률상의 간략한 항변 진술이 포함된다.

신청서에는 적절한 경우 무효를 요구하는 조치 또는 본 조약 제148조에 언급된 상황에서 기관이 해당 규정에 따라 행동하도록 요청받은 날짜의 증빙 문서가 첨부된다. 문서가 신청서와 함께 제출되지 않은 경우, 사무처장은 해당 당사자에게 합리적인 기간 내에 문서를 제출하라고 요청하지만, 해당 문서가 소송 시한 이후에 제출되더라도 당사자의 권리는 소멸하지 않는다.

제20조

본 조약의 제18조에 규율되는 사건은 사무처장에게 제출한 상소로 사법재판소에 회부된다. 상소는 신청인의 이름과 본적, 서명인에 대한 설명, 상소가 제기된 결정에 대한 참조, 피상소인의 이름, 분쟁의 주제, 최종 변론 그리고 상소의 근거가 되는 간략한 진술이 포함된다.

상소에는 이의가 제기된 중재위원회 결정에 대한 인증사본이 첨부된다.

사법재판소가 상소를 기각한 경우, 중재위원회의 결정이 최종 확정된다.

사법재판소가 중재위원회의 결정을 무효로 하는 경우, 해당 사안은 적절한 경우 사건 당사자 중 한 명의 발의로 중재위원회에서 재개될 수 있다. 후자는 사법재판소가 제시한 법률문제에 관한 결정을 따른다.

제21조

본 조약의 제150조에 규율되는 사건의 경우, 해당 소송을 중단하고 사법재판소에 사건을 회부하는 회원국의 법원 또는 재판소의 결정은 관련 법원 또는 재판소가 사법재판소에 통보한다. 그 후 결정은 사법재판소의 사무처장이 당사자, 회원국 그리고 유럽위원회에 통보하며, 또한 분쟁의 유효성 또는 해석이 이사회에서 비롯된 경우 이사회에 통보한다.

이 통보 후 2개월 이내에, 당사자, 회원국, 유럽위원회 그리고 적절한 경우 이사회는 사법재판소에 사건 진술서 또는 의견서를 제출할 권리가 있다.

제22조

사법재판소는 사법재판소가 바람직하다고 판단한 모든 문서를 제출하고 모든 정보를 제공하도록 당사자에게 요구할 수 있다. 거부하는 경우에는 이를 공식적으로 기록한다.

사법재판소는 또한 회원국과 기관이 소송의 당사자가 아닌 경우 사법재판소가 소송에 필요하다고 판단한 모든 정보를 제공하도록 요구할 수 있다.

제23조

사법재판소는 언제든지 자신이 선택한 개인, 기관, 당국, 위원회 또는 기타 기구에 전문가 의견을 제공하는 직무를 위임할 수 있다.

제24조

증인은 의사규칙에 규정된 조건에 따라 심리를 받을 수 있다.

제25조

법정 출두 의무의 불이행 증인과 관련하여, 사법재판소는 일반적으로 법원과 재판소에 부여된 권한을 가지며 의사규칙에 규정된 조건에 따라 금전적 처벌을 부과할 수 있다.

제26조

증인과 전문가는 의사규칙에 규정된 형식이나 증인 또는 전문가의 국가의 국내법에 규정된 방식으로 선서를 하고 심리를 받을 수 있다.

제27조

사법재판소는 증인 또는 전문가가 자신의 본적의 사법당국이 심리하도록 명령할 수 있다.

해당 명령은 의사규칙에 규정된 조건에 따라 관할 사법당국에 실행을 위해 송부된다. 증인 조사 의뢰장을 준수하여 작성된 문서는 동일한 조건에 따라 제출된다.

사법재판소는 적절한 경우 당사자에게 비용을 청구할 권리를 침해하지 않고 비용을 부담한다.

제28조

회원국은 증인 또는 전문가가 선서를 위반한 경우 민사 소송에서 관할권을 가진 자국 법원 중 하나에서 범죄가 저질러진 것과 동일한 방식으로 처리한다. 사법재판소의 요청으로, 해당 회원국은 관할 법원에 범죄자를 기소한다.

제29조

법원에서의 심리는 사법재판소가 중대한 이유로 자체 발의 또는 당사자의 신청으로 달리 결정되지 않은 한 공개된다.

제30조

심리가 진행되는 동안, 사법재판소는 전문가, 증인 그리고 당사자를 심문할 수 있다. 그러나 후자는 자신의 대리인을 통해서만 사법재판소에 청원할 수 있다.

제31조

회의록은 각 심리마다 작성되며 재판소장과 사무처장이 서명한다.

제32조

소송 사건 목록은 재판소장이 정한다.

제33조

사법재판소의 심의는 비밀에 부쳐야 하고 비밀을 유지한다.

제34조

판결은 그 근거가 되는 이유를 진술한다. 판결은 심의에 참여한 재판관의 이름을 포함한다.

제35조

판결은 재판소장과 사무처장이 서명한다. 판결은 공개 법정에서 낭독된다.

제36조

사법재판소는 비용에 대해 판결한다.

제37조

사법재판소 소장은 필요한 경우 동 정관에 포함된 법규 중 일부와 다르지만 의사규칙에 규정된 약식 절차를 통해 본 조약 제157조에서 규정된 집행을 중지하는 신청에 대해 판결하거나 제158조에 따라 잠정조치를 지시하거나 제164조의 마지막 항에 따라 집행을 중지할 수 있다.

재판소장이 참석하지 못하는 경우, 의사규칙에 규정된 조건에 따라 다른 재판관이 재판소장의 자리를 대신한다.

재판소장 또는 그를 대신하는 재판관의 판결은 잠정적이며 사건의 본질에 대한 재판소의 결정을 결코 침해하지 않는다.

제38조

회원국과 공동체 기관은 사법재판소에 회부된 사건을 중재할 수 있다.

동일한 권리가 회원국 간, 공동체 기관 간 또는 회원국과 공동체 기관 간의 사건을 제외하고 사법재판소에 회부된 사건의 결과에 이해관계를 가진 다른 모든 사람에게도 개방된다.

중재 신청에 따른 최종 변론은 당사자 중 한 명의 최종 변론을 지원하는 것으로 제한한다.

제39조

피고소인이 적절한 절차에 따라 소환된 후 변호에 대한 서면 변론서를 제출하지 않은 경우, 판결은 자동적으로 해당 피고소인에게 내려진다. 이의신청은 판결을 통보받은 1개월 이내에 판결에 대해 제기할 수 있다. 이의신청은 사법재판소가 달리 결정하지 않는 한 자동적으로 판결 집행을 중지하는 효과가 없다.

제40조

회원국, 공동체 기관 그리고 기타 모든 자연인 또는 법인은 의사규칙이 정한 경우와 조건에 따라 판결이 자신들의 권리를 침해힐 경우, 심리 없이 내려진 판결에 이의를 제기하기 위해 제3자 소송을 제기할 수 있다.

제41조

판결의 의미 또는 범위가 의심스러운 경우, 사법재판소는 이 점에 있어 판결에 이해관계를 가진 당사자 또는 공동체 기관의 신청에 따라 이를 해석한다.

제42조

판결에 대한 재심 신청은 결정적 요인이 될 수 있는 사실을 발견되고, 그 사실이 판결이 내려졌을 때 사법재판소와 재심을 요청한 당사자에게 알려지지 않았던 경우에만 사법재판소에 제기될 수 있다.

재심은 새로운 사실의 존재를 명백하게 기록하고, 그 사실이 해당 사건을 재심할 수 있는 성격임을 인정하고, 그러한 이유로 신청이 수용된다는 것을 선언하는 사법재판소의 판결에 따라 개시된다.

판결일로부터 10년이 경과한 이후에는 어떠한 재심 신청도 할 수 없다.

제43조

거리를 고려한 유예 기간은 의사규칙에 따라 결정된다.

해당 당사자가 예측할 수 없는 상황이나 불가항력임을 증명하는 경우, 기한 만료로 인해 어떠한 권리도 침해되지 않는다.

제44조

비계약적 책임으로 인해 발생한 사안에 대해 공동체를 상대로 한 소송은 해당 사건의 발생으로부터 5년의 기간 후에 금지된다. 시효 기간은 소송이 사법재판소에 제기되거나 해당 소송 이전에 피해 당사자가 공동체의 관련 기관에 신청하는 경우 중단된다. 후자의 경우 소송은 제146조에 규정된 2개월 기간 이내에 제기되어야 한다. 제148조 제2항의 규정은 적절한 경우에 적용한다.

제45조

본 조약의 제160조에 규정된 사법재판소의 의사규칙은 동 정관이 고려하는 규정 외에 이를 적용하고 필요한 경우 이를 보완하는 데 필요한 기타 모든 규정을 포함한다.

제46조

이사회는 전원일치로 의결하여 본 조약 제137조의 마지막 항에 따라 이사회가 취한 조치를 이유로 요구될 수 있는 동 정관의 규정을 추가로 수정할 수 있다.

제47조

이사회 의장은 선서가 이루어진 직후 본 조약의 제139조 제2항과 제3항에 따라 첫 3년 말에 임기가 만료되는 재판관과 법무관을 추첨으로 선임한다.

이상의 증거로, 아래 서명한 전권대표들이 동 의정서에 서명하였다.

브뤼셀에서 1957년 4월 17일에 작성되었다.

장 샤를 스노이 에 도퓌에르
칼 프리드리히 오퓔스
로베르 마졸랭
비토리오 바디니
랑베르 샤우스
요하네스 린토스트 호만

| 보론 |

보론 | 유럽경제공동체(EEC)와 유럽자유무역연합(EFTA)의 경쟁관계,
       그리고 영국의 선택 /강유덕
보론 | 유럽원자력공동체의 설립과 서독의 입장 /박상준
보론 | Ordoliberalism as Early Ideational Influence on European Economic
       Integration /랄프 하베르츠(Ralf Havertz)

보론

유럽경제공동체(EEC)와 유럽자유무역연합(EFTA)의 경쟁관계, 그리고 영국의 선택*

강유덕

I. 들어가며

오늘날 EU의 전신은 1951년 파리조약을 통해 설립된 유럽석탄철강공동체(European Coal and Steel Community, ECSC)와 1957년 로마조약을 통해 설립된 유럽경제공동체(European Economic Community, EEC), 유럽원자력공동체(EURATOM)이다. 이 3대 공동체는 1967년 합병조약을 통해 운영기관을 통합시킴으로써 유럽공동체(European Communities, EC)로 발진하였고, 회원국 수의 증가를 통해 외연을 확대하고, 통합의 내용을 심화시키는 양 방향으로 발전이 이루어졌다. 초기 EU의 공동체

---

* 이 보론은 필자의 기존 연구를 토대로 작성한 것이며, 기존 연구는 참고문헌을 참조하기를 바랍니다.

중 그 역할과 영향력 측면에서 EEC는 통합의 심화에 있어 매우 중요한 역할을 담당하였다. 로마조약은 EEC의 목표로 공동시장을 설립하고, 관세동맹으로 역외국에 대한 공동관세와 공동의 통상정책을 수립할 것을 규정하였다. EEC는 10년의 전환기간에 걸쳐 역내무역에 관한 관세를 철폐하였고, 역외무역에 있어서 회원국별로 상이했던 관세를 하나로 수렴하여 공동관세를 완성하였다.

반면에 초기의 유럽통합 프로젝트에 참가한 국가는 6개국에 불과하였는데, 그 이유는 유럽통합의 비전과 패러다임이 국가마다 달랐기 때문이다. 가령 영국은 유럽통합이 갖고 있는 초국가적인 성격을 경계하는 입장을 취해왔다. 영국은 EEC의 출범과 거의 동시에 EEC에 참여하지 않은 7개국으로 구성된 유럽자유무역지대(European Free Trade Association, EFTA)를 설립하였다. 후술하겠지만 관세동맹과 공동시장에 기반을 둔 경제통합은 자유무역지대의 설립에 비해 더 많은 통합을 요구한다. 영국은 대륙 국가들이 추진한 유럽통합 모델이 지나치게 정치적이라고 판단하고, 이에 대해 회의적 시각을 견지하였다. 반면에 1960년대 유럽의 내외 상황은 영국이 유럽공동체(EC)에 가입을 결정하게 되는 결정적인 배경이 되었다.[1] 영국은 세 차례에 걸친 시도를 통해 1973년 EC에 가입하였다. 이후 영국은 1975년 EC 회원국 지위 여부에 대한 국민투표를 실시하였고, 이 과정에서 유럽통합의 틀 속에 영국의 비전을 최대한 반영시키고자 노력하였다. 본고에서는 유럽연합(EU)의 형성과정 초기에 있었

---

1   영국은 유럽경제공동체(EEC), 유럽석탄철강공동체(ECSC) 및 유럽원자력공동체(Euratom)에 동시에 가입하였다. 그런데 당시 영국 언론들은 EEC를 유럽공동체(EC) 또는 공동시장(Common Market)이라고 지칭하였다. 이러한 명칭은 정확한 것이 아니었지만 EEC 가입이 논란의 쟁점이었다는 점을 보여준다. 이에 본고에서는 경우에 따라 'EEC 가입' 또는 'EC 가입'이라는 표현을 모두 사용한다.

던 EEC와 EFTA의 설립배경과 그 의미를 살펴본다. 이를 통해 유럽통합 초기에 형성되었던 통합에 대한 비전과 갈등, 변화에 대해 고찰해 본다. 또한 영국의 EC 가입을 둘러싼 논쟁과 회원국 지위에 대한 영국의 국민투표를 분석함으로써 유럽통합의 성격과 그 방향에 관한 초기의 논의를 살펴본다.

II. 유럽통합에 있어서의 두 가지 시각

유럽통합은 초국가주의(supranationalism)와 정부간협력주의(inter-governmentalism)라는 두 개의 방향 속에서 갈등과 타협을 거듭하며 발전하였다. 초국가주의에 입각한 통합방식은 초국가적 공동체를 설립하고 정책주권의 일부를 이 공동체에 이양하는 방식으로 구성된다. 이 공동체는 초국가적 권한을 갖춘 공동의 기관을 갖게 되며, 이 기관은 회원국을 대표하여 정책을 수립, 집행한다. 반면에 정부간협력주의에 입각한 통합은 지역공동체를 주권국가 간 협력의 산물로 규정한다. 이 경우 참여국은 정책주권을 보유하고 사안에 따라 자발적 협력을 통해 공동의 입장을 도출한다. 유럽공동체의 설립을 통해 추진된 유럽통합은 이러한 두 가지 방식을 모두 활용하여 진행되었다. 가령 초기의 ECSC는 집행기관으로 고위관청(High Authority)을 갖추고 석탄과 철강의 생산과 유통에 관한 업무를 공동체 차원에서 담당함으로써 초국가적 성격을 갖추었다. 반면에 각료이사회의 경우 각 회원국의 의사가 표출되는 자리로서 각국은 자신의 이해관계에 따라 의견을 표출하고, 많은 결정이 만장일치로 이루어졌다. 만약 한 회원국이 특정 결정에 대해 완강히 반대할 경우 다수의 회원국이 찬성하더라도 공동체 차원에서 이를 강요하는 것은 불가능하였다. 즉 초국가적인 성격과 정부 간 협의에 의한 결정방식이 혼합되어 있었던 것이다.

유럽 6개국은 1957년 로마조약을 통해 EEC를 설립하였다.[2] EEC는 10년의 전환기간을 거친 후 관세동맹을 설립하는 것을 목적으로 하였다. 관세동맹은 회원국 간의 상품교역에 대한 관세를 철폐하고, 제3국에 대해 공동의 관세를 채택하는 형식의 경제공동체이다. 자유무역지대(FTA)와 비교할 때, 역내관세의 철폐는 같지만, 제3국에 대한 공동관세의 채택 여부에서 큰 차이를 갖는다. FTA의 경우 각 회원국은 제3국에 대해 독자적인 관세수준을 채택하는 것이 가능하며, 따라서 각 회원국은 독자적인 통상정책을 채택할 수 있다. 반면에 관세동맹의 경우 제3국에 대해 공동의 역외관세를 채택하기 때문에 회원국의 통상정책을 조율해야 할 필요가 있다. 이로 인해 역외국에 대해서 공동의 통상정책을 갖게 될 가능성이 높다. 관세동맹을 형성하기 위해서는 회원국 별로 상이한 관세수준을 조율, 일치시켜야 하며, 이는 매우 정치적인 협상과정을 수반할 수밖에 없다. 가령, 자동차 산업의 경쟁력이 높은 독일의 경우 낮은 수준의 자동차 관세를 받아들일 수 있는 반면, 독일에 비해 경쟁력이 낮은 이탈리아와 프랑스에서는 높은 관세수준을 선호할 수 있다. 따라서 관세동맹의 설립은 많은 산업분야에 걸쳐 회원국 간 첨예한 갈등과 정치적 타협을 수반하며 정치적 성격을 띨 수밖에 없다. 더 나아가 유럽경제공동체 설립조약의 제2조는 다음과 같이 명시하였다.

"공동체는 공동시장과 회원국 간 경제정책의 점진적인 상호접근을

---

2   설립 초기의 6개국은 프랑스, 서독, 이탈리아, 네덜란드, 벨기에, 룩셈부르크이다.

통해 공동체 내 경제활동의 조화로운 발전과 지속적이고 균형 있는 확장, 증가된 안정, 더 가속화된 생활수준의 향상 그리고 회원국 간의 더 밀접한 관계를 촉진하는 것을 목표로 한다."

여기서 경제정책의 상호접근(rapprochement)이란, 경제 분야의 정책에 있어 국가별로 조율을 도모하는 것을 의미한다. 1957년 당시의 상황을 감안할 때, 당시의 회원국들이 현재와 같이 다양한 정책영역에서 고도의 조율을 도모할 것을 규정하였다고 보는 것은 어렵다. 그러나 국가 간 교역에 대한 장벽의 철폐를 규정하는 FTA 모델에 비해 EEC가 더 강도가 높은 것이며, 이는 앞으로 나아갈 통합의 미래상을 선언한 것으로 볼 수 있다. 특히 EEC 조약은 공동시장(Common Market)이라는 용어를 사용하는데, 이는 개별 회원국의 국내 시장이 합쳐서 공동의 시장을 형성할 것임을 의미하였다.

III. 유럽통합에 대한 영국의 입장

1950년대 초 유럽대륙에서 통합 움직임이 가속화되었을 때, 영국 정부는 이 계획이 갖고 있는 정치적 성격에 경계심을 표시하였다. 영국의 입장은 역사적 독특함에 기인하는 것이었다. 영국은 프랑스, 독일 등 대륙 국가와는 구분되는 독자적인 발전 경로를 거쳤고, 두 번에 걸친 세계대전에 있어 영국의 본토가 전쟁터가 되지는 않았기 때문에 근현대사에 대한 인식이 유럽 국가들과 달랐다. 또한 국제사회에서 강대국이라는 자긍심과 함께 영연방(Common Wealth)의 존재로 인해 영국 정계는 인접국과의 정치적 통합이 절실하지 않았으며, 경제적 상황도 전쟁 직후 대륙 국가들에 비해 훨씬 양호하였다. 1953년 ECSC 설립 시 영국 보수당과 노동당은 모두 정책주권의 보호를 목적으로 ECSC 가입에 부정적이었다. 당시 노동당 정부의 애틀리 총리(Clement Attlee)는 '가장 중요한 경제적 권한을 비민주적인 기구에 이양할 수 없다'라는 이유로 반대하였다(John McCormick 2011). 야당인 보수당도 노동당의 입장을 지지하였는데, 훗날 총리가 된 맥밀란(Harold Macmillan)은 초국가적인 기구가 영국 시민의 일자리에 대해 영향을 미칠 수 있다는 것에 우려하며 명백한 반대를 표시하였다(Harold Macmillan 1970).

이후 1950년대 중반에 영국은 EEC에 참여하지 않았는데, 그 이유는 EEC가 표방하는 초국가적 성격 때문이었다. EEC 설립 논의를 주도한 초기의 인사들은 EEC의 설립을 유럽통합이라는 더 큰 틀에서의 한 과정으로 간주하는 경향이 강하였다. 이러한 관점은 유럽경제공동체 설립조약의 내용을 보면 확인할 수 있다. 동 조약은 역내무역 자유화 외에도 노동이동의 자유와 서비스 시장 개방, 회원국 법률 간의 상호 접근, 경제정책에 대한 회원국 간 논의 등 당시 기준에서는 획기적인 내용들을 포함하고 있어 통상적인 국가 간 무역협정과 큰 차이가 있었다. 그 대신에 영국 정부는 유럽 내에 광범위한 자유무역지대를 설립하는 것을 선호하였고, 1956년 7월에 당시의 유럽경제협력기구(Organization for European Economy Cooperation, OEEC) 각료회의를 통해 유럽 내 광역자유무역지대를 설립하는 계획을 제시하였다. 이 계획은 6개국의 EEC 설립 계획과 병행해서 논의되었는데, EEC에 참여하지 않는 나머지 OEEC 회원국을 연결함으로써 17개국으로 구성된 자유무역지대를 설립하는 것이 골자였다. 1957년 10월에는 이 계획을 위해 OEEC 내에 운영위원회(steering committee)가 설립되었다. 반면에 협상과정에서 영국과 프랑스는 세이프가드와 관세 조율 분야에서 충돌하였고, 프랑스는 알제리 사태로 인해 협상에 몰입하지 못하였다. 프랑스의 드골 대통령은 1958년 11월 영국의 계획을 전면적으로 거부하였다. 이에 영국을 비롯한 7개 OEEC 회원국은 별도의 자유무역지대인 EFTA를 설립하였다.

Ⅳ. EEC와 EFTA의 출범

1957년 로마조약의 체결에 따른 EEC의 출범은 EEC가 관세동맹이라는 점에서 국가-공동체 간의 주권관계 뿐만 아니라, 무역체계에도 큰 변화를 가져왔다. 관세동맹은 역내관세는 철폐하되, 역외국에 대해서는 공동관세를 갖는다. 따라서 개별회원국의 관세주권에 영향을 끼칠 수밖에 없으며, FTA에 비해서 보다 정치적 성격을 띤다. 공동관세를 설정하는 과정에서 회원국 간의 관세조율이 불가피하며, 이를 위해서 국내 이해관계자들 간의 내부협상이 필수적이기 때문이다. 이러한 EEC의 특성에 대해 거부감을 갖고 있는 영국은 잔여 유럽 국가들로 구성된 자유무역지대를 구상하였다. 이 계획은 EEC의 성립으로 인해 무역전환 효과를 우려하고 있던 국가들의 이해관계와 부합하였다. 이에 EEC가 출범하고 2년 후인 1960년에 영국을 비롯하여 노르웨이, 덴마크, 스웨덴, 스위스, 오스트리아, 포르투갈의 7개국은 EFTA를 설립하였다. EEC 6개국은 EEC 출범 당시 대외관세율이 상이하였으나, GATT 체제하의 딜런 라운드와 케네디 라운드를 거치는 과정에서 대외관세를 조율하였고, 1968년에는 대외관세 조율을 완료함으로써 관세동맹을 완성하였다. GATT 체제 하의 딜런 라운드(Dillon Round)부터는 유럽위원회(European Commission)가 EEC

회원국을 대표하여 협상에 참여하였다.

EEC와 EFTA의 차이는 〈표 1〉에 나타난 바와 같이 공산품 대외관세의 변화추이를 통해 확인할 수 있다. EEC의 출범 초기인 1958년 EEC 회원국의 대외관세는 상이하였다. 공산품의 경쟁력이 제일 높았던 독일은 평균관세가 6.4%로 매우 낮았으나, 프랑스와 이탈리아의 경우 17% 이상으로 높았다. 반면에 EEC 회원국들은 GATT 체제하의 딜런 라운드와 케네디 라운드를 거치는 과정에서 대외관세를 조율하여 1968년에는 공동관세를 완성하기에 이르렀다. EEC 회원국들은 1960년대 초부터 유럽위원회를 통해 다자무역협상에 참여하였다. 반면에 EFTA 회원국의 경우 각각의 대외관세를 유지하는 모습을 보였다. 이로써 1960년대에 유럽에는 관세동맹인 EEC와 자유무역지대인 EFTA가 공존하였다.

〈표 1〉 EEC와 EFTA의 공산품 대외관세 추이

공동체	국가	1958년	딜런 라운드 이후[2]	1968년[1]	케네디 라운드 이후[3]
유럽경제공동체 (EEC)	벨기에	9.7	8.7	10.4	6.6
	프랑스	17.0	15.3	10.4	6.6
	독일	6.4	5.8	10.4	6.6
	이탈리아	18.7	16.8	10.4	6.6
	네덜란드	9.7	8.7	10.4	6.6
유럽자유무역연합 (EFTA)	영국	16.5	14.9	14.9	9.2
	덴마크	5.6	5.2	5.2	3.2
	오스트리아	14.9	11.4	11.4	8.2
	스웨덴	6.5	6.3	6.3	4.2
	노르웨이	10.3	10.3	10.3	6.4

주: 1) EEC는 1968년 대외공동관세를 완성함. 2) 딜런 라운드(Dillon Round): 1960-1962년,
    3) 케네디 라운드(Kennedy Round): 1964-1967년.

출처: Resnick and Truman (1975); Hoeller et al. (1998), 22.

설립 당시부터 EEC와 EFTA는 무역체제 형성에 있어 경쟁구조를 형성하였다. 특히 EFTA의 경우 EEC 설립에 대한 반응적 차원에서 형성되었기에 이러한 입장이 더 강하게 표출되었고, 이는 역내관세의 경쟁적인 철폐형태로 나타났다. EEC는 로마조약 제14조에 의거, 3단계에 걸쳐 역내관세철폐를 추진하였고, EFTA는 설립협약(일명 Stockholm Convention) 3조에 의거, 역내관세를 선형감축 방식(퍼센티지 감축)을 적용하여 철폐하였다. EEC가 역내관세 철폐일정과 관련, 마지막 3단계의 일정을 명시하지 않았던 반면, EFTA는 설립 6년 후인 1966년부터 역내무역에 있어서의 무관세 적용을 목표로 하였다.[3] 이를 감안할 때, 역내관세철폐의 방식 및 일정에는 EFTA가 EEC에 비해 훨씬 더 적극적이었다. 〈그림 1〉에 나타난 바와 같이 EFTA는 EEC보다 2년 늦게 출범하였으나, 역내관세철폐가 완료되는 시점은 오히려 2년 앞서게 되었다. EEC보다 빠르게 역내관세를 철폐한 이유는 EEC와의 경쟁관계에 따른 것이다(Victoria Curzon 1974). 역내관세 철폐를 통해 경제공동체를 형성할 경우 역외국에 대한 차별효과, 이른바 무역전환(trade diversion)이 발생하기 쉽다. 따라서 역내관세 철폐를 최소화할 경우 시장선점효과를 통해 향후 발생할 차별효과를 다소 억제할 수 있다.

---

[3] 유럽경제공동체 설립조약 제14조는 EEC의 역내관세감축을 1단계(1~4년), 2단계(5~8년), 3단계의 일정으로 구분하였고, 1단계와 2단계는 기한을 명시하였으나, 3단계는 유럽위원회의 제안에 의거, 이사회의 가중다수결 투표로 일정을 정하도록 규정하였다. 반면에 EFTA는 1차 년도에 20%p의 역내관세 철폐를 시작으로 매년 10%p씩 감축한 후 1965년에 잔여 20%p를 감축하여 1966년까지 100%의 관세철폐를 추진하였다.

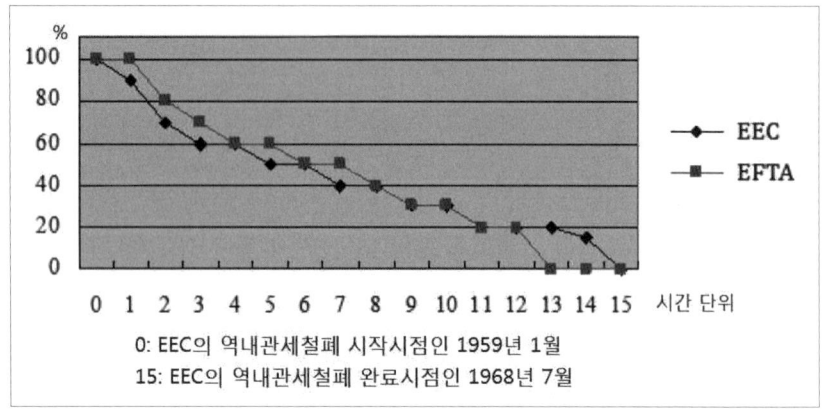

〈그림 1〉 EEC와 EFTA의 역내관세 철폐추이

0: EEC의 역내관세철폐 시작시점인 1959년 1월
15: EEC의 역내관세철폐 완료시점인 1968년 7월

출처: Curzon 1974, 36.

EFTA가 역내관세 철폐를 EEC의 역내관세 철폐일정에 맞춘 데에는 두 가지 동기가 있다. 첫째, 영국은 EFTA 설립을 주도하였으나, 계속적으로 EEC 시장에 대한 접근성을 얻고자 시도하였다. 앞서 언급한 바와 같이 EFTA 국가들의 시장규모는 영국을 제외할 경우 EEC의 1/4에도 미치지 못하였다. 따라서 영국 입장에서는 경제규모가 작은 EFTA 국가들보다 독일, 프랑스 등 EEC 시장에 대한 접근성 확보가 보다 중요하였다. 이에 영국은 1963년 첫 번째로 EEC 가입을 시도하였으나, 프랑스의 반대에 부딪쳐 좌절되었다. EEC 가입이 무산되자 영국은 EFTA의 역내관세 철폐일정을 더욱 앞당겼는데, 이는 무역차별 효과를 우려하여 EFTA의 설립에 더 집중하고자 한 시도로 해석할 수 있다. 이후 영국을 포함한 EFTA 회원국은 GATT 체제 하의 케네디 라운드 협상에 더욱 적극적으로 참여하는 모습을 보였다(EFTA Secretariat 1966, 24-25). 둘째, 다른 EFTA 회원국들도 EFTA의 역내관세 철폐가 EEC의 역내관세 철폐 일정과 동시에 전개되는 것을 선호하였다. 대표적인 회원국은 스위스이다. 스위스는 EEC 회원국인 프랑스, 서독, 이탈리아에 둘러싸여 있어 EEC 국가들에 대한 무역의존도가 높았다. 따라서 유럽이 EEC와 EFTA 두 개의 무역블록으로 양분되는 것보다는 범유럽적인 자유무역지대가 형성되는 것을 선호하였다. 이에 스위스 정부는 양 경제공동체의 병행적인 역내무역자유화가 유럽 전역에 걸친 자유무역지대를 형성하는데 기여할 것으로 판단하였다(Curzon 1974).

V. EEC의 발전과 영국의 EEC 가입 시도

EEC와 EFTA로 무역체계가 양분됨에 따라 상대적으로 규모가 작은 EFTA 회원국은 무역전환 효과를 겪게 되었다. EFTA 회원국의 대EEC 수출은 1959-1966년의 기간 중 연평균 9.2%의 높은 증가율을 보였던데 반해, 1966년에는 4.4%로 하락하였다. 영국의 대EEC 수출 또한 같은 기간 연평균 10.8%의 높은 증가율을 보였으나, 1966년에는 6.6로 하락하였다(EFTA Secretariat 1967). 이러한 대EEC 수출감소는 유럽의 무역체계가 EEC와 EFTA로 양분되고 있다는 우려를 낳았다(EFTA Secretariat 1966).

한편 1960년대에 영국 경제는 몇 가지 구조적인 변화에 직면하였다. 첫째 EFTA는 7개 회원국 간의 자유무역을 가능하게 하였으나, EEC에 비해서는 경제규모가 작다. EEC의 역내관세철폐가 진행됨에 따라 영국을 포함한 EFTA 회원국은 대EEC 수출증가율이 하락하는 등 무역전환 효과를 겪게 되었다(EFTA Secretariat 1967). 둘째, 영연방(Commonwealth) 국가들이 영국의 무역에서 차지하는 비중은 점차 감소추세를 보였다.

1950년대 중반까지 영연방 국가들이 영국의 총무역에서 차지하는 비중은 40% 수준이었으나, 이 비중은 빠르게 감소하여 1960년대 말에는 25% 미만으로 하락하였다(Allen 2012). 1960년 영국의 10대 수출대상국 중 1~3위의 국가는 영어권인 미국, 호주, 캐나다이며, EEC 회원국은 독일(4.9%)과 네덜란드(3.4%)에 불과하였다. 반면에 1970년에는 독일, 네덜란드, 프랑스, 벨기에 등 EEC 회원국에 대한 수출비중이 크게 증가하였다. 이와 같은 변화로 인해 영국 정부는 무역 정책의 초점을 영연방 및 영미권 중심에서 유럽 대륙의 국가로 이동시킬 필요를 갖게 되었다. 셋째, 1960년대 영국의 경제성장률은 대륙 국가들에 비해 현저히 하락하기 시작하였다. 일반적으로 1950~1973년의 기간은 전후 유럽 경제의 황금기(golden age)로 대부분의 서유럽 국가들이 장기간에 걸쳐 높은 경제성장률을 유지하였다. 영국은 전후 유럽 국가 중 소득수준이 제일 높은 국가였다. 제2차 세계대전 직후 영국의 1인당 GDP는 EEC 6개국의 평균을 90% 상회할 정도로 높았다. 반면에 소득수준에 있어 영국의 우위는 점차 줄어들어 1958년 로마조약 체결 당시에 이 격차는 15% 수준으로 축소되었다(Campos and Coricelli 2015). 그 이유는 EEC 회원국의 경제성장률이 영국에 비해 현저히 높았기 때문이다. 1960~1970년의 기간 중 영국의 연평균 GDP 성장률은 3.17%이었던데 반해 프랑스, 이탈리아, 네덜란드 등 대륙 국가들은 연평균 5%를 상회하는 성장률을 유지할 수 있었고, 1970년부터는 영국과 EEC 회원국 간의 소득수준이 역전되었다. 유럽 대륙에 대한 영국 경제의 저성장 현상은 1970년대에 들어서도 계속되었다. 영국 경제의 상대적인 침체는 당시 유럽 대륙 국가들에 비해 낮은 자본투자와 노동생산성, 경직된 산업관계에 대한 비판이 결합되어 영국병(British disease)이라는 신조어로 표현되었다(The Economist 1998).

다수의 연구들은 당시 영국 국내 시장에서 기업 간 경쟁이 약화되고, 생산성 증가가 다른 유럽 국가들에 비해 높지 않았던 점을 낮은 성장률의 원인으로 지적한다(Crafts 2012). 이러한 상황에서 영국이 EEC 회원국과 갖는 무역규모는 EFTA 회원국과 영연방 국가들과의 무역규모에 비해 점차 그 비중이 훨씬 커졌고, 영국 산업의 미래는 EEC와의 관계에 달려있다는 견해가 확산되었다(Simms 2016).

영국 정부는 이후 세 차례에 걸쳐 EEC 가입을 시도하였다. 영국 정부가 EEC 가입을 신청한 배경에는 미국의 압력과 같은 외부적 요인을 주요 배경으로 보는 주장과 자국의 정치·경제적 영향력 쇠퇴를 절감한 영국 정부의 자발적 선택이라는 주장이 양립한다. 첫 번째 설명은 프랑스 주도의 유럽통합을 경계하고자 미국이 영국 정부에 EEC 가입을 종용 또는 권고하였다는 것이다(Kaiser 1993, 152; Young 1993). 영국의 EEC 가입을 통해 미국-영국이 공감하는 방향으로 유럽통합을 유도하려 하였다는 설명이다. 두 번째 설명은 국제적 영향력 쇠퇴에 따라 이를 극복하고 유럽 내에서의 입지 확보를 위해 영국 정부가 EEC 가입을 추진하였다는 것이다(Perry 1984; Campos and Coricelli 2015). 이와 같은 설명은 전술한 영국 경제의 성장률 저하와 영연방과의 교역비중 축소, EEC 회원국의 경제적 성과에 의해 뒷받침된다. 1961년 영국의 EEC 가입신청에 대한 공통된 해석은 유럽통합을 둘러싼 국제 정세 속에서 영국 정부가 취한 자발적 선택이었다는 점이다(Steinnes 1998).

- 1차 가입 시도: 1961~1963년

유럽방위공동체(EDC) 계획이 무산되고, 프랑스 우선주의를 표방한 드골(Charles de Gaulle) 대통령이 집권하자 EEC로 대표된 유럽통합 프로젝트에는 변화가 감지되었다. 영국의 맥밀런(Harold Macmillan) 총리는 유럽통합 계획이 초국가적 통합을 위한 연대보다는 느슨한 국가 간 협력 형태로 진행되는 것으로 이해하였다(Simms 2016). 이에 EFTA 출범 후 불과 1년 후인 1961년 8월 영국 보수당 정부는 야당인 노동당의 반대에도 불구 EEC 가입을 신청하였다. 가령 노동당의 휴 게이츠켈(Hugh Gaitskell) 대표는 EEC 가입으로 독립 국가로서 영국의 위치가 종말을 맞을 수 있다고 주장하였다(Gaitskell 1962). 영국이 가입을 신청하자, 아일랜드, 덴마크, 노르웨이도 가입을 신청하였다. 영연방 국가 중 캐나다와 뉴질랜드는 영국의 EEC 가입에 반대하였다. 반면에 1963년 1월에 프랑스의 드골 대통령은 기자회견을 통해 영국의 EEC 가입에 반대한다는 점을 밝혔다. EEC와 영국의 경제적 이익이 양립할 수 없다고 보았다. EEC 6개 회원국이 제시한 조건을 모두 수용하고, 기존 EFTA 국가에 대한 관계(commitment)를 철회할 것을 주장하였다. 드골의 우려는 영국의 EEC 가입이 공동농업정책(CAP)에 어려움을 초래할 수 있으며, EEC가 자유무역지대로 변화할 수 있다는 것이었다. 또한 드골 대통령은 영국은 트로이의 목마이며, 영국의 EEC 가입으로 EEC가 미국화(Americanization)될 수 있다는 점에 우려를 표명하였고, 이로 인해 영국의 1차 EEC 가입 신청은 무산되었다.

- 2차 가입 시도: 1967년

1960~1970년대를 걸쳐 보수당은 주로 EEC 가입을 지지한 반면, 노동당은 전반적으로 미온적인 입장을 보였는데, 그 이유는 당내 찬반 의견이 양립하였기 때문이다. 반면에 노동당 내에 유럽 국가들과의 적극적인

연대를 주장하는 목소리가 점차 힘을 얻었다. 1964년 10월 총선을 통해 집권한 노동당의 윌슨(Harold Wilson) 총리는 EEC의 공동농업정책(CAP)이 영국에 불리하게 작용할 것이라고 판단하고, 이에 대한 개정을 전제로 영국의 EEC 가입을 검토하기 시작하였다. 이후 1966년 3월에 실시된 조기 총선에서 노동당은 '영국과 영연방의 중대한 이익이 보호될 수 있다면 EFTA 회원국들과 협의 후 EEC에 가입할 수 있다'고 밝혔다(Labour Party 1966). 조기 총선을 통해 재집권에 성공한 노동당 정부는 1966년 5월에 이르러 EEC 가입을 추진하는 방향을 타진하였다. 1967년 초 윌슨은 여러 유럽 도시들을 방문하여 지도자들을 만난 결과 영국의 EEC 가입에 우호적인 입장이 형성되었다고 판단하였고, 같은 해 5월에 두 번째로 EEC에 가입신청을 하였다. 영국 정부는 1차 가입신청 때에 비해 EEC에 영국에 대한 예외 조치 요구를 대폭 축소하였으나 여전히 프랑스 드골 대통령의 반대에 직면하였다. 1967년 11월 27일, 가입 협상을 시작하기도 전에 드골 대통령은 기자회견을 통해 영국의 EEC 가입시청에 대해 반대를 표명하였다. 드골 대통령은 당시 영국의 파운드화 평가절하 조치와 대외수지 불균형, 외환통제를 이유로 영국의 EEC 가입이 공동체에 경제적, 정치적 큰 변화를 야기할 것으로 보았다(Goldsmith and Farrell 2017). 드골 대통령은 대안으로 EEC와 영국을 포함한 가입신청국 간의 제휴협정을 제안하였는데, 영국 정부는 이 제안을 거부하였다.

- 3차 가입 시도: 1973년

노동당 정부가 주도한 EEC에 대한 2차 가입 시도가 무산된 후에 1970년 총선에서는 다시 보수당이 집권에 성공하였다. 히스(Edward Heath)

총리는 유럽의 변화된 국제 환경 속에서 다시 EEC 가입을 시도하였다. 유럽대륙 국가들과의 관계는 더 이상 미국과의 밀월 관계를 통해 대체할 수 없을 만큼 중요해졌고, 영국의 EEC 가입에 반대하였던 프랑스의 드골 대통령이 사임함으로써 EEC 내부의 반대 세력도 한층 수그러들었다. 한편 프랑스 입장에서는 유럽 내 독일의 부상을 경계하여 영국을 통해 균형을 맞출 필요성도 있었다(Herolf 2004). 가입에 있어 주된 관심사는 공동농업정책(CAP)과 EEC에 대한 영국의 기여금 문제였다. 영국은 대부분의 농산품을 영연방으로부터 수입해 왔고, 차액지급(deficiency payment) 방식에 근거하여 자국의 농업을 지원하였다.[4] 반면에 EEC가 적용해온 방식은 농산품 수입에 있어 고율의 관세를 부과하고, 이를 통해 국내 농업생산을 보호하는 방식이었다. EEC의 방식을 영국이 도입할 경우, 영연방으로부터의 농산품 수입가격이 크게 증가하는 반면, 영연방산(産) 농산품 수입이 EEC산 농산품 수입으로 대체되는 결과가 예상되었다. 한편, EEC의 예산에 있어 회원국의 국민총수입(GNI)에 근거하여 유지되는 EEC의 자체예산(own resources) 제도는 신입 가입국인 영국이 EEC 예산의 1/5을 납입하게 되는 결과를 가져올 수 있었다. 이에 영국은 EEC 가입에 있어 이 문제의 해결을 선결조건으로 제시하고, EEC 회원국(특히 프랑스)와 협상을 하였다. 농업과 관련된 핵심 이슈였던 카리브해산 설탕과 뉴질랜드산 버터 문제는 각각 야운데 협약(Yaoundé Convention)의 개정과 농산품 무역에 적용되는 특별 조치 및 전환기간의 확보를 통해 절충이 이루어졌다.

EEC 가입에 대한 영국 하원의 투표는 1971년 10월 28일에 진행되어

---

[4] 차액지급(deficiency payment) 체제는 정부가 보증가격을 설정한 후, 실제 가격과의 차이를 지원해 주는 방식을 의미한다.

찬성 356표, 반대 244표로 통과되었다. 여당인 보수당은 대부분 찬성하였고, 노동당은 반대표가 우세하였으나, 노동당 의원 중 69명은 찬성표를 던졌다(UK Parliament 1971). 이 안건은 1972년 9월 20일에 상원을 통과하였고, 10월 6일에 왕실인가를 완료하였다. 이에 맞춰 1972년의 유럽공동체법(European Communities Act) 또한 3차례의 독회를 거쳐 제정됨으로써 영국은 1973년 1월 EEC 가입을 완료하였다.

VI. 영국의 EC 회원국 지위에 관한 국민투표

- 국민투표의 논의 배경

노동당 정부(1964-1970)는 1967년 영국의 2차 EEC 가입 신청을 추진한 바 있으나, 1970년 총선에서 패한 후, 야당 위치에 있는 동안에는 에드워드 히스 정부의 EEC 가입에 반대하는 입장을 보였다. 특히 노동당은 보수당의 유럽회의주의자들과 연합하여 대국민 의견 수렴을 위해 EEC 가입에 대한 국민투표를 실시할 것을 주장하였다. 반면에 에드워드 히스 총리는 의회 투표를 통해 EEC 가입을 위한 국내 절차를 마무리하였다. 이에 대해 노동당은 총선 과정에서 1972년에 비준된 영국의 EC 가입 조약을 보수당 정부의 정치적 절충으로 보고 비판적 입장을 취하였다.

1974년 2월 총선에서 노동당은 득표율에서는 보수당에 뒤졌으나, 하원 635석 중 301석을 차지하며, 297석을 차지한 보수당에 4석 차이로 앞섰다. 이로써 1929년 이후 처음으로 헝 의회(hung parliament)가 발생하였다. 집권 보수당의 히스(Edward Heath) 총리는 자유당(Liberal Party)

과 연정 구성을 시도하였으나, 그 대가로 선거법 개정을 요구한 자유당의 요청을 받아들일 수 없게 되자 사임을 결정하였고, 노동당의 윌슨(Harold Wilson) 전 총리가 소수 정부를 구성 총리직에 오르게 되었다. 단독 내각 구성이 어렵다고 판단한 윌슨 총리는 조기 총선을 요청하였고, 같은 해 10월에 다시 총선이 실시되었다. 노동당은 319석을 획득함으로써 3석 차이로 과반 의석을 확보하였고, 이에 단독정부(1974~79년)를 구성할 수 있게 되었다. 노동당은 1974년 2월의 총선에서는 선거공약(manifesto)으로 EC 가입조건에 대한 재협상을 내걸었다.

> "영국은 유럽 국가이며 노동당은 유럽 국민들 간의 광범위한 협력을 추구해 왔습니다. 그러나 보수당 정부의 심각한 정치적 실수는 국민의 동의없이 공동시장의 조건을 수용하고 가입한 것입니다. 세계적인 인플레이션의 상황에서 식료품에 대한 과세, 새로운 재정부담, 국익이 걸려있는 중대한 문제 해결에 있어 영국 의회의 권한을 대폭 축소한 것이 그 예입니다. 따라서 노동당 정부는 가입조건에 대한 근본적인 재협상을 요구할 것입니다. (중략)
> 노동당은 보수당 정부에서 협상이 이루어진 가입조건에 따른 영국의 EC 회원국 지위에 반대합니다. 우리는 재협상을 위한 준비가 되었으며, 재협상 준비를 위한 주요 목표는 다음과 같습니다."(Labour Party 1974a)

1974년 10월의 총선에서는 선거공약을 더 구체화하여 총선 후 12개월 내에 국민투표를 실시할 것임을 명시하였다.

> "노동당은 이번 선거 후 12개월 이내에 영국 국민들에게 투표를 통해

재협상 결과를 수용할 것인지, 거부할 것인지에 대한 최종 의견을 물어 볼 것이며, 이 의견은 정부에 대해 구속력을 갖게 될 것입니다."(Labour Party 1974b)

반면에 보수당의 선거공약은 당시의 경제적 상황을 반영하여 인플레이션 억제에 초점을 두고 있으며, EC 가입에 찬성하는 입장을 명확히 하였다. EC 가입은 영국의 이익을 위해 필수적이며, 영국의 장기적 이익에 부합한다고 보았다. 영국의 EC 가입을 전임 보수당 정부의 가장 역사적인 업적으로 평가하였다(Conservative Party 1974).

– 영국의 회원국 지위 재협상

새롭게 출범한 노동당 정부는 영국의 가입조건에 대해 재협상을 추진하였다. 협상을 주도한 제임스 캘러헌(James Callaghan) 외무장관은 1974년 4월 1일 EC 각료이사회에 영국 정부의 공식 입장을 전달하였는데, 그 내용을 요약하면 다음과 같다(Commission of the European Communities 1974). 첫째, 영국 정부는 1980년까지 EC를 경제통화공동체(EMU)로 완성한다는 계획에 대해 이의를 제기하였다. EC는 당시 베르너 보고서(Werner Report)의 제안을 토대로 회원국 통화 간의 완전한 고정환율제를 도입하는 EMU 추진을 계획 중이었고, 이는 영국의 EC 가입 전에 회원국 정상회의를 통해 합의를 이룬 상태였다. 캘러헌은 EC 회원국이 경제성장률 및 생산성 향상, 임금 인상률, 저축 및 투자 등에 있어 수렴을 이루기 이려울 것이며, 특히 성장률이 낮은 국가가 완전한 고정환율을 도입할 경우, 효율적인 경제운영과 노동시장의 운영이 불가능할 것으로 보았다.

둘째, 영국 정부는 당시 EC의 장기적 목표로 언급되곤 했던 '긴밀한 연합 (ever closer union)'의 개념에 의문을 제기하였다. 우선 이 목표의 정의가 불분명하고, 정치적 통합을 의미하는 것일 경우, 이는 영국 국민이 원하지 않는 것이라는 점을 밝혔다. 셋째, 영국 정부는 공동농업정책의 도입으로 인해 영국 내 농산품 가격이 상승하는 것에 우려를 표시하였다. 당시 높은 인플레이션은 여러 유럽 국가들이 갖고 있는 문제였으며, 영국의 경우에도 마찬가지였다. 또한 영국 정부는 영연방 국가들을 대상으로 유지해 온 제국특혜세(imperial preference system) 적용이 중지되면서 영연방産 농산품의 영국 내 수입가격이 증가하는 것을 우려하였다. 넷째, 영국 정부는 영연방 국가들과 맺고 있는 특수한 무역 관계가 EC 가입으로 인해 희석될 수 있는 것에 대해 우려를 표시하였다. 다섯째, 영국 정부는 EC에 가입함으로 인해 영국 의회의 주권이 제약을 받을 수 있다는 점을 우려하였는데, 특히 지역 및 산업정책, 재정정책과 인플레이션 대응 정책에 있어 자율성을 확보하기를 희망하였다. 마지막으로 영국 정부는 향후 영국의 EC 예산에 대한 기여금이 증가할 것이라는 데에 불만을 표시하였다. 1973년 가입 당시 영국은 회원국 기여금으로 충당된 공동체 예산 중 8.3%를 차지하였다. 그러나 과도기간이 끝난 후 영국의 기여금은 공동체 예산 중 최대 19%까지 증가할 것으로 예상되었다. 당시 EC 9개 회원국의 총 국민총소득(GNI)에서 영국의 비중은 16.5%였으며, 따라서 경제규모에 비해 과대 기여할 가능성이 높다는 것이다.

이와 같은 영국 정부의 요구는 사실상 1974년 노동당의 선거공약을 그대로 반영한 것이다. 노동당 정부는 〈표 2〉에 정리된 목표에 따라 협상을 진행하였고, 실무 협상 외에도 1974년 12월의 파리 정상회의와 1975년 3월 10~11일에 더블린에서 개최된 유럽이사회(European Council)를 통해 대부분의 합의가 도출되었다. 유럽이사회 직후인 3월 12일 윌슨 총리는 하원 연설을 통해 EC 회원국으로부터 최대한의 양보를 끌어내었음을 밝혔고, 3월 31일에는 재협상의 주요 결과와 함께 정부의 권고 방향을 발표하였다(UK Parliament 1975a; HM Government 1975a; Miller 2017).

〈표 2〉 영국의 EC 회원국 지위에 관한 재협상 요구 사항

	목표	주요 내용 및 근거
1	공동농업정책	비유럽(영연방)産 농산품의 영국시장에 대한 접근성을 보장할 것 기존 영연방 수입품에 대한 공동관세 부과로 영국 내 식품 가격 상승 우려
2	공동체 예산	자체재원(own resources) 확대를 위한 세금 신설 및 이를 통한 농업지원에 반대 공동관세 부과를 통한 관세수입이 농업보조금 지원으로 활용되는 것에 우려
3	경제통화공동체	경제통화공동체를 추진하기 위해 도입될 수 있는 고정환율제로 인해 영국의 실업이 증가하는 것에 반대함. 통화안정은 유럽 차원이 아닌, 세계적 차원에서 해결을 도모해야 함. 유럽통화 간 고정환율제 도입에 따른 영국 통화·환율 정책의 경기대응 능력 저하를 우려
4	영국 의회의 권한 유지	영국 정부의 낙후지역 및 산업에 대한 국가보조금 지급 허용
5	자본이동의 자유	자본이동의 자유를 통해 영국의 국제수지와 고용정책을 보호
6	영연방 및 개발도상국 관계	영연방과 개발도상국의 경제적 이익 보호 개발도상국에게 혜택을 줄 수 있는 무역 및 원조정책 수립
7	부가가치세(VAT)	공동체 차원의 부가가치세 조율 제도 도입 반대

– 국민투표 캠페인 및 투표 결과

EC 및 회원국과의 재협상이 진행되는 동안 영국 국내에서는 국민투표 추진을 위한 준비 작업이 진행되었다. 전임 보수당 정부의 총리였던 에드워드 히스는 국민투표에 반대하였고, 1975년 2월에 보수당 대표가 된 마가렛 대처(Margaret Thatcher)는 과거 노동당 출신 총리였던 클레멘트 애틀리(Clement Attlee)의 발언을 인용하여 국민투표를 '독재자와 선동의 장치'라고 부를 정도로 거부 반응을 보였다(UK Parliament 1975b; Miller 2017). 반면에 국민투표 추진에 찬성하는 쪽은 EC 탈퇴 지지자들이었고, 대부분 노동당 출신들이었다.

1975년 2월 26일에 발표된 국민투표에 관한 백서는 재협상 결과를 근거로 국민투표가 실시될 것임을 알렸다(HM Government 1975b). 이후 재협상 결과가 도출되자 3월 18일에는 각료회의에서 승인이 이루어졌고, 영국 의회는 1975년 4월 9일 이에 대해 승인하였다. 이를 기반으로 3월 26일에는 유럽국민투표법(European Referendum Bill 1974-75)이 발의되었고, 4월 10일 찬성 312표, 반대 248표로 통과된 후, 5월 8일에는 왕실승인(Royal Assent)을 마침으로써 국민투표를 위한 법적 절차가 완료되었다.

1975년 6월 5일 실시된 국민투표는 66.03%의 투표율을 기록한 가운데, 찬성 67.2%, 반대 32.8%로 EU 잔류가 결정되었다. 당시 국민투표는 1차 석유파동의 여파 등 극심한 경기침체 속에서 치러졌고, 동구권에서의 공산주의 확산에 대한 경각심 또한 국민투표 결과에 큰 영향을 미쳤다(Simms 2016). EC 가입은 영국 경제에 긍정적인 영향을 미쳤으나, 1975~1977년 중 물가상승률은 16%를 상회하였고, 파운드화 가치가 하락하는 가운데 경상수지는 적자 폭이 한 때 GDP 대비 4%까지 확대되었다. 이에 영국 정부는 1976년 국제통화기금(IMF)에 지원을 요청할 수밖에 없었고, 구제금융 조건에 따라 긴축 조치를 취할 수밖에 없게 되었다. 이러한 경제적 불안은 1970년대 후반에 발생한 광범위한 노동쟁의와 함께 1979년 총선에서 노동당이 보수당에 패배하게 되는 원인이 되었다.

Ⅶ. 영국의 EC 가입과 유럽의 무역질서

영국이 가입함으로써 EEC는 명실상부한 유럽통합의 중심이 되었고, 유럽의 무역질서는 EEC를 중심으로 재편되었다. 첫째, 영국의 EEC 가입은 EFTA의 축소를 의미하였고, 이에 EEC를 중심으로 한 무역구조가 형성되었다. 영국, 덴마크, 아일랜드가 EEC에 동시에 가입하면서 EFTA는 회원국의 수가 7개국에서 4개국으로 축소되었다. EFTA의 잔여 4개 회원국은 핵심국가인 영국이 EEC에 가입하자, 기존의 영국과 FTA 관계를 유지할 필요가 있었다. 이에 EEC는 EFTA 4개 회원국과 개별적인 양자 FTA를 체결함으로써 유럽 내에서 발생할 수 있는 무역전환에 대한 우려를 불식시키고자 하였다. 이로 인해 1970년대 초부터 유럽 내에는 EC를 중심으로 자유무역 네트워크가 형성됨으로서 제조업 부문에 있어 실질적인 자유무역이 이루어졌다. 〈그림 2〉에 나타난 바와 같이 EEC와 EFTA는 1960년대에 경쟁적 관계를 형성하였으나, 이후에는 EEC가 명실상부한 통합의 중심을 형성하고, 잔여 FTA 국가들이 FTA를 통해 합류함으로써 광범위한 자유무역지대가 형성되었다.

〈그림 2〉 1960년대와 1973년 이후의 유럽 내의 호혜무역체제

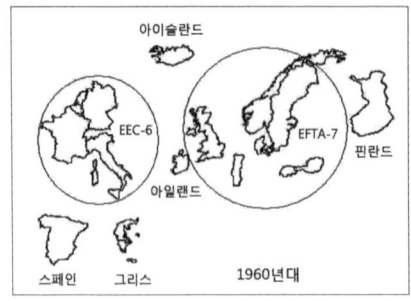 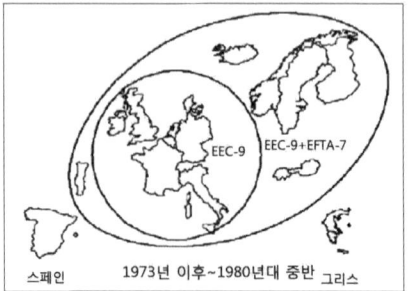

출처: Baldwin (1994).

둘째, 영국의 EC 가입은 영국이 영연방에서 차지하는 종주국의 입지로 인해 EC-아프리카 관계에 큰 변화를 가져왔다. 아프리카 국가들이 연이어 독립함에 따라 1963년 EC와 18개 아프리카 국가들 사이에는 제1차 야운데 협약(Yaoundé Convention I)이 체결된 바 있다. 협정에 가입한 아프리카 국가들은 과거 프랑스, 벨기에, 이탈리아의 식민지 또는 신탁통치 지역이었던 국가들이다. 그런데 영국이 EC에 가입하면서 EC-아프리카 관계는 카리브해·태평양 연안국(ACP)으로 확대, ACP 그룹이 완성되는 계기가 되었으며, 결과적으로 무역특혜 대상 국가 수가 크게 증가하였다. 프랑스어권에 초점이 맞춰졌던 EC의 대ACP 정책은 영연방으로 확대되어, 야운데 협약을 대체하기 위한 로메 협약(Lome Convention, 1975년)에 참여한 ACP 국가는 48개국에 이르렀다.

마지막으로 가장 중요한 점은 영국이 EC에 가입하면서 영국의 시각이 EU 체제와 정책으로 구현된 유럽통합에 반영되기 시작하였다는 점이다. 1980년대 중반부터 보다 심층적인 정치·경제통합의 이슈들이 등장하자, 영국의 주권을 제약한다고 판단한 보수당을 중심으로 유럽통합에 대해 반대 움직임이 나타났다. 1980년대 영국의 보수당 정부는 유럽단일시

장 설립은 지지하였으나, 유럽의 정치적 통합움직임과 EU의 정책영역 확장, 공동통화의 도입을 통한 유럽통화제도(European Monetary System, EMS)의 설립에는 회의적인 입장을 보였다. 정권에 따라 차이는 있지만 영국은 대외적으로 자유무역을, 대내적으로는 시장경제에 기반을 둔 규제완화를 선호하였고, EU의 발전과정에서 자국의 입장을 EU의 주요 정책에 반영시켜 왔다. 정치·경제적 결속체이나, 궁극적으로 정치통합체를 지향하는 EU의 발전방향에 대해 영국은 다소 느슨한 형태의 국가연합을 선호하였다. 이러한 맥락에서 영국은 유럽통합 자체를 지지하기 보다는 실용적 관점에서 EU와 그 정책을 수용하는 입장을 보였다. 이러한 영국의 입장은 EU의 정책이 초국가적인 형태로 발전하는 구심력에 대응하는 원심력으로 작용하였다.

참고문헌

강유덕. 2016. "유럽자유무역연합(EFTA)의 FTA 정책: 병행주의와 적극적 통상정책 간의 조화." 『유럽연구』 34(1): 37-71.

강유덕·임태훈. 2021. "영국의 유럽공동체(EC)-유럽연합(EU) 회원국 지위에 관한 재협상과 국민투표: 1975년과 2016년 사례에 대한 비교연구." 『EU연구』 58: 319-368.

Allen, Grahame 2012. "UK-Commonwealth trade statistics." *SNEP* 6497. House of Common Library.

Baldwin, Richard E. 1994. *Towards an integrated Europe*. London: Centre for Economic Policy Research.

Campos, Nauro and Fabrizio Coricelli. 2015. "Why did Britain join the EU? A new insight from economic history." February 3. http://voxeu.org/article/britain-s-eu-membership-new-insight-economic-history(검색일: 2021. 4. 3).

Commission of the European Communities. 1974. "Statement by James Callaghan." *Bulletin of the European Communities* 3 (March).

Conservative Party, 1974. *October 1974 Conservative Party General Election Manifesto Putting Britain First*, http://www.conservativemanifesto.com/1974/Oct/october-1974-conservative-manifesto.shtml(검색일: 2021. 4. 2).

Crafts, Nicholas. 2012. "British Relative Economic Decline Revisited." *CEPR Discussion Paper* 8384.

Curzon, Victoria. 1974. *The Essential of Economic Integration: Lessons of EFTA Experiences*. London: MacMillan.

EFTA Secretariat. 1966. *Building EFTA: Free Trade Area in Europe* (December).

EFTA Secretariat. 1967. *EFTA Bulletin* 8(2).

Gaitskell, Hugh. 1962. *Speech by Hugh Gaitskell against UK membership of the Common Market* (October 3).

Goldsmith, Paul and Jason Farrell. 2017. "How President de Gaulle's Second Veto of Britain's EC Application Fifty Years ago Led directly to the Leave Vote in 2016." *UK in A Changing Europe* (November), https://ukandeu.ac.uk/how-president-de-gaullessecond-veto-of-britains-ec-application-fifty-years-ago-led-directly-to-the-leave-vote-in-2016(검색일: 2021. 4. 2).

Herolf, Gunilla. 2004. "France, Germany and the United Kingdom Cooperation in Times of Turbulence." *Stockholm Studies in Politics* 100. Stockholm University.

HM Government. 1975a. "Membership of the European Community, Report on Renegotiation." *Cmnd* 6003.

HM Government. 1975b. "White Paper of 26 February 1975: the Referendum on UK Membership of the European Community." *Cmnd* 5925 (February).

Hoeller, Peter, Nathalie Girouard and Alessandra Colecchia. 1998. "The European Union's Trade Policies and Their Economic Effects." *OECD Economics Department Working Paper* 194. Organization of Economic Cooperation and Development.

Kaiser, Wolfram. 1993. "To Join, or Not to Join: the Appeasement Policy of Britain's First EEC Application." Brian Brivati and Harriet Jones (eds.), *From Reconstruction to Integration. Britain and Europe since 1945*. London: Leicester University Press.

Labour Party. 1966. "1966 Labour Party Election Manifesto." http://www.labour-party.org.uk/manifestos/1966/1966-labour-manifesto.shtml(검색일: 2021. 4. 2).

Labour Party. 1974a. "February 1974 Manifesto for the General Election." (February), http://labour-party.org.uk/manifestos/1974/Feb/1974-feb-labour-manifesto.shtml (검색일: 2021. 4. 2).

Labour Party. 1974b. "October 1974 Labour Party Manifesto, Britain Will Win With Labour." (October 1974), http://www.labour-party.org.uk/manifestos/1974/Oct/1974-oct-labour-manifesto.shtml(검색일: 2021. 4. 2).

Macmillan, Harold. 1970. "Britain and Europe: Quotations," *European Studies* 8.

McCormick, John. 2011. *European Union Politics*. Macmillan.

Miller, Vaughne. 2017. "Treaty Negotiations: When has the Government Published its Position?" House of Commons Library. *Briefing Paper* 7823 (January 19).

Perry, Keith. 1984. *Britain and the European Community*. London: Heinemann.

Resnick, Stephen A. and Edwin M. Truman. 1973. "An Empirical Examination of Bilateral Trade in Western Europe." *Journal of international Economics* 3(4): 305-335.

Simms, Brendan. 2016. *Britain's Europe: A Thousand Years of Conflict and Cooperation*. Penguin.

Steinnes, Kristian. 1998. "The European Challenge: Britain's EEC Application in 1961." *Contemporary European History*.

The Economist. 1998. "The British Disease Revisited." October 31.

UK Parliament. 1971. "European Communities." *HC Deb* 823. October 28.

UK Parliament. 1975a. "EEC Membership (Referendum)." *HC Deb* 888.

UK Parliament. 1975b. "Harold Wilson's Statement in the House on 18th March 1975." *HC Deb* 888. March 18.

Young, John W. 1993. *Britain and European Unity, 1945-1992*. London: Macmillan.

| 보론

유럽원자력공동체의 설립과 서독의 입장*

박상준

I. 들어가며

일반적으로 유럽원자력공동체(European Atomic Energy Community, Euratom)는 종종 유럽연합(European Union, EU)의 역사에서 망각되고 무시되었다. 하지만 이러한 망각과 무시는 적절하지 못한 것이다. 특히 프랑스는 유럽방위공동체(European Defence Community, EDC) 비준 실패 이후 자국의 이익뿐만 아니라 유럽의 재도약(relance)을 위한 디딤돌로써 유럽원자력공동체 설립에 적극적으로 개입하였다.

우선 유럽원자력공동체 설립의 기본적인 동기는 정치적인 것이다. 이

---

* 본 글은 "유럽원자력공동체(EURATOM)의 창설과 서독의 입장", 『통합유럽연구』 Vol. 11, No. 1, 통권 20호(2020), 153-186쪽의 내용을 수정 및 보완한 것임.

는 유럽석탄철강공동체(European Coal and Steel Community, ECSC) 회원국들이 유럽방위공동체(European Defence Community, EDC)의 좌절 이후 재도약할 수 있는 계기를 제공하였다. 물론 유럽원자력공동체는 공동시장 형성을 위한 유럽경제공동체(European Economic Community, EEC)로 인해 그 의미가 퇴색되었다. 하지만 1955~1956년 기간 유럽원자력공동체 프로젝트가 오히려 성공에 대한 약속을 보장하는 것처럼 보였다. 둘째, 원자력은 경제적인 측면에서 석탄과 석유를 대체할 수 있는 전후 경제발전에 필요한 저렴한 에너지 자원으로 인식되었다. 유럽원자력공동체는 원자력을 유럽적 차원에서 안정적으로 확보할 수 있는 기획으로 인식되었다. 이러한 이유로 유럽원자력공동체는 유럽통합의 가장 매력적인 수단으로 간주되었다. 하지만 유럽통합의 역사를 다룬 대부분의 연구는 유럽원자력공동체보다는 유럽경제공동체를 중심으로 서술하고 있다. 이는 로마조약이 유럽경제공동체와 유럽원자력공동체 두 조약으로 구성되어 있음에도 불구하고 유럽경제공동체 조약만을 의미한다는 것에서 잘 드러난다.[1]

한편 유럽원자력공동체 설립에 있어 프랑스와 더불어 서독의 입장이

---

[1] 이와 관련된 대표적인 연구 결과물은 다음과 같다. Derek W. Urwin 지음. 노명환 옮김. 1994. 『유럽통합사』. 대한교과서; Alan S. Milward. 2000. *The European Rescue of the Nation-State*, 2nd ed. Routledge; Martin Dedman. 2010. *The Origins and Development of the European Union 1945-2008: A History of European Integration*, 2nd ed. Routledge; John Gillingham. 2010. *European Integration, 1950-2003*. Cambridge University Press; Desmond Dinan. 2014. *Europe Recast: A History of European Union*, 2nd ed. Palgrave Macmillan; Loth Wilfred. 2015. *Building Europe: A History of European Unification*. De Gruyter OLDENBOURG; Ivan T Berend. 2016. *The History of European Integration: A new perspective*. Taylor & Francis Ltd; Magnus Ryner and Alan Cafruny. 2017. *The European Union and Global Capitalism: Origins, Development, Crisis*. Palgrave Macmillan.

상당히 중요하다. 유럽통합의 역사를 회고해 볼 때, 그 중심에는 언제나 긴밀한 독-불 관계, 즉 프랑스와 독일의 특유한 양국 협약이 존재하였다.[2] 따라서 프랑스의 가장 중요한 협상 파트너인 서독의 입장에 대한 보다 체계적이고 풍부한 설명이 필요하다. 몇몇 예외를 제외하면[3] 대부분의 연구가 서독의 입장을 간략하게만 다루고 있다. 예컨대 서독은 유럽경제공동체에 대한 협상 없이 유럽원자력공동체에 대한 협상을 진행할 의사가 없었다는 식으로 언급된다(Desmond 2014, 75). 이는 절반의 사실만을 보여줄 뿐이다. 당시 서독 국내의 정치적·경제적 상황은 상당히 복잡하였다. 1955~1956년 기간 유럽원자력공동체 설립을 둘러싸고 아데나워(Konrad Adenauer) 총리와 외무부를 한 축으로 그리고 경제부를 다른 축으로 하여 첨예하게 대립하고 있었고, 서독 내 산업그룹들도 유럽원자력공동체에 대해 단일한 입장을 내지 못하고 있었다. 따라서 유럽원자력공동체에 관한 서독의 입장은 그 자체만으로 하나의 흥미로운 연

---

[2] 물론 독-불 관계에서 주도권을 행사한 것은 어디까지나 프랑스였고, 독일은 이에 나름의 방식으로 대응하였다. 프랑스가 승전국으로서 독일에게 일방적인 양보를 강요하거나 패전국 독일이 선택의 여지가 없는 상황에서 국익의 희생을 감수하면서 프랑스의 제안에 호응한 것은 아니다. 두 국가 모두 자국의 이해관계에 대한 현실적인 고려를 바탕으로 협력과 통합에 합의하였다. 하지만 프랑스와 독일이 완벽하게 대칭적인 협력관계를 유지한 것은 아니다. 협력과 통합의 제안자는 어디까지나 프랑스였고, 독일은 절대 강요되지 않았지만, 일정한 제약 속에서 그러한 제안을 불가피한 것으로 받아들였다(김준석 2011, 284).

[3] 이와 관련된 대표적인 연구 결과물은 다음과 같다. 신종훈. 2009. "유럽경제공동체(EEC) 형성을 둘러싼 서독의 유럽정책과 의회 토론: 밀워드(Alan S, Milward)의 '유럽적 구제'에 대한 비판적 검토." 『독일연구』 18: 115-144, Mervyn O' Driscoll and Gordon Lake. 2002. *The European Parliament and the Euratom Treaty: past, present and future*. EUROPEAN PARLIAMENT; Andrew Moravcsik. 1998. *The Choice for Europe: Social Purpose and State Power from Messina to Maastricht*. Cornell University Press; Christian Deubner. 1979. "Expansion of West German Capital and the Founding of Euratom." *International Organization* 33(2): 203-228.

구주제이다. 이러한 맥락에서 유럽원자력공동체를 둘러싼 서독 내 산업 그룹 간 상이한 이해관계와 아데나워 정부 부처 간의 입장 차이 및 정치적 갈등을 면밀히 분석할 필요성이 제기된다.

II. 이론적 논의

이를 위해 본 논문은 모랍칙(Andrew Moravcsik)이 『유럽을 위한 선택』(Moravcsik 1998)에서 하였던 의미 있는 작업을 비판적으로 검토하고자 한다. 그의 '자유주의적 정부간협상론'은 '국가의 합리적 행위 가정', '국가 선호도 형성에 대한 자유주의 이론', '국가 간 협상에 대한 정부 간 분석' 등으로 구성된다. 그의 이론에서 국가 선호도는 국내 사회집단의 압력에 대응해서 달라진다. 다시 말해 국가이익은 사회집단들이 정치적 영향력을 놓고 경쟁하기 때문에 국내 정치적 갈등과 타협의 결과물이다. 그러므로 국내 정치에 대한 이해가 국가 간 전략적 상호작용을 분석하는 데 있어 분석의 전제조건이 된다. 그 이후 국가 간 협상이 진행되며, 정부는 국내적 이해관계와 권력관계 그리고 유럽공동체의 정책 결정 과정과 제도 사이에서 중재자 역할을 하는 것으로 간주된다.

그중 국가 선호도는 상업적 이해관계(commercial interest)의 패턴, 주요 정부들의 상대적 교섭력 그리고 국가 간 확약(commitment)의 신뢰성을 강화하기 위한 동기 등 세 가지 요인들에 의해 결정된다. 가장 핵심적인 것은 상업적 이해관계이다(Moravcsik 1998, 3). 따라서 그에게 있어 유럽통합은 경제적 이해관계-주된 것은 막강한 경제적 생산자들의 상업적 이해관계와 집권 정부의 거시경제적 선호도-를 지속적으로 추구하고 세계경제의 구조적 동기에 대응해 온 국가지도자들에 의해 내려진 일련의 합리적 선택의 결과이었다.

그는 통합과정을 설명하는 데 있어 대외경제정책의 '하위정치'와 지정학적 '상위정치'가 전후에 우연히 동시에 연계된 것에서 초래된 결과물로 설명해서는 안 된다고 강조한다. 즉 통합을 선택한 이들에게 있어 주요 동기는 또 한 차례의 독-불 전쟁을 막고, 범세계적 위신 및 권력을 고양하거나 초강대국을 상대로 균형을 유지하기 위한 것이 아니라는 것이다. 그는 경제적 이해관계를 우선에 놓는다고 해서 지정학적 이념이 중요치 않다고 부정하는 것이 아니라고 언급하였음에도 불구하고 경제적 이해관계가 여전히 최우선에 있다고 주장한다. 즉 정부를 움직인 지배적 동기는 지정학적 위협이나 그 관념이 아니라 수익 창출의 경제적 교환을 위한 기회의 부상, 특히 점증하는 산업 내 무역과 자본 이동에 대한 정책대응을 조정하게 하는 압력을 반영한 것이었다. 그에게 있어, 한 요인이 물러나야 한다면 그것은 지정학적인 것이었다(Moravcsik 1998, 6-7).

이러한 그의 이론적 전제는 문제가 있다. '자유주의적 정부간협상론'은 다원주의에 기반하여 시민사회에서 상호작용하는 사적 개인과 자발적 조직들을 정치의 가장 근본적인 행위자로 간주한다. 그러므로 국가 대외정책에 가장 근본적으로 영향을 미치는 것은 주요 사회집단들의 정체성, 이해관계의 성격, 그리고 국내 정책에 미치는 그들의 상대적 영향력이다. 그중에서도 가장 주된 것은 막강한 경제적 생산자의 상업적 이해관계이다(Moravcsik 1998, 3). 그에게 있어 사회와 정부의 관계는 일종의 주인-대리인 관계와 유사한 것으로서, 막강한 경제적 생산자의 상업적 이해관계가 국가정책에 직접적·일방적으로 관철된다.

이를 비판하기 위해서는 비록 모랍칙의 이론을 직접 언급한 것은 아니었지만, 풀란찬스(Nicos Poulantzas)의 국가론(Poulantzas 1975)을 기반으로 유럽원자력공동체를 분석한 두브너(Christian Deubner)의 비판을 참조할 필요가 있다. 그에 따르면, "그들(다원주의자들)은 제한적인 정치적·사회적 과정에만 주목함으로서 낙관론적인 결론을 도출한다. 즉 국민국가는 통합 목적에 의해 지배되었고, 그로 인해 저항이 별로 없었으며, 상대적으로 쉽게 합의하였다는 것이다(Deubner 1979, 204)." 이러한 두브너의 비판은 국가 선호도 형성에 관해 자유주의 이론을 채택하고 있는 모랍칙에게도 적용될 수 있다. 국가는 자본주의 사회 외부에 따로 떨어져서 강력한 정치 권력을 행사하는 실체가 아니며, 상이한 자본분파의 이해관계가 국가 내에서 일방적으로 관철되지도 않는다. 왜냐하면, 국가는 중립적 행위자도 아니며 지배계급의 이해관계를 대변하는 도구도 아닌 일종의 사회관계이기 때문이다. 따라서 경제적 생산자의 이해관계가 국가에 일방적으로 관철되지 않는다.

게다가 모랍칙은 경제적 이해관계를 중시하면서 지정학적 이해관계 등 다른 요인들의 역할을 간과한다. 앤더슨(Perry Anderson)에 의하면, 모랍칙이 분석한 유럽통합은 지정학적 계산[서독을 봉쇄할 프랑스의 필요, 체면을 회복하려는 서독의 필요]이나 연방주의적 이상주의[초국가주의에 대한 장 모네(Jean Monnet)의 꿈]에 의해 추동된 적이 없었다. 이 과정에서 오늘날의 유럽연합을 구성하는 일차적인 동기는 계약 당사자들의 상업적 이해관계였을 뿐이다(Anderson 2009, 85).

문제는 그것이 실제 세계와 조응할 수 있는가이다. 유럽공동체의 역사에서 모든 중요한 협정이 경제적 이해관계에 의해 결정되었다는 주장은 반대되는 증거를 언급하는, 잇따른 유보 조항에 의해 반박당하기 때문이다.[4] 예컨대 독일에 대한 정치적·군사적 봉쇄는 처음부터 프랑스의 가장 우선적인 전략이었으며, 이는 여섯 나라 사이에 통합의 상업적 이해관계에 대한 파리조약이 있기 전부터 그러하였다. 즉 독일을 가장 가까운 동맹국으로 묶어두는 것이었으며, 이는 전통적인 임시 피난처가 아니라 좀 더 지속적인 구성물을 필요로 하였다(Anderson 2009, 9).

따라서 '경제적인 것'에 대한 강조는 유럽원자력공동체 설립에 대해 일면적인 설명만을 제공할 뿐이다. 하지만 '지정학적인 것'만을 강조하는 것 역시 문제가 있다. 칼레오(D. P. Calleo)와 롤런드(B. J. Rowland)는 "만약 유럽 국가들이 자신들의 거대한 이웃 국가(미국과 소련)의 지배에서 벗어나고자 한다면, 그들은 서로 싸우는 것을 중지해야 한다. 그 대신 그들은 자신들의 집단적인 보존을 방어하고 바깥 세계에 자신들의 이해관계를 주장하기 위해 스스로 연합을 구축해야 한다"라고 주장한다(Calleo and Rowland 1973, 79). 즉 유럽원자력공동체 창설은 미국과 소련의 지배에서 벗어나기 위한 유럽 국가들의 시도라는 것이다. 이러한 현실주의적 시각은 국민국가를 단일한 행위자로 인식하면서 국민국가 내부에서 상이한 이해관계를 가진 행위자들의 움직임을 포착하지 못할 뿐만 아니라 국가 물신주의에 사로잡혀 현실을 제대로 파악하지 못한다.

그러므로 유럽원자력공동체에 관한 서독의 입장을 제대로 분석하기 위해서는 '경제적인 것'과 더불어 '지정학적인 것(정치적인 것)' 또한 매우 중요하게 고려되어야 한다. 왜냐하면, 서독의 입장은 '경제적인 것'과 '지정학적인 것' 중 어느 하나로 전적으로 환원되어 설명될 수 없으며 양

---

4 예컨대 모랍칙은 1960년대 영국의 유럽공동체 가입을 드골(Charles De Gaulle)이 거부한 배경에는 '위엄이 아니라 곡물'이라고 말한다. 즉 이는 워싱턴이 보낸 트로이 목마가 들어오지 못하게 문을 닫아건 것이 아니라 그저 프랑스 밀의 가격을 유지하려는 욕망이라는 것이다(Moravcsik 1998, 159-237; Anderson 2009, 87-88).

자의 교차점으로서 다중적으로 설명되어야 하기 때문이다.[5]

III. 유럽원자력공동체를 둘러싼 서독 국내의 상이한 이해관계

1. 산업그룹 간 상이한 경제적 이해관계

서독은 베네룩스 각서[6] 등과 같은 다양한 제안과 국제적인 상황 변화에 직면하여 중요한 정치적 결정을 내려야 하였다. 당시 프랑스는 우라늄 농축공장의 공동 건설과 같은 핵 부문에서의 양자 간 활동을 요구하였다. 게다가 서독은 미국, 영국과 핵 원료와 기술 교환에 관한 회담을 개최해야 하였다. 따라서 서독은 이와 관련하여 산업자본 분파와 다양한 정치세력의 이해관계를 조정하여 최소한의 내부 입장을 수립할 필요가 있었다. 이를 위해 서독은 상이한 경제적 이해관계를 가진 산업그룹들과 정부 부처 간의 입장을 조율하여 최소한의 내부 입장을 수립할 필요가

---

5 그렇다면 '경제적인 것'과 '지정학적 것(정치적인 것)' 사이의 관계를 어떻게 설정해야 하는가? 이를 위해 캘리니코스(Alex Callinicos)가 자본주의와 국가체제에 관해 논한 내용을 참고할 필요가 있다(캘리니코스 2011). 기본적으로 그는 경제적인 것과 지정학적인 것이 어느 하나로 환원되지 않지만 서로 밀접하게 연결되어 있다고 주장한다. 그는 이러한 통찰을 아리기(Giovanni Arrighi)로부터 가져온다. "영토 획득과 자본축적에 관한 국가 행위의 논리 구조를 실제 결과와 혼동해서는 안 된다. 역사적으로 권력의 자본주의적 논리와 영토주의적 논리는 서로 분리되어 작동하지 않았고, 특정 시공간 맥락에서 서로 연결되어 작동하였다(아리기 2008, 82)." 자본주의적 논리는 자본이 국경에 구애받지 않고 끝없는 자본축적을 목적으로 한다는 논리이며, 영토주의적 논리는 무한한 팽창보다는 영토 자체의 존속과 유지를 우선시하는 논리이다. 영토주의적 논리는 자본주의 논리를 강화할 수도 있고, 반대로 제약할 수도 있다. 그 역도 마찬가지이다.

6 베네룩스 각서는 에너지 부문의 통합확대(유럽원자력공동체)와 수평적 통합(유럽경제공동체)을 동시에 진행해야 한다는 내용을 담고 있다.

있었다. 왜냐하면, 이렇게 수립된 입장은 서독 내 원자력 관련 산업그룹에 직간접적으로 영향을 주기 때문이었다. 그 과정에서 서독 내 막강한 경제적 생산자들인 산업그룹들은 자신들의 의견을 적극적으로 정부에 개진하였다.

두브너에 따르면, 산업그룹은 대략 3개로 구분할 수 있다.[7] 이는 1) 석탄산업, 2) 공기업, 3) 화학, 전기설비, 기계제조 및 비철금속 산업 등이다. 첫 번째 그룹인 석탄산업은 당시 서독에서 주요 에너지의 전통적인 공급자로서 새로운 에너지 자원인 우라늄 출현에 대해 비판적이었다. 1954년 탄광은 전후 재건 이후 처음으로 과잉생산 문제에 직면하였다. 그 당시 지배적인 견해는 과잉생산이 지속 및 증대되리라는 것이었다. 그 이유는 명확하였다. 석유 소비가 증대되고 있었고, 임금상승 시기에도 석탄 채굴 비용 상승이 억제되었기에 석탄을 저렴하게 확보할 수 있었다.

---

[7] 한편 모랍칙은 두브너와 다른 맥락에서 서독 산업그룹을 '거대 유럽' FTA를 선호하는 그룹과 '작은 유럽' 관세동맹을 선호하는 그룹으로 구분한다. 유럽대륙에서 그리고 전 세계적으로 경쟁이 치열한 부문의 산업그룹은 '거대 유럽' FTA를 선호하였다. 식민지 연계가 부족하고 전통적인 동유럽 시장을 빼앗긴 고부가가치 자본재 산업-서독 제조업 수출의 88%를 차지하고 대규모 수출 흑자를 담당하고 있는 공작기계, 기계장치, 운송 장비, 화학 등의 산업-은 서유럽과 북아메리카로 생산을 재빠르게 전환하였다. 반면 서독 제조업 수출의 12%에 불과한 섬유, 제지, 비철금속 그리고 항공기 등과 같은 스칸디나비아 또는 영국과의 경쟁에 취약한 소규모 기업과 부문은 6개국 간 '작은 유럽' 관세동맹을 선호하였다. 모랍칙은 이러한 차이에도 불구하고 서독 내 산업그룹들이 유럽원자력공동체에 대해서는 공동의 입장을 표명하였다고 주장한다. 그들에게 있어 원자력 산업의 성장 전략은 미국의 보조금을 받는 우라늄에 대한 접근에 달려 있었다. 서독의 산업그룹들은 프랑스가 독점 가격을 부과하고 특허를 통제하며 초국가적인 방향을 상요하는 것을 염려하였다(Moravcsik 1998, 97). 이러한 맥락에서 보면, 서독 내 산업그룹 다수가 선호하였던 원자력 협력은 '작은 유럽'이 아니라 전면적인 무역자유화를 보장하는 '거대 유럽' FTA였다. 모랍칙은 서독 내 산업그룹들이 유럽원자력공동체를 성공적으로 무력화시켰다고 평가하면서, 지정학적 이슈보다 경제적 이해관계가 국가 입장을 설명하는데 적절하다고 주장한다. 하지만 그의 주장은 역사적 사실에 대한 일면적 설명에 불과하다.

그리고 해외로부터 수입된 석탄도 저렴하였다(Deubner 1979, 210). 따라서 석탄산업은 새로운 에너지 자원인 원자력을 마땅치 않아 하였다. 그런데 1955년 서독 경제가 급격하게 성장하자, 석탄이 단기간에 부족해졌다. 그에 따라 석탄산업의 정치적 무게는 서독 국내에서 일시적으로 더 강화되었다. 당시 석탄산업은 유럽석탄철강공동체의 공동에너지정책에 원자력이 포함되기를 원하고 있었다(Deubner 1979, 213-214).

두 번째 그룹인 공기업들은 원자력을 활용한 새로운 전력생산 기술의 주요 소비자가 될 것으로 예측되었다. 하지만 원자력에 대한 그들의 이해관계는 다소 모호하였다. 한편으로 그들은 초과이윤 가능성을 제공하는 새로운 전력 생산시스템에 관심이 있었다. 다른 한편으로 그들은 재래식 전력 생산시스템과 결합되어 있었고, 게다가 그중 상당수가 주요 에너지원인 탄광과 연계되어 있었다. 따라서 공기업들은 핵 시대로의 진보를 재촉할 동기를 크게 느끼지 못하였다. 그 대신 그들은 원자력 발전소를 활용할 수 있는 시기를 기다리면서 현재 기술로 경쟁할 수 있는 가격으로 전기를 공급하는 것을 더 선호하였다. 당시 저렴한 미국산 석탄이 있었으며, 석유는 점점 더 저렴해졌다. 마지막으로 당시 원자력 기술은 확실히 합리적인 가격으로 전기를 생산하는 것과는 거리가 멀었다. 그에 따라 공기업들은 원자력 기술에 관해 냉정하게 판단하였다(Deubner 1979, 211). 하지만 공기업의 기술적 특성과 세계시장에서 국가 산업의 경쟁력을 강화해야 할 필요성 때문에, 전력생산은 국제화될 수밖에 없었다. 이러한 맥락에서 그들은 유럽원자력공동체와 같은 유럽에너지정책에 통합되는 것을 강력히 거부하였다(Deubner 1979, 214).

마지막 그룹은 화학, 전기설비, 기계제조 그리고 비철금속 산업 등이다. 그런데 이들 중에서도 핵 부문에 대한 적극적인 개입 정도는 핵 활동이 관련 부문의 새로운 시장을 열어 줄 가능성이 어느 정도인지 그리고 그것을 활용하기 위해 얼마나 많은 자본과 개발비용이 요구될 것인지에 따라 상이하였다. 전기설비 산업의 경우, 발전소는 그들 사업의 전통적인 분야였다. 특히 미국의 성공 사례가 그들을 새로운 시장에 진입하도록 이끌었다. 이를 위해서는 기존 발전소 대신 새로운 발전소인 원자로를 개발하고 건설해야 하였으며 기존 전통적인 설비를 새로운 사양에 맞추어 조정해야만 하였다. 그런데 이는 막대한 자본 지출을 요구하였다. 그로 인해 전기설비 산업은 다소 애매한 관심만을 보였다.

반면 화학산업은 두 가지 이유로 원자력에 상당히 관심이 많았으며 적극적으로 활동하였다. 첫째, 그들은 가장 큰 전력 소비자로서 저렴하게 전력을 사용할 가능성이 있었다. 둘째, 원자력의 도입은 전력 판매자로서의 새로운 활로를 개척할 수 있도록 하였다. 우라늄 제조와 정제는 재래식 연료와 달리 큰 성공을 보장하였다. 이미 미국의 사례가 존재하였기에 이러한 부문에 진입해야 한다는 생각은 쉽게 옹호될 수 있었다. 게다가 핵물질 처리는 새로운 시장의 창출을 약속하였다. 이러한 이유로 화학산업은 서독에서 원자력에 대한 가장 적극적이고 솔직한 지지자였다.

기계제조 산업은 화학 산업과, 그리고 비철금속 산업은 전기설비 산업과 동일한 이해관계를 가지고 있었다. 위에서 언급한 부문들을 단일그룹으로 간주하면, 그들은 서독 국내에서 원자력 산업을 창출하기 위해 가장 활동적이고 적극적인 경제적 이해관계를 가지고 있었다(Deubner 1979, 212-213). 선제적으로 이들 산업은 이미 세계시장에서 국제적으로 성장하고 있었다. 화학산업은 미국 화학산업의 기술 발전에 보조를 맞출 기회를 잡았다. 이는 전력생산 장비를 생산하고 있었던 전기설비에도 적용된다. 전기설비 산업은 세계시장에서 원자력 장비 생산에 진입하고 개발하는 데 필요한 원료와 기술을 확보하기 위한 국제협정을 구축하는 데 가장 적극적이었다(Deubner 1979, 214). 따라서 이들은 유럽적 차원의 원자력 프로젝트보다는 미국과 영국과의 긴밀한 협력을 더 원하였다. 이처럼 서독 내 산업자본 그룹은 산업적 팽창, 기술 발전, 자본의 집중과 국제화에서 그들의 위치, 그리고 원자력 도입이 그들 내부에 가져오는 효과에 따라 상이한 이해관계를 가지고 있었다.

서독에서는 1955년 가을 원자력 관련 산업의 대표자들로 구성된 원자력위원회가 설립되었고, 화학산업 대표가 위원장을 맡았다. 하지만 동 위원회는 경제에서의 원자력의 역할, 특정 산업그룹이 수행되어야 할 과제 그리고 서독 외교정책 등에 대한 어떠한 실질적인 합의도 만들어내지 못하였다(Deubner 1979, 217). 요컨대 서독 산업계는 원자력에 대한 공통적인 입장이 없었기 때문에 어떠한 전체적인 이해관계도 정부의 단일한 대외정책으로 표현될 수 없었다. 원자력은 새로운 동맹을 창출하였는데, 이는 서독 경제에서 석탄과 철강과 같은 전통적인 동맹의 중요성을 감소시켰다. 서독 산업계에서 가장 크고 역동적인 기업들은 원자력 이슈에서 찬성과 반대 진영으로 나눠 정부 정책에 적극적으로 개입하였다. 미국 원자력 산업과 가장 밀접하게 연계된 가장 역동적인 산업과 기업은 새로운 원자력부를 통해 자신들의 의견을 표출하였다. 물론 원자력 부문과 관련된 산업그룹들은 미국기업과 협력 또는 경쟁하는 정도에 따라 매우 상이한 입장을 보였다(Deubner 1979, 224).

2. 정부 내 입장 차이와 정치적 갈등

핵 부문에 대한 책임은 원자력 담당 부처를 설립하기 전까지 경제부에서 담당하였다. 원자력 문제는 경제부에서 에너지 문제와 대외관계 맥락에서 다루어졌다. 경제부는 산업계 참여를 위해 필요한 정부 협약을 작성하였을 뿐만 아니라 원자력이 제도화될 수 있는 법적 틀을 발전시켰다. 1955년 말 무렵 경제부는 핵 관련 법률 초안을 공식화하기 위해 노력하였다. 또한, 경제부는 영국과 미국과의 양자 협정을 목표로 하는 협상을 진행하였다. 하지만 경제부는 유럽원자력공동체와 관련하여 최소한의 관심만을 표명하였을 뿐이었다(Deubner 1979, 218). 경제부는 자유주의적인 세계경제 체제의 확립, 즉 유럽에서 시작해 점점 전 세계로 확산되는 자유무역의 확대를 추구하였고 유럽경제협력기구와 같은 느슨한 통합방식을 선호하였다(신종훈 2009, 129).

특히 경제부 장관 에르하르트(Ludwig Wilhelm Erhard)[8]는 서독 경제의 근간으로서 범세계적인 자유무역을 지지하였다. 그는 핵 기술, 화학, 전기, 건설기계 등과 같은 산업부문의 경우 자유로운 국제시장을 통해 발전되어야 하며, 이를 위해 미국과 영국과의 긴밀한 협력을 추구해야 한다고 생각하였다(김유정 2013, 260). 당시 이들 산업은 이미 세계시장으로 진출하고 있었으며 국제경쟁력을 추구하고 있었다. 동 산업들은 상업적 자유가 방해받고 있다고 분개하였으며, 핵보유국인 영국, 특히 미국과의 핵 협력이 필요하다고 생각하였다(Moravcsik 1998, 140).

원자력 문제에 관련하여 공기업들의 입장을 상기해보면, 공기업들이 경제부 정책의 적절한 기반인 것을 알 수 있다. 공기업들은 세계시장에서 가장 저렴하고 발전된 핵물질 및 기술에 대한 양자 간 접근을 통해 원

---

8   경제부 장관 에르하르트, 차관 베스트릭(Ludger Westrick)과 뮐러-아르막(Alfred Müller-Armack)은 (유럽원자력공동체와 같은) 부문별 통합에 적대적이었고 서독 경제의 토대로 국제자유무역 체제를 선호하였다(O'Driscoll and Lake 2002, 8).

자력에 대한 최소비용을 원하였다. 그들은 유럽석탄철강공동체의 초국가적인 모델과 동일한 유럽에너지정책에 포함되기를 원하지 않았다. 왜냐하면, 이러한 모델은 비용-이윤 원리에 어긋나기 때문이었다. 따라서 공기업들은 높은 우라늄 가격을 두려워하면서 우라늄 공급을 위한 독점적인 유럽원자력공동체의 공급청을 받아들이지 않았다. 더 나아가 그들은 미국보다 더 높은 가격으로 농축 우라늄을 생산할 것으로 예상되는 유럽공동농축시설에 대한 아이디어도 거부하였다. 또한, 그들은 특허의 의무적인 교환에 관해서도 반대하였다(Deubner 1979, 219).

한편 아데나워 총리와 그의 정부는 스트라우스(Franz Josef Strauss)의 주도 아래 원자력부를 설립하였다. 이는 원자력에 대한 책임을 에너지정책의 맥락에서 유지하기를 원하였던 경제부의 격렬한 반대에도 불구하고 진행된 것이었다. 경제부는 다른 국가들의 원자력 기구 창설이 군사적 측면에 의해 동기 부여를 받았지만, 서독의 경우 원자력의 평화로운 이용으로 국한되기에 결국 에너지 문제 그 이상이 아니라고 주장하였다. 한편 당시 미국 정부는 서독에게 미국 원자력위원회와 함께 핵 관련 문제를 논의하고 수행할 특별기구를 설립할 것을 요구하였다.

새롭게 설립된 원자력부는 원자력 개발과 관련된 모든 권한을 부여받았다. 원자력 입법안과 핵 대외관계 수행과 관련된 외무부와의 채널에 대한 책임은 원자력부 장관에게 맡겨졌으며, 단지 원자력의 에너지 측면만이 경제부에 맡겨졌다. 하지만 경제부와 재무부가 연합하여 브뤼셀 프로젝트에 저항하기 시작하였고, 이들은 아데나워 정부가 유럽원자력공동체 문제에 관한 전문가 보고서의 최종합의를 승인하는 것을 막을 수 있었다(Deubner 1979, 221-222).

그런데 아데나워를 더욱 곤경에 처하게 한 것은 스트라우스의 반대였다. 스트라우스는 프랑스보다는 기술적으로 앞선 영국과 미국과의 협력을 더 선호하였다(Loth 2015, 55). 물론 이러한 입장은 단순히 경제적 이해관계만을 염두에 둔 것은 아니었다. 다수의 독일인은 소련과의 냉전이 절정으로 치닫는 상황에서 자국의 안보를 담보하기 위해서 미국, 영국과의 긴밀한 협력이 필수적이라고 믿었다. 따라서 군사력과 경제력에서 제한적인 능력만을 갖춘 프랑스와의 연대가 미국·영국과의 협력에 대한 효과적인 대안이 될 수 없었다. 이러한 상황에서 정부 내 아데나워의 친프랑스 정책은 무책임한 것으로 비춰졌다(김준석 2011, 295-296).

한편 아데나워가 에르하르트와 스트라우스의 반발에도 불구하고 유럽원자력공동체를 지지한 것은 정치적인 이유였다. 그는 공산주의에 대한 방벽으로서, 궁극적으로 독일의 재통일이 프랑스에 의해 인정받는 것으로서 서유럽의 단결을 원하였다(Anderson 2009, 10). 이러한 맥락에서 그는 장 모네와 긴밀한 관계를 유지하면서 강력한 유럽 기구에 대한 그의 제안을 지지하였으며 관세동맹보다 유럽원자력공동체 제안에 더 관심을 가졌다. 특히 그는 프랑스와의 더 강력한 양자 관계를 지지하였다. 결과적으로 이는 야당 정치인들뿐만 아니라 자신의 정부 내 많은 사람들로부터 아데나워를 소외시켰다(Moravcsik 1998, 90-91). 1948년부터 아데나워의 핵심 지정학적 목표는 서독의 방어, 서베를린에 대한 통제 그리고 소련에 대한 대항을 보장하는 것이었다. 목표를 달성하기 위한 아데나워의 가장 기본적인 전략은 영토 보존과 서독 재무장 등이었다. 서독은 다양한 유럽통합 계획을 통해 자국의 목표를 달성하였다. 그는 독-불 협력에 전념하였던 반면, 긴밀한 협력관계에도 불구하고 미국과 영국을 전적으로 신뢰하지 않았다(Moravcsik 1998, 91-95). 이처럼 아데나워에게 있어 경제적인 이해관계보다는 지정학적인 측면에서 고려된 외교

정책이 최우선이었다.

한편 경제부 입장보다 아데나워 총리와 외무부 입장의 사회적 기반을 정확하게 찾아내는 것이 훨씬 더 어렵다. 하지만 석탄 철강 산업이 가장 중요한 기반이라고 지적하는 것이 아마도 정확할 것이다. 서독 재건에서 석탄 철강 산업의 중심적인 역할과 이들 산업그룹과 독일 1세대 정치지도자들의 친분은 이미 잘 알려진 사실이다(Deubner 1979, 219).[9]

아데나워는 지정학적 목표를 달성하기 위해 총리실의 권력을 활용하였다. 외무부는 아데나워의 개인적 통제 아래 놓여 있었고, 그에게 충성하는 친유럽적인 관료들이 근무하고 있었다. 그들 가운데 가장 중요한 사람은 할슈타인(Walter Hallstein)이었다(Moravcsik 1998, 100). 그는 초국가적인 기구를 확장시키려는 장 모네의 부문별 통합방식이 제도적 통합을 지속시키는 데에 활력을 줄 수 있을 뿐만 아니라 통합이 궁극적으로 유럽연방 국가로 발전하는 데 도움이 되는 현실적인 대안이라고 생각하였다(신종훈 2009, 128).

1955년 5월 22일 아데나워 정부의 고위 각료들이 메시나 회담을 위한 서독의 입장을 조율하기 위해 아이허샤이트(Eicherscheid)에서 회동하였다. 당시 정부 내 입장 차이는 경제적 요인을 중시하는 그룹과 지정학적 요인을 강조하는 그룹으로 분류된다. 서독 정부는 아이허샤이트 회동을 통해 유럽원자력공동체 프로그램과 공동시장, 즉 관세동맹을 연계시키는 것에 합의하였다. 하지만 이러한 연계가 이후 순조롭게 유지된 것은 아니었다(Moravcsik 1998, 101-102). 여전히 정부 내 입장 차이와 정치적 갈등이 지속되는 가운데 1956년 아데나워 총리는 자신의 권한, 즉 총

---

[9] 하지만 1955년 이후부터 석탄의 역할이 축소되면서 화학, 전기, 비철금속 등 산업그룹들의 목소리가 커지게 되었다.

리의 원칙결정권한(Richtlinienkompetentz)을 발동하면서 에르하르트의 입장을 꺾고 유럽원자력공동체를 추진하였다(김유정 2013, 261; Moravcsik 1998, 102). 이처럼 아데나워는 내각의 분열이 연계를 위협하자 결단력 있게 행동하였다. 1956년 1월 19일 각료들에게 보낸 지침에서, 아데나워는 '유럽통합에 대한 명확하고 긍정적인 서독의 입장'을 요구하였다. 즉 메시나 결의안은 변경이나 지연 없이 엄격하게 이행되어야 한다는 것이다. 또한, 그는 전체 통합 프로젝트의 정치적 성격을 보다 강하게 인식해야 한다고 주장하였다(O' Driscoll and Lake 2002, 14).

이러한 서독 내의 복잡한 상황에도 불구하고 유럽원자력공동체-유럽경제공동체에 대한 국제협상은 1956년 여름 무렵 두 번째 단계로 진입하였고, 합의 도달에 대한 국제적인 압력은 상승하였다. 이는 국제적인 상황이 급격하게 변동하였기 때문이었다. 국제적 상황은 프랑스와 서독 등 6개국이 서로의 차이를 조율하도록 하였다. 미국은 1956년 6월 폴란드의 정치적 불안정과 11월 소련의 헝가리 군사적 개입에도 불구하고 미온적으로 대응하였다. 일련의 사태는 아데나워로 하여금 미국에 대한 신뢰를 상실하게 하였다. 첫째, 그는 6월 아이젠하워가 소련 지도자들을 미국 대통령 선거가 끝난 직후 워싱턴으로 초대할 것이라는 소문을 들었는데, 이 소문이 미국-소련 데탕트와 독일의 중립화에 대한 그의 두려움을 부채질하였다. 둘째, 1956년 7월 13일 『뉴욕타임즈』(New York Times)는 미국의 '래드포드 계획(Radford Plan)'을 공개하였다. 이는 미국 방위비 절감을 위해 유럽에서의 재래식 병력 감축 및 전술 핵무기에 의한 교체를 제안한 것이었다. 독일인들은 자신들의 군대가 대포알이 되고 독일이 핵 전쟁터로 전락할 것을 두려워하였다. 게다가 이 시기 유럽원자력공동체 조약을 마무리해야 한다는 장 모네의 시의적절한 제안은 아데나워를 유혹하였다. 더 심화된 유럽통합, 프랑스-독일 화해 그리고 유럽 방위 협력에 대한 전망은 상호 보완적으로 작동할 수 있으며, 필요하다면 미국에 대한 의존을 대체할 수도 있는 프로젝트였다. 1956년 12월 미국이 북대서양조약기구(North Atlantic Treaty Organization, NATO)에 6개 사단을 철수시키고 싶다고 통보하면서 서독 방위에 대한 미국의 약속은 더욱 훼손되었다. 이에 아데나워는 더는 미국의 '핵우산'을 신뢰하지 않았으며, 그 대신 프랑스와의 긴밀한 협력을 통해 미국에 대한 의존을 대체하고자 하였다. 게다가 수에즈(Suez) 위기는 이러한 움직임을 더욱 가속화시켰다. 수에즈 위기 개입 실패로 인해 프랑스의 국제적 지위는 급속히 약화되었고, 이에 프랑스는 유럽원자력공동체와 함께 공동시장의 설립을 받아들이면서 돌파구를 모색하였다(O' Driscoll and Lake 2002, 18-20).

이러한 상황에서 아데나워는 다시 서독 정부 내에서 자신의 권위를 주장하였다. 1956년 10월 31일, 헝가리와 수에즈 위기가 최고조에 달하였을 때, 그는 공동시장을 지속하는 것이 이익이라고 에르하르트를 설득하였다. 또한, 그는 스트라우스의 비판에 맞서 유럽원자력공동체가 서독에 정상적인 방법으로 핵무기를 얻을 기회를 부여할 것이라고 주장하였다. 마침내 1956년 11월 6일 아데나워의 프랑스 방문은 독불 간의 의견 수렴을 가속화하였다.[10] 1957년 2월 몰레(Guy Mollet)와 아데나워는 서독이 자금을 조달하고 프랑스가 기술 노하우를 제공하는 핵무기 공동생산 비밀 프로젝트에 합의하였다. 이를 통해 프랑스는 유럽원자력공동체의 통

---

10   한편 프랑스도 공동시장 제안에 긍정적인 방향으로 전환하고 있었다. 왜냐하면, 농민들이 유럽경제공동체 계획을 농업 흑자의 배출구로 인식하였기 때문이었다. 즉 프랑스 정부와 생산자 집단은 프랑스 최고의 경제적인 이익이 '6개국'에 있다는 것을 깨달았다(O' Driscoll and Lake 2002, 20).

제권 밖에서 군사적 핵 프로그램을 수행할 수 있는 완전한 자유를 부여 받았다. 그럼에도 불구하고 핵분열성물질에 대한 유럽원자력공동체의 완전한 독점권을 주장하였던 프랑스의 요구는 서독에 의해 거부되었다. 왜냐하면, 이는 사실상의 프랑스 독점권을 인정하는 것이자 원자력 부문에 대한 서독의 권한을 제약하였기 때문이었다(Moravcsik 1998, 148-149).

아데나워는 경제적인 이해관계보다 정치적인 이해관계를 더 중시하였으며 서유럽 이웃 국가들과 서독의 관계를 정상화하는 것이 더 바람직하다고 믿었다. 아데나워는 그의 지정학적 목표, 특히 프랑스와 긴밀한 관계로 정책을 전환하는 데 성공하였지만, 한계가 있었다. 결국, 아데나워는 1956년 말 유럽원자력공동체의 방향 전환을 받아들었다. 1956년 중반 유럽원자력공동체로 덕을 보기 시작한 아데나워조차도 자신의 각료들과 막강한 경제적 생산자들에게 자신의 의지를 전적으로 관철할 수 없었다(O' Driscoll and Lake 2002, 36).

종합하면 당시 서독 내 산업그룹들은 원자력에 대한 공통적인 입장이 없이 파편화되어 있었기 때문에 어떠한 전체적인 자본주의적 이해관계도 정부의 단일한 대외정책으로 표현될 수 없었다. 파편화는 주로 산업적 팽창, 기술 발전, 자본의 집중과 국제화에서의 그들의 위치 그리고 원자력 도입이 그들 내부에 가져오는 효과에 따라 상이한 이해관계를 가진 산업그룹 사이에서 가시적으로 드러났다. 더불어 원자력은 새로운 초부문간(transsectoral) 동맹을 창출하였는데, 이는 서독 경제에서 석탄과 철강과 같은 전통적인 동맹의 중요성을 감소시켰으며, 서독 산업에서 가장 크고 역동적인 기업들은 원자력 이슈에서 찬성과 반대 진영으로 나눠 정부 정책에 적극적으로 개입하도록 하였다. 미국 원자력 산업과 가장 밀접하게 연계된 가장 역동적인 산업과 기업은 새로운 원자력부를 통해 자신들의 의견을 표출하였다. 물론 이들은 원자력 부문에서 관련 자본가 그룹이 미국기업과 협력 또는 경쟁하는 정도에 따라 매우 상이한 입장을 취하였다. 결과적으로 이러한 원자력을 둘러싼 산업간 갈등은 아데나워의 친유럽원자력공동체 전략을 사보타지할 정도로 강하였다. 또한 경제부가 주도하는 반대 세력은 재무부와 연합하여 유럽원자력공동체 프로젝트에 끊임없이 저항하였고, 이러한 저항을 돌파하기 위해 아데나워가 추진한 새로운 원자력부 또한 아데나워의 의도와는 달리 프랑스와의 협력보다는 미국과의 협력을 더 강화해야 한다고 주장하였다. 결국 아데나워와 그의 통제 아래 있었던 총리실 및 외무부는 유럽원자력공동체와 관련된 서독의 입장에 대한 완벽한 통제를 다시 획득할 수 없게 되었다. 결국 아데나워는 방향 전환을 받아들였으며, 자신의 각료들과 초기 서독의 원자력 산업에 자신의 의지를 전적으로 관철시킬 수 없었다. 이처럼 서독 내 유럽원자력공동체에 관한 입장은 합리적이고 의식적인 노력의 결과가 아니라 산업그룹 간 갈등과 총리와 정부 내 상이한 부서들 간의 타협의 산물이었다.

Ⅳ. 맺으며

로마조약은 유럽원자력공동체와 유럽경제공동체라는 '샴쌍둥이'를 잉태하였다. 유럽통합의 역사를 연구하는 대다수 학자들은 일반적으로 유럽원자력공동체보다는 유럽경제공동체에 주목하는 경향이 있다. 하지만 협상 초기에 현실적이고 핵심적인 수단으로 간주된 것은 유럽경제공동체가 아니라 유럽원자력공동체였다. 1956년 말까지 유럽원자력공동체는 유럽경제공동체, 즉 공동시장을 위한 수단이 아니라 유럽에서 가장 현실적이고 핵심적인 통합 프로젝트였다. 그런데 유럽원자력공동체 조약이 발효되고 얼마 지나지 않아 원래의 열정은 사실상 사라진 듯 하였다. 유럽원자력공동체의 실패는 점차 분명해졌고, 결국 '유산'되고 말았다.

『유럽을 위한 선택』에서 모랍칙이 하였던 작업은 블랙박스(Blackbox)의 결과물로 간주되었던 서독의 입장을 해체하고, 그 대신 다원주의적 관점을 바탕으로 사회경제적 집단과 정부 부처 내 갈등을 상당히 깊숙하게 분석하고 있다. 이러한 의미 있는 작업에도 불구하고, 그의 논의는 두 가지 문제점을 가지고 있다.

첫째, 국가정책에 가장 근본적인 영향을 미치는 것은 주요 사회집단의 이해관계, 특히 그중에서도 막강한 경제적 생산자들의 상업적 이해관계이다. 게다가 막강한 경제적 생산자들의 상업적 이해관계는 국가정책에 직접적·일방적으로 반영된다고 간주된다. 왜냐하면, 국가-사회 관계는 일종의 주인-대리인 관계이기 때문이다. 하지만 국가를 단순한 도구가 아니라 사회적 응집을 보장하기 위한 것으로서 이해한다면, 그의 이론적 전제는 분석적 타당성이 떨어질 수밖에 없다. 둘째, 그는 경제적인 것을 일면적으로 중시하면서 당시의 국제적 상황에 대응하기 위한 서독의 지정학적 이해관계 등과 같은 다른 요인들의 역할을 간과하거나 무시한다.

따라서 서독의 입장을 제대로 분석하기 위해서는 '경제적인 것'과 '지정학적인 것(정치적인 것)' 중 어느 하나로 전적으로 환원하여 설명하지 않고 양자의 교차점으로서 다중적으로 설명해야 한다. 서독 정부는 서독 내 경제적 이해관계를 단순히 반영한 것이 아니라 복수의 국가들이 상호 경쟁하는 국제적 국가체제에서 지정학적 이해관계에 따라 행동하기도 하였다. 이처럼 서독의 입장은 유럽원자력공동체 협상 과정에서 산업그룹 간 상이한 이해관계와 정부 부처 내 입장 차이 및 그에 따른 정치적 갈등 모두가 변수로 작동한 결과물이다. 이러한 의미에서 본다면, 아데나워 정부가 유럽원자력공동체에 관한 단일하고 일관된 국가 입장을 공식화하지 못한 것은 어찌 보면 당연하다.

요컨대 유럽원자력공동체에 관한 서독의 입장은 협상 과정에서 '경제적인 것'과 '지정학적인 것(정치적인 것)'이 복합적으로 그리고 우연히 동시에 연계되어 결정 요인으로서 작동함에 따라 단일하고 일관되게 유지될 수 없었다. 그리고 서독 내 막강한 경제적 생산자들의 상업적 이해관계는 정부의 국가정책에 직접적·일방적으로 관철되지 않았다. 최종적으로 결정되는 서독의 입장이 아무리 결과적으로 자본에 유리하더라도, 그렇게 결정되기까지의 과정은 시행착오를 통해 불완전한 균형점을 찾아가는 길고 험난한 상호작용의 과정이었다.

참고문헌

1. 국문

김유정. 2013. "대서양 관계를 통해서 본 유럽통합: 유라톰(EURATOM)의 기원을 중심으로, 1954-1957." 『중앙사론』 28: 237-269.

김준석. 2011. "프랑스-독일관계의 변화와 유럽통합: 회고와 전망." 『한국정치연구』 20(3): 287-310.

신종훈. 2009. "유럽경제공동체(EEC) 형성을 둘러싼 서독의 유럽정책과 의회 토론: 밀워드(Alan S, Milward)의 '유럽적 구제'에 대한 비판적 검토." 『독일연구』 18: 115-144.

알렉스 캘리니코스 지음. 천경록 역. 2011. 『제국주의와 국제 정치경제』. 책갈피.

조반니 아리기 지음. 백승욱 역. 2008. 『장기 20세기』. 그린비.

Derek W. Urwin 지음. 노명환 역. 1994. 『유럽통합사』. 대한교과서.

2. 영문

Anderson, Perry. 2009. *The New Old World*. Verso.

Berend, Ivan T. 2016. *The History of European Integration: A new perspective*. Taylor & Francis Ltd.

Dedman, Martin. 2010. *The Origins and Development of the European Union 1945-2008: A History of European Integration*, 2nd ed. Routledge.

Calleo, D. P. and Rowland, B. J.. 1973. *America and the World Political Economy*. Indiana University Press.

Deubner, Christian. 1979. "The Expansion of West German Capital and the Founding of Euratom," *International Organization* 33(2): 203-228.

Dinan, Desmond. 2014. *Europe Recast: A History of European Union*, 2nd ed. Palgrave Macmillan.

Gillingham, John. 2010. *European Integration, 1950-2003*. Cambridge University Press.

Loth, Wilfred. 2015. *Building Europe: A History of European Unification*. De Gruyter OLDENBOURG.

Milward, Alan S. 2000. *The European Rescue of the Nation-State* 2nd ed. Routledge.

Moravcsik, Andrew. 1998. *The Choice for Europe: Social Purpose and State Power from Messina to Maastricht*. Cornell University Press.

O'Driscoll, Mervyn and Gordon Lake. 2002. *The European Parliament and the Euratom Treaty: past, present and future*. EUROPEAN PARLIAMENT.

Poulantzas, Nicos. 1975. "The Internationalisation of capitalist relations and the nation state." *Classes in Contemporary Capitalism*. New Left Books.

Ryner, Magnus and Alan Cafruny. 2017. *The European Union and Global Capitalism: Origins, Development, Crisis*. Palgrave Macmillan.

보론

Ordoliberalism as Early Ideational Influence on European Economic Integration*

Ralf Havertz

I. Introduction

European economic integration was an incremental process. The signing of the Treaty of Rome in 1957 was just the starting point of a development which lasted several decades and has only recently been completed. When we refer to the Treaty of Rome as a starting point, this does not mean that the European Coal and Steel Community (ECSC) which was founded in 1952 with the Treaty of Paris had no significance for this integration process. Pooling the production of

---

* 본 글은 "Ordoliberalism as Early Ideational Influence on European Economic Integration." 『글로벌정치연구』, 제13권 1호(2020), 23-46쪽의 내용을 수정 및 보완한 것임.

coal and steel in the six founding states of the European Community can be interpreted as an important first (to some extent preparatory) step for the more comprehensive steps that were taken with the enactment of the Treaty of Rome.[1]

This study focuses on the European Economic Community (EEC) and the ordoliberal foundations of European economic integration. Its *main hypothesis* is that ordoliberal principles were guiding the integration process. It assumes that these principles formed the ideational basis of the process that was initiated with the signing of the Treaty of Rome. The ordoliberal element that was at the center of the integration process was a framework order for the economy of the European Community (EC). In many ways the process of European economic integration looks as though it meticulously followed the prescripts of ordoliberal theory. The problem is that there are no official documents or statements from the time when the Treaty of Rome was negotiated that would include any specific references to ordoliberalism or the social market economy as a model for the way economic integration was organized. Until recently, the influence of

---

[1] The Treaty of Rome was not just about economic integration it also included the creation of the European Atomic Energy Community (Euratom), the purpose of which was to secure energy supply throughout the territory of all members states. Back in these days nuclear energy was seen as an important and safe source of energy supply for the future. The environmental perils of this technology were not well known at this point of time. This has changed meanwhile with Germany, the economically strongest country of the European Union, phasing out nuclear energy until 2022.

ordoliberalism on the policy area of competition has primarily been studied through the analysis of interviews that were conducted with some of the founding fathers of the EC and "studies of the negotiations that led to the articles of competition policy in the European Coal and Steel Community" (ECSC) (Nedergaard 2013, 2-3). According to Peter Nedergaard (2019, 12), this line of inquiry is based on "more or less well-founded assumptions about such influence." Which is rather dissatisfying and poses a methodological problem for any research that sets out to provide evidence for ideational influences of ordoliberalism on the process of European integration: What evidence can be used to support the main hypothesis of this research? This study adopts a methodological approach advanced by Nedergaard (2013), who suggested that, in absence of any clear evidence in the form of references to ordoliberalism or the social market economy in the founding documents of the EC, one would have to look at the treaty provisions and the policies flowing from them, and analyze how far they conform to the economic theories that could potentially have had an influence.

Nedergaard (2013) identifies two main policy areas of importance that may have been influenced by ordoliberalism: competition policy and monetary policy. In a later study he added agricultural policy as an area of inquiry (Nedergaard 2019). According to Nedergaard (2013, 3), "influence has to be measured on the backdrop of a detailed specification of the characteristics of ordoliberalism itself compared to the strongest ideational alternatives." Following this methodological approach, the potential alternative ideational influences on competition policy and social policy, the two policy areas which this study is focusing on, would have to be determined. As potential alternative influences to ordoliberalism on competition policy one may distinguish between laissez-faire liberalism (or neoliberalism) and French interventionism (or dirigisme). The main candidates for influence on social policy other than ordoliberalism would again be laissez-faire liberalism and French dirigisme; the latter can largely be described as Keynesian in nature. Since monetary policy did not play an important role when the EEC was launched, this study will neglect monetary policy and focus on competition policy and social policy.

Competition policy is of eminent interest for this study, because in the early days of European integration, the focus was primarily on the establishment of an order that would allow participants in the European market to act uninhibited by both economic power in the form of monopolies and governments imposing their agendas on the community. According to Jörges and Rödl (2004, 5), the Treaty of Rome was meant to open up national economies and guarantee "anti-discrimination rules and the commitment to a system of undistorted competition." This was a process which took on steam especially with the launch of the Single Market Program of the EC. Accordingly, during the 1980s and in the time that followed, competition law gained in importance and is seen by many as a center-piece of EU regulation. Gillingham (2003, 250) talked about "the rise of competition law within the Community" which was "inextricably bound up with the 1980s process of globalization, the institution of domestic competition regimes, and the spread of neoliberalism." According to Wilks and McGowan (1996, 226), until the 1990s, competition policy advanced to a status that took "pre-eminence over other areas of Community law."

The social policy of the EU also had its beginnings in the EEC. In the Treaty of Rome there is a larger section on social policy under title III in articles 117 to 128.[2] The Treaty of Rome has often been celebrated as the foundation of social policy in the EU, because it includes the creation of the European Social Fund (articles 123 to 127). However, over time social policy turned out the be a policy area of minor importance for the Union. This study assumes that the low salience which social policy has for the EU today can be traced back to its beginnings in the Treaty of Rome, where provisions of social policy were codified for the first time in the context of European integration. It is noteworthy that providing evidence for an ideational influence of ordoliberalism on social policy is somewhat more of a challenge than showing that there was such an influence on competition policy. This is due to the fact that competition policy came to play an important role in the regulatory policies of the EU, while social policy appears to have been of much lower concern for the

---

2   The *Consolidated Version of the Treaty on the Functioning of the European Union* (2012) lists these articles in an amended and revised version under title X, articles 151 to 164.

Union.

Why were these two policy areas chosen to be investigated in this study? The framework order can be considered as the core element of ordoliberal prescriptions for the organization of an economy; and competition policy is at the heart of the ordoliberal attempt to establish a free-market economy based on that order. Social policy was chosen because the establishment of a framework order according to ordoliberal principles can be expected to have consequences for social policy. There is a necessary connection between the establishment of a free-market economy based on ordoliberal principles and the shape and extent of social policy in such a system. An agenda in support of a strong active social policy would have consequences for the economic policy of the respective state, since it would clearly require an interventionist approach, while ordoliberalism certainly is a non-interventionist economic philosophy.

Following the euro crisis and the policy of austerity which was imposed by EU institutions on EU member states such as Greece, Spain, Ireland, and Portugal as a means to address the crisis, there have been some studies that discussed ordoliberalism as ideational influence on the creation of the Economic and Monetary Union of the EU and on the measures of crisis mitigation taken to address the euro crisis (Bonefeld 2017a, Cardwell and Snaith 2018, Dullien and Guérot 2012, Fouskas 2018; Moszynski 2015, Nedergaard and Snaith 2015, Ryner 2015). These studies primarily focus on monetary policy,[3] a policy area that was of little significance when the Treaty of Rome was signed. It is quite surprising that there are only very few studies which investigate the ideational influence of ordoliberalism on other areas of social and economic integration. The number of studies that are interested in ordoliberalism as an influence on competition policy and social policy of the EU is rather limited. Akman and Kassim (2010, 126) list several studies which treat ordoliberalism as theoretical foundation of EU competition law and policy. However, most of these are not in-depth analyses of this specific issue. Nedergaard (2019, 2013) has deeply investigated the ideational influence of ordoliberalism on European integration in the areas of competition policy, agricultural policy, and monetary policy[4] and developed a methodological approach that allows to explore such influence on the integration process. This study strongly relies on Nedergaard's work. Joerges and Rödl (2004), Walters and Haahr (2005), and Young (2014) have analyzed the ordoliberal influence on social policy in the EU. Their insights are relied on in the chapter on social policy.

This study will, firstly, give an outline of ordoliberal theory and its

---

3   Some observers criticized the management to the euro crisis for using authoritarian means to impose a neoliberal agenda on the EU, an approach which they refer to as "authoritarian liberalism" or "authoritarian neoliberalism" (Bruff 2017, 151, Candeias, Oberndorfer, and Steckner 2014, 3, Sotiris 2017, 183, Somek 2015, 73-74).
4   Nedergaard also analyzed the ordoliberal influence on monetary policy. But this policy area will be excluded here, as has been explained above.

central element, the order framework for the economy. Secondly, it briefly analyzes the ordoliberal approach to social justice and the welfare state. Thirdly, it explores how far ordoliberal principles were adopted, when the EEC was concluded. This chapter will especially reflect on the compromise between French dirigisme and German ordoliberalism that emerged after the Treaty of Rome was gradually enacted with the launch of the Single Market. Lastly, this study will reflect on the legacy which ordoliberalism left for European economic and social integration to date and briefly comment on the discussion about the ordoliberal influence on monetary integration of the EU.

II. Basic Tenets of Ordoliberalism

Ordoliberalism is an economic theory which was developed in Germany at the end of the 1920s, beginning of the 1930s by scholars such as Walter Eucken, Franz Böhm, Wilhelm Röpcke, Alexander Rüstow, Leonhard Miksch, Alfred Müller-Armack and others. They are often referred to as the *Freiburg School*. This school of thought was very influential in the first years of German economic recovery after the Second World War. The *social market economy* which was established there was primarily based on ordoliberal principles, even though this does not mean that economic development in Germany at the time was purely ordoliberal. There were other influences such as Keynesianism and the Bismarckian welfare state which also left their mark on the post-war developments in Germany (Havertz 2019).

For ordoliberals the most important value is freedom. When they talk about freedom, they primarily mean the freedom of individuals to pursue their interests in the market, not so much civil liberties. "The fundamental question at the heart of ordoliberal thought is how to sustain market liberty." (Bonefeld 2012) Their concept of freedom is closely tied to that of competition. Freedom can only exist when the highest possible level of competition is secured for the economy. Walter Eucken (2004, 246), the central figure of the *Freiburg School*, envisioned "perfect competition" as the preferable status of power relations in the economy. Perfect competition can only be achieved if the concentration of economic power and thus the creation of monopolies and oligopolies is prevented. In the literature of early ordoliberals and in the writings of their followers, the approach to competition was further refined, and it was acknowledged that perfect competition was difficult to be achieved in reality. It must therefore be perceived as an ideal-type. The theoretical approach of perfect competition was then replaced by "workable competition," which is more pragmatic and considers the impact of economic power on "consumer choice" (Behrens 2014, 27). In this context, it is of interest that the European Commission (1966, 59) in its *Ninth General Report on the Activities of the Community* explicitly referred to workable competition when it named the establishment of an "effective and workable competitive system" as one of the main goals of European economic integration.

The ordoliberals concluded that securing the highest possible level of competition for the market would require a regulatory (that is, an institutional-legal) approach, involving a strong state that can establish and monitor a "framework order" for the economy based on which all participants act freely without direct government interference in the market (Eucken 2012a, 77). Government would only become active in case of a violation of the framework order. From an ordoliberal point of view, a sustainable economic order can only be established and maintained when the state gets involved in this process. This is where German ordoliberalism differs from Anglo-Saxon neoliberalism which trusts that an economic order will appear spontaneously when the forces of the market are allowed to play out non-interfered. In the decades before the First World War, the belief in laissez-faire capitalism was also prevalent in Germany. This changed after the war when a period began which Eucken described as a time of economic experimentation where the economic process and order was under the control of a state which actively regulated market activities. Economic freedom was even more restricted during the period of the Nazi regime which focused on the central control of the economic process (Eucken 2012b).

As Viktor Vanberg (2001, 2) noted, competition was held in very high esteem by the scholars of the *Freiburg School*:

> Competition means availability of alternative counterparts for trade, of alternative sources for supply, a condition that reduces the dependence of consumers on any particular supplier and, thereby, reduces the power that such dependence would provide to the latter.

To secure the highest possible level of competition, the concentration of economic power had to be prevented, even if it meant to tear up larger corporations in order to curtail their economic power (Eucken 2012c). The state had to step in and create the framework order for the economy and then pursue an order policy which would ensure that all actors played by the rules which were established with that order (Ordo is Latin for order.) What the ordoliberals had in mind was the establishment of a "competitive order" (Müller-Armack 1978, 327). Hence, the main focus of the framework order would be on securing competition.

For this theoretical approach to work in practice, the framework order would have to be complemented by an ethic that provides orientation not only for the individuals in their market activities but also in their social relations. Which means that ordoliberalism can be understood as "holistic conception of political economy that goes some way beyond the mere economics of the market" (Sally 1996, 234). The German social market economy, the political-economic system which emerged in Germany after the Second World War, was conceptualized not only as an economic but also as a social order (Müller-Armack 1978). The ordoliberal understanding of ethics has some resemblance with Immanuel Kant's ethic;[5] and Eucken's approach also has some religious implications (Wörsdörfer 2010). But it has to be noted that this ethic was primarily meant to secure the long-term functioning of the market economy. It first and foremost was conceptualized as an entrepreneurial ethic. Eucken suggested that an educational effort was to be made so as to spread basic economic knowledge throughout society and instill an entrepreneurial attitude in all citizens (Ptak 2004). This entrepreneuralization would go hand in hand with the de-proletarianization of the German society (Röpcke 1962). Basically, ordoliberals envisioned the future of German society as one of entrepreneurs.

In this system, social policy was not seen as a means to directly improve the living conditions of German citizens. In the ordoliberal conception, social policy is understood as having an auxiliary function for the economy. Measures of social policy are expected to facilitate the smooth functioning of the free market. In the words of Werner Bonefeld (2017b, 6), "ordoliberal social policy intervenes in the 'human

---

5   Eucken's (1989, 35) critique of the combination of economic power with state power is clearly modeled on Kantian ethics where he claims that under these circumstances, "man becomes a tiny part in the anonymous, state-run economic machine," and the individual turns into an object and "loses his character as a person. The machine is an end in itself and man is the means by which the end is achieved."

disposition' to enable a competitive order." Any active social policy not serving this purpose is plainly rejected.

III. Ordoliberal Influences on Competition Policy of the EEC

There are many indices that one of the main influences of ordoliberals on the Treaty of Rome was in the area of competition law. Most member countries of the EC did not have a competition law as elaborate as that of Germany when they joined the EEC. Their first experience with competition law was in the framework of the ECSC (Nedergaard 2019). It is widely acknowledged in the literature that German ordoliberals made a strong contribution to the shaping of the competition law of the EEC (Gerber 1998, Montalban, Ramirez-Perez, and Smith 2011, Nedergaard 2019, Walters and Haahr 2005). This view is supported by the fact that the first Commissioner for Competition of the EEC was Hans von der Groeben (1958-1970), who was mainly responsible for the order framework that was established for the EEC with the Treaty of Rome (Löffler 2003, 553):

> Especially, Hans von der Groeben personally left no doubt in his competition and order political orientation. The Spaak Report, for instance, named the expansion of European markets and competition as well as the elimination of the discrimination of any kind and the

firm installation and monitoring of competition rules as core elements of the future EEC.

Von der Groeben had strong ties to the ordoliberal school of thought (Gerber 1998). He also was a co-author of the Spaak Report which was the draft treaty for the negotiations of the EEC and therefore strongly influenced the formation of the Community (Montalban, Ramirez-Perez, and Smith 2011). In this context it is interesting that Ernst Albrecht, a proponent of ordoliberalism and father of the new President of the European Commission Ursula von der Leyen from Germany, was the cabinet chief of von der Groeben in Brussels (1958-1969) and later took on the responsibility as head of the directorate general of the Commissioner for Competition (1969-1976) (Wigger 2008). Another personality of importance in this context is Alfred Müller-Armack, who was the German chief negotiator of the Treaty of Rome (Fouskas 2018). Müller-Armack (1947, 88) has coined the term "social market economy", which he envisioned as a "socially controlled market economy" and is one of the most important representatives of ordoliberalism in Germany. He naturally pursued an ordoliberal agenda when negotiating the treaty, even though it was not explicitly called that way. In fact, any explicit reference to the "social market economy" of Germany has deliberately been avoided, as Ludwig Erhard and Müller-Armack (1972, 349) explained in a manifesto supporting the idea of the social market economy:

The treaty includes no explicit commitment to the social market economy. At the time when the Treaty of Rome was drafted it was too much of a German specialty, and the German negotiators also avoided it for reasons of international tact to characterize the Common Market explicitly as a variety of the social market economy.

In this context, it has to be noted that in the early years of the EEC, competition policy was not seen as an area of primary importance, and competition law was not vigorously enforced. This is due to the French influence which focused on the unrestricted creation of large corporations that were able to attain dominant positions in the newly created common market (Nedergaard 2013). Competition policy only gained in importance with the implementation of the Single Market Program of the EU (Nedergaard 2019). Naturally, with the increasing importance of this policy field, the influence of ordoliberalism was more strongly felt in the EU. However, the fact that competition policy was not of eminent importance in the first years of European integration and that competition rules were not consequently enforced at the time does not mean that ordoliberalism did not have any influence on the treaty which laid the main foundations for the competition policy of the EU. It means that ordoliberal influence on policy implementation went through cycles with ups and downs in its implementation. But these fluctuations in implementation cannot serve to provide a basis for an argument against the assumption of an ideational influence of ordoliberalism right from the beginning of the European integration process, especially on the letter of the law of the treaty.

The Treaty of Rome was based on a compromise between few competing approaches. There was German ordoliberalism, and then there was French dirigisme, with ordoliberalism having the stronger and more lasting impact on the EC. Dirigisme relied heavily on Keynesianism and involved economic planning. After the Second World War, the French had instituted a national planning commission for their country which focused on indicative planning. The state took on the role as chief planner of the economy (Amable and Hanké 2001, 113). Which is why dirigisme can be seen as a statist approach. Dirigisme focused on the investment in specific regions and in the creation of "national champions" in the French economy. It was an approach that resulted in high levels of growth in the first one and a half decades after the war. When Charles de Gaulle became president of France in 1959, he embraced these statist policies and increased the involvement of the French government in dirigiste planning. This approach, of course, ran contrary to the principles of German ordoliberalism which wanted the state to largely stay out of economic affairs. While the French focused on a European planning project, the ordoliberals prioritized the creation of an "ordoliberal-inspired European Community based on competition policy" (Warlouzet 2019, 85). In his comparative analysis of dirigisme and ordoliberalism and their influence on European integration, Warlouzet (2019, 90) comes to the conclusion that neither completely dominated this process, while it has to be noted that ordoliberalism had a greater effect than dirigisme:

> German ordoliberalism has enjoyed greater influence, manifesting itself in implemented policies: competition policy and the EMU – and not only in projects, such as European planning. However, the influence of French dirigism has been visible first through the EEC/EU tolerance for national dirigism, and also through certain European policies, such as support for R&D.

The EEC was based on neoliberal principles, especially on German ordoliberalism, which can be interpreted as a type of neoliberalism, differing from the (theoretical) pure form of the latter as advanced by scholars as Ludwig von Mises, Friedrich Hayek, and Milton Friedman primarily in its focus on the role of government in establishing and monitoring an order framework for the economy. At the center of ordoliberalism is an institutional-legal approach to competition. "Ordo-liberal theory holds that public policy should be guided by the imperative of building a competitive market economy through upholding a set of credible rules and institutions." (Ban 2012, 138) From an ordoliberal point of view, what Europe needed was an "economic constitution" the core element of which would be the law regulating competition.

In the *Treaty Establishing the European Economic Community*, the centrality of competition law is highlighted in the preamble, which explains the principles of the treaty. Article 3 emphasizes the need to establish "a system that protects competition within the common market against distortions" (Treaty Establishing the EEC 1957, 15). Competition law was included in the treaty in articles 85-90. The most important regulations restricting the behavior of corporations which could undermine competition in the EC were incorporated in articles 85 and 86[6] (Treaty Establishing the EEC 1957). Article 85 prohibits all agreements of corporations or associations of firms that could affect trade among the member states and prevent, restrict, or distort competition within the common market. It explicitly prohibits price fixing, the restriction or control of production, supply, technical development or investments, the division of markets, discriminating treatment of business partners, and certain tying procedures (which tie specific conditions to contracts which have no relation to the subject of the contract). Article 86 primarily deals with the abuse of market power by corporations that have a dominant market position. Both articles explicitly mention consumer interests and the need to make competition policy in the interest of consumers. This may, as article 85 elaborates in paragraph 3, also involve exemptions from this law, if they are decided under the appropriate involvement of consumers and constitute an improvement in the production or distribution of commodities, or facilitate technological or economic progress.

---

[6] Articles 101 and 102 of the *Consolidated Version of Treaty on the Functioning of the European Union*.

Clearly, protecting and enabling consumer choice is at the heart of European competition law (Behrens 2014); and this focus on consumer choice is different from the classical liberal approach of "consumer welfare," which involves the notion that free markets generally result in elevated levels of welfare for all market participants. The focus of competition law on consumer interest and consumer choice is more in line with ordoliberalism, since "the consumer is a representative of common interest in the ordoliberal philosophy. It is the actor towards which all economic political decision-making should be directed" (Nedergaard 2013, 7). In his analysis of ordoliberalism and its operationalization in the competition policy of the EU Nedergaard (2019, 10) found that a rules-based system has been established which is now part of the "raison d'etre of EU competition policy;" the way principles of competition policy were established does have "the character of an economic constitution," and is thus very much in line with ordoliberal intentions; and a market was constructed which was "deliberately cultivated toward competition."

Another area of significance for competition policy regulated by the Treaty of Rome is state aid (articles 92-94[7]). Article 92 of the treaty says that state aid which distorts competition insofar as it impedes international trade is irreconcilable with the Common Market, especially when it provides certain corporations or industrial sectors advantages

---

7   Articles 106 to 108 of the *Consolidated Version of the Treaty on the Functioning of the European Union*.

in this market (Treaty Establishing the EEC 1957). Nedergaard (2019) stressed that in the period running up to the creation of the Single Market, state aid was quite common and very popular in the member states of the EC. It has been reined in only with the creation of the Single Market; but reinforcement was again relaxed when the euro crisis struck and a temporary framework was introduced "allowing governments to grant loans and state guarantees and direct aid to banks and companies" (Nedergaard 2019, 13). As Nedergaard (2019, 12) noted, "mergers (Regulation No. 4046/89 and No. 139/2004) have also come under the regulative principles of EU competition policy." However, this happened many years after the Treaty of Rome came into force with the Merger Control Regulation of 1989 and later reforms, especially with the modernization of EU competition policy in 2004 (Nedergaard 2013). Since this study is focused on the Treaty of Rome, the regulation of mergers will not be treated in more depth here.

However, few scholars are doubtful about the influence of ordo-liberalism on European economic integration. Pinar Akman (2012), for instance, argued that ordoliberalism cannot be a theoretical foundation of the EEC, because one of the main goals of the EEC is securing efficiency for the European market, while efficiency is not seen as a main objective of ordoliberal competition law. According to Behrens (2014, 27) this argument misinterprets the ordoliberal approach to efficiency:

Ordoliberalism has always appreciated and emphasized the positive welfare (i.e. efficiency) effects of competition, but it refuses to measure the allocative or dynamic efficiency effects of individual business strategies which are instead left to pass the test of "consumers' choice" in the market.

Behrens (2014, 28) stresses that we would have to distinguish between different types of economic efficiency: "productive, allocative and dynamic efficiency." While it may be easy to measure the productive efficiency of a particular business strategy on the level of an individual firm, it will be almost impossible to measure allocative and dynamic efficiency (and changes in it) on the level of a whole society. "It follows that at least the determination of allocative and dynamic efficiency effects of a specific business strategy must be deferred to the competitive process that allows consumers to make their choices." Behrens (2014, 28) points to the efficiency defense of article 85 "for the justification of an anti-competitive agreement or concerted practice." Article 85 (3) allows for some exemptions from competition rules in cases where this increases efficiency in the production and distribution of goods and contributes to technical and economic progress; and it explicitly mentions the need for a participation of consumers in the decisions on these exemptions (Treaty Establishing the EEC 1957).

Angela Wigger (2017) put forward another argument against ordo-liberal influence on the EEC. She even questioned the influence of ordoliberalism on the social market economy of Germany. She claimed that "the substantive content of EC/EU competition rules reflects, at best, a very much watered-down version of ordoliberal notions" (Wigger 2017, 163). Her main argument is that there would be no large-scale corporations in Europe anymore, had ordoliberal ideas been consequently adopted by European law and implemented by its competition policy. According to Wigger (2017, 175), it would be misleading to interpret article 86 (82 TEC, 102 TFEU) of the Treaty Establishing the EEC "as an anti-monopoly law with strong ordoliberal tenets," because the law did not prohibit a dominant market position, only the abuse of such a position. She also criticized that the provisions on competition in the Treaty of Rome were "formulated in vague and ambiguous terms" (Wigger 2008, 147) and that there were no merger control rules included in the treaty. This critique neglects that ordoliberal thought has developed and matured over time. Wigger's critique would have some merit, if one expected that original ordoliberal ideas were adopted par for par in their pure form, that is, as the ideal-type with a focus on "perfect competition." But as already pointed out earlier, ordoliberal theory has advanced over time and become more pragmatic. Ordoliberals came to accept "workable competition," as type of competition that could actually be achieved in the real world (Behrens 2014, 27). They had to acknowledge that competition will inevitably result in differences in economic power and concluded that it was necessary to prevent the abuse of that power, not the accumulation of economic power per se.

IV. The Ordoliberal Approach to Social Justice and Its Influence on the EEC

The Treaty of Rome includes a larger section on social policy in Title III, articles 117 to 128. In article 117, paragraph 1, it says that the member states agree about the necessity to improve the living and working conditions of the labor force and stresses the need for a harmonization of these conditions in the EC. In article 117, paragraph 2, it states that these desirable developments could be best achieved through the formation of the common market as prescribed by the treaty. Article 118 talks about the "close collaboration" of the member states on the main issue areas of social policy such as employment, occupational education, social security and labor standards at the work place (Treaty Establishing the EEC 1957, 61-62). This means that the member states trust that economic integration will result in these desirable social outcomes and that social policy primarily remains in the authority of the individual member states.

This approach appears to be in keeping with the basic tenets of ordoliberalism on social justice. Ordoliberals were certainly interested in questions of social justice. They assumed that social justice could be achieved in a system where the government imposes a regulatory framework for economic activity but does not interfere in the market, assuming that a well-functioning free market will secure social justice, because in such a system everyone would be rewarded according to their merits, that is, their abilities, endeavor, and ingenuity. Ideally, individuals would be conscious of their moral responsibility and act accordingly when they pursue their interests in the market. In their conception of social justice, ordoliberals focus on the personal responsibility of the individual and connect it with the merit principle that rewards them according to their achievements (Hecker 2014). Which means that ordoliberals are interested in the just outcome of economic activities. This is an approach to social justice which sets them apart from laissez-faire liberals, who principally have no such interest. This was acknowledged by Willgeroth and Peacock (1989, 6) who noted that ordoliberals "in contrast to laissez-faire-liberals" are "confirmed end-state liberals." For laissez-faire liberals, distribution is a matter of individual choice. An individual participates in the distribution of resources in a specific manner, because she chooses to do so, or as Robert Nozick (1974, 160) famously phrased: "*From each as they choose, to each as they are chosen.*"[8] The focus of ordoliberalism on the merit principle means that it does more than just accept social inequality, when practically applied in the real world, it consciously produces inequality; where competition is the guiding principle,

---

8 Emphasis in the original.

there will be winners and losers. The economic and social differences which increasingly divide Germany (Spannagel 2018), where ordoliberal principles have been applied in economic policy for decades, are a result of this process.

From an ordoliberal point of view, social inequality is a necessary element of a just society. Differences in ability and effort will naturally result in differences in outcome. The emphasis on the merit principle just means that the distribution of resources has to conform to some standard of fairness, where the outcome which an individual achieves is related to the performance of that individual. For ordoliberals this is a question of performance-related justice (Leistungsgerechtigkeit). Müller-Armack (1981, 92) reduced this principle of justice to a simple formula:

> Who is committed to freedom as a moral value, to real competition of performance and to free pricing as an organizing principle of the economy, understands social justice not as 'the same to everyone' but as 'to each his own,' on account of his achievements.

Where this principle rules there is no need for a comprehensive social policy. In fact, ordoliberals just as their Anglo-Saxon neoliberal counterparts abhor the social welfare state (Ptak 2016). From an ordoliberal point of view, the welfare state undermines the sense of responsibility that can be expected from an individual who is active in the market for her own well-being. According to Hamm (1989), it potentially brings about an attitude that is detrimental to the goals of economic growth and the increase of productivity, and it is counter-productive to the intended entrepreneuralization of the citizens in a country with a free-market economy.

For ordoliberals, social policy can be neglected because the framework order for the economy which is at the center of ordoliberal thinking, will provide for a society that has little need for any redistributive measures. They trust that a well-ordered economy will result in a high level of productivity in which all members of society can participate and get their fair share according to their efforts and abilities. "It seems that ordoliberals regarded social policy as an inherent aspect of *Ordnungspolitik*, implying that a well-functioning competitive market would not need a social policy." (Young 2014, 283-284) Therefore, they saw no need to include comprehensive articles of social policy in the Treaty of Rome and assumed that the establishment of a framework order on European level would suffice to guarantee a socially desirable outcome of market activities. When the Treaty of Rome was concluded, "a European 'social model' was not on the agenda. More positively speaking: The 'social' remained in the political sphere – and hence a matter of national concern" (Joerges and Rödl 2004, 4).

Walters and Haahr (2005, 51), agreed that the EC "lacked extensive powers and competences within the social field." But they stressed that the few provisions on social policy that were included in the Treaty of Rome in articles 117-128 are designed "in ways that are to supplement and promote the workings of the common market." (ibid.) They, for instance, point to the creation of the European Social Fund (articles 123-127), the purpose of which was to "increase the 'geographical and occupational mobility' of workers within the Community, thereby contributing to improvements in the overall employment situation and standards of living." They conclude that the provisions on social policy included in the treaty primarily serve "economic rationalization" which they interpret as "quite consistent with ordoliberal principles" (ibid.).

From an ordoliberal point of view, in a society with a competitive order there is no need for an extensive social welfare state, especially if society is ordered in a way which ensures that those who lose out in the competitive game fall softly and are caught in a network of strong social institutions which help them getting back on their feet. This requires the inclusion of all citizens in social institutions such as family, neighborhood, and church communities (Hecker 2011). This is where the social-conservative implications of ordoliberalism become evident, and where ordoliberalism reveals its character as a right-liberal economic philosophy. This is one reason why ordoliberalism is attracting the New Right in Germany who combine it with ethnic nationalism (Havertz 2019).

To conclude, the author agrees with Walters and Haahr (2005) that the provisions on social policy in the treaty on the EEC are consistent with ordoliberalism. They primarily serve economic rationalization and do not impose any larger commitment to an extensive social policy or an active welfare state on the member states. Instead, they leave the decision on the extent and direction of social policy largely at the discretion of the individual member states. In applying Nedergaard's (2013) methodological approach which suggests to distinguish between potential alternatives to ordoliberalism as an ideational source for the social policy of the EC, one would have to think about how far the social policy as agreed in the Treaty of Rome conforms to laissez-faire liberalism and dirigisme or Keynesianism, respectively. Here we face the difficulty that the approach of ordoliberalism and laissez-faire liberalism in their principal rejection of an active welfare state cannot be distinguished accurately. However, it could be said that social policy as included in the Treaty of Rome conforms more to ordoliberalism than laissez-faire liberalism, because the provisions in articles 117-128 can be seen as function of the economy and as such – in a broader sense – be seen as an element of the economic constitution that was set up with the treaty. The small role for social policy in the Treaty is certainly in contrast to dirigisme and to any other type of Keynesianism. Hence, they can clearly be excluded as ideational source for these provisions of the treaty.

V. Conclusion

Ordoliberal notions have been very influential in the formation of the EEC, especially for its competition law. The impact of ordoliberal ideas can still be felt today in the contemporary competition policy of the EU. However, just as ordoliberal ideas were not realized in their pure form in Germany, this is also true for economic integration in the European Community. According to Nedergaard (2013, 15), the influence of ordoliberalism fluctuated over time and "the unfolding of market forces as part of the EU's competition policy has for long periods definitely been very different from both laissez-faire liberalism and ordoliberalism." French dirigisme clearly had a strong influence on the lax implementation of competition law before the implementation of the Single Market Program. The Treaty of Rome is not a genuinely ordoliberal document; neither was the process of economic integration that followed on the signing of that treaty solely influenced by ordoliberalism. It was based on a compromise between two competing approaches: French dirigisme and German ordoliberalism, with the latter making its influence more strongly felt than the former (Warlouzet 2019). The fact that there were many ideological influences on the Treaty of Rome resulted in accounts which either downplay the effect of ordoliberalism on this agreement (Akman and Kassim 2010) or reject the idea of any larger effect of ordoliberalism on it (Wigger 2017). By contrast, this paper holds that European integration cannot be properly understood without the acknowledgement of the ordoliberal influence on its economic and social dimension. It is an influence the strength of which varied over time and which can still be felt today.

An important outcome of the efforts of ordoliberals was the almost complete exclusion of social policy from the Treaty of Rome. Even though there were few provisions on social policy, it is noteworthy that the scope of social policy was rather limited. The founders of the EEC agreed to avoid any more comprehensive commitment of the EC and leave responsibility of social policy largely to the individual member states. The low salience which social policy has today in the framework of the EU can be seen as a legacy of the early ideational influence of ordoliberalism on the process of both economic and social integration. It could be shown that both are interconnected and that social policy can primarily be seen as an auxiliary policy for the smooth functioning of the free-market economy in Europe.

Future research could look deeper into the mandates which were given to the delegations of Germany and France for the negotiation of the Treaty of Rome and gain deeper insights on the competing influence of ordoliberalism and dirigisme on that treaty.

References

Akman, P. 2012. *The Concept of Abuse in EU Competition Law and Economic Approaches*. Oxford: Hart Publishing.

Akman, P. and Kassim, H. 2010. "Myths and Myth-Making in the European Union: The Institutionalization and Interpretation of EU Competition Policy." *Journal of Common Market Studies* 48(1): 111-132.

Amable, B, and Hanké, B. 2001. "Innovation and Industrial Renewal in France in Comparative Perspective." *Industry and Innovation* 8(2): 113-133.

Ban, C. 2012. "Heinrich von Stackelberg and the Diffusion of Ordoliberal Economics in Franco's Spain." *History of Economic Ideas* 20(3): 137-157.

Behrens, P. 2014. The "Consumer Choice" Paradigm in German Ordoliberalism and its Impact upon EU Competition Law. Europa-Kolleg Hamburg, Institute for European Integration, Discussion Paper No1/14.

Bonefeld, W. 2012. "Freedom and the Strong State: On German Ordoliberalism." *New Political Economy* 17(5): 633-656.

Bonefeld, W. 2017a. "Authoritarian Liberalism: From Schmitt via Ordoliberalism to the Euro." *Critical Sociology* 45(4+5): 747-761.

Bonefeld, W. 2017b. *The Strong State and the Free Economy*. London: Rowman and Littlefield.

Bruff, I. 2017. Cease to Exist? The European 'Social' Model and the Hardening of 'Soft' EU Law. In: Tansel, Cemal Burak (ed.). States of Discipline. *Authoritarian Neoliberalism and the Contested Reproduction of Capitalist Order*. London: Rowman and Littlefield, 149-169.

Candeias, M., Oberndorfer L., and Steckner A. 2014. Refounding Europe? Strategic Orientations. Rosa Luxemburg Stiftung, https://www.rosalux.de/fileadmin/rls_uploads/pdfs/engl/rls-online_europe-has-a-different-future_nd.pdf. (accessed February 23, 2020)

Cardwell, P. J. and Snaith, H. 2018. "'There's a Brand New Talk, but it's Not Very

Clear': Can the Contemporary EU Really be Characterized as Ordoliberal?" *Journal of Common Market Studies* 56(5): 1053-1069.

Consolidated Version of the Treaty on the Functioning of the European Union (2012) Eur-Lex, https://eur-lex.europa.eu/LexUriServ/LexUriServ.do?uri=CELEX:12012E/ TXT: EN:PDF. (accessed March 4, 2020)

Dullien, S. and Guérot, U. 2012. The Long Shadow of Ordoliberalism: Germany's Approach to the Euro Crisis. *European Council of Foreign Relations*, https://www.ecfr.eu/page/-/ECFR49_GERMANY_BRIEF.pdf. (accessed March 27, 2020)

Erhard, L. and Müller-Armack, A. (eds.). 1972. Soziale Marktwirtschaft. Ordnung der Zukunft. Manifest '72. Frankfurt am Main: Ullstein Verlag.

Eucken, W. 1989. What kind of economic and social system? In: Peacock, A. and Willgerodt, H. (eds.) *Germany's Social Market Economy: Origins and Evolution.* London: MacMillan, 27-45.

Eucken, W. 2004. *Grundsätze der Wirtschaftspolitik.* Tübingen: Mohr Siebeck.

Eucken, W. 2012a. Die Entwicklung des ökonomischen Denkens. In: Walter-Eucken-Archiv (ed.). *Wirtschaftsmacht und Wirtschaftsordnung. Londoner Vorträge zur Wirtschaftspolitik und zwei Beiträge zur Antimonopolpolitik*, Münster: Lit Verlag, 65-77.

Eucken, W. 2012b. Das Problem der Wirtschaftlichen Macht. In: Walter-Eucken-Archiv (ed.). *Wirtschaftsmacht und Wirtschaftsordnung. Londoner Vorträge zur Wirtschaftspolitik und zwei Beiträge zur Antimonopolpolitik*, Münster: Lit Verlag, 9-22.

Eucken, W. 2012c. Überlegungen zum Monopolproblem. In: Walter-Eucken-Archiv (ed.). *Wirtschaftsmacht und Wirtschaftsordnung. Londoner Vorträge zur Wirtschaftspolitik und zwei Beiträge zur Antimonopolpolitik.* Münster: Lit Verlag, 79-84.

European Commission. 1966. Ninth General Report on the Activities of the Community, http://aei.pitt.edu/30812/1/67243_EEC_9th.pdf. (accessed February 12, 2020)

Fouskas, V. K. 2018. "Neoliberalism and ordoliberalism: a critique of two forms of imperialism and authoritarianism." *Critique* 46(3): 397-421. (accessed April 16, 2020)

Gerber, D. J. 1998. *Law and Competition in Twentieth Century Europe: Protecting Prometheus*. Oxford: Oxford University Press.

Hamm, W. 1989. The Welfare State at Its Limits. In: Peacock, A. and Willgerodt, H. (eds.) *Germany's Social Market Economy: Origins and Evolution*. London: MacMillan, 171-194.

Havertz, R. 2019. "Right-Wing Populism and Neoliberalism in Germany: The AfD's Embrace of Ordoliberalism." *New Political Economy* 24(3): 385-403.

Hecker, C. 2011. "Soziale Marktwirtschaft und Soziale Gerechtigkeit – Mythos, Anspruch und Wirklichkeit." *Zeitschrift für Wirtschafts- und Unternehmensethik* 12(2): 269-294.

Hecker, C. 2014. "Die Soziale Marktwirtschaft als Ausdruck bürgerlicher Werte und Lebensformen: Mentalitätsgeschichtliche und institutionenökonomische Überlegungen zum bundesdeutschen Wirtschaftsmodell der Nachkriegszeit." *Zeitschrift für Wirtschafts- und Unternehmensethik* 15(1): 110-142.

Joerges, C. and Rödl, F. 2004. "Social Market Economy" as Europe's Social Model, EUI Working Paper LAW, No 2004/8. European University Institute, https://cadmus.eui.eu/bitstream/handle/1814/2823/law04-8.pdf. (accessed February 28, 2020)

Löffler, B. 2003. *Soziale Marktwirtschaft und administrative Praxis: Das Bundeswirtschaftsministerium unter Ludwig Erhard*. Stuttgart: Franz Steiner Verlag (*Vierteljahresschrift für Sozial- und Wirtschaftsgeschichte, Vol. 162, Supplement*).

Montalban, M., Ramirez-Perez, S., and Smith A. 2011. Competition Policy Revisited: Economic Doctrines Within European Political Work. Working Paper 2011-33, Group de Recherche en Économie Théoretique et Appliquée, Université Montesquieu Bordeaux IV.

Moszynski, M. 2015. "Ordoliberalism and the Macroeconomic Policy in the Face of the Euro Crisis," *Equilibrium* 10(4): 41-58.

Müller-Armack, A. 1947. *Wirtschaftslenkung und Marktwirtschaft*. Hamburg: Verlag für Wirtschaft und Sozialpolitik.

Müller-Armack, A. 1978. "The Social Market Economy as an Economic and Social Order." *Review of Social Economy* 36(3): 325-331.

Müller-Armack, A. 1981. *Genealogie der Sozialen Marktwirtschaft. Frühschriften und weiterführende Konzepte*, second expanded edition. Bern: Haupt Verlag.

Nedergaard, P. 2013. The Influence of Ordoliberalism on European Integration Processes. MPRA Paper 52331, https://mpra.ub.uni-muenchen.de/52331/1/ MPRA_paper_52331.pdf. (accessed February 21, 2020)

Nedergaard, P. 2019. The ordoliberalisation of the European Union? Journal of European Integration, online first: https://doi.org/10.1080/07036337.2019.1658751. (accessed February 23, 2020)

Nedergaard, P. and Snaith, H. 2015. "'As I drifted on a River in Could Not Control.' The Unintended Ordoliberal Consequences of the Eurozone Crisis." *Journal of Common Market Studies* 53(5): 1094-1109.

Nozick, R. 1974. *Anarchy, State, and Utopia*. New York, NY: Basic Books.

Ptak, R. 2016. Das Staatsverständnis im Ordoliberalismus. Eine theoriegeschichtliche Analyse mit aktuellem Ausblick. In: Biebricher, T. (ed.) *Der Staat des Neoliberalismus*. Baden-Baden: Nomos, 31-73.

Röpke, W. 1962. Epochenwende. In: Röpcke, Wilhelm: *Wirrnis und Wahrheit, Ausgewählte Aufsätze*, Zürich: Eugen Rentsch Verlag, 105-124.

Ryner, M. 2015. "Europe's ordoliberal iron cage: critical political economy, the euro crisis and its management." *Journal of European Public Policy* 22(2): 275-294.

Sally, R. 1996. "Ordoliberalism and the Social Market: Classical Political Economy from Germany." *New Political Economy* 1(2): 233-254.

Somek, A. 2015. "Authoritarian Liberalism." *Austrian Law Journal* 2(1): 67-87.

Sotiris, P. 2017. The Authoritarian and Disciplinary Mechanism of Reduced Sovereignty in the EU: The Case of Greece. In: Tansel, C. B. (ed.) *States of Discipline. Authoritarian Neoliberalism and the Contested Reproduction of Capitalist Order*. London: Rowman and Littlefield, 171-187.

Spannagel, D. 2018. Dauerhafte Armut und verfestigter Reichtum, WSI-Bericht 2018. WSI Report No. 43/2018, https://www.boeckler.de/pdf/p_wsi_report_43_2018.pdf. (accessed February 17, 2020)

Treaty Establishing the European Economic Community (German Version). 1957. Eur-Lex, https://eur-lex.europa.eu/legal-content/DE/TXT/PDF/?uri=CELEX:11957E/TXT&from=EN. (accessed March 17, 2020)

Vanberg, V. 2001. Constitutionally constrained and safeguarded competition in markets and politics, In: Vanberg, Viktor, *The Constitutionality of Markets. Essays in political economy*. London: Routledge, 1-16.

Walters, W. and Haahr, J. H. 2005. *Governing Europe: Discourse, Governmentality and European Integration*. London: Routledge.

Warlouzet, L. 2019. "The EEC/EU as an Evolving Compromise between French Dirigism and German Ordoliberalism (1957-1995)." *Journal of Common Market Studies* 57(1): 77-93.

Wigger, A. 2017. Debunking the Myth of the Ordoliberal Influence on Post-war European Integration, In: Hien, J. and Joerges, C. (eds.) *Ordoliberalism, Law and the Rule of Economics*. Oxford: Hart Publishing, 161-177.

Wigger, A. 2008. Competition for Competitiveness: The Politics of the Transformation of the *EU Competition Regime*. Doctoral Thesis, University of Amsterdam, https://research.vu.nl/ws/portalfiles/portal/42180088/8237.pdf. (accessed March 4, 2020)

Willgeroth, H. and Peacock, A. 1989. German Liberalism and Economic Revival, In: Peacock, A. and Willgerodt, H. (eds.) *Germany's Social Market Economy: Origins and Evolution*. London: MacMillan, 1-14.

Wilks, S. and McGowan, L. 1996. Competition Policy in the European Union: Creating a Federal Agency? In: Doern, G. B. and Wilks, S. (eds.) *Comparative Competition Policy: National Institutions in a Global Market*. Oxford: Clarendon Press, 225-267.

Wörsdörfer, M. 2010. On the Economic Ethics of Walter Eucken, In: Konrad Adenauer Stiftung (ed.) *60 Years of Social Market Economy. Formation, Development and Perspectives of a Peacemaking Formula*. Sankt Augustin: Konrad Adenauer Stiftung, 20-41.

Young, B. 2014. "German Ordoliberalism as Agenda Setter for the Euro Crisis: Myth Trumps Reality." *Journal of Contemporary European Studies* 22(3): 276-287.

찾아보기

㉠

가격 92~93, 97~99, 278, 301, 440, 444~445, 549

가에타노 마르티노 65, 199, 262, 264, 268, 270, 272, 274, 276, 278, 280, 288, 292, 297, 330, 337, 342, 404, 518, 546

가입신청국 195

가중다수결 70~71, 76~77, 81, 85, 88, 91, 95, 97, 104~106, 109, 112~115, 122, 126~127, 129~131, 135~136, 138~140, 145~146, 156, 158, 179~182, 184, 246, 251~252, 260, 266~267, 272, 282~284, 292, 408, 412, 427, 431, 434, 438, 446~447, 458~461, 463, 468~469, 494~497, 499, 501, 505~506, 513

개산서 176, 179, 489~490, 494, 496, 543

결정 72, 95, 97, 124, 126, 135, 145~146, 171~173, 182, 283, 435, 436, 468, 480, 484~486, 497

경과 규정 515

경기정책 131

경쟁력 강화 137

경제사회위원회 69, 95, 100~101, 103~104, 106, 109, 115, 117~118, 130, 142~143, 146, 173~176, 196, 335, 407, 411~412, 427, 431~432, 459~460, 486~489, 511

경제확장 10개년 프로그램 269

계산단위 182, 244~247, 289, 498, 513

계약적 책임 185

계쟁 행위 170, 483

고용조건 100, 169, 184~185, 198, 303, 482, 501~502, 513, 551

공급원 120, 436, 446

공급정책 445

공급청 437~448, 451, 455, 489~490, 492, 499~500, 504, 514~516

공동공급정책 436

공동관세 67, 73~74, 79~82, 84, 137~138, 140, 178, 220, 227, 278, 292

공동관세율 458~459

공동기구 93~96

공동농업정책 91~95, 98

공동시장 67~68, 71~72, 91, 97, 110, 115, 121~122, 124~127, 129~130, 132, 134, 136, 140~141, 144, 146~147, 158, 188~189, 193~194, 248, 256, 263, 267, 271, 339, 359, 406, 457, 529

공동운송정책 114

공동원자력연구센터 411~412, 415, 430

공동체 관보 172, 485

공동체 연구훈련프로그램 379~380, 408, 410~411

공동통상정책 62, 67, 126, 134, 136~137, 139

공모자본금 245~246, 249, 255, 259~

260

공무원복무규칙 184~185, 198, 303, 482, 501~502, 513, 551

공문서 보관소 199, 301, 336, 517, 549

과도기간 71~72, 75, 77, 82, 84, 86, 89, 93, 98~100, 106, 110, 115, 124, 135, 137~140, 145, 189, 272, 284, 296

과반수 153~156, 162, 249, 465~466, 468, 474, 497

과학기술위원회 409~411, 427, 474~475

관리위원회 248~253, 257~258

관세 67, 74, 76~84, 90, 96, 124, 126, 135, 137, 139, 149~150, 201, 222, 230, 273, 277~278, 285, 291, 295, 302~303, 457~459, 528, 550~551

관세동맹 73, 75, 79, 136, 343

관세와 무역에 관한 일반협정 191, 271, 506

관세철폐 74~77, 137

관세환급 138

광석 406, 436~437, 439~440, 443, 447, 449~451, 454, 504, 506, 515~516, 525, 529~530, 532

구두 절차 318, 567

국내법 101, 104, 122, 168, 173, 184, 261, 318, 321, 425, 435, 461, 482, 486, 500, 527, 570

국제수지 113, 132~134, 136, 266, 270

국제연합 63, 191, 506

국제통화기구 247

권고 77~78, 84, 89, 95, 110, 113, 118,
124, 130~132, 135~140, 153, 158, 166~167, 171~172, 270, 272, 428, 430, 446, 454, 460, 465, 470, 479, 481, 484~485, 492, 504, 540

규칙 84, 93, 95, 101, 106, 122, 127, 130, 141, 165~166, 169~172, 178, 180~182, 272, 305, 326, 425, 428, 430, 435, 443~444, 446, 451, 454, 475, 477, 480, 483~485, 492~493, 495~496, 503~504, 514, 553, 564

균등 접근의 원칙 436, 445

기결사건 419

기본 표준 427~430, 514

기업 85, 97, 103, 107, 117, 119~121, 123, 125, 137~138, 147, 185, 238~239, 254, 256~257, 284, 406, 409~410, 412~415, 417~418, 423~424, 426, 431~433, 435, 439, 442~443, 447~448, 453, 455~456, 462~463, 479, 490, 505, 512

ⓛ

네덜란드 61, 66, 148, 153, 156, 174, 177, 180, 189, 193, 242, 244, 271, 273, 279, 284, 289~300, 312, 329~331, 336, 339~341, 343, 345, 347, 349, 351, 353, 401, 405, 465, 468, 487, 490~491, 495, 508, 545~546, 548, 560

노동자의 자유 이동 100~101, 102, 272

농업지도보증기금 94

ⓒ

단체교섭권 142

덤핑 124, 139

독일 61, 64, 118, 125, 153, 156, 174, 177, 180, 189, 244, 250, 263, 284, 287, 291~293, 299~300, 311, 329, 331, 339, 341, 343, 345, 347, 349, 351, 353, 355, 357, 401, 403, 464, 468, 487, 490~491, 495, 547~548, 559

독점기업 89

동일노동동일임금의 원칙 142

ⓛ

랑베르 샤우스 65, 199, 262, 264, 268, 270, 272, 274, 276, 278, 280, 288, 293, 297, 300, 310, 312, 327, 330, 337, 342, 404, 518, 546, 548, 557, 560, 576

로베르 마졸랭 300, 310~311, 327, 548, 557, 559, 576

룩셈부르크 61, 65, 153, 156, 174, 177, 180, 189, 193, 244, 271~272, 284, 289, 300, 312, 329~331, 339, 343, 345, 347, 349, 351, 353, 401, 404, 464, 468, 487~491, 495, 508, 548, 560

ⓜ

면책권 186, 261, 299, 304~305, 307~308, 311, 313, 318, 341, 502, 547, 552~553, 555~556, 561, 566

명령 170~171, 321, 452~453, 483~484, 570

모리스 포르 65, 199, 262, 264, 268, 270, 272, 274, 276, 278, 280, 288, 292, 297, 330, 337, 342, 403, 518, 546

무역할당량 86~88

물가안정 132

민사절차규칙 173, 486

ⓗ

발터 할슈타인 64, 199, 262, 264, 268, 270, 272, 274, 276, 278~279, 288, 292, 297, 329, 336, 342, 403, 517, 546

법규 70, 72, 74, 77, 82, 91, 94, 111~112, 115, 117, 119, 123~124, 128, 144, 157~158, 183, 186~189, 193, 274, 323, 438, 441, 470, 500, 502, 572

법무관 158, 163~164, 308, 312, 314~317, 319, 326, 333~334, 469, 476~477, 556~557, 560, 562~565, 567, 575

법인 107, 149, 166~167, 184, 238, 261, 324, 435, 459, 480~481, 500, 573

법인격 146, 184, 187, 435, 437, 500

베네룩스 80, 250, 273, 287, 296

베를린 340~341, 345, 357

벨기에 61, 63, 148, 153, 156, 174, 177, 180, 189, 193, 242, 244, 271, 284, 289, 299, 311, 329, 331, 339, 343, 345, 347, 349, 351, 353, 401~403, 464, 468, 487, 490, 495, 508, 547, 559

보건안전기록연구부서 430, 540

보고판사 316, 318, 564, 567

보다 긴밀한 연합 61

보안 규칙 422, 424, 514~515

보안제도 503~504
보조금 138~139, 145, 265~266, 278, 410
본회의 162~163, 313, 333, 475~476, 561
부보고판사 308, 315~316, 557, 564
부속서 80, 83, 91, 133, 148, 190, 201, 233, 237, 241, 281, 339~340, 408, 431, 434~435, 457, 460, 513, 519, 525, 527, 529, 539
분쟁해결수단 186, 503
불신임 동의 155, 466
불완전고용 125
브뤼셀 분류법 201, 206, 210, 218~220, 227, 233, 277~278, 291, 295
비계약적 책임 185, 325, 575
비준서 198, 336, 517, 545
비토리오 바디니 콘팔로니에르 300, 310~311, 327, 548, 557, 559, 576

⟨ㅅ⟩

사무처장 158, 164, 308, 314~316, 318~319, 322~323, 334, 469, 477, 557, 562~564, 567~569, 571~572
사법재판소 69, 72, 122, 126, 158, 160~171, 173, 178, 186, 189, 191, 197, 261, 266, 299, 301, 308, 311~326, 332~335, 341, 364, 407, 414, 419~421, 430, 435, 452~453, 462~463, 469, 472~473, 475~484, 486, 493, 502, 512, 549, 556~557, 559~575
사업체 설립 103~105, 108, 149
사찰관 451~452
사회정책 141

산업소유권보호를 위한 파리협약 418
상소 272, 419, 453, 568
상호접근 67~68, 84, 129~130, 141, 291, 343
상호조정 105, 116
상호지원 135~136
서면 절차 318, 567
선결적 판단 162, 168, 333, 476, 481
선원 물질 410, 436~437, 439~440, 443, 447, 449~451, 453~454, 504~506, 515~516, 519, 540
세칙 122, 180~181, 183, 286, 495~496, 499~500, 528
소법정 162, 316~317, 333, 475, 565
수량적 제한 67, 85~86, 88~90, 96, 124, 285
수입관세 75
수출정책 139
시장기구 95, 98~99
실용신안 413, 415~419, 421, 423~424, 426, 515
실행관세 79~80

⟨ㅇ⟩

안전조치 428, 448~451, 454~455, 492
안토니오 세니 65, 199, 262, 264, 268, 270, 272, 274, 276, 278, 280, 288, 292, 297, 330, 336, 342, 404, 518, 546
역내시장 119~121, 127, 129, 147, 188
연구기본계약 410
연구투자예산 410
연구훈련프로그램 408, 410~411, 513,

539
예산안 179~180, 493~495
예시 프로그램 431
왜곡현상 130~131
외환정책 112
요하네스 린토스트 호만 66, 199, 262, 264, 268, 270, 272, 274, 276, 278, 280, 288, 293, 297, 300, 310, 312, 327, 330, 337, 342, 405, 518, 546, 548, 557, 560, 576
운영이사회 245~252, 254, 257~259
원만한 합의 414, 417, 419, 527
원자력 공동시장 529
유급휴가제도 143
유럽경제공동체 61, 67, 273, 279, 299, 301, 311~312, 330, 332, 335~336, 339~341, 343, 347, 349, 351, 353, 355, 357
유럽경제협력기구 86, 88, 192, 300, 366~367, 371, 508
유럽사회기금 68, 144, 176~177, 180, 182, 270
유럽석탄철강공동체 192, 208, 215, 275, 331~332, 335, 340, 579
유럽시장기구 93
유럽원자력공동체 193, 330, 332, 335~336, 339~341, 343, 345, 347, 349, 351, 353, 355, 357, 359, 401~402, 405, 545, 547~548, 559~560
유럽위원회 69~71, 74~81, 83~91, 95, 97~107, 109~115, 117~118, 121~124, 126~127, 129~146, 150, 153~162, 164~167, 169~185, 188~192, 194~195, 197,
250, 254, 256~258, 263, 265~267, 272, 274, 278, 282~285, 287, 292, 296, 303, 306~308, 314, 319, 407~420, 422~442, 444~463, 465~475, 477~480, 483~486, 488~491, 493~501, 503~507, 509~510, 512~516, 540, 551, 554~556, 562, 569
유럽투자은행 68, 111, 146~147, 169, 186, 243, 270, 299, 309, 339
유럽평의회 192, 507
의견 97, 113, 126~127, 133, 142, 145, 157~159, 164~167, 171~172, 175~176, 179, 195, 252, 257~258, 266, 303, 317, 320, 409, 412, 423~424, 427~428, 430~434, 446, 459~463, 470, 477~479, 481, 485, 488~489, 494, 509~510, 551, 562, 569
의사규칙 154, 157, 161~162, 171, 175~176, 197, 249, 315~316, 318, 320~321, 323~326, 419, 465~466, 469, 474, 484, 488, 502, 511~512, 564~567, 569~570, 572~575
의정서 111, 147, 171, 186, 196, 243, 261, 263, 265, 269, 271, 273~275, 277, 279, 281, 287, 291, 293, 295, 299, 308, 309, 311, 326, 329, 335~336, 339~343, 345, 347, 349, 351, 353, 355, 357, 484, 502, 510, 545, 547, 556~557, 559, 576
의회 69, 70, 77, 95, 103~104, 106, 109, 115, 117, 122, 130, 143, 145~146, 152~155, 157~159, 178~179, 182, 191, 194~195, 303~304, 314, 330~331, 335, 359, 449, 454, 456, 460, 464~466, 469~471,

490, 492, 494~495, 497, 509~510, 512,
551~552, 562
이사회 69, 71~72, 75~77, 81~84, 88, 91,
94~95, 97~99, 101~104, 106, 109, 112~
113, 115~117, 119, 121~122, 126~127,
129~133, 135~137, 139~140, 145~146,
151, 153~161, 163, 165~166, 168~172,
17~182, 184~186, 188, 190~191, 194~
198, 265~266, 272, 282~284, 306~307,
313~316, 319, 326, 333, 407~408, 410~
412, 419, 422~424, 427, 431, 433~436,
446~447, 449, 451~452, 454, 456~459,
461, 463, 465, 467~474, 476, 479, 481,
483~484, 487~491, 493~497, 499, 501~
502, 505~506, 509~511, 513~514, 554,
561~562, 564, 569, 575
이의신청 573
이탈리아 61, 65, 79, 148, 153, 156, 174,
177, 180, 189, 198~199, 242, 244, 250,
269, 270, 274, 284, 287, 289, 295, 296,
300, 311, 329~331, 336, 339, 341, 343,
345, 347, 349, 351, 353, 401, 404, 464,
468, 487, 490~491, 495, 517, 545, 548,
559~560
입법행위 166, 479

(ㅈ)
자문위원회 118~119
자본 분담금 438
자연인 107, 149, 166~167, 324, 459,
480~481, 505, 573
잠정적으로 보호된 특허권 413, 415, 417~

419, 421, 424, 515
잠정조치 171, 323, 484, 572
장 샤를 스노이 에 도퓌에르 남작 63,
199, 262, 264, 267, 270, 272, 274, 276,
278~279, 288, 292, 297, 299, 309, 311,
327, 329, 336, 342, 402, 517, 546~547,
557, 559, 576
재산권 455
재정 규칙 183, 490, 498, 500
재정 분담금 177~178, 182, 198, 284,
490~491, 498, 513
재판관 158, 162~164, 308, 312~314,
316~318, 322~323, 326, 333~334, 376,
469, 475~477, 556~557, 560~567, 572,
575
재판소장 315, 317, 322~323, 564~565,
571~572
저율관세 할당량 83
저율관세할당 287, 291, 295, 340
적용유보조치 126~127, 189
전권대표 63, 66, 199, 293, 299~300, 309,
311~312, 326, 329~330, 336, 342, 402,
405, 517, 547~548, 557, 559~560, 576
전리 방사선 427, 514, 520
전문부서 488~489
전원법정 316, 565
전원일치 71~72, 77, 81, 84, 88, 95, 97,
99, 102~104, 106~107, 109, 112, 115~
117, 119, 122, 127, 129~131, 138~139,
146, 151, 153, 156~157, 159~160, 163,
171, 174~175, 177~178, 181, 183~184,
186, 188, 190, 194~195, 245, 249, 251,

254, 257, 266, 307, 314~315, 326, 332~333, 410, 422, 424~425, 434~435, 445, 449, 454, 456, 459, 465, 468, 471~474, 476, 484, 487~488, 491~493, 495~497, 499, 501~502, 509~510, 513, 555, 562, 564, 575

정관 69, 111, 147, 168~169, 171, 243, 249, 251, 254, 257, 260, 279, 299, 308~309, 311~312, 323, 326, 335, 339, 341, 433, 435, 436, 438, 443, 481, 484, 490, 514, 545, 556, 559~560, 572, 575

정부간회의 63, 65, 66, 299~300, 311~312, 329~330, 339, 343, 345, 347, 349, 351, 353, 355, 357, 359, 402, 404~405, 547~548, 559~560

정부대표자회의 195, 509

정부지원 116, 125~126

조사핵연료 522, 532

조셉 룬스 66, 199, 262, 264, 268, 270, 272, 274, 276, 278, 280, 288, 293, 297, 330, 337, 342, 405, 518, 546

조제프 베슈 65, 199, 262, 264, 268, 270, 272, 274, 276, 278, 280, 288, 293, 297, 330, 337, 342, 404, 518, 546

중앙은행 132, 259

중앙핵측정국 411, 542

중재기관 71~72, 272

중재위원회 419~421, 486, 568

중지 효과 170, 419, 453, 483

지방자치단체 111

지침 75~76, 77, 81, 95, 99, 101, 104, 106, 109~110, 112, 122, 124, 129~131, 135,

137~139, 171~172, 248, 250, 254, 261, 430, 437, 452~453, 459~461, 484~485

직업 재훈련 145

직업교육 94, 141

직접보통선거 153, 331, 465

ㅊ

차별대우 116~117, 149

체약국 195, 198, 243, 263, 265, 269, 271, 273, 275, 277, 279, 281, 291, 295, 299, 311, 336, 343, 345, 405, 510, 517, 545, 547, 559

총재이사회 169, 245~246, 248~254, 260~261

최저가격 96~98

최종의정서 339, 343, 345, 347, 349, 351, 353, 355, 357, 359

추가 근무시간 267

ㅋ

칼 프리드리히 오퓔스 299, 309, 311, 327, 547, 557, 559, 576

콘라트 아데나워 64, 199, 262, 264, 268, 270, 272, 274, 276, 278~279, 288, 292, 297, 329, 336, 342, 403, 517, 546

크리스티앙 피노 64, 199, 262, 264, 268, 270, 272, 274, 276, 278, 280, 288, 292, 297, 329, 336, 342, 403, 518, 546

ㅌ

통행증 302, 303, 550~551

통화위원회 111, 113~114, 132~136

특권 186, 261, 299, 304, 307~308, 311, 341, 436, 445, 502, 547, 552, 555~556
특별위원회 137, 139
특수핵분열성물질 재정계정 455
특수핵분열성물질 406, 410, 436~437, 439~440, 442~443, 447~451, 453~456, 504~505, 515~516
특허 239, 341, 359, 413, 415~419, 421, 423~424, 426, 515, 620

ㅍ

평균세율 128~129
폴-앙리 스파크 63, 199, 262, 264, 267, 270, 272, 274, 276, 278~279, 288, 292, 297, 329, 336, 342, 402, 517, 546
표준측정제도 411
프랑스 61, 64, 148, 153, 156, 174, 177, 180, 189~190, 201, 241, 244, 250, 265~267, 273, 275, 284, 287, 289~300, 311, 329, 331, 339~341, 343, 345, 347, 349, 351, 353, 359, 401, 403, 408, 449, 464, 468, 487, 490~491, 495, 548, 559
프랑존 265~266, 341, 347

ㅎ

합리적 결정 420
합작기업 417, 423~424, 433~436, 443, 489~490, 492, 499, 503~504, 516, 527~528, 541, 543
해외 국가 및 영토 148~151, 190, 241, 281~282, 285~286, 291, 293, 295, 340
해외행정도 190, 275, 287, 340
핵폐기물 442
행정 행위 84, 101, 106, 130, 141, 428, 514
협약 151, 271, 281~282, 285~289, 291, 295, 299, 306, 311, 329, 336, 340, 347, 349, 351, 353~554
협정 79, 98~99, 101, 104, 139, 190~191, 194~196, 263, 287, 303, 344, 347, 351, 417, 426, 443, 447, 450, 458, 460~463, 504, 510, 516, 551
회계감사원 181~182, 497
회계연도 176~178, 179~180, 182, 198, 489~490, 492, 494~497, 499, 512~513
회의록 154, 466, 571